工业研发
蝶变 》》》》

数字化转型全攻略

田 锋 —————— 著

人民邮电出版社

北 京

图书在版编目（CIP）数据

工业研发蝶变：数字化转型全攻略 / 田锋著.

北京：人民邮电出版社，2025. -- ISBN 978-7-115
-65748-0

Ⅰ．F403.6-39

中国国家版本馆 CIP 数据核字第 20242ZG407 号

内 容 提 要

本书提出了针对工业企业的研发数字化转型的综合方案，提出了数字化研发的理想模型，详细分析了依据理想模型提出的研发数字化转型的通用方法论、核心技术和支撑平台，同时还介绍了研发数字化转型"三级跳"模型，针对每个级别梳理了不同的关键要点、主要特征、核心驱动力和转型方法论。

本书主要面向工业企业的管理者和研发人员、信息化和数字化领域的专业人员及管理者，以及高等院校师生和科研院所中与数字化转型产业和技术相关的研究人员。

◆ 著　　　　田　锋

责任编辑　胡　艺

责任印制　马振武

◆ 人民邮电出版社出版发行　　北京市丰台区成寿寺路 11 号

邮编　100164　　电子邮件　315@ptpress.com.cn

网址　https://www.ptpress.com.cn

三河市中晟雅豪印务有限公司印刷

◆ 开本：720×960　1/16

印张：21　　　　　　　　2025 年 3 月第 1 版

字数：297 千字　　　　　　2025 年 3 月河北第 1 次印刷

定价：99.80 元

读者服务热线：(010)53913866　印装质量热线：(010)81055316
反盗版热线：(010)81055315

工业研发数字化的新模式、新维度和新境界

本书有两点惊喜!

首先,这是一份针对研发领域的数字化转型研究成果,作者是从事研发工作的资深专家和企业家,他深感肩上的责任,将深厚的实践升华成这份思考。在当前国内数字化转型亟待向纵深领域突破的关键阶段,本书尤为可贵。研发数字化的重要性一直被忽视,我想其根源可能是国内大多数工业化技术和装备是被引进、消化建设后发展起来的。改革开放40多年来,中国制造的能力和规模虽已冠盖全球,但中国制造能否转变为中国创造?制造大国能否发展为制造强国?其中真正的挑战和困难我们如何应对和克服?以我从业的钢铁行业来说,即便我国能够生产出世界一半的钢产量,可我国依然不被称为钢铁强国,其背后的困惑和压力到底是什么?不难理解,这些挑战和困惑都与原始研发能力不强、技术创新不足相关。工业化,我国是后发之国;信息化,我国也是后发之国。我国多年前提出来"两化融合",一段时期主要聚焦管理的优化提升,而随着信息技术发展到以"数字化"为核心的时候,数字化转型成为新阶段的"两化融合"。如何看待研发数字化在整个工业领域数字化转型中的"定位",也是十分重要的命题。正如作者所言,数字化转型的核心并不是"数字化",而是"业务",是业务要转型。从工艺技术角度看,研发是工艺技术的本源、数字化的源头、生产流程的闭环管理的关键。没有高质量的研发数字化,就没有真正的全要素、全领域、全产业链、全生命周期的数字化;没有高质量的研发数字化,我国制造业就不可能顺利地推进数字化、网络化和智能化的历史发展进程。因此,作者将研发数字化转型称为"数字化转型的上甘岭",我有同感。

其次,作者将我国研发数字化转型的发展路线划分为精益转型、正向变革、智慧革命3个阶段,且精准地描述出每个阶段的核心特征、主要矛盾、解决方案和预

期目标，具有非凡的创见。这种观点，一方面体现在本书的研究方法中，其逻辑、思路、方法等基于国内外成熟理论，立足于行业，是作者多年积淀下来的实践经验和研究探索成果；另一方面，作者提出的"数字化研发体系的成熟度模型"基本思路和观点，与我国已发布并得到推广实施的数字化转型标准——《数字化转型成熟度模型》（由中关村信息技术和实体经济融合发展联盟提出）相吻合，而我也参与了这个标准的相关研究工作。这个标准将我国数字化转型发展阶段划分为规范级（基础级）、场景级、领域级、平台级和生态级，从我国各行各业正在开展的数字化转型工作成效来看，这个划分比较科学、也很实用。

当下，人工智能发展迅速，大模型的出现冲击了所有传统的工作方式和研究模式。但是，数字化转型是不可逾越的关键阶段。为此，近年来国家出台一系列政策，推动数字化转型向各层次、各领域进行深化和渗透，我国各种智库也正在开展数字化转型的深度研究，积极向决策机构献计献策。在由信息技术进步驱动的第四次工业革命和产业变革的历史背景下，数字化转型，绝不仅限于信息技术在工业领域的应用推广，也绝不是单纯促进工业生产的提质增效，更不应满足于在工艺、技术、流程、生产和管理模式上的提升优化。我们应该深刻认识到，数字化转型是一个"时代变化"的标志。我认为，没有进行转型的企业，将依然停留在工业时代；转型成功的企业才有机会进入数字化和智能化的新时代。数字化转型将聚合新一代信息、网络和数字技术（云计算、大数据、物联网、5G、区块链、人工智能等），对传统工业进行体系化、本质化的变革，形成新动能、新变量和新质生产力。随着数字化转型的成效显现，对企业而言，未来会产生形态和竞争模式的变化；对产业而言，未来会发生结构和业态的变化；对行业而言，未来会产生重构和颠覆式改变；更重要的是，对整个国家社会经济发展而言，成功的数字化转型将有利于推动实体经济与数字经济的融合发展，巩固和增强我国实体经济的雄厚基础，进而抢占建设新型工业化的新高度，并全面抢抓发展数字经济的新机遇。未来转型成功的我国工业界，将会向世界充分展现中国式现代化的优势和魅力。

研发数字化转型，在本书被定义为"复杂产品的研发体系"的工作需要。因为只有这样的体系才有必要存在一个理想模型，数字化转型的理想蓝图应该基于研发体系的理想模型来设计，据此形成转型的路径和方案，才不会为数字化而数字化，同时，在数字化变革过程中，实现研发体系向理想模型进化。作者本意是正确的，因为数字化转型的前提是对已存在的物体进行数字化，然后再转型，再迭代升级。但是，我认为，借助消费互联网发展带来的"数字原生态"概念，研发数字化还有另外一种理解，即完全基于创意、创新、颠覆的研发数字化，也应该予以高度重视。现在，我国的新能源汽车技术体系、无人机发展的技术路径，已经为我们提供了信心和底蕴。本书的研究成果、方法思路和发展观点，一定不只是面向从事工业研发的人员，国内制造业的企业家、产业政策的研究者、工业领域及智库的专家，也可有所借鉴和参考。

李红

中国信息协会副会长兼秘书长

2024 年 11 月 18 日于北京

数字化转型的上甘岭

21世纪新科技频出，同时伴随着新词汇：MBSE（基于模型的系统工程）、大数据、人工智能、物联网、云计算、工业互联网、数字孪生、元宇宙……但不管哪一个新词，最终都像齐天大圣一样，纵使千变万化，还是逃不出如来佛手掌，终归压于五行山下。这个"五行山"就是最近十年在中国工业和科技领域出现的一个五字高频热词——数字化转型。这个词所代表的概念包容力超强，更重要的是，它是全球工业发展的趋势和未来，是中国工业高质量发展的阶梯，也是中国制造业转型升级的有效路径。

与数字化转型相关的图书可谓汗牛充栋，但多数是针对全生命周期的数字化转型相关图书，专注于研发过程的数字化转型书籍寥若晨星。从全生命周期视角讨论"数字化转型"时，人们总结出很多要素、规律和模式，其中特别强调数据的核心价值和驱动作用。把生命周期的每个环节打开来看，这些观点和规律在多数环节都能适用，但在涉及研发阶段的数字化转型时，人们却似乎都顾左右而言他。华为公司官方出版的《华为数字化转型之道》一书在研发方面也是惜墨如金，要知道，华为公司可是中国IPD（集成产品开发）标杆甚至教父！适用于生命周期中多数环节的数字化转型的模式、路线和方案，遇到研发时似乎不灵了！的确，研发是产品或业务全生命周期中最特别的环节。仿制轻松容易，原创千难万险，中国制造走向中国创造、制造大国走向制造强国的过程一直都充满了艰难险阻，这似乎也预示着，研发数字化转型注定是企业数字化转型的"上甘岭"！

研发数字化转型之难，不仅在于其"海拔高"，更在于国内企业在这个领域中的攀登起点低。这种低起点不仅体现在企业对数字化技术的掌握，更在于对研发业务体系的理解。中国是生产制造大国，因此生产领域的工业软件研发和应用基础好、起点高，尤其对生产制造体系的理解高度、深度和广度在国际上也不落后。但在研发体系方面就不同了，逆向工程长期是中国工业研发体系的主要手段，研发设计创新能力薄弱，企业在研发体系的建立和理解方面相较于生产制造明显落后。从转型的对象上判断，研发数字化转型也比生产数字化转型困难。生产体系的数字化是针对机器和数据的数字化，而研发体系的数字化则是针对人和知识的数字化。人和知识相对于机器和数据，复杂程度更高。

数字化转型的核心并不是"数字化"，而是"业务"，业务要转型，而数字化是业务转型后的新载体。真正有价值的转型，是借助数字化变革的过程，实现业务的升级。这不仅是一种观念，而更应该是一种战略，所以数字化转型是企业战略驱动下的业务变革。我认为，复杂产品的研发体系存在着一个理想模型，研发数字化转型的理想蓝图应该基于研发体系理想模型来设计，并据此形成转型的路径和方案，这样才不会为数字化而数字化。同时，在数字化变革的过程中，实现研发体系向理想模型的进化。

研发数字化的高海拔和低起点的落差之大，决定了企业的研发数字化转型无法一蹴而就。中国企业的研发水平参差不齐，不同企业在发展阶段、企业使命及研发战略方面有所差异，研发体系所处的状态也不同。在进行研发数字化转型规划时，企业需要匹配企业战略和研发状态，需要依据目前数字化技术水平，在可预期的有限时间内，体系建设蓝图，并制定合理的建设路线。这相当于设立几个大本营，步步为营，逐步登顶珠峰。

根据中国工业体系的当前发展状态，我建议研发数字化转型建设路线规划分为3个阶段，各阶段的目标：① 精益转型；② 正向变革；③ 智慧革命。我将其称为研发数字化转型"三级跳"，每一跳企业达到不同的高度，进入下一个进化阶梯。每级跳跃的核心特征不同，一级跳是研发模式的转型，二级跳是设计范式的变革，三级跳是研发主体（人）的革命。每级跳跃的主驱动力也有所差异。精益转型的主驱动力是流程，正向变革的主驱动力是模型，而智慧革命的主驱动力是知识。当然，这里的流程、模型和知识，均是数字化的。不同进化级别所采用的技术手段也不同。精益转型阶段主要采用流程工程手段，正向变革阶段主要采用模型工程手段，智慧革命阶段主要采用知识工程手段。

在精益转型阶段，需要把研发流程显性化，并在研发管理平台中建立数字化形态的流程，然后将已经确定的研发任务、研发工具、显性知识和质量要求与研发活动紧密相连，使其深度融合在研发流程中，消除"两张皮"现象，让工具、知识和质量真正发挥作用。在精益转型阶段，企业的主要问题是资源松散和模式落后，需要通过流程聚合资源，提升效率。

在正向变革阶段，沿着系统工程 V 模型，从涉众需求开始，经过需求定义、功能分解、系统综合、物理设计、工艺设计、产品试制、部件验证、系统集成、系统验证、系统确认、产品验收全过程，完全用数字化模型表达产品的所有信息，其在消除二义性、减少质量隐患、提高协同效率和积累成果方面都有无与伦比的优势。进入正向变革阶段，企业的主要问题是创新模式和技术能力的缺乏，本阶段亟须创立正向设计模式，增强创新能力。

在智慧革命阶段，将研发过程所有活动需要的所有类别的知识进行梳理，利用知识工程方法，特别是 AI 方法对知识进行增值加工，形成数字化形态的智能体，通过智能匹配的方式融入研发活动，研发活动完成过程由数字化、自动化和智能化的知识所支撑。在智慧革命阶段，企业的研发模式已经优化，创新能力已经建立，其主要问题是缺乏高可持续发展能力和随需应变的柔韧特性，亟须通过对知识的灵活、充分、智能化的应用，让企业降低对组织稳定性的依赖，让人员和知识协作工作，并随着价值的变化而灵活聚散。大量知识深度融入研发体系，特别是 AI 的深度参与，将对研发主体提出挑战！未来的研发人员不是仅掌握知识的人，而是活用知识体系和驾驭 AI 的人，甚至就是 AI 自身。

本书除了讨论研发数字化转型的规则，也在苦苦探索其底层逻辑。我发现，研发数字化转型的本质其实就是知识利用方式的转型。人类利用能源的方式发生了三次转型，于是引起了三次工业革命。知识利用方式如何转型，决定了研发数字化转型阶段。这两者具有相似性，是因为能源是工业发展的动力，而知识正是研发的动力。本书对研发数字化的底层逻辑进行探索和总结。研发数字化的缘起、内涵、思辨、实践和探索将在全书一一展开。

田锋

目录/CONTENTS

第三篇　　正向变革　　• • •

第四篇　智慧革命

第 一 篇

CHAPTER 1

蓝图有道

数字化转型的核心并不是"数字化",而是"业务"。真正要转型的是业务,数字化是业务转型后的新载体。真正有价值的转型,是借助数字化变革的过程,着眼于未来蓝图,实现业务的转型升级。因此,数字化转型必须是长期业务逐渐变革的过程,而不仅仅是现有业务的数字化转变。

任何一个数字化项目的目标都是面向未来的业务,而不是当下的业务,否则,两到三年的实施周期结束,项目成果还没上线就会过时,因为业务进化的脚步不会停下。未来的业务是什么,是数字化转型方案设计前首先要回答的问题。数字化转型是企业战略驱动下的业务变革,只有战略明确的企业,才能回答好这个问题。

复杂产品的研发体系存在理想模型,研发数字化转型的理想蓝图应该基于研发体系理想模型来设计,据此形成转型的路径和方案,这样才不会为数字化而数字化。同时,在数字化变革的过程中,实现研发体系向理想模型的进化。本篇介绍复杂产品研发体系理想模型,并据此提出研发数字化转型的终极蓝图,以及从当下向终极蓝图进化的路线和实施方案。

不论数字化转型蓝图多么诗与远方,转型路线多么山重水复,转型方案多么柳暗花明,它们都一定有其底层逻辑。因此本篇的一开始,便从数字化转型的底层逻辑入手,希望能让后面的征途更纯粹、更简单。

我们将转型之道规划为"三级跳":① 精益转型;② 正向变革;③ 智慧革命。

工业数字化转型的本质

目前为止，"数字化转型"还有很多未确定的含义和不统一的概念，让人们莫衷一是，无所适从。人们看到各种数字化做法，也看到很多数字化转型现象，褒贬不一，众说纷纭。之所以如此，大概是因为"数字化"一词的核心本质、底层逻辑和顶层思维没有被我们识别出来，所以只能头痛医头，脚痛医脚，就事论事，感觉数字化转型有很多事要做，也有很多种做法，但又不知道哪些事是自己该做的事，哪些做法适合自己，更不知从何做起。我将在本章就"数字化"和"数字化转型"的本质提出自己的理解，和读者一起体悟数字化转型的底层逻辑和顶层思维。

一、信息化司左，数字化行右

"数字化"一词被提出后，很长时间里"没有水花"。很多人认为"数字化"只是"信息化"换了个名字，是新瓶装旧酒，或者只是下一代信息化技术。也有人认为"数字化"是"软件"的泛化，工业数字化被认为是工业软件的泛化。直到最近几年，"数字化转型"的出现，才让"数字化"一词火热起来，被人们重新思考和讨论。

1. 信数有别

"数字化"热起来后，似乎把在中国大地驰骋了 30 年的"信息化"都融化了，气化了，蒸发了。人们不再提信息化，有人羞于提它，甚至有意无意地贬低它。有人把过去的信息化方案穿了件数字化外衣行走天下，如果我们把其中"数字化"3个字替换成"信息化"，那么方案里 90% 的内容都似曾相识。

一个时代有一个时代的明星，我们既要与时俱进，也不能忘了历史，不然就会迷失于当下。信息化和数字化是既有区别又紧密联系的两个概念。如果我们懒于区别两者，则会让数字化成为信息化的翻版，缺乏进步和创新；割裂两者，会让数字化转型既失去基础，又缺乏目标，忘了信息化的实质，也会被数字化迷惑。在信息化大潮中冲过浪的人，面对数字化浪潮，会充满疑惑，似乎难以区别过去的信息化和现在的数字化。没有在信息化中冲过浪的人，面对纷繁复杂的数字化局面，则会眉毛胡子一把抓，总是缺乏章法，不得要领。

关于数字化和信息化的区别和联系，业界有很多论点，有些专家还从多个角度陈述了它们之间的区别和联系。有人总结说，信息化是针对管理的，数字化是针对业务的。其实，信息化时代的很多工具和平台就是业务平台。也有人说，信息化是用来辅助业务的，数字化才是用来开展业务的，其实，信息化时代的很多平台和工具就是业务核心流程中的运行系统。还有一些更为系统化的分析：信息化侧重在企业内部运营，服务于管理，用来优化业务、提升效率、提高质量和降低成本，具有稳定、透明、自动、孤岛的特质；数字化用于把业务延伸到企业外部，服务于研发和技术，用于业务的创新和商业模式的突破，具有柔性、敏捷、定制、联通、智能的潜力。这些现象确实没错，但其实都是信息化和数字化各自不同的基因派生的表面特征，没有深入到底层逻辑。信息化和数字化确实有差异，因为信息化和数字化的确有各自不同的底层逻辑。

信息化和数字化就像人的左右脑，信息化司左脑之职，数字化行右脑之事。当我们掌握了明确的运行机理、清晰的初始条件（初态）和完备的边界条件（环境）时，可以用信息化帮助我们提高效率和质量。当我们的研究对象超越了我们理解，机理、初始条件和环境不完备时，则需要用数字化来突破我们的局限，实现创新。"逻辑会让你从 A 点到 B 点，想象力会把你带到任何地方。"爱因斯坦的这句话，说的就是这个意思。

2. 信息化司左

我们所在的世界是三类系统的混构体系：第一类是自然物（如生物等），第二类是人造物（如机器等），第三类是组织体（如企业等）。人类始终致力于对这三类系统的运行规律进行研究，以期获得明确的机理。具有清晰的初始条件和完备的边界条件时，用明确机理来运算就能获得确定性的结论，人们靠这个运算结果可以预测时空运转，从当下和眼前预测未来和远方。

过去，人们掌握了 $F=ma$、$E=mc^2$、工程经验公式、机器工作原理、生产执行策略、政治经济学、企业管理学等的运行规律。基于这些机理，计算机一出世，人们就迫不及待地开发了相应软件，于是科学计算、工程验算、MES（制造执行系统）、ERP（企业资源计划）、PLM（产品生命周期管理）、PM（项目管理）、MRO（维护、维修、运行）等软件相继涌现。这些软件解决的是流程已经固化、原理逻辑清晰和具有解析解的问题。这些软件的出现，大幅度提升了人类工作和生活的效率和质量。20世纪90年代开始，信息化浪潮变得尤为迅猛。那个年代，被我们称为"信息时代"，很具中国特色的"信息化"一词也是从那时开始流行的。

之所以用"信息"一词，是因为掌握了机理之后，我们只需要将少量的数据"喂"给软件，就可以获得足够好的反馈。这些少量的数据就是初始条件和边界条件。大量复杂的计算和数据传输工作，在软件内部就全部完美无误地完成了。信息是控制论中大行其道的概念，"信息"的本义就是指对大量数据进行提炼总结而形成的最有价值的少量"数据"。利用信息得出明确的运行机理、清晰的初始条件和完备的边界条件，你便可以开发一个自动化系统，机器就可以完成过去由人来做的工作。

信息化的基因是运行于应用系统中的确定性机理，包括业务规律、工业机理、系统逻辑和以解析解表示的科学原理。信息化项目的失败，多数可归因于没有对组织业务或机器原理做好提炼和总结，所以当业务不断变化，信息化系统也需同步更新。机理是明确的、稳定的，不会轻易变化，进化是缓慢的。不断更新的系统反而会给企业带来麻烦，降低效率。

3. 数字化行右

人类对自然物、人造物和组织体这三类系统运行规律的研究都还很不完善，现已掌握的运行机理，只是这个世界规律中非常少的一部分，人类对这个世界大部分的运行机理、初始条件和边界条件的掌握都不完备。企业运行的规律更是如此，不然就不存在"管理不仅是科学，更是一门艺术"这一模棱两可的说法了。同时，即便掌握了事物的运行机理，对边界条件和初始条件的确定也面临很多挑战。机理、初始条件和边界条件三个中只要有一个不清晰，就难以推测运算结果了。

人类现已掌握的信息终有一天会被信息化用尽。那些信息化资深人士已经发现，信息化带来的边际效益越来越低，这是因为能明确的机理、初始条件和边界条件都已经进入信息化系统了，但仍然还有很多问题没有解决。此时，信息化遇到了瓶颈，上升通道被堵住了，价值曲线无限接近一条水平渐近线。

当然，人类从来都不会坐以待毙。信息（包含机理、初态和环境）是从大量数据中总结、提炼而成的，不管这些数据完整还是不完整。其实，信息的提取恰恰就是人类中的聪明人通过并不完备的数据抽象提炼和总结而成的。在信息化时代，大众几乎忘了这一事实，直接使用既有的信息来完成工作，但那些少数的聪明人始终是清醒的，科学技术在不断发展，他们发现新科技（特别是大数据与AI）可以在海量数据中总结出具有一定明确程度的机理、初态和环境（姑且称为"准信息"），而且随着数据量的增加和进一步分析学习，"准信息"可以越来越明确。准信息更接近纯数学的表达，未必像人类总结的信息那样具有显而易见的物理意义。但在一定范围和条件下，准信息确实接近真实世界的规律。也就是说，新科技让人们可以回归到信息的本源——数据层面，发现靠人脑不曾发现的机理，明确运行机理需要的初态和环境。

于是，数字化的大幕被拉开。如果说信息化以明确信息为前提，那么数字化则以海量数据为基石。数字化看似绕开了明确信息，但却走通了信息化曾绕开的路。因此，信息化走到天涯海角时，数字化应运而生，为信息化插上翅膀。

数字化总是和预感、柔性、探索、创新、自主、敏捷、外部、业务、智慧等词汇相伴随。数字化的基因是潜藏着不确定性机理的数据，这些数据中潜藏着尚未显性化的业务规律、工业机理、系统逻辑和科学原理。数字化转型的失败，大都归因于一个重要前提没有做好，那就是没有准备好足够的业务数据，或者缺乏有效的数据利用方式，总是把数字化转型寄希望于数字化软件而忽视了数据基础，或者只关注业务应用系统而忘了数据计算引擎才是数字化转型的发动机。

4. 模型要先行

数字化的前提是研究对象从实物转换为数字化模型。数字化模型指的是广义数字化模型，而不仅仅指形体的数字化，我们把能反映实物特征和属性的所有时空关系的数字化表达都称为"数字化模型"。用简单的模型单元组合形成复杂的模型，利用已知信息获得海量未知数据，是数字化的基本手段。此处所说的数据为"泛数据"，或者说"广义数据"，表现形式多种多样，它可能是人们常说的业务数据，也可能是基于全息数据建立的产品模型，还可能是通过数据挖掘而形成知识图谱等。

面对复杂对象，人们不能获得完整机理、初态和环境，但对于一个简单对象，获得其信息并不难，当然建立一个反映简单对象的物理属性的数字对象也不难。我们将这个简单物理对象称为"物理单元"，其数字对象称为"数字单元"。我们对复杂物理世界进行数字化，就是把各种数字单元通过已知的逻辑组合成为一个更复杂的数字世界。这个物理世界已经超出了我们已知机理的范畴，但它被数字化之后，就可以直接从大千世界中已有的信息出发，通过计算来获得我们需要的海量数据，从而推理出曾经并不明确的更多机理。只要新的机理在手，将初始条件和边界条件收入囊中，那么对未知的预测又可以上一个台阶。CAD 和 CAE 便是基于这个原理，首先走上了数字化道路，两者均通过建立全息模型的方式，利用分析和计算的方法获得潜在的数据及产品运行的规律。

当然，正如前文所言，人类并没有那么好的运气，能对所有的物理单元建立明确的数字单元，因为我们已知的最小物理单元的机理也许不明确，于是人们发明了"数字黑盒"，并通过这个黑盒单元输出的数据来推算它的准机理。通过由此类黑盒单元构成的复杂模型以及这个复杂模型的数据，来迭代递归地获得完整数字模型的准信息（机理、初始条件和边界条件）。在这种场景下，数据分析技术尤为重要。大量的数字化应用便是在生产制造、运行维护、企业管理等过程中，利用生产数据、供应链数据、运维数据、企业数据、经济数据来预测以前 MES、ERP、MRO（维护、维修、运行）、CRM（客户关系管理）、SCM（供应链管理）等信息化软件只能绕开的场景，深挖数据中的信息，实现业务和管理的突破，耳熟能详的预测性维护应用即是典型实例。

凡此种种应用都显示，没有模型化，就没有数字化。当物理世界能通过模型化手段进行全面数字化表达的时候，人类所有的工业及经济梦想——工业互联、智能制造、数字孪生、元宇宙、数字经济和智能商业等都近在眼前，触手可及。

5. 信数相较

显然，我们不能左右不分。没有信息化，数字化的基础就不存在，将是无本之木，就像大楼缺少了地基和砖石，终将倾倒坍塌，落了片白茫茫大地真干净。想发展数字化，信息化的欠账是迟早要还的。以工匠精神先把企业已经明确的工业机理和业务模型梳理清楚，让它们在信息化系统中得到优良运行，然后再利用数字化进行创新发展，这才是数字化转型的正确姿势。"转型"二字，不仅代表了物理向数字的转变，也代表了信息化向数字化的转变。因此，奉劝那些试图跳过信息化阶段直接进入数字化的人，通过数字化来补救一切是痴心妄想，很可能因为弯道超车而翻车。

如此看来，先有信息化，后有数字化，那是不是意味着数字化就比信息化高级一些？非也！数字化其实是一种递归，是信息化遇到发展瓶颈之后的回归本源，但又不是简单的返璞归真，而是事物螺旋发展的一次高层次的回归。

信息来源于数据，那是不是意味着信息比数据高级一些？非也！信息最终会转化为常识，没人认为只掌握常识的人是高人。信息也终会转化为流程和规则，但只知道按章程办事的人，在组织中被称为普通工作人员。高瞻远瞩的人，也就是那些企业领袖、行业翘楚、社会贤达及科技怪才，往往是跳出现有信息框架，直接在高维度和宽视野的数据中用敏锐直觉感知未来的人。其实，在一个组织中，任何一个层级的正职都应该具有这种直觉，因为感性和直觉才是创新的通路，而开拓创新是正职最重要的职责。

6. 左右相成

组织的决策是用两个"脑"配合来做的。我们固然不能唯感性和直觉，但也不能唯理性和逻辑，更不能依赖理性。理性只能在已知的范畴内、舒适区内做事，而在未知领域、无人区、焦虑区我们只能靠感性和直觉去探索和开拓。因此，在已知的范畴，我们恰恰追求感性和直觉，以促进创新，这是在充分理性的基础上用直觉来开拓新天地。在未知的范畴，我们则要追求理性和逻辑，收集更多的数据，用数据来说话，巩固创新的成果和质量，完全靠感性和直觉一定会吃亏的。

我们在这里谈左右，并不是要把信息化和数字化对立。恰恰相反，从数据中识别、总结确定性信息（机理、初始条件和边界条件）是数字化的使命，人类终究还是要像牛顿、爱因斯坦那样取得真正的具有物理意义和业务含义的终极模型，才能获得实质性的进步。通过数字化识别的信息需要进行另一次递归，最终还要回归到信息化中来。有人说数据可以帮助人们消除不确定性，其实数据本身并不是不确定性的终结者，从数据中获得的信息才是。所以，我们不能因为有数字化手段就选择"躺平"，完全依赖数据做任何业务，而是应该千方百计地从数据中获得确定性的规律，将业务进行最大程度信息化。数字化是我们梦寐以求的创新和发展，但信息化是我们赖以生存的基础。也许，考核数字化团队的指标，不仅要看其数字化工作拓展的广度和深度，更要看其将数字化成果转化为信息化成果的比重。质量与创新的交替进步和螺旋上升，是工业进化与发展的基本模式。

7. 以人为本

当然，不论如何强调数据的重要性，数字化转型终究还是要关注人和组织的转型。信息化以员工的职业素养和契约精神为前提，数字化以员工的学习能力和创新精神为目标。

我们经常说的"考核"与"激励"是企业人力资源的重要管理手段，但这两个手段在企业管理中往往不做区分。其实，这两个手段的使用场合与范围应该差异化考量。考核应只针对那些已经具有确定性过程和方法的规范性业务，而激励应针对那些不具有确定性做法的创新性业务。因此，对参与信息化过程的人，以考核为重，让他们把本应该做好的工作做好，要敢于对绩效做减法。对于参与数字化过程的人，以激励为主，让他们在其他人都没有想好怎么做的事情摸出门道，做出成效，对其奖励，勇于对绩效做加法。

人们常说信息化和数字化是"一把手"工程，但在过去人们对此的认识是有误区的。从以人为本的角度，"一把手"工程才讲得通。过去总是要求"一把手"关注一个信息化或数字化项目，要求"一把手"要亲自使用信息化软件或数字化平台，这其实是与"一把手"的特质、定位和职责相违背的。企业员工的职业素养、学习能力和创新精神才是信息化或数字化项目成功的关键，这也是"一把手"在信息化和数字化工程中最该关注的。

二、数字化转型的底层逻辑

我们之所以讨论信息化、数字化的关系，是因为这些关系涉及数字化转型的底层逻辑——到底是什么在驱动数字化转型。数字化转型有千种技术、万种方案、无穷表象，但万变不离其宗，探究清楚其稳定不变的底层逻辑，对于我们建立正确的数字化转型蓝图和路线大有裨益。

1. 能源利用方式的转变催生了工业革命

人类历史上发生过多次工业革命。我们认为，工业数字化转型与工业革命有异曲同工之妙，对工业革命的研究有助于我们理解数字化转型的本质。

《第三次工业革命》一书认为，人类有多次工业革命，是由能源利用方式的转变而导致的，如图 1-1 所示。

工业级别	工业 1.0	工业 2.0	工业 3.0	工业 4.0	工业 5.0
能源动力	木柴	煤炭	油气	光能	核能
主驱引擎	牲畜	蒸汽机	发动机	三电系统	可控核变

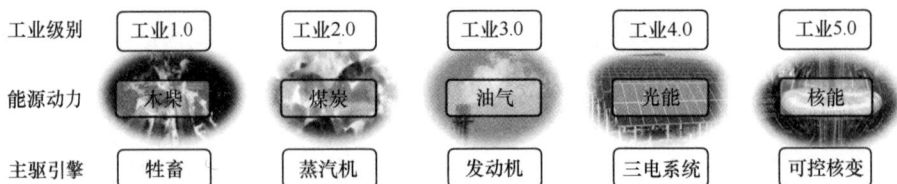

图 1-1　能源利用方式的变革带来工业的数次革命

　　人类所能利用的能源终究还是与太阳有关，太阳内核聚变产生了能量，太阳变成了这些能量的载体，阳光是能源的表现形式。工业 1.0 时代的能源是木柴，它是植物的根茎；工业 2.0 时代的能源是煤炭，它是埋藏在地表不太深处的植物经复杂的物理、化学变化形成的；工业 3.0 时代的能源是油气，它的形成环境更复杂。即将到来的工业 4.0 是新能源驱动的智慧工业。今天，化石燃料已经不足以支撑工业的进化，于是我们直接利用光能，将其转化为电能，使其成为工业 4.0 时代的新能源。未来的工业 5.0 是核能驱动的太空工业，刘慈欣的科幻巨著《三体》为我们展示了这种工业的可能性。工业 5.0 时代的能源来源于核聚变，这是太阳辐射光能的原因。那时候，人们直接利用光能已经不能满足发展的要求，开始将手直接伸向产生阳光的物质——核燃料。人类目前实现了低效的核裂变，但核聚变才是更高效的能源来源。

　　你也许会问，工业革命难道不应该是工业技术的创新带来的吗？其实任何一项技术的创新都不是突变的，特别是大批量应用于工业的技术。一项技术从零的突破开始，到普遍应用于工业是有条件的，并且在形成这些条件的过程中，该项技术持续进化才能达到形成工业革命的程度。这些条件中，最重要的就是可以支撑这种创新持续进化的新型能源。况且工业革命不是由一项技术促成的，而是由许许多多技术的革新促成的。没有新型能源的支撑，这些技术甚至走不到可以批量应用的程度。这也许就是能源变革为什么是工业革命的驱动力的底层逻辑。

　　判断一个国家的工业处于哪种阶段的指标很多，例如智能化、绿色化、服务化等，太多的指标反倒让我们无法获得正确的判断。基于驱动力这个底层逻辑，将能源视为单一指标，做判断便容易得多。自从工业 4.0 的概念从德国传向全球后，大家普遍认为全球发达国家的工业已经进入 4.0 时代，但如果依据驱动力逻辑，从这些国家所使用的主流能源——油气来看，他们仍然处于工业 3.0 时代。工业 4.0 其实是这些工业发达国家为之努力的愿景，而不是现实。他们提出工业 4.0，是在为自己设计发展目标，而不是在描述工业现实。工业 4.0 的外在表现是工业智能化，以 AIGC 为代表的通用人工智能（AGI）出现以后，智能工业才露出端倪。但 AGI 对算力的需求如此庞大，也预示着没有能源的变革，智能工业就永远无法到来。我们这个星球的油气储量根本无法支撑这项智能化技术全面走向工业。在以光能为主要来源的新能源成为工业主流能源之前，AGI 永远是实验室的技术。

2. 数据利用方式的转变催生数字化转型

如果说，人类对能源的利用方式做出了何种转变，决定了工业发生了何种革命，那么，人类对工业数据的利用方式做出何种转变，将决定发生何种类型的工业数字化转型。能源是原子工业的动力，而数据则是数字工业的动力。人们曾经用能源的消耗量来衡量原子工业运行的强弱，未来将用数据的使用量来衡量数字工业运行的强弱。原子工业的能源以太阳为载体，数字工业的数据则以硬件（计算机、传感器等）为载体，太阳核反应产生能源，硬件运转产生数据。这就是人们总是把数据作为工业数字化转型抓手的根本原因，人们认定数据是制造业数字化转型的驱动力，"数据工程"是引擎工程。

人类社会中的原子工业发生过数次革命，这也预示着，数字化转型也将不止一次，人类利用数据的方式将会不断进化。依我来看，数字工业利用数据的方式有 5 次转型：知化、秩化、治化、智化和织化，即 5 个"Zhi"，并由此引发多次数据工程。数字化转型的 5 个引擎工程：数据归仓、数据管理、数据治理、数据智能、数据织锦，最终促成工业数字化的 5 次转型，如图 1-2 所示。

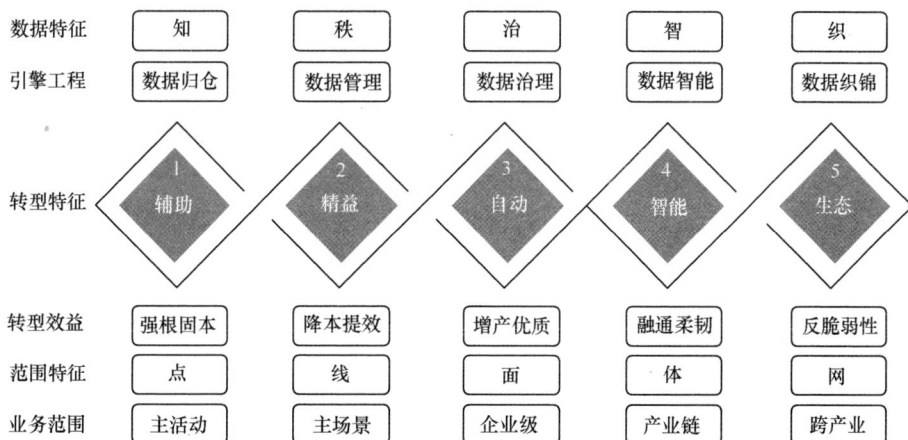

数据特征	知	秩	治	智	织
引擎工程	数据归仓	数据管理	数据治理	数据智能	数据织锦
转型特征	1 辅助	2 精益	3 自动	4 智能	5 生态
转型效益	强根固本	降本提效	增产优质	融通柔韧	反脆弱性
范围特征	点	线	面	体	网
业务范围	主活动	主场景	企业级	产业链	跨产业

图 1-2 人类对数据利用方式的变革带来数字工业的数字化转型

GB/T 43439—2023《信息技术服务 数字化转型 成熟度模型与评估》指出，数字化转型的成熟度级别包括规范级、场景级、领域级、平台级和生态级，共5级，如图1-3所示。

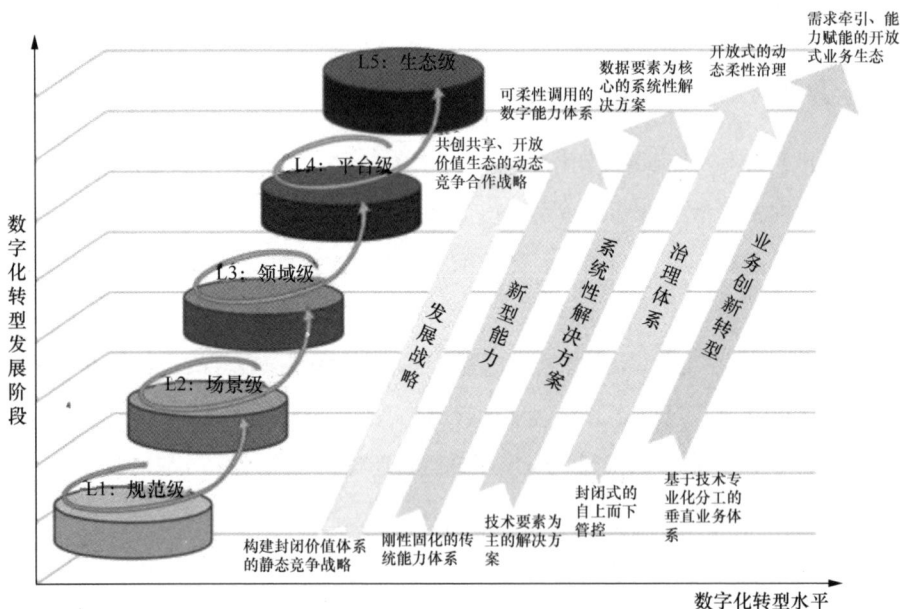

图1-3　数字化转型成熟度模型

3. 知识利用方式的转变催生研发数字化转型

前文将工业数字化转型的本质总结为"数据利用方式的转型"，但对于研发体系的数字化转型，我认为并非如此，因为研发的驱动力并不是数据，而是知识。如果说数据利用方式的转变决定了工业数字化转型的类型，那么知识利用方式的转变则决定了研发有何种数字化转型。如果说数据使用量可以衡量工业数字化的强弱，那么知识使用量则可以衡量研发数字化的强弱。如果说工业数据以工业硬件为载体，那么工业知识则以工业软件为载体，软件运转产生知识。因此，研发数字化转型的本质是"研发知识利用方式的转型"，知识是研发数字化转型的驱动力，"知识工程[1]"是其引擎工程。

知识看上去以数据的形式存在，但它和数据的差别是，在其产生过程中有人的

---

1 此处的知识工程是指广义知识工程，区别于下文的狭义知识工程。

意识和思维的参与并进行了创造性活动。数据利用方式的转型同样适用于知识，即知化、秩化、治化、智化和织化，5个"Zhi"，并由此引发多次知识工程。数字化转型的5个引擎工程：CA（计算机辅助）工程、流程工程、模型工程、知识工程[1]和云智工程，最终促成研发数字化的5次转型，如图1-4所示。

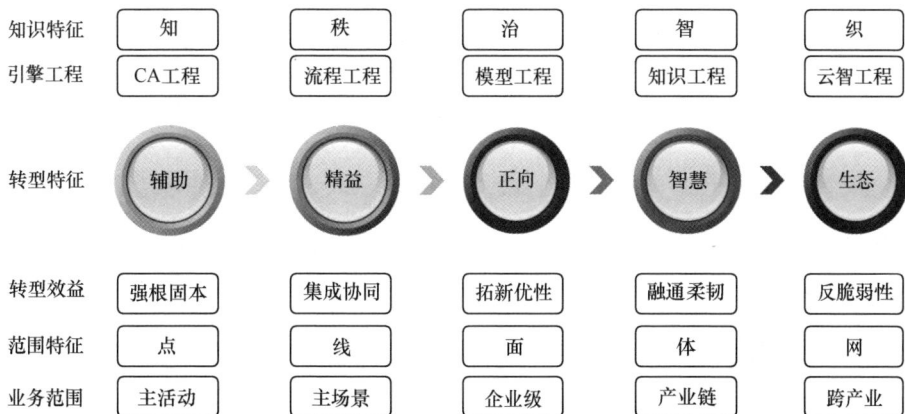

知识特征	知	秩	治	智	织
引擎工程	CA工程	流程工程	模型工程	知识工程	云智工程
转型特征	辅助	精益	正向	智慧	生态
转型效益	强根固本	集成协同	拓新优性	融通柔韧	反脆弱性
范围特征	点	线	面	体	网
业务范围	主活动	主场景	企业级	产业链	跨产业

图1-4 人类对知识的利用方式的转变带来研发体系的数字化转型

生产体系的数字化是针对机器和数据的数字化，而研发体系的数字化则是针对人和知识的数字化。人和知识相对于机器和数据，在复杂性方面不可同日而语。生产体系强调的是质量，具有确定性；而研发体系追求的是创新，具有不确定性。相对于质量和确定性，创新和不确定性的驾驭难度要高出两个级别。因此，研发数字化相对于生产数字化，其复杂程度和困难程度也将高出两个级别。与运维数字化转型和商业数字化转型相比，研发数字化转型的难度也与之类似。因此，从产品全生命周期的视野来看，研发数字化转型是工业数字化转型的"上甘岭"。

三、数字化转型的顶层思维

人们进入复杂地形，感到四周像迷宫一般路路不通、万般迷惑时，最好的办法就是走到高处，居高临下，使路线尽收眼底、清晰可见，这就是顶层思维的重要性。如果说数据利用方式的变革是数字化转型的底层逻辑，那么业务体系的变革则是其顶层思维。如果说知识利用方式的变革是研发数字化转型的底层逻辑，那么研发理

---

1 此处的知识工程是狭义知识工程，详见本书第四篇。

想模型的建立则是其顶层思维。

数字技术是数字化转型的支点，但数字化转型不等于简单地应用和部署数字技术。数字化转型本质上是数字技术驱动的业务变革，即需要在组织、流程、标准、人员、文化、业务模式等方面做整体变革。这一结论具有哲学、经济学以及社会技术学依据，是由生产力和生产关系共同决定的，也是由社会技术学的技术、管理和经济规律决定的。我们应在这些规律的指导下，将数字技术嵌入业务过程，对其进行数字化改造，从而驱动业务变革。

1. 哲学和经济学依据

生产力和生产关系是历史唯物主义和政治经济学中两个最基本的概念，它们之间的辩证关系揭示了社会、经济和科技发展的普遍规律。

本书不赘述哲学和经济学的内容，只用图 1-5 来直观和简单地说明生产力（实线）和生产关系（虚线）的关系：生产关系终将束缚生产力的发展，直到其发生变革为止。生产力是推动社会发展的主要动力，会持续不停地发展，直到生产关系开始束缚生产力的发展，使其进步缓慢。但生产力的发展是不可阻挡的，其终将突破枷锁，也就是说，生产关系将发生一次变革，建立一种不束缚生产力发展的关系。每次变革结束，生产力会得到解放，逐步恢复发展速度，直到下一次束缚的到来。

数字化转型体系中，人、科学技术、产品是生产力要素，业务模式、组织、制度及文化是生产关系要素。图 1-5 说明，生产力是连续进化的，而生产关系会突变，在图中表现为阶跃。也就是说，数字化技术是连续发展的，业务模式则需要转型甚至变革。因此，"数字化转型"的体系隐含着一个关键信息：数字化转型是业务模式的转型，而不是数字化技术的转型。更进一步，数字化技术的发展要求业务模式转型，以充分释放数字化技术的价值，至少不能束缚其进化。换句话说，数字化转型的本质是技术驱动的业务变革。

2. 社会技术学依据

数字化体系是典型的社会技术学体系，遵守社会技术学的技术、管理和经济规律。社会技术学模型在系统工程学科中称为 WSR（物理—事理—人理）模型，基于此模型可建立完整体系模型。因此，数字化转型的完整体系模型应该由模式（或战略）、技术、流程、组织及平台构成，如图 1-6 所示。模式是中心，组织、技术、流程围绕模式展开，平台是模式实现和体系落地的支撑和载体，由此构成"1-3-1"结构。

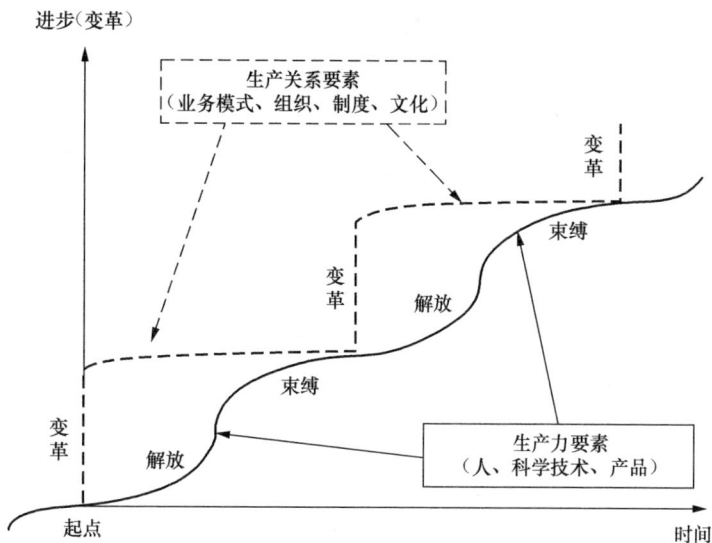

图 1-5　生产力和生产关系的辩证关系

① 1 个中心：模式（或战略），是体系的运行核心。

② 3 个要素：组织、流程、技术，决定了体系的运行方式。

③ 1 个载体：平台，利用了数字时代的便利性，为体系提供支撑。

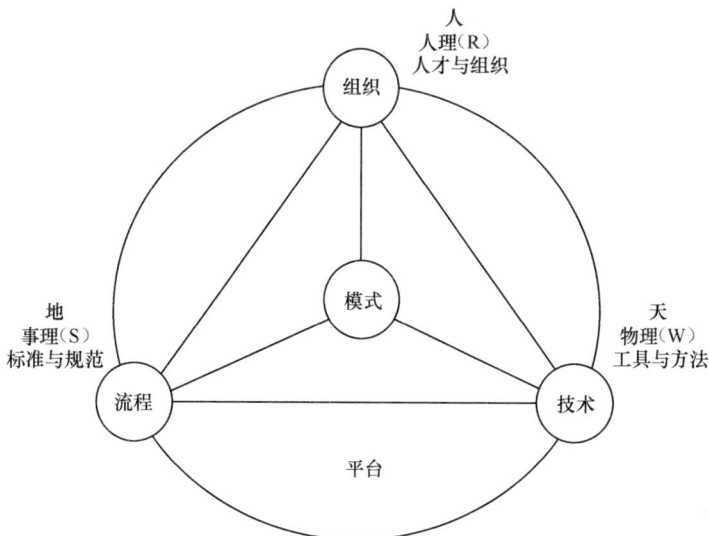

图 1-6　数字化转型的社会技术学模型

社会技术体系的发展通常是从技术开始的。当技术达到一定程度，需要进行社会化推广应用的时候，就必须明确战略体系，完善流程体系、组织体系（含人才体系），最终形成完整和稳定的社会技术体系。在一个社会技术体系中，最不容易出问题的是技术，最容易出问题的是组织与流程。因此，建立与技术相适应的社会技术体系是保障技术发挥作用的基础。

数字化转型实际上就是针对企业的具体情况，特别是企业的发展战略和远景目标，依据 WSR 模型，对数字化体系中各业务构件的 WSR 要素进行数字化改造。数字化体系既是对数字化工具和技术的采纳，也是对数字化平台的建设，更是对业务模式的变革，对流程的建设以及对组织的优化。如果没有业务模式的转型甚至变革，那么再先进的数字化技术和平台都不会获得效益。当然，在先进的数字化技术出现以前，这种转型和变革也无从发生。因此，数字化技术的发展推动了业务模式转型，或者说，数字化转型的本质是技术驱动的业务变革。

3. 数字技术如何驱动业务变革

数字技术被准确地嵌入到业务全体系中，对业务流程、业务构件和业务资源进行数字化改造，达到驱动业务变革的目的。数字技术纷繁复杂，每一种技术都有其核心使命，该使命需要和企业业务使命同频共振才能产生其应有的驱动作用。所以，对企业业务流程、业务构件和业务资源的分析，是数字化转型中的首要工作。

任何一家相对完备工业企业的业务体系都有 3 条线：主营业务、业务管理和业务资源，如图 1-7 所示。

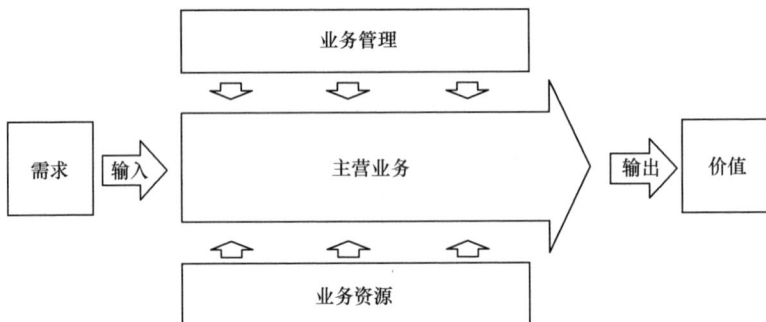

图 1-7　工业企业经营的 3 条线

① 主营业务包括研发、生产、营销、供应和运维等阶段，每个阶段都要接纳需

求，开展业务，输出价值。主营业务是一家企业存在的价值，企业能否持久，取决于其能否持续给社会创造价值。

②业务管理包括管理数据、需求、质量、项目、市场等贯穿业务阶段全生命周期的内容，保障企业在规定时间，按照规定质量，在规定成本下，完成规定产品，它是企业提高效率、降低成本、达成目标的手段。

③业务资源包括知识、设备、采购、人力、成本、财务等支撑主营业务的、贯穿全生命周期的资源，是企业业务能力的保障，也是竞争力和优势的直接呈现。

我们通常讲企业要做大做强，业务管理用来做大企业，而业务资源则是用来做强企业。

在理想情况下，这3个维度的各个业务阶段、各个管理领域及各种业务资源都具有相应的数字化技术来支持和驱动，基于企业经营视角的数字技术图谱如图1-8所示。

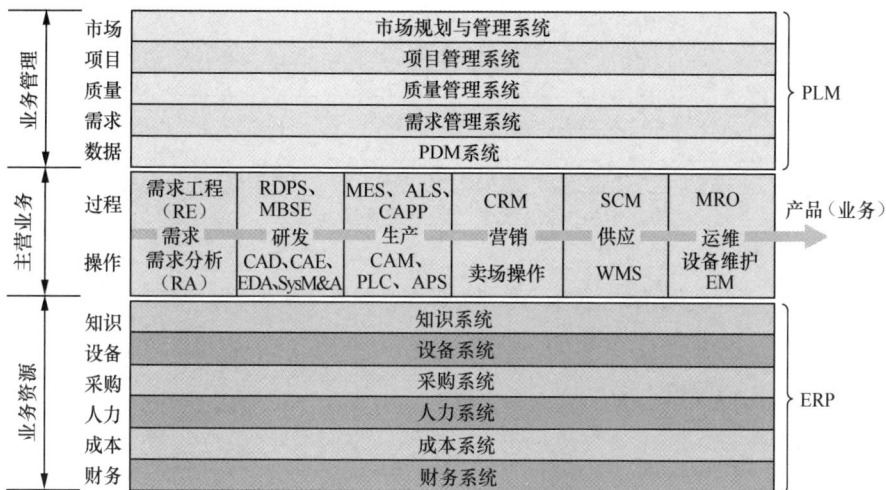

图1-8　基于企业经营视角的数字技术图谱

主营业务由多个环节构成价值链。每个阶段由不同的工业软件支撑，一般来说它们的功能不会重叠。每个阶段的软件可能包括单项工具软件和集成所需的过程软件。

业务管理是覆盖端到端全过程、全周期的。过去，不同软件进行不同业务的管理，现在逐渐归并成更大的范畴——PLM。因此，PLM狭义上是一种软件，广义上是一种管理类数字技术范畴。

业务资源同样是覆盖端到端全过程、全周期的。过去，不同软件进行不同资源的管理，现在逐渐归并成更大的范畴——ERP。同样，ERP 狭义上是一种软件，广义上是一种资源类数字技术范畴。

其实，业务资源和业务管理之间并非没有耦合性，因此准确来讲，企业经营不是 3 条线，而应该是三维坐标系。基于企业经营三维度的数字技术图谱如图 1-9 所示，水平轴代表主营业务，纵向轴代表 PLM，垂直轴代表 ERP，其更真实地反映了企业的业务结构。

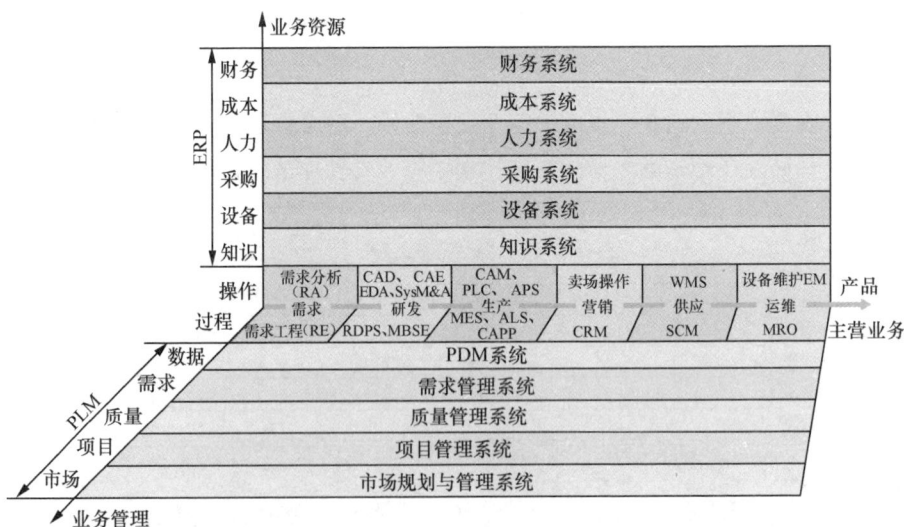

图 1-9   基于企业经营三维度的数字技术图谱

4. 数字化转型转什么

基于前文的思想，企业的数字化转型过程，其实就是做好 3 方面改造工作：业务创新、管理变革和资源重构。这 3 种数字化改造都是以数据工程为基础，但又各自针对性地升华为不同的特定工程，并与数据工程迭代递归实现驱动和进化。

业务创新是依据数字技术所提供的新型能力支持并重构业务模式，对新型业务模式中需要的流程、技术、知识、工具、质量等业务内容进行梳理，按照数字化业务的要求补充、优化和创新，并对这些业务要素数字化，以便数字化平台上线后可直接支撑主营业务。在业务创新过程中，各业务环节数字化模型的建立是要点，模型工程是业务创新中的重要工程。数字化模型运转产生新数据，利用数据分析技术改进模型。

管理变革是根据业务模式的数字化变革的要求，对组织机构进行对应的职能调整及专业重组，并进行配套的组织、流程、标准和规范建设。确定新型的数字业务体系中各业务构件建设、运行和维护所需的组织结构、人力资源、分工和主要绩效目标等，通常也称组织保障。在管理变革过程中，各管理体系数字化流程的建立是要点，流程工程是管理创新中的重要工程。数字化流程运转产生新数据，利用数据分析技术优化流程。

资源重构是利用数字化技术对企业资源进行重构，形成支撑新型业务体系和新型管理模式的新型资源。数字化资源需要引入新型 ICT 技术和系统，譬如建模与仿真、MBSE、超现实（XR）、云计算、大数据、大模型、AI 及物联网（IoT）等，对资源进行解构和重构，使其具有开放化、共享化和智能化特征。根据企业新型业务模式，确定与各业务构件相适应的数字化资源，建立数字化系统和协同平台，将数字化的业务要素、管理模型、智能资源协同整合，形成生态体系。在资源重构过程中，对各资源中的知识进行数字化加工是要点，知识工程是资源重构中的重要工程。数字化知识运转产出新数据，利用数据分析技术升华知识。

总结来说，数字化转型其实就是从企业经营的 3 个维度出发，利用数字技术对企业进行全面转型和改造，让业务从传统的线下低效模式转变为线上高效模式，从物理现场模式转变为数字灵境模式，从人工手动模式转变为软件（机器）自动模式，从信息化辅助模式转向数字化原生模式。未来企业中不仅工作环境是数字化的，而且数字化工作和成果本身就是业务过程和输出物的一部分，极少甚至无须离开数字环境即可完成业务全程，达到业务目标。

第二章

研发数字化转型蓝图

数字化转型的本质是数字技术驱动的业务变革。业务变革不是随意的变化，而是需要找到正确的优化方向。我们认为，复杂产品的研发体系存在着一个理想模型，这个模型就是研发业务优化的目标。研发数字化转型蓝图应该基于研发体系理想模型来设计，据此形成转型的路径和方案。本章提出复杂产品研发体系理想模型，并据此提出研发数字化转型的终极蓝图，以达到工业研发数字化转型的制高点（取"势"）。

一、研发数字化转型的背景

1. 世界先进工业体系的研发数字化成功转型

美国和欧洲是当今世界工业高地，也是其他区域工业发展对标的对象。国家数字化水平的高低往往与工业水平相匹配，因此它们的工业研发数字化转型也经常被选定为对标对象。

2018 年美国国防部正式对外发布"国防部数字工程战略"。该战略将美国国防部以往的以文档为中心的采办流程转变为以数字模型为中心的数字工程生态系统，正在向以模型和数据为核心的范式转型。

欧盟在利用知识建立复杂产品的研制体系方面卓有成效。近年来，欧盟通过企业间合作，开展覆盖产品整个研制过程的、基于知识工程的虚拟企业跨域协同研制体系建设，以空客公司为主组织的 VIVACE 项目是其中的典型代表。

2. 中国智能制造工程提出研发数字化转型要求

智能制造已经成为中国制造业发展的新目标，是中国制造的主攻方向。智能制造就是要实现数字技术与制造技术的融合发展，发展智能装备和智能产品，系统集成创新和产业化，推进生产过程智能化，培育新型研发和生产方式，提升企业研发、生产、管理和服务的智能化水平，促进云计算、物联网、大数据在企业研发设计、生产制造、经营管理、销售服务等全流程和全产业链的综合集成应用。

智能制造包括智能产品、智能装备、智能生产、智能管理和智能服务等。其中，产品的智能化把传感器、处理器、存储器、通信模块、传输系统融入各种产品，使产品具备动态感知和通信能力，实现产品的可追溯、可识别、可定位；通过人工智能等技术的集成融合，实现装备的智能化，形成具有感知、决策、执行、自主学习及维护等自组织、自适应功能的智能生产系统以及网络化、协同化的生产设施。

3. 研发数字化转型是跨越"中等收入陷阱"的要求

2019 年，中国人均 GDP 是 1.027 万美元，超过 1 万美元。在经济学领域，人均 GDP 达到 1 万美元是一个重要分水岭，这标志着一个经济体达到中等发达水平。同时，"中等收入陷阱"也潜伏在这个经济体前进道路的不远处。人均 GDP 达到 1 万美元以前，国家发展靠要素驱动，达到 1 万美元以后，则需要靠创新驱动。通常经济体在达到这个陷阱之前，会有个别企业的创新能力达到国际先进水平（如华为、大疆等），但总体水平（或平均水平）不高。如果不能从总体上实现要素驱动向创新驱动转变，那么掉入陷阱将不是大概率事件，而是必然事件。

中国以自主创新为特征的正向设计时代也到来了。工业软件，特别是研发类工业软件是支撑正向设计的基础性技术，因此也是跨越"中等收入陷阱"的桥梁性技术。不仅如此，工业软件还是工业发展的杠杆性技术，虽然其收入和产值无法直接对 GDP 产生显著贡献，但离开工业软件，其他工业行业的发展和对 GDP 的贡献将严重受限。

过去中国工业的生产制造端强于研发设计端，所以生产制造类软件的应用和研发都明显强于研发设计类软件，这从研发设计类软件在整体工业软件的市场份额就可见一斑。随着工业转型升级的推进，研发设计类软件将成为产业主角，研发数字化转型也是工业体系持续创新发展和转型升级的必由之路。

4. 国家提出研发数字化转型要求

2021 年 11 月，工业和信息化部发布了《"十四五"信息化和工业化深度融合发展规划》和《"十四五"软件和信息技术服务业发展规划》，两个规划中均明确提出了数字化转型的要求。

早在 2020 年 9 月 21 日，国务院国有资产监督管理委员会就发出关于加快推进国有企业数字化转型工作的通知，提出了数字化转型的要求。研发创新自然是企业的重点之一，研发数字化转型也是数字化转型的重中之重。

5. 自力更生的工业研发数字化平台

时代的进步、竞争的加剧和企业的发展，都要求企业在现代研发体系的建设上狠下功夫。企业在推进研发体系建设的进程中，需要围绕产品研发需求，基于柔性平台和框架，将现代管理方法、先进研发技术与数字化技术相结合，在企业产品研发全生命周期的各个环节增强核心竞争力。

中国企业的高端研发体系和数字化平台只能自力更生。国家安全，特别是国防安全，需要一个具有自主知识产权的研发平台。在信息化和网络化时代，身处数字化和信息化环境中的企业，如果依赖非本国的数字化和信息化平台，那么企业信息基本没有安全可言，应用国外系统的巨大风险已经在多次事件中显现。在大国工业、经济和科技竞争的背景之下，中国工业软件被领先国家"断供"已成为新常态。所以，工业软件自主研发已经被中国产业界认为是中国工业转型升级、摆脱受制于人局面的必由之路。高端平台和核心技术是买不来的，能买来的都是外围的、通用的和过时的产品与技术。核心数据和经验知识更是无从购买，只能通过企业自身积累。

中国企业与先进研发体系咨询机构和工业软件研发企业合作，进行中国企业研发体系建设和数字化平台开发，是一条可行的道路。我国机构和企业有自己的独特优势：了解中国工业国情，特别是了解中国科技人才结构，理解企业困境，精通客户需求，具有根据需求进行体系设计与定制开发的能力。体系设计和平台开发必须回归企业的需求，了解企业当前体系和研发模式，与企业共同制定发展蓝图和数字化战略，形成优秀研发体系的理论模型和建设方法论，然后构建体系框架和数字化平台架构，开发子体系和单元技术。只有这样，才能形成真正得到满足企业需求的研发体系和数字化平台。

二、研发数字化转型的需求

研发数字化转型的目的是解决中国工业企业研发体系存在的问题，这些问题的解决需求也就是研发数字化转型的需求。很多问题由来已久，但一直没能解决，看似是条件不成熟和缺乏合适手段，本质上则是在同一层面解决问题的难度和成本太大。数字化时代是一个新时代，我们到了一个新的高度，需要不同以往的手段。从高维度看低维度时，多数问题解决起来的难度更小了，成本更低了，有些问题甚至不存在了。在我看来，中国的研发体系一直存在以下问题。

1. 研发体系缺乏理想模型，数字化转型缺乏理想蓝图和顶层框架

多数中国企业的研发体系一直缺乏一个理想模型，不知道未来完美的自己长什么样。它们只顾低头拉车而不抬头看路，深陷当下烦恼而不自知。缺乏理想模型的企业在研发进化和改革的时候只能摸着石头过河。在这种情况下，企业的数字化工作要么是对当前业务做数字化复制或小幅度优化，要么是堆砌过量的数字化技术而没有支撑具体的业务需求。复制的结果是等平台上线时就已落后，堆砌技术的结果是形成数字化"僵尸"平台，研发数字化转型的工作很容易陷入"数字化"怪圈。复杂产品的研发体系是存在理想模型的，基于此模型可以描绘企业当前业务发展和进化的路线和阶梯，数字化转型的目的就是要支撑起本进化路线，这也是研发数字化转型的阶梯。

2. 数字化工具、知识、质量等资源使用随意，与研发过程"两张皮"

我国的制造业是伴随着日益提高的国际化程度发展起来的，因为面对着国际先进制造业环境，所以有一定的后发优势，特别是进入国际市场的渠道四通八达；在建设先进体系方面，视野开阔。很多企业的产品研发体系看似引入了很多技术和工具，大量工程师也似乎具备各类研发相关的知识，质量体系也不可谓不完整，但这些工具、知识和质量等资源并没有充分发挥作用，其中一个常见现象就是"两张皮"：员工对工具的使用不深，且缺乏协同，各自为战；知识没有融入研发过程，没有对研发活动起到支撑作用；质量体系流于形式，没有真正保障研发质量。

3. 逆向工程盛行，正向设计理念和方法贫乏，数字化支撑工具缺失

长期以来，中国高端装备的研发主要采取跟随仿制的策略。利用逆向工程，通过测绘获得仿制对象的图纸，只做局部修改甚至直接加工。这种方法必然难以产生创新设计，产品的功能和性能远不及仿制对象。更为严重的是，长期逆向设计形成了基因性后遗症，科技人员普遍存在害怕创新的保守心态，整个工业体系缺乏产品正向设计的理论和实践，在引入支持正向设计的数字化支撑工具方面虽有涉及，但也是浅尝辄止，没有成为正向设计的支撑。

4. 缺乏知识驱动，知识利用难以形成正向闭环，未助力研发智能化和产品智能化

知识即使是通过研发流程与研发过程伴随，也往往以朴素数据和文档信息的形态存在。这些形态的知识似乎与工作有关，但距离业务应用太远，使用起来不直接、不方便。相同的知识，不同的人对其理解不同，应用效果也相去甚远。只有工具化的知识才能保证不同的人对其使用效果相同，因为工具化的知识具有自动化和智能化特征，将人为因素降到最低。如果所有的知识可以像工具那样直接被使用，无须二次加工，无论用何种方法获得的知识，可以即插即用在应用系统中，那么知识的应用效果将明显提升。现代智能科技（云计算、物联网、人工智能等）是产品智能化和研发体系智能化的支撑技术，这些技术在中国工业领域仍然是新鲜事物，我们对它们的学习和认知还远远不够，它们在模式体系建设与产品设计上基本没有得到充分应用，适应智能制造时代的研发体系尚有很长的路要走。

三、产品研发体系三维架构

我们提出的研发体系的理想模型是经典系统工程方法和现代智能科技结合的产物。产品体系三维架构是系统工程的一个经典且极具价值的模型。复杂产品的研发体系包含多种要素，各要素相互联系，研发体系的三维框架很好地解释了这些要素之间的关系，如图2-1所示。我们以此框架为理论基础，推导出复杂产品的研发体系的理想模型。

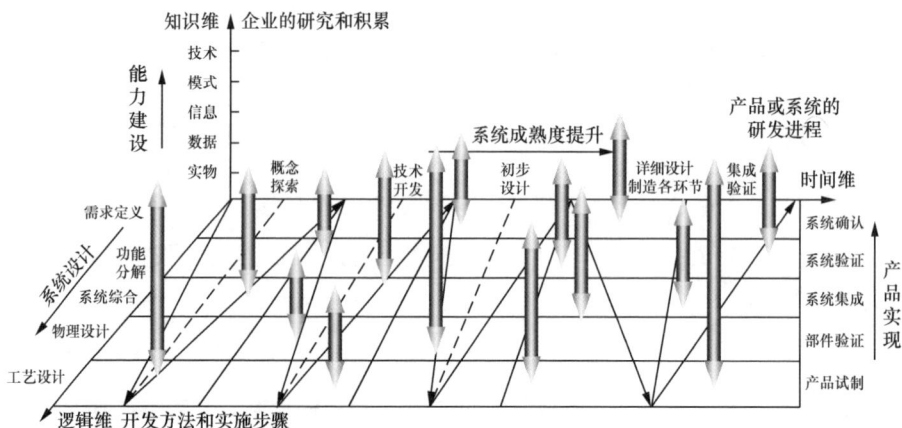

图2-1　复杂产品的研发体系三维架构

本框架的 3 个维度分别描述如下。

① 时间维：描述产品或系统的研发进程。随着时间的推移，企业系统成熟度逐步提升，直至产品研发完成。

② 逻辑维：描述产品研发的开发方法和实施步骤，企业在该维度完成"系统设计"。

③ 知识维：在产品研发的各个阶段和流程的各个步骤，都会使用到知识和产生新知识。这构成了第 3 个维度——知识维，其主要管理企业在产品研发中的研究和积累。企业在该维度完成能力建设。

在这三个维度中，时间维是管理视角，逻辑维是技术视角，知识维是资源视角。具体分析如下。

① 时间维是管理视角。研发管理的目标是保证产品和服务满足客户需求的程度和进度。程度是质量管理，进度则是项目管理。时间维考察客户需求的满足程度是否随着时间逐步提升，产品特性是否正在接近指标要求。如果是，说明产品成熟度在提升。否则，时间的消耗和阶段的推进并不代表成熟度的提升。此维度要么向前，要么停止，不能后退，恰似时间的属性。后退意味着对成果的否定，对结论的推翻，也意味着出现了质量事故，研发项目的进度将被颠覆。

② 逻辑维是技术视角。沿着 V 模型的技术开发流程，是沿着预定路线，采用相应工具和方法，获得正确结果的过程，技术开发流程如图 2-2 所示。在时间维的每个阶段 V 模型都存在，意味着在不同成熟度阶段，此过程是多次迭代、往复循环的。

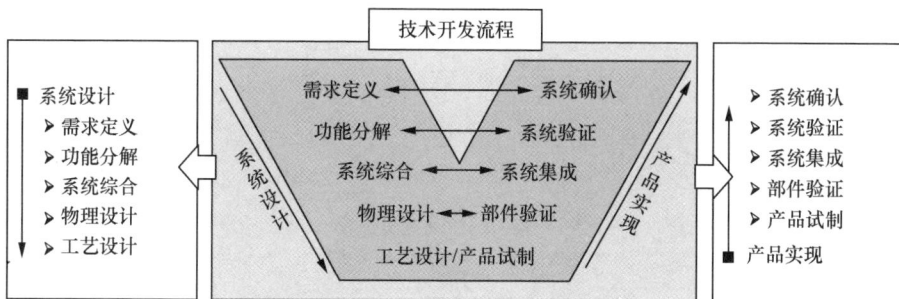

图 2-2　技术开发流程

③ 知识维是资源视角。研发体系中最有价值的资源就是知识，所以在本书中我们不对资源和知识作明显区分，它们都代表了企业的底蕴。基于知识工程和知识增值思想，知识维由知识的 5 个层次构成（见图 2-1）。研发体系中知识的积累和应

用程度决定了研发的智能程度。知识层次越高，研发的智能程度越高。目前普通企业研发所用知识的层次通常在显性化、有序化和共享化层次，先进企业开始使用自动化知识和智能化知识。企业在知识维的发展没有固定的方向和预定的路线，取决于企业的历史积累。企业在某个阶段或某个流程有积累，则可以跃迁到上一个智能层级；没有积累，该阶段或流程就会下降到下一个层级。这种上下只代表企业历史积累的程度，既非迭代，也非颠覆。

当下各行各业推行的信息化、数字化和智能化相关的转型，本质上就是针对以上 3 个维度的需求而展开的变革。信息化解决的是时间维的变革问题，数字化解决的是逻辑维的变革问题，而智能化则解决的是知识维的变革问题。

四、研发体系的理想模型

三维研发框架模型中嵌入的 V 模型是应用系统工程理论对产品设计过程进行分解和展开而形成的。该模型给出了产品设计的完整过程，如图 2-3 所示。这又是系统工程一个经典且极具价值的模型。

理想的产品设计过程的起点是涉众需求，经过需求定义、功能分解、系统综合、物理设计、工艺设计 / 产品试制、部件验证、系统集成、系统验证和系统确认等阶段，最后完成系统验收。V 模型右边部分交付的产品，也是对左边相应阶段的验证。如果产品的验证出现问题，则会回到左边相应阶段进行修正。这个过程称为"正向设计"。

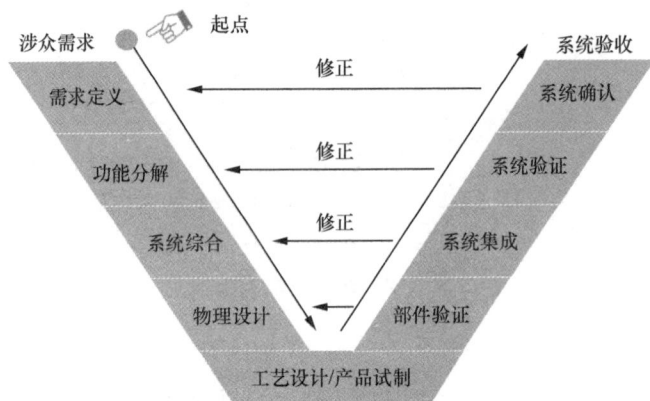

图 2-3　基于 V 模型的产品设计

为了保证 V 模型左边的 5 个设计过程结果正确，需要引入 5 个小 "V" 循环，分别是指标分析、功能分析、系统分析、工程仿真和制造仿真，以期通过计算、分析、仿真等手段对设计进行确认和优化，如图 2-4 所示（后文中为了图形的简洁，有些图省去了 "制造仿真" "V" 循环）。

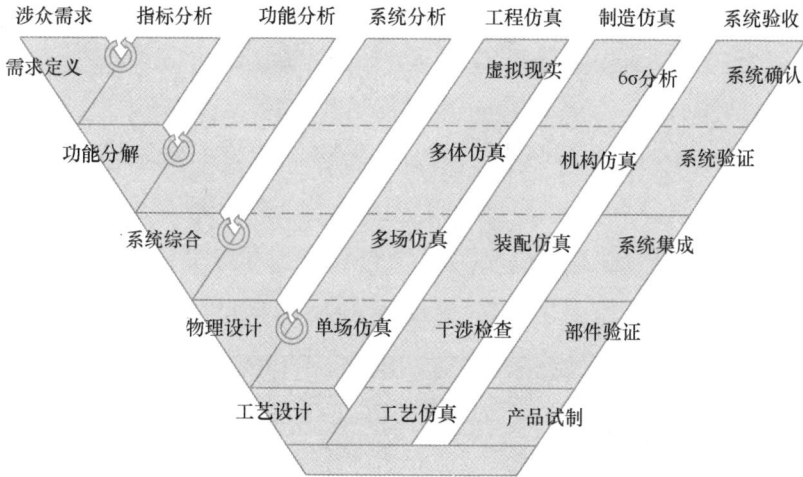

图 2-4　产品研发的完整过程

这样最终确定的研发体系是由多个 "V" 嵌套的模型。整体来看，多 V 模型的左侧是设计过程，右侧是试验证过程，底层是试制过程，中间则是一系列仿真过程。

多 V 模型是对一般产品研发过程的抽象，它基本适用于所有产品的研发过程。但从企业角度来看，它仅从技术视角表达了产品研发体系。根据图 2-1 所示的研发体系三维架构的思想，企业完整的研发体系还应包括管理和知识两个方面。管理层的目的是帮助企业做大，知识层的目的是帮助企业做强。唱衰管理的企业都做不大，唱衰知识的企业都做不强。研发管理层包括需求管理、项目管理、流程管理和质量管理等要素；研发知识层则包括五大类资源：实物资源、数据资源、信息资源、模式资源和技术资源；从而形成复杂产品研发体系模型，如图 2-5 所示。

其实，此处的知识层也属于业务资源，的确如此。对生产型企业来说，有价值的资源也许有很多，如厂房、产线、机床、工人等，但对研发型企业来讲，知识是其唯一有价值的资源。你也许会说，研发企业最有价值的资源难道不是人吗？其实，有知识的人才有价值，没知识的人对研发企业来说并没有价值。因此研发型企业最有价值的资源就是知识。

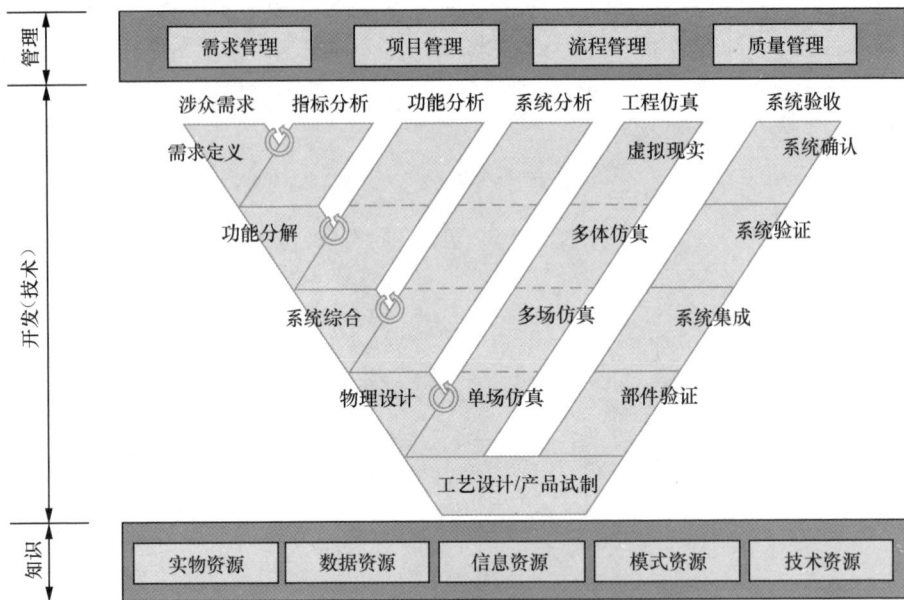

图 2-5　复杂产品研发体系模型

　　承担复杂产品研发任务的企业一般都是由多家子企业构成的集团或产业链联盟。每家子企业的研发体系都是一个包含管理、开发（技术）和知识的多 V 模型。集团或联盟的研发体系是由多个多 V 模型构成的复杂体系。多个模型之间，首先需要建立业务协同体系，业务协同体系主要包括数据协同和信息协同；其次需要建立知识（资源）共享体系，当代研发知识（资源）共享最先进的体系是研发云，集团的产品研发体系构成如图 2-6 所示。

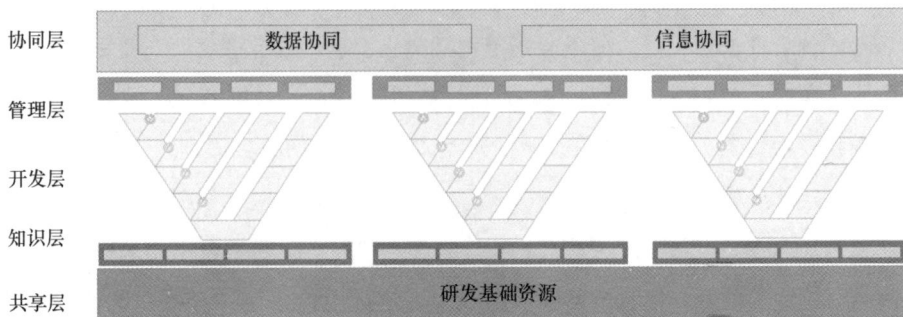

图 2-6　集团的产品研发体系构成

因此，集团的产品研发体系还包括协同层和共享层。这样，最终完整的复杂产品研发体系理想业务模型是由协同、管理、开发、知识和共享 5 个层次构成的多 V 模型，如图 2-7 所示。

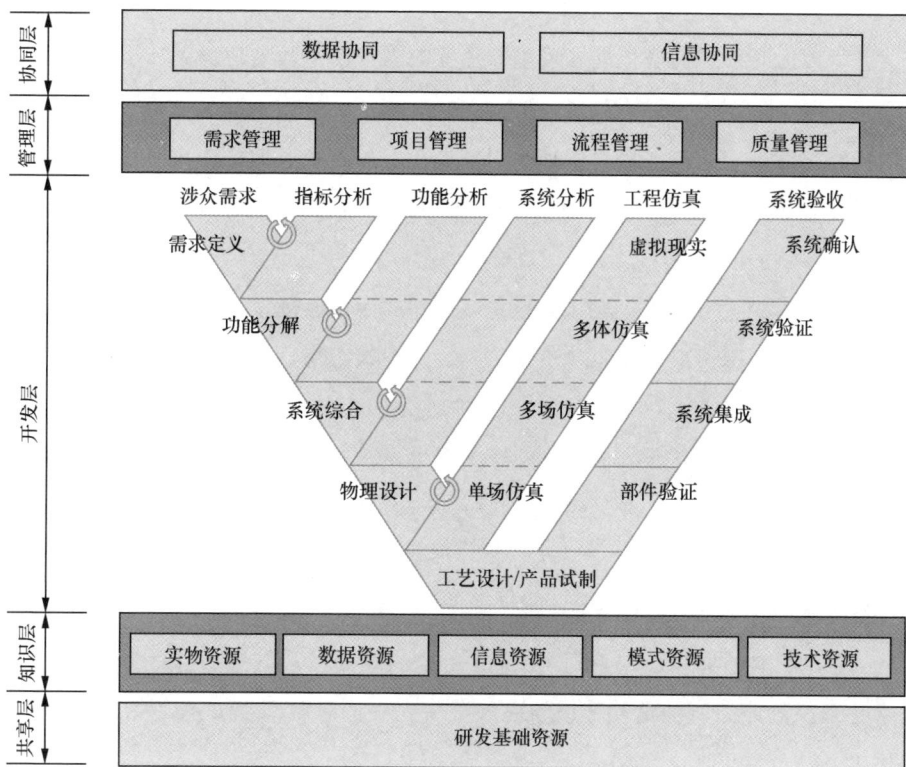

图 2-7　复杂产品研发体系理想业务模型

研发体系理想业务模型，可以简称为体系理想模型或理想业务模型，包含了完整的研发要素及业务构件（图 2-7 中每一个矩形或菱形代表一个业务构件）。任何一家研发型企业的业务模型都是理想业务模型的子集。越是复杂产品的研发，或者企业成熟度越高，其业务模式与本模型就越一致。对于研发简单产品的企业，其业务模型也是这个模型的子集。对于研发成熟度不高的企业，其业务现状是这个模型的较低成熟度状态。

需要指出的是，这里所谓的理想模型，其实是个参考模型，不同企业需要将这个参考模型实例化为自己的模型。实例化的过程是将该模型的每个业务构件打开，将其工作内容和业务逻辑具体化，可以预想，具体化之后，每家企业的业务内容和逻辑必然不同。

五、数字化研发平台参考架构

基于以上对理想业务模型的理解，企业在进行研发数字化规划和平台建设方面就游刃有余了。理论上讲，理想业务模型中的每个业务构件都至少有一个数字化系统对应和承载。因此，我们可以一一对应地提出每个业务构件的数字化系统，填入图 2-8 右边的框架中，从而形成研发数字化蓝图，甚至我们可以针对某企业或行业提出每个系统的参考系统。

通过与理想业务模型对标，企业可以获得研发体系的发展规划，进而获得数字化的发展规划。通过研发体系的进化节奏，企业可以推导出数字化的建设节奏。具体做法如图 2-9 所示。

① 企业各个部门分析本部门的职责和业务内容，与理想模型对比，找到本部门在理想模型中的定位，形成如图 2-9（a）所示的模型。

② 各部门就所负职责和业务内容，对所拥有的数字化系统进行分析，评价数字化系统对本部门当前业务的支撑力度。

③ 与理想模型对比，各部门形成业务发展规划，同时提出数字化需求，包括数字化系统的能力、数量和建设步骤等。将这些信息填写在如图 2-9（b）所示的表格中。

④ 企业汇总各部门的分析结果，形成全企业数字化整体规划，包括各数字化系统的能力、数量和建设步骤等，形成如图 2-9（c）所示的表格。

在数字化研发理想模型中，可以根据业务的相似性和关联性对模型中所涉及的业务进行归类。以此为依据，对研发数字化蓝图的子系统做相应归类，形成最终的数字化研发平台参考架构，如图 2-10 所示。之所以称它为参考架构，是因为不同企业可以根据自身当下的数字化转型需求，实例化此架构中的应用元素（目前以空白示意），从而形成特定的数字化研发平台。

企业的数字化研发平台既是数字化研发体系的组成部分，又是研发体系数字化转型的载体。需要说明的是，数字化研发平台不是一套软件，而是一系列数字化系统构成的集成化平台。根据工业企业的数字化研发目标，基于云计算架构，利用面

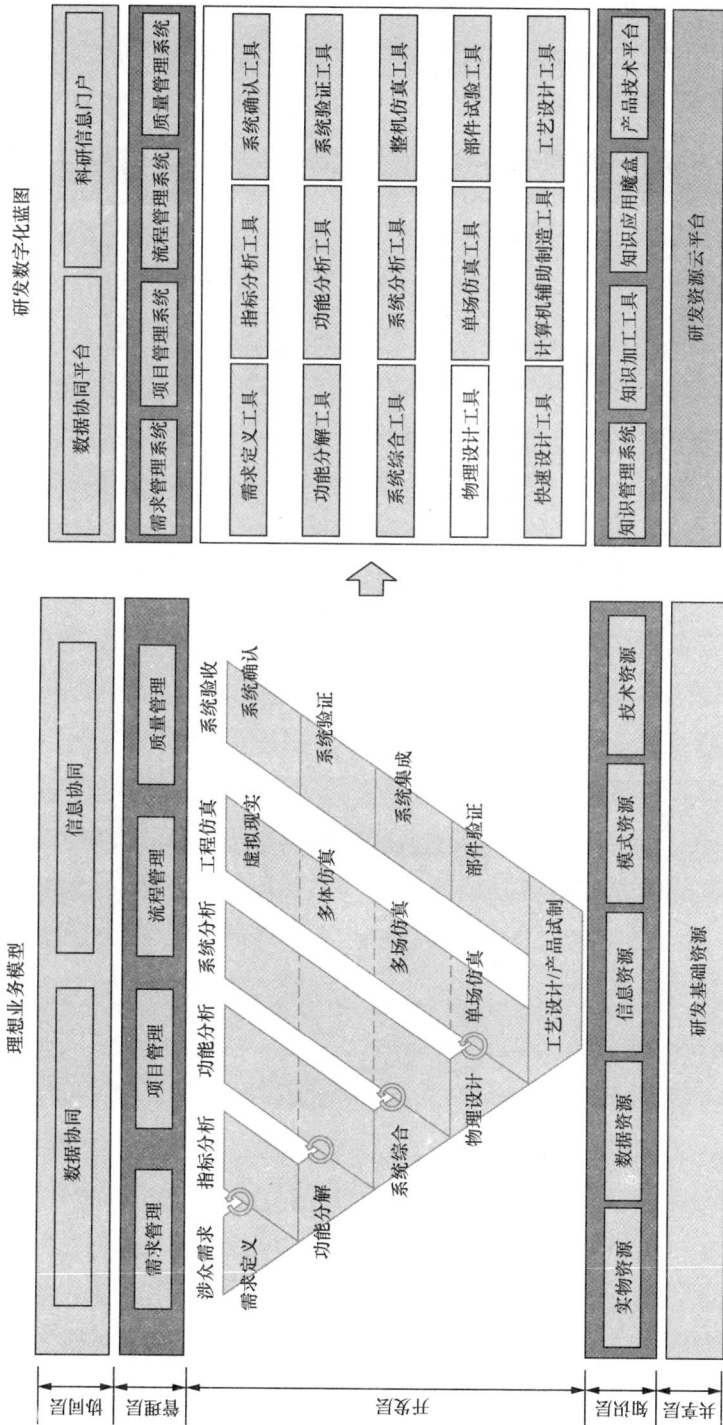

图 2-8 基于业务蓝图设计数字化蓝图

向服务的柔性集成框架，将企业所有与研发有关的专业系统协同整合，形成数字化研发服务的集成化平台。这些系统除数字化研发体系咨询和建设方所提供的系统外，还包括第三方系统、企业已有系统和未来将要引入的系统。因此，我们也经常将数字化研发平台称为数字化研发集成平台。数字化研发集成平台的模块主要包括以下内容。

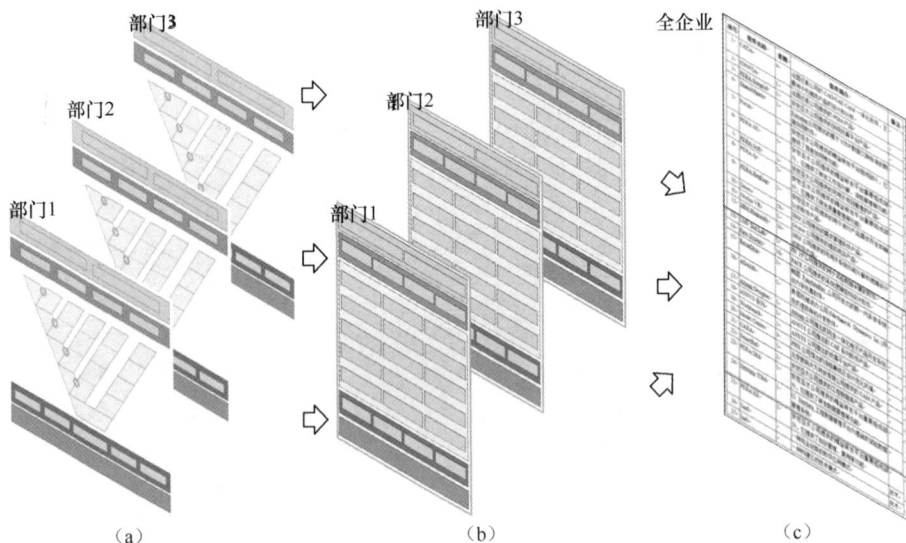

图 2-9 企业根据理想业务模型进行数字化规划

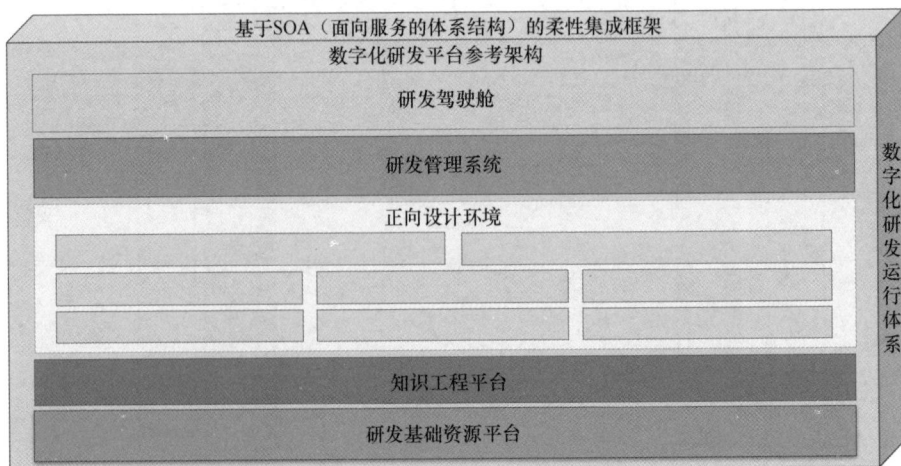

图 2-10 数字化研发平台参考架构

① 研发驾驶舱：基于数据分析技术，进行企业的研发数据和信息等的协同、监控与展示。

② 研发管理系统：用于研发流程管理、产品需求管理、项目协同管理和质量全面管理等。

③ 正向设计环境：基于全息模型的产品协同开发环境，指对产品正向设计过程中工具和方法的集成、使用和管理的环境。

④ 知识工程平台：对产品研发体系的资源和知识进行增值加工建设，使其显性化、共享化、工具化和智能化，与研发过程关联，与设计工具融合。

⑤ 研发基础资源平台：用于支撑研发软件、硬件、计算等基础资源的共享，支撑研发体系的开放、共享和协作。

六、理想模型与参考架构的意义

研发体系理想模型和数字化平台参考架构为研发数字化转型提供了顶层思维和底层逻辑，是以不变应万变的对标模型和架构。任何一个研发型企业，在发展过程的任何阶段，其业务都是理想模型的某种特例，其对应的数字化平台也是平台蓝图的某种实例。

本对标模型可以指导业务模式规划、能力规划、知识（资源）规划以及数字化规划。与此对标，企业所欠缺的或不完善的业务构件，及其对应的数字化构件，就是该企业未来应该进行业务优化和数字化建设的内容。根据企业发展战略规划，可以形成未来建设和完善研发体系和数字化平台的计划和步骤，形成数字化研发体系的长远规划。

研发体系理想模型和平台参考架构更深远的意义在于，它提供了一个数字化部门（IT类部门）和业务部门（研发设计类部门）的沟通平台，有助于解决普遍存在中国企业的一道难题——数字化和业务"两张皮"。数字化部门常常难以从业务角度出发规划和实施数字化转型，业务部门也难以理解数字化技术如何成为业务的支撑。下面这个场景你有可能觉得很熟悉？

某日，企业要求启动的数字化转型大计。数字化体系中的人员深知这个"真理"——数字化转型不能仅为数字化而数字化，而应是以技术驱动的业务变革。所以，他们真诚觉得数字化需求的"真谛"应该来自业务体系，于是，他们怀着无比崇敬的心情去业务部门调研需求。业务体系中的人员得知数字化体系的人来求取

"真经"，突然变得忐忑不安，面对在"神坛"上的数字化转型，业务体系中的人员苦思冥想多日，不知道给建设数字化体系的人员说些什么信息才配得上这个"高大上"的项目。其实，他们哪里知道，建设数字化体系中的人员也惴惴不安，不知道在调研需求时从何谈起。业务体系中的人无法告诉建设数字化体系的人员"数字化怎么做"，建设数字化体系的人员也无法告诉业务体系中的人员"业务如何变革"。双方看着数字化蓝图，心里一直喊着"芝麻开门"。

说实话，如果没有一个理想模型做指导，研发体系中有几个人能说清楚或敢确定 5 年后的业务模式？更不要说业务细节！建设数字化体系的人本来就对业务不熟悉，再遇到模棱两可的未来业务模型，就更无法获得真正有价值的需求。

没有数字化平台蓝图，建设数字化体系的人很难想象未来平台可能是什么样，更无法给业务体系中的人直观地表达认知。缺乏一个直观的形象，业务体系中的人也很难给建设数字化体系的人提出较为具体的需求。所以，在建设数字化体系的人推开业务体系的大门之前，双方都是忐忑的。

业务体系的人讲不清楚未来 3 至 5 年的业务模式，只能说说当下的痛点。而数字化项目的周期动辄 2 至 3 年，于是平台上线即过时，以后只能不停地对其修修补补，哪里不合适就修哪里，就像游戏一般，哪有怪物就打哪。遇到激进和强势的数字化部门，它们甚至会绕过业务需求或想当然堆砌过量的数字化技术，堆砌数字化技术的结果就是形成僵尸平台，自己本身就成了一头数字化怪物。

有了理想模型和数字化蓝图这样一套双方统一和直观的图谱，在推开调研之门的时候，双方就都会是安心和踏实的。基于理想业务模型，建设数字化体系的人至少可以对当下和未来业务的框架心里有数，业务体系中的人基于理想模型提供的框架来分解和展开未来的业务细节。基于数字化蓝图，建设数字化体系的人对未来平台的大致样貌胸有成竹，业务体系中的人也能直观体会未来平台的样子。

业界有一句对数字化调侃："规划往往都变成'鬼话'"。缺乏理想模型和数字化蓝图这样的一致性目标，输出的规划必然是漫无目的、临时过渡和杂乱无章的，这样的规划无人点赞，无人参考，更无人追随，变成"鬼话"也是必然的。

七、模型要理想，转型需变通

理想模型代表了企业的未来业务，必然对企业的变革具有指导意义。但正如前文所言，无论是理想模型还是数字化蓝图，都是参考模型和参考架构，不同企业需要实例化来获得自家模型的具体细节，也就是说，每家企业的理想模型是独特的。需要进一步指出的是，既然它是理想模型，就肯定不是现实可行的业务模型，于是就存在前文所述的"3至5年后的业务模式"之说。现实可行的业务模型往往与企业当下的能力和资源有关，需要利用理想模型所需的能力和资源与当下的能力和资源进行迭代递归而获得。企业的变革过程其实就是迭代递归的过程。

变革之初，企业领导会提出一个理想的变革目标。为此，变革组会设计一套完美的业务逻辑，但在其落地变成企业实践的时候，往往会发现企业根本就不具备完美的业务逻辑所需要的能力和资源，即使是倾巢出动和倾囊购置也不能达到要求。变革组通常依赖某个咨询公司展开变革，依据其提出的某种完美自洽的理论（理想模型）来设计业务逻辑。这种业务逻辑当然也是理想的，但其前提是企业具备满足该业务逻辑需要的资源和能力。但理想与现实有很大差距，能力和资源"不完备"才是企业的常态。我们经常说"某个咨询公司不务实、变革方案不落地"，指的就是其只考虑了方案，而没有考虑现实。

因此，一个成功的变革应该是根据不完美的现实条件递归再回去修正业务逻辑，用一个并不完美但优于当前的业务逻辑来运行企业。当然，变革目标也会因此递归成为不甚理想的目标。这种修正不会是一次完成的，需要"三上三下"多轮递归，最终的变革目标、业务逻辑和资源安排是同时确定的。

成功的数字化转型的一个特征是：不仅具有一套完美自洽的理论体系（理想模型），而且拥有一套可变通的实施方法论，以确保不同企业的数字化变革均能成功。作为数字化转型的咨询机构，我们也把它作为团队的努力方向。

第三章

研发数字化转型路径

"总体规划，分步实施"是社会技术体系建设的通用原则，研发数字化转型也是如此。规划和实施是研发数字化转型的两个阶段。"规划"是从长远的视角来看，研发数字化转型的未来蓝图如何，到达路线如何。而"实施"则是沿着这条路线进发到达规划的蓝图需要做哪些工作。本章先讨论研发数字化转型的路径。如果蓝图设计是获取研发数字化转型之势（取"势"），那么路径规划就是明确数字化转型之道（明"道"）。

一、数字化研发的成熟度模型

数字化研发体系的成熟度模型是进行转型规划的基本工具。虽然在第一章中我们没有使用成熟度的概念，但图 1-4 也对应了数字化研发体系的成熟度阶段。该模型是衡量成熟度的标尺，也反映了成熟度的高低，因此，我们在很多场合也会特意把成熟度示意图绘成台阶的样子，如图 3-1 所示。

级别	一级成熟度	二级成熟度	三级成熟度	四级成熟度	五级成熟度
特征	辅助级	精益级	正向级	智慧级	生态级
战略	基于CAX工具的辅助（计算机辅助技术）	基于完整流程的聚合	基于模型的架构级创新	基于知识体系的智慧	基于云智生态的自进化
总体特征	企业开始对研制关键要素进行数字化尝试	完整的数字化流程使得关键要素得到有效协同、集成和融合	基于完整"V"字研制流程，依托产品数字化模型，实现产品研制全自主化	将知识增值加工形成智能知识插件，融入研制全体系	发展与演进研制云生态，进行开放式研制与创新

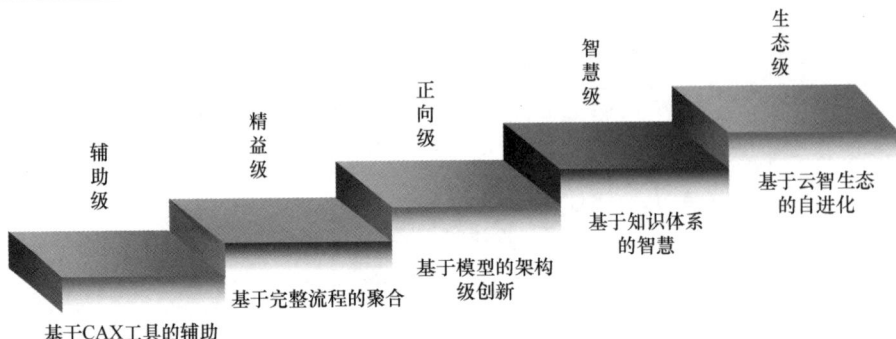

图 3-1　数字化研发体系的成熟度模型

本书依据团体标准 T/AIITRE 10004–2023《数字化转型 成熟度模型》，除了图1–4 中表达的各级别特征，还从业务模式、能力建设和要素支撑等维度方面，给出了数字化研发体系各级别的更为详细和具体的特征，见表 3–1。

二、研发数字化转型规划步骤

不同企业的企业使命、研发战略和当前状态等方面有所差异，其研发数字化转型的路径也必然不同。企业对研发数字化转型进行规划时，需要确定的是依据目前技术水平，在可预期的有限时间内，体系建设所能达到的蓝图，并制定合理的建设路线。其规划步骤依次包括现状诊断、蓝图设计、确认进化路线和建设实施，如图 3–2 所示。

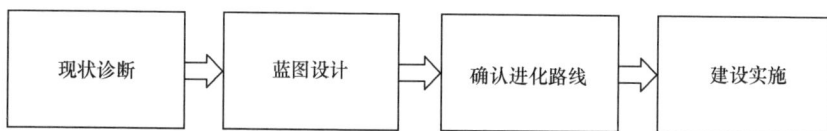

| 现状诊断 | ⇒ | 蓝图设计 | ⇒ | 确认进化路线 | ⇒ | 建设实施 |

图 3-2　研发数字化转型规划步骤

1. 现状诊断

现状诊断指对标研发体系理想模型和数字化参考架构的各要素，对企业各研发相关部门的业务和数字化真实现状、问题、痛点进行分析，根据现状诊断结果，结合研发数字化转型成熟度模型，评估企业当前的成熟度级别，进行企业现状定位，确定变革的出发点。

2. 蓝图设计

蓝图设计指依据研发体系理想模型，明确企业的发展战略、愿景和目标，对全企业及各部门发展期望和志向进行梳理，提出全企业的研发业务蓝图，并根据业务蓝图提出研发数字化转型的蓝图。描绘完成研发数字化转型之后，企业将最终呈现的美好景象。这个蓝图被喻为企业追求的研发数字化转型的最终理想状态，看似企业现状距离蓝图比较遥远，但它却是研发数字化转型不可或缺的指路明灯。

3. 确认进化路线

确认进化路线指进行差距分析，即对蓝图和现状进行对比，获得现状相对于蓝

表 3-1　数字化研发体系各级别对应的各维度的特征

级别		辅助级（第一级）	精益级（第二级）	正向级（第三级）	智慧级（第四级）	生态级（第五级）
业务模式	管理	在流程的引导下，企业开始将研发关键要素进行有序地排布和运行	通过集成化流程，研发体系内的关键要素，特别是数字化要素得到有效地协同、集成与融合	研发体系基于完整模型的系统工程模式，实现从需求、设计、制造、集成到交付的完整研发管理	基于知识服务方式赋能产业链（集团）中的各企业，利用赋能模式达到企业的管理目标	水样组织出现，企业边界模糊化，通过价值链起落资源快速聚集，价值牵引型管理模式出现
	设计	数字化技术对研发设计起辅助作用，研发人员自主对数字工具进行选择使用	数字化技术要素在正确的时间推送给正确的人，实现基于数字化技术驱动设计的模式	研发全体系在研发模型的驱动下，研发全过程呈现出完全正向设计的特征	产业链中的产品和研发知识形成数字化知识通件和AI模型，在产业链运行中自动化匹配和支持链（集团）研发	设计技术服务化，设计服务开放化，产品研发设计呈现的生态化价值牵引的生态化互动模式
能力建设	正向	对产品的系统架构和运作逻辑有清晰的理解，可以根据现有产品或系统进行逆向设计形成"新产品"或"新系统"	对产品或系统的功能架构有清晰的理解，具有根据功能架构进行系统架构的设计与仿真能力	从技术需求和指标分析入手，从顶层进行架构设计和创新，功能逻辑完善，物理系统拓扑合理，形成全面和完整的正向设计能力	可以从客户需求（涉及技术需求）进行技术开发和确认，形成产品或系统的指标体系，具有架构设计和创新能力	从系统的架构设计能力提升到系统（系统之系统）架构的韧性设计和柔性生长能力

续表

级别		辅助级（第一级）	精益级（第二级）	正向级（第三级）	智慧级（第四级）	生态级（第五级）
能力建设	模型	建立部分产品、部分生命周期阶段的部分数字化物理模型	建立全产品生命周期的各阶段的数字化系统模型和物理模型	建立全系统或产品生命周期各阶段的多种类型的模型，包括需求、架构、系统、物理等模型	从产业链（集团）视角，针对系统或产品的各阶段各层级，建立可共享的模型库体系。基于AI技术建立大模型或领域模型，将其作为重要支撑	基于价值导向，在生态中会出现"自生长"产品和技术模型的模式
	仿真	企业对仿真的原理和方法已经掌握，利用仿真分析的结果可以重现	仿真结果可以预测产品的功能和性能，可替代大部分试验。此时企业已经建立了仿真规范与标准，并得到较好执行	企业已经实现"仿真驱动研发"愿景。仿真工具成为研发的核心工具，仿真组织体系已经完整建立，并已成为研发组织的中坚力量	仿真不局限于产品和系统内部，将产业链（集团）成为常态。AI技术加持仿真，而且成为一种新的仿真范式	生态研发中的所有交付物以数字化模型和仿真结果的表达为前提
	知识	在数据类知识的保存和应用方面有较为稳定和有序，利用数据形成各类规律、数据形成各类规则，整合信息及业务模式类知识，通过范式化手段定型	多数专业技术和产品组件等知识资产，按照业务需求和产品逻辑正确嵌入设计过程，不需要专家值守现场给予判断和指挥就能准确无误地完成工作	能够自动挖掘全产品、全流程和全组织的知识，经过数字化加工成智能体，在业务流程和工作情景中自动推送准确的知识	采用相应的智慧分析技术，将产业链（集团）体系中的知识进行挖掘和数字化加工，利用AGI技术，基于智慧判断和推送	基于价值导向，知识和数字化成果在生态中"自动"产生，利用AI技术在生态中传播和进化

续表

级别		辅助级（第一级）	精益级（第二级）	正向级（第三级）	智慧级（第四级）	生态级（第五级）
要素支持	数据	在辅助工具零散使用过程中，数据保存在设计人员的系统中，涉及的数据一般是产品数据、试验数据、仿真数据	主营业务数据自动采集和集成共享，构建关键业务机理模型，开始涉及过程数据和质量数据	全企业多源异构数据的全面采集和集成共享，数据类型再次增多，开始涉及数据、架构数据、系统数据	平台服务内外部用户，动态运行数据并自动采集，构建平台服务机理模型并对其进行配置和组合。数据的输入为AI技术的使用提供了支持	智能化按需采集集态圈内的动态运行数据，构建可自主运行和协作的智能模型
	工具	软件的选型主要依据型号（项目）的需求而进行，工具涉及二维和三维CAD软件、单场单学科仿真和优化软件、In-house工具等	软件的选型主要依据其对企业和研发流程的支撑程度进行。CAE/CAD集成，并使用多场耦合仿真工具，多学科集成系统	基于模型化思维进行工具的规划与选型。CAE软件方面开始向多场多学科方向优化发展。CAD软件向MBD方向发展。系统设计与仿真软件开始全面应用，CAI和CAQ工具开始成为重要工具	基于产业链（集团）研发的协同平台和系统成为重要工具。知识工程平台及AI系统成为研发过程的重要工具	基于云的小型化工具（智能体）成为新宠，生态中的知识、数据、智能体等的创作工具、平台和服务化组件成为重要工具

续表

级别		辅助级（第一级）	精益级（第二级）	正向级（第三级）	智慧级（第四级）	生态级（第五级）
要素支持	流程	对流程管理的重要性有所意识，并启动局部的管理工作	流程管理已经成为保持研发过程有序进行的保障。研发流程已经成为将各研发关键要素综合集成起来的核心要素	基于系统工程的正向设计整整流程是基本驱动流程，其中的仿真体系和流程成为核心流程	基于产业链（集团）视角的协同流程成为主要流程。而且在AI的驱动下，知识在这个流程中，与流程具有智能化的关联关系	与基于生态化的开放式研发合作模式相关的柔性化非端到端的微服流程成为主流模式
	组织	信息化人才和组织初具规模，可以在研发体系中给予一定的辅助支持	基于流程的信息组织管理体系、设计、仿真、试制、集成、质量等要素的相关部门协同工作	支持正向设计组的数字化管理，完善的系统工程管理体系，基于模型的架构、设计、仿真、试制、集成、验证、知识、质量等部门高效协作配合	基于产业链（集团）视角的赋能组织，为全产业链企业提供数字化支持。知识和AI相关的人才成为研发主力	基于价值导向，开放化和社会化的数字化服务资源为生态中各角色提供数字化的支持服务

图在各个方面的落差，由此获得研发体系变革方向，提出补差策略，并提出具体的补差项目清单。路线的规划就是补差项目及起止时间的规划。由于企业对变革速率的承受能力是有限的，所以研发数字化转型需要划分为多个阶段来进行，每个阶段实施一部分补差项目。这几个阶段的划分可以参考成熟度模型，设计未来可预期的时间内成熟度级别的攀升节奏，并根据此节奏来决定每个阶段实施的项目。

4. 建设实施

在这一阶段，企业首先应确定该阶段的项目组合。对于每个项目，企业需要清晰描绘项目的目标，设计完整和详细的实施方案，做必要的工作分解，形成每项分解工作的技术方案、实现路径、进度规划、人员和成本预算等，也就是说，形成了这个方案，就可以随时启动项目。

三、研发数字化转型蓝图规划

1. 蓝图规划的模型

如第一章所述，数字化研发体系是典型的社会技术学体系，遵守社会技术学的技术、管理和经济规律（见图 1-6）。因此，数字化研发体系的蓝图规划可以采用社会技术学方法。社会技术学模型针对数字化研发体系的实例化得到数字化研发体系的构成，如图 3-3 所示，形成的 5 个基本要素如下。

（1）战略。

研发数字化转型的近中长期目标：精益、正向、智慧。

（2）物理。

数字化研发体系采用的技术、工具与方法。

（3）事理。

数字化研发体系运行的流程、标准与规范。

（4）人理。

支撑数字化研发体系运行的人才、组织与激励模式。

（5）平台。

支撑数字化研发体系的数字化平台。

数字化研发体系的建设，是对先进研发方法、工具和技术的采纳，也是对数字化研发平台的建设，更是对企业战略的选择、对流程、标准和规范的建设，以及对组织的优化变革。

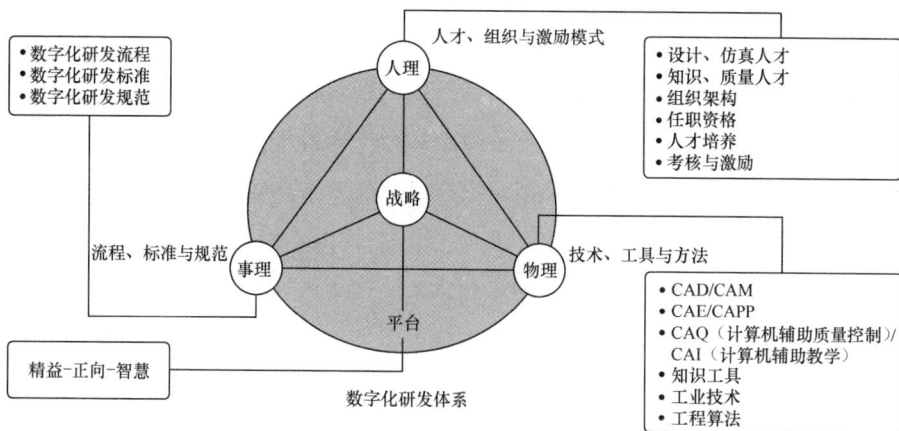

图 3-3 数字化研发体系的构成

2. 蓝图规划的内容

研发数字化转型蓝图规划实际上就是针对企业的具体情况，特别是企业的发展战略和远景目标，依据社会技术学（WSR）模型，对理想业务模型的体系和各业务构件的 WSR 要素进行针对性设计。

（1）战略分析。

企业根据其发展战略、产品发展战略及其远期目标，来明确研发体系的总体战略定位和远期目标。根据这些信息确定研发数字化体系的定位和目标。不同企业对研发体系的期望未必相同，定位也随之不同，数字化体系也必然不同。例如，采取技术领先战略的企业对研发体系的期望高于采取成本领先战略的企业。相应地，企业对研发数字化转型体系的建设要求和投入预算也就有所不同。因此，企业进行战略分析是非常重要的。

（2）研发流程。

在找准差距、明确未来建设内容后，企业应对这些重点工作进行流程规划。此处的流程是广义流程，是指业务构件的业务关系、标准和规范、执行过程和方法、制度保障等。

（3）研发组织。

企业应确定体系总体和各业务构件建设、运行和维护所需的组织结构、人力资源、职责分工、关键绩效指标（KPI）和激励机制等，通常也称组织保障。

（4）研发技术。

企业应确定数字化研发体系与各业务构件的规划、建设、运营过程中所需的技术。包括两个方面：一是业务构件建设与运行所需要的技术和方法；二是各业务构件对应的数字化改造所需要的系统、工具和技术。

（5）研发平台。

在社会技术学体系中，平台是数字化体系的载体和支撑环境，用于保证体系标准化、规范化和高效率地运行。平台规划的主要目的是确定与数字化研发体系和各业务构件相适应的数字化系统及其架构、功能、模块及部署模式等。

3. 蓝图目标制定

数字化研发体系的蓝图目标一般制定为：设计一种模式，建立一个体系，建设一个平台。各含义如下。

① 一种模式：基于研发数字化转型理想模型，研发型企业可以据此对标，要么"补钙"，要么"增高"。不断提升企业研发体系的成熟度，提高企业研发能力水平和产品技术含量，促进核心竞争力的有效形成和全面提升。

② 一个体系：依据 WSR 模型，明确企业研发体系的战略和使命，确定技术、工具和方法，制订流程、标准与规范，确定人才、组织与激励模式以及搭建数字化支撑平台，形成一个完整有机体系。

③ 一个平台：基于开放、柔性的 SOA（面向服务的体系结构）框架，集成企业历史、当期、未来的信息系统，形成数字化研发模式和体系的支撑平台，并承载企业数字化长期建设和未来发展。

四、研发数字化转型路径规划

四分仪（或九宫格）是一种对项目进行科学排序的方法。该方法可以选择两个重要参数作为笛卡儿坐标系的两个维度，将补差项目分布在坐标系上，分布在右上角的项目通常是被筛选出来的目标项目。在研发数字化转型领域，我们认为转型的"可行性"和"价值"两个维度是相对重要且切合实际的维度。也有企业选择另外两个有价值的维度："紧迫性"和"性价比"。为了提高科学性，不管选择什么参数作为评价维度，都需要将这两个评估维度细化为二级要素及权重，如可行性要素可以细化为技术、资金、人力、变革跨度等，价值维度可以细化为优势、创新、成本、效率等。

图 3-4 所示是一个利用四分仪对补差项目进行筛选的示例，本示例显示项目 7、项目 2 和项目 1 是应该被优先实施的项目，项目 3、项目 4 和项目 6 次之，项目 9、项目 8 和项目 5 则不推荐在当前实施。

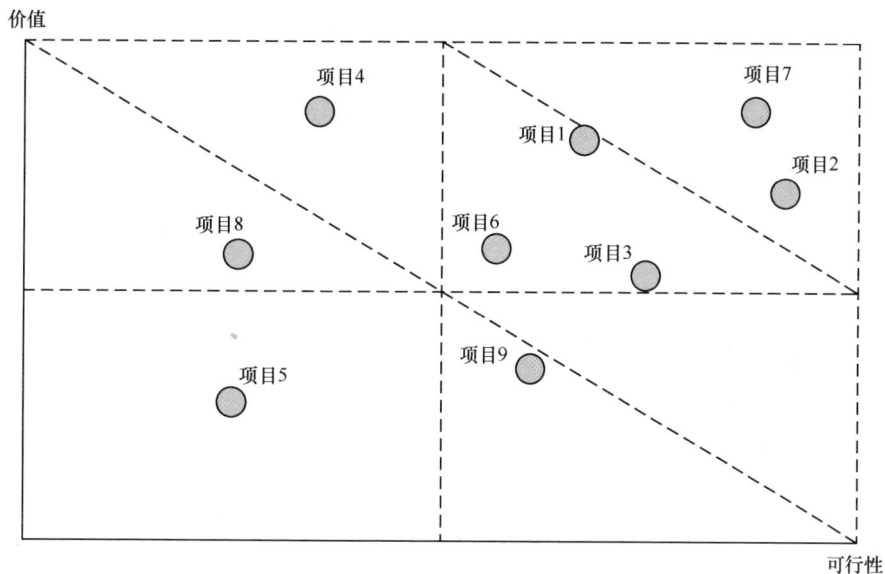

图 3-4　利用四分仪对补差项目进行筛选

五、研发数字化转型"三级跳"

虽然不同企业具有不同的发展状态，依据四分仪路径规划方法可以设计本企业研发数字化转型的具体路径，但我们认为中国企业都具有较为相似的发展路线和成熟度状态，所以有可能为企业推荐一个较为典型的、可供参考的转型路线。

数字化研发体系五级成熟度的中间三级是当下中国企业，特别是复杂产品研发企业最需要和最常见的转型模式。因此，我们针对工业企业研发体系的特点，将研发数字化转型建设路线规划为三个阶段（称为"三级跳"，如图 3-5 所示），各阶段的目标：① 精益转型；② 正向变革；③ 智慧革命。这"三级跳"完成了知识利用方式的三次转化——秩化、治化和智化。

知识特征	秩化	治化	智化
驱动主力	流程驱动	模型驱动	知识驱动
转型级别	精益转型	正向变革	智慧革命
核心工程	流程工程	模型工程	知识工程
转型收益	集成协同	拓新优性	融通柔韧

图 3-5 研发数字化转型"三级跳"

在精益转型阶段，把研发流程显性化，并在研发管理软件中建立数字化形态的流程，然后将已经确定的研发任务、研发工具、显性知识和质量要求，与研发活动紧密绑定，使其深入融合在研发流程中，消除"两张皮"现象，让工具、知识和质量真正发挥实效。该阶段需要完成知识的"秩化"，通过流程把松散的知识按照业务需要建立起秩序，在业务执行过程中主动推送知识，而不是让人在业务需要的时候去库里找知识，也就是让知识活起来并在合适的时间、合适的场景下去主动找合适的人。

在正向变革阶段，沿着系统工程 V 模型，从涉众需求开始，经过需求定义、功能分解、系统综合、物理设计、工艺设计、产品试制、部件验证、系统集成、系统验证、系统确认、产品验收全过程，完全用数字化模型表达产品的所有信息。该阶段在消除二义性、减少质量隐患、高效协同和积累成果方面都有无与伦比的优势。该阶段需要完成知识的"治化"，通过模型化过程对产品知识进行治理，将其浓缩、凝聚在一起，形成逻辑化和自动化的知识，并将其反向应用在更多、更大和未知的场景之下。

在智慧革命阶段，将研发过程所有活动需要的所有类别的知识进行梳理，利用各类知识加工方式对其进行增值加工，形成数字化形态的智能体，通过智能匹配的方式将其融入与之高度匹配的研发活动中，研发活动过程由数字化、自动化的知识所支撑。该阶段需要完成知识的"智化"，使得对知识的改造工作在广度和深度方面更加登峰造极，力图发挥知识全集的全息作用，将模糊性知识利用大数据和 AI 技术升华成为因果律，从而产生智慧，促进设计的智能化和体系的智能化。

数字化转型中的"转型"二字意味着某种"创新"。在对企业自身技术的先进性要求不高的场合下，创新往往是为了降低成本，精益转型便是如此。在企业自身技术的先进性要求比较高的场景中，创新通常是为了提升技术水平，正向变革便是如此。在成本和技术两方面都具有领先地位的领袖企业，其诉求往往是知识外溢，造福产业，造福人类，最大化地实现社会价值，智慧革命便是如此。

如果企业需要精益转型，代表着企业目前所具有的技术能力可以满足用户的需求（即用户对产品功能性能要求不高），或者具有可以引进的技术（也就是没有被外部断供），企业的主要问题并不是技术停滞不前，而是资源松散和模式落后，亟须模式创新，通过流程聚合资源，提升效率。精益转型主要解决研发体系三维架构（见图 2-1）中"时间维"的信息化需求。

如果企业需要正向变革，意味着企业所具有的技术能力已经无法满足用户的需求（即用户对产品的性能要求较高），或者无法引进先进的技术（先进的技术被断供或外部不存在），于是，技术创新便上升为主要矛盾。本阶段企业亟须创立正向模式，补强创新能力。正向变革主要解决研发体系三维架构（见图 2-1）中"逻辑维"的数字化需求。

如果企业需要智慧革命，意味着企业已经优化研发模式，已经建立创新能力，全面领先同行，进入无人区，其主要矛盾是缺乏高可持续发展的能力和随需应变的柔韧特性。这个阶段企业的知识积累比同行更胜一筹，亟须充分利用这一优势来保持长久的领先，并将知识外溢，赋能产业链。具体做法往往是通过对知识灵活、充分和智能化的应用，让企业降低对组织稳定性的依赖，让人员和知识协同工作，并充分利用产业链的资源进行协同研发，提高研发体系的柔韧性。智慧革命主要解决研发体系三维架构（见图 2-1）中"知识维"的智能化需求。

以上 3 个转型阶段还可以细分为各阶段的成熟度进化模型，依据成熟度模型来进行逐级规划和分步实施是一种科学的方法。各阶段的成熟度模型将在后文中逐步展开。

再次强调，研发数字化转型的终极驱动力其实只有一个，那就是知识。因此，数字化转型"三级跳"的核心工程——流程工程、模型工程和知识工程，广义上讲都是一种知识工程。为了与狭义的知识工程相区分，我们把这三项工程总体上称为"数字工程"，它作为研发数字化转型的核心工程。

基于以上理解，我们最终绘制出工业企业研发数字化转型框架图，如图 3-6 所示。通过开展由流程工程、模型工程和知识工程共同构成的数字工程，企业实现精益模式转型，建立正向设计能力，同时规划未来智慧发展路线，最终建立面向智能制造时代的现代工业研发体系。图 3-6 表达了"信息化在左，数字化在右，智能在前方，智慧在远方"的理念。

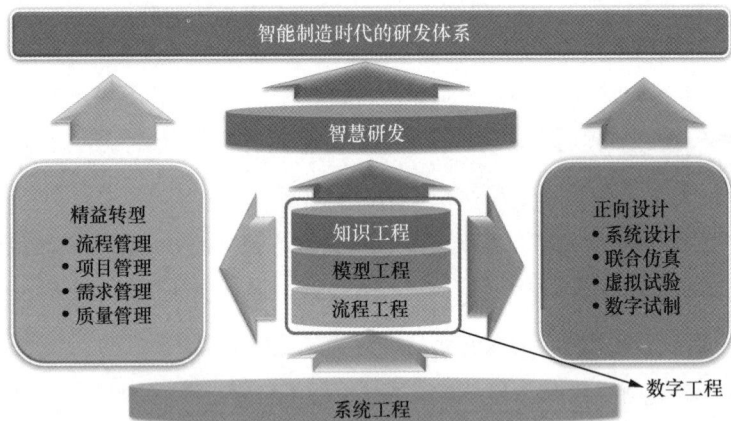

图 3-6　工业企业研发数字化转型框架图

第四章

研发数字化转型方案

研发数字化转型遵循"总体规划,分步建设"的通用原则。第三章讨论了企业研发数字化转型的路径规划,本章将讨论企业如何进行数字化研发体系的建设,即图 3-2 中"建设实施"环节的具体开展。蓝图规划是获取研发数字化转型之势(取"势"),路径规划是明确数字化转型之道(明"道"),建设实施则是优化数字化转型之术(优"术")。

一、研发数字化转型的建设方案

中国企业的研发水平参差不齐,不同企业的发展阶段有所差异,数字化状态也就不同,研发数字化转型的当下方案需要与其当前状态相匹配。

数字化研发体系建设方案的主要模块包括差距分析、构型设计、流程建设、组织建设、装备建设、平台建设等,如图 4-1 所示。各模块简述如下。

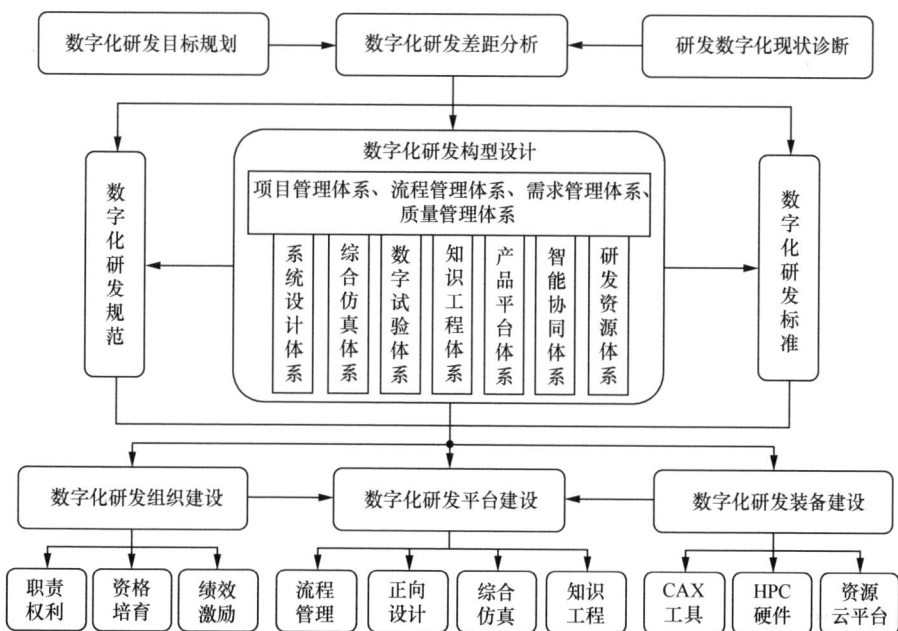

图 4-1 数字化研发体系建设方案

1. 差距分析

本过程基于企业数字化研发转型的当期目标和对当前状态的诊断，进行差距分析，形成补差工作清单。首先，在对企业研发体系现状调研的基础上，依据数字化研发成熟度模型，对现阶段企业研发体系的成熟度进行评估，包括给出各关键指标的得分和成熟度综合评分；然后，根据评分识别当前企业研发体系所处的成熟度能级，对比当期项目的成熟度目标，识别差距，明确当期需要重点建设的内容。

2. 构型设计

本过程根据当期项目目标，选择需建设的子体系，并进行业务内容的建设。根据差距分析选择当前优先建设的子体系，这些子体系包括 4 个管理体系（项目管理、需求管理、流程管理和质量管理）、3 个业务体系（系统设计、综合仿真和数字试验）、两个支撑体系（知识工程、产品平台）及两个协同共享体系（智能协同和研发资源）。该过程需要对子体系的业务进行梳理、补充建设、优化变革和内容数字化。业务内容包括业务流程、工具、知识、资源、约束和数据等要素。

3. 流程建设

本过程将梳理、增补与优化各子体系的业务流程、制度、标准、规范。业务流程主要是指数字化研发体系运行的业务流程，是科研项目按照数字化研发理念运行的模式。制度建设的主要目的是解决企业在什么时间、做什么事的问题。标准建设的主要目的是规定相关事项优劣评判的准则问题。规范建设主要是解决"怎么做"的问题，也可以将其理解为工作指南。

4. 组织建设

本过程进行各子体系人才培养、激励机制、任职资格的建设。在数字化研发体系建设过程中，为保障体系的有效运行，企业需要进行研发人力资源和组织机构的建设工作。组织建设是一个从梳理旧组织到完成新组织优化的过程。建设路线包括部门设置、职责设计、人员培育、任职资格、关键绩效指标（KPI）及激励体系设计等。

5. 装备建设

本过程进行 CAX 工具、HPC（高性能计算集群）硬件、资源和云平台的建设。技术选型是这个过程中最重要的活动，需要为数字化研发体系及其子体系建设与运行选择合适的技术，这些技术包括业务开展所需的技术和数字化平台建设所需的技术。技术选型的工作路线包括技术调研、技术评估、分析决策、采纳定制等步骤。

6. 平台建设

数字化研发平台为数字化研发完整体系提供支撑，是 WSR 模型各要素最终的落脚点，是数字化研发体系建设的重要成果的体现，构型设计、组织建设、装备建设的工作成果都将进入平台中。架构规划和建设是平台建设的首要工作内容，需要厘清和确定平台的各级架构，为数字化平台的可持续发展做好规划。架构规划与建设内容包括业务架构设计、应用架构设计、数据架构设计和技术架构设计。平台建设中的具体业务系统包括流程管理、正向设计、综合仿真、知识工程等。

二、成熟度是体系建设的参考系

成熟度模型不仅是体系规划的工具，也是体系建设的参考坐标系。根据数字化研发体系成熟度模型，企业可以评估自身体系的成熟度，并根据企业研发类型和发展战略目标，确定企业要实现的成熟度目标和级别。以此为基础，进而开展企业数字化研发体系建设。

企业进行成熟度评估的目的是提升自己，但很多企业只是把它当成对标工具，给自己评估一下级别就了事，这是对这一工具的误用和浪费。企业应该以当前自身所处的数字化研发成熟度级别为基础，以下一个更高级别的成熟度为进步目标，并设计具体和详细的进化路线。在进化路线的设计中，企业应该针对同一个成熟度的各要素进行均衡建设，不能有短板，也不要针对某些要素盲目冒进，试图从一个维度切入并探底，这样做的结果都是无效甚至有害的。无效是指做了多余的事情，有害则是指这些多余会扰乱整个体系。

企业通过对数字化研发成熟度的评估，会形成由成熟度模型中各维度构成的雷达图，如图 4-2 所示。在建设体系之前，雷达图反映的往往是企业在各维度很不均衡，其表现出来的形状偏离正多边形，这说明有些维度企业建设过度，有些维度企业建设不足。经过两到三期的建设，雷达图会反映两个变化：一是雷达图趋向正多边形，二是雷达图中心到顶点距离扩大，趋向正多边形表征着企业数字化研发体系建设走向均衡，中心到顶点距离扩大代表成熟度逐步提升。

维度	管理	设计	正向	模型	仿真	知识	数据	工具	流程	组织	综合成熟度
建设前	2.1	1.8	2.4	2.4	2	2	2.1	2.8	2.7	1.8	2.2
第一期	3.2	3	3.3	3.3	2.9	2.8	3.2	3.2	3.4	2.8	3.1
第二期	3.6	3.3	3.9	3.9	3.9	3.8	3.9	3.8	3.9	4	3.8
第三期	4.4	4.5	4.2	4.2	4.2	4.2	4.3	4.4	4.5	4.6	4.4

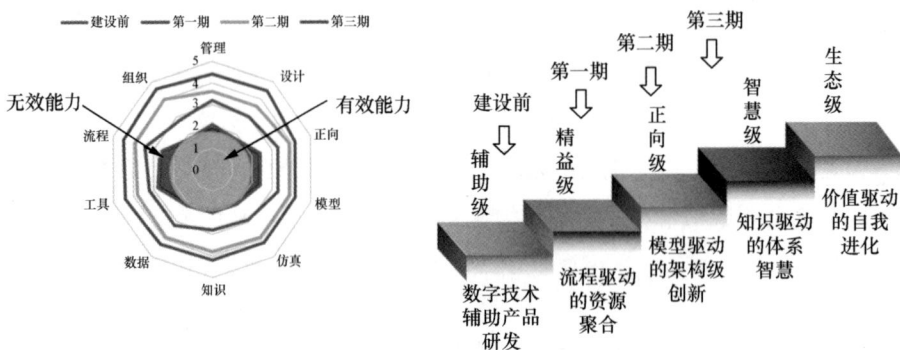

图 4-2　成熟度模型中各维度构成的雷达图

三、研发数字化转型的标准规范

在社会技术学体系中，流程标准规范体系是三要素之一，也是数字化研发体系实施过程中最重要的成果之一，是数字化体系得以运行的基本保障。企业建设数字化研发体系的标准与规范包括但不限于表 4-1 所示的实例。

表 4-1　企业数字化研发体系建设标准与规范实例

序号	标准/规范	目的/作用
1	数字化研发总规范	指导企业进行数字化研发体系建设及运维工作的纲领性文件，规定体系建设及运维应开展的工作内容、范围、应制定或参照的工作标准等
2	数字化项目规范	用以保障企业研发项目按照数字化研发模式运作

续表

序号	标准/规范	目的/作用
3	数字化研发流程	用于规定基于数字化研发模式的研发流程体系，包括任务结构、任务间逻辑关系、工作任务内部信息，以及研发流程梳理方法和建模方法等
4	正向设计规范	基于系统工程方法和正向设计思想，规定正向设计的定位、流程、方法、工具和参与部门及人员
5	数字试验规范	按照现代试验理论和管理手段，规定实物试验和数字试验过程的流程、方法、工具、数据管理要求等
6	综合仿真规范	规定各个产品在不同设计阶段、不同专业应开展的仿真，以及各仿真任务应采用的理论、方法、工具，规定为支持不同学科仿真工作应配备的仿真人才体系，规定仿真工具的规模、应用方法及流程，以及仿真标准与规范
7	研发工具建设规范	企业研发工具建设及封装的标准化文件，针对研发工具的选择、开发、改造、共享应用、封装方法与技术等相关流程、准则及技术标准
8	过程质量规范	对企业遵从的行业标准进行细化，符合数字化研发对过程质量管理的要求，用以要求企业研发体系按照数字化研发质量管理模式进行产品研发
9	知识工程规范	规定企业内部共享知识收集、加工、评审、发布、维护的流程，知识工程建设及运维的配套措施
10	需求管理规范	按照系统工程方法，规定需求获取、追踪、变更、追溯等流程、方法和数据管理要求
11	平台建设规范	针对企业数字化研发平台建设的标准文件，对平台架构、技术、应用模式、安装部署等方面做出规定

四、研发数字化转型的实施方法论

研发数字化转型实施方法论的研制参考了两种体系方法，分别是企业架构规划体系 TOGAF（开放组架构框架）和《新时代装备建设质量管理体系实施指南》。

1.TOGAF 架构简介

TOGAF 是由国际标准权威组织 The Open Group 制定的基于迭代过程的企业数字化建设与规划模型。它的基础是美国国防部的信息管理技术架构，是当前最可靠和行之有效的企业数字化架构开发方法之一。

TOGAF 的基本思路是从企业战略愿景出发，通过建立企业的业务架构，进而建立信息系统架构（包括应用架构和数据架构）和技术架构，最终完成企业的数字化建设。其基本架构及各组成部分之间的逻辑关系形成了相适应的架构设计方法，如图 4-3 所示。

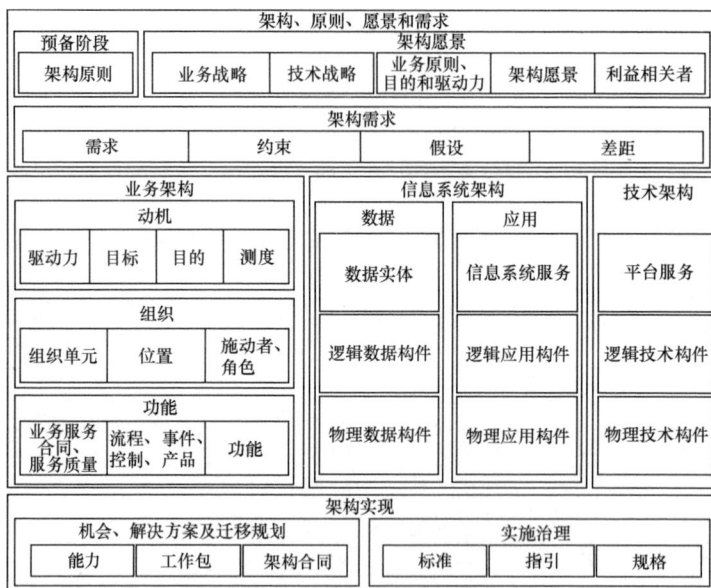

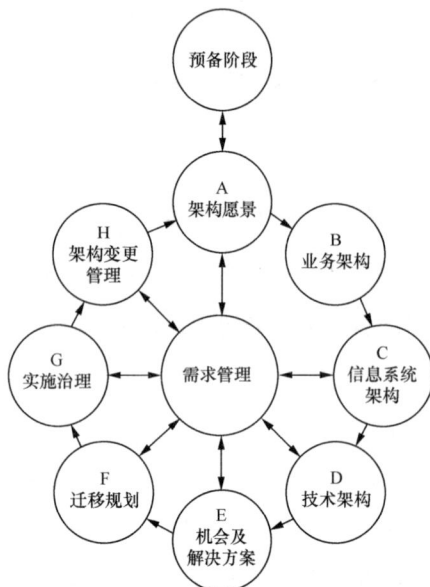

图 4-3 TOGAF 总体架构图和架构设计方法

2.《新时代装备建设质量管理体系实施指南》

《新时代装备建设质量管理体系实施指南》(以下简称"指南")是参考了国际先进的业务管理流程和复杂组织结构方法,结合新时代装备质量管理体系要求而编制的装备研制体系建设方法论。

《指南》通过六大过程和22个子过程,完成装备研制体系的规划与建设。六大过程包括战略分析、架构设计、流程构建、资源部署、运行监控和体系改进。22个子过程如图4-4所示。针对每个子过程,《指南》从步骤、流程、角色与分工、工具与方法、注意事项与风险等方面给予指导说明。

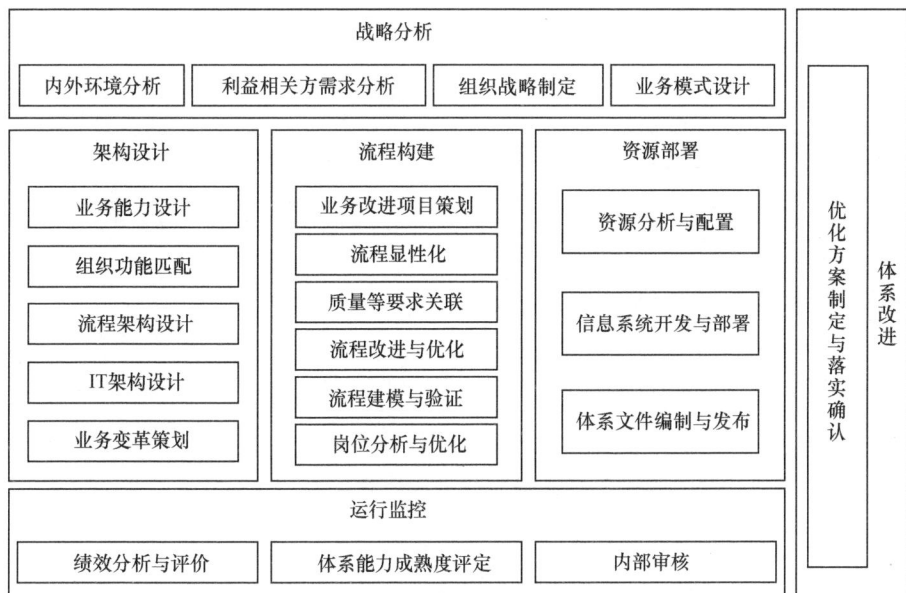

图4-4 新时代装备建设质量管理体系建设过程

3.研发数字化转型方法论

通过参考以上架构体系和质量管理体系实施指南,对数字化转型的路线图进一步细化并文档化,可以形成数字化研发建设方法论体系。表4-2给出了数字化研发体系建设的方法论纲要。

表 4-2 数字化研发体系建设的方法论纲要

1 数字化研发体系成熟度模型
  1.1 成熟度级别概述
  1.2 各维度说明
  1.3 参考理论和模型
2 数字化转型级别描述
  2.1 数字化转型级别
  2.2 精益研发成熟度
  2.3 正向设计能级
  2.4 知识工程成熟度
  2.5 智能产品进化阶梯
3 企业数字化研发战略规划
  3.1 数字化研发战略发展纲要
  3.2 数字化研发战略的制定路线
4 数字化研发人才梯队建设
  4.1 数字化研发人才梯队建设纲要
  4.2 数字化研发人才梯队建设路线
5 数字化研发组织规划纲要
  5.1 数字化研发组织建设蓝图
  5.2 数字化研发组织建设路线
6 数字化研发流程建设
  6.1 数字化研发流程建设蓝图
  6.2 数字化研发流程实施路线
	7 数字化研发标准建设
	  7.1 数字化研发标准建设蓝图
	  7.2 数字化研发标准建设路线
	8 数字化研发规范建设
	  8.1 数字化研发规范建设蓝图
	  8.2 数字化研发规范建设路线
	9 数字化研发软件装备选型与建设
	  9.1 数字化研发装备建设蓝图
	  9.2 软件装备选型实施路线
	10 数字化研发IT基础建设
	  10.1 IT基础建设蓝图
	  10.2 IT基础建设路线
	11 数字化研发平台建设
	  11.1 数字化研发平台建设蓝图
	  11.2 数字化研发平台建设路线
	12 数字化研发体系的典型企业场景
	  12.1 场景一：总工程师视角
	  12.2 场景二：设计室主任视角
	  12.3 场景三：资深设计师视角
	  12.4 场景四：普通工程师视角

除数字化研发方法论外，数字化研发各子体系分别提供了各自的方法论，如正向设计体系建设方法论、综合仿真体系建设方法论、知识工程体系建设方法论等。另外，作为数字化研发的骨架，研发流程梳理的重要性不言而喻，因此，数字化研发流程梳理方法论也成为此方法论体系中的重要组成部分。

五、工业研发数字化转型案例

正如前文所述，企业所处的阶段不同，面临的研发数字化转型的近期目标、转型方案和要求也不同，因此，企业的研发数字化转型呈现不同的模式。以下 3 个案例分别展现了不同转型模式。

案例一：流程驱动的精益转型

中国某船舶工业研究院启动双轮驱动发展模式，全面实施以装备体系顶层研究为牵引，持续探索与推动科研模式的转型工作。数字化技术给该院研发设计带来的巨大效能还远未发挥，其与发达国家甚至国内先进的同类单位相比，还存在较大差距。主要表现为数字化研发流程未完整梳理，型号开发缺乏科学的顶层策划；设计与仿真工具不够系统化，采购和使用工具随意，效率、效益双低；缺乏知识共享，知识没有融入研发活动，知识与研发"两张皮"；质量被认为是少数人的事情，没有融入研发体系，与研发"两张皮"。

基于以上问题，该院基于精益研发体系实现了研发模式转型，完善了研发体系，解决了流程、工具、知识和质量的关联问题，建成了满足该院长远发展的、融入精益研发理念的支撑平台。具体建设成果如下。

第一，建立了开放性的体系框架，支持新系统、新工具、新知识的持续接入，数字化技术支撑研发水平快速提升。通过产品研发技术体系的数字化构建，整合产品研发资源，有效管理产品研发过程，实现产品研发过程的全数字化运行。

第二，通过精益研发框架的构建，规范了研发流程、协同研发数据，实现产品研发的流程化和标准化，使研发工作按照流程开展，使研发过程可视、可控、协同和协调。通过完整的数字化研发流程，可以快速、科学地开展型号策划，可以快速确立研发的全局策略和执行方案，使型号开发依据科学的顶层策划开展工作。通过型号产品的顶层策划和工作分解，将质量管理、知识管理与产品研发活动相关联，将任务、流程、数据、知识与产品研发工作有机结合，进而大幅度提升执行层的工作效率。

第三，完成了研发工具的体系化建设。依据流程和任务要求，统一规范研发工具的采购，同时将研发工具集成在研发流程和具体任务中，不仅规范工具的使用，同时也提升使用效率，优化使用效果。梳理设计仿真流程，对设计流程进行数字化、工具化改造，让仿真真正驱动设计。建立设计、仿真、试验、测试、系统集成的标准与规范，进行组织、人才、软件、硬件的系统规划和建设，形成设计仿真集成化、试验、测试、系统集成数字化、协同化和专业化的工作环境。

第四，通过对产品研发知识的梳理，构建了专业知识库。通过"研发活动伴随知识"，将知识与产品研发流程建立关联，实现"知识与主营业务相关联，研发活动以知识为支撑"的目标。

第五，建成了产品研发全生命周期质量管理体系，实现了全周期的质量策划与过程质量控制。通过对关键工作包的质量策划和管控，将质量要求真正落实在研发活动过程中，做到质量事前预防，而不是事后检核，即从研发阶段确保产品质量基因的优良。

案例二：模型驱动的正向设计

从 NASA 到先进工业企业，基于系统工程和正向设计方法进行产品和系统的研发和制造，在美国已经至少有 60 年的历史。2007 年，INCOSE（国际系统工程协会）明确提出了基于模型的系统工程（MBSE）方法，使得全球先进的工业企业从传统的系统工程开始转变为追求基于模型的正向研制模式。

2018 年美国国防部正式对外发布"数字工程战略"。数字工程战略旨在推进数字工程转型，将美国国防部以往以文档为中心的采办流程转变为以数字模型为中心的数字工程生态系统，完成以模型和数据为核心的谋事做事的范式转移。

美国国防部将数字工程定义为一种集成的数字方法，将技术创新融入基于模型的方法中。它使用具有权威来源的系统数据和模型作为全生命周期中跨学科的连续体，在虚拟世界中以数字方式表达目标系统。这种方法使美国国防部把作战体系交付给作战人员之前，可以先在虚拟环境中对决策和解决方案进行原型设计、试验和测试。数字工程采用了新的方法、流程和工具，深刻改变了工程界的运作方式。

数字工程战略的目标包括以下 5 项。

（1）规范化模型的开发、集成和使用。

将模型的正式规划、开发和使用确立为执行工程活动的重要组成部分，让模型成为全生命周期连续和统一的要素。这种模型的普遍使用，可以让目标系统得以端到端地用数字方式表达，对项目和整个企业的一致分析和决策具有莫大益处。

（2）提供持久、权威的事实源。

将企业和项目的通信方式从文档转移为数字模型和数据，被授权的人员可以在整个生命周期中使用最新、权威和一致的信息，进行访问、管理、分析、使用和分发。

（3）结合技术创新，改进工程实践。

数字工程超越了传统的基于模型的方法，整合先进计算、大数据分析、人工智能、自主系统和机器人等最新技术，以支持端到端互联的数字企业实施快速创新。

（4）建立强大的基础设施和环境。

企业建立一个强大的基础设施和环境以支持数字工程目标。它结合了信息技术（IT）基础设施和先进的方法、流程和工具，以及加强保护知识产权、网络安全和安全分类的协作可信系统。

（5）转变组织文化，提升人员能力。

通过变革管理和战略沟通，企业改变组织文化，并提升人员的数字化能力，让全系统能集中精力来执行变革，促进全组织的数字化转型。

总结来讲，美国国防部推进数字工程，打造数字工程生态系统，使现有采办流程和工程活动提升为基于模型、由数据驱动的集成化实践，极大提升生命周期各阶段分析能力和决策水平，支持武器系统的快速规划、敏捷设计、高效制造与精准保障。

需要说明的是，前文中我们把研发数字化转型的三项工程也称为"数字工程"，该"数字工程"的含义大于美国国防部提出的"数字工程"。从内涵上看，美国国防部所推进的数字工程，本质上是模型工程，是本书所说的数字工程的子集。

案例三：知识驱动的智慧研发

欧盟在利用知识建立复杂产品的研制体系方面卓有成效。近年来，欧盟通过企业间合作开展覆盖产品整个研制过程的虚拟企业跨域协同研制体系建设，以 AIR BUS（空客公司）为主组织的 VIVACE 项目是其典型代表。

VIVACE 是由空客公司统筹，欧盟资助的数字化项目，是欧洲航空航天工业协会（AECMA）2020 年航空远景框架内容的一部分。

该研制体系强调知识管理和知识工程的重要作用，建立了完善的知识体系和知识应用方法，除了将资深人士的经验整理形成情景相关的、自动搜索和推送的、经过增值加工的自动化知识，还将各种最佳实践与研制过程的各个子体系紧密连接。

该项目提供了一个协同工作环境，这是一个基于系统工程的、包含了分布式并行工程方法及知识管理方法的虚拟产品设计和验证平台，支持虚拟飞行器和虚拟发动机的研发。

该协同工作环境主要是根据指南，通过工具、方法，将飞行器和发动机的研发知识进行封装，形成基于智能体的多个设计模块：基于知识的工程设计、多学科设计及优化、面向决策目标的设计、大型企业分布式信息系统架构、异构企业协作中心。目前可以提供多种解决方案：设计仿真解决方案、数字试验解决方案、设计优化解决方案、业务与供应链协同解决方案、决策支持解决方案、企业间协作和虚拟企业解决方案等。

基于该平台企业可以开展虚拟飞行器的研发，主要围绕构成飞行器的主要部件展开，平台共有 6 个综合技术工作包：系统仿真、组件、全球飞机、飞行物理模拟、复杂子系统、保障性工程。

该平台还可以支持虚拟发动机的研发，提供 5 个综合技术工作包：航空发动机的多企业协同研制模式、虚拟企业状态下的发动机全生命周期建模、发动机整机研制、欧洲循环计划、供应链协同制造工作流仿真等。

C

第二篇

CHAPTER 2

精益转型

在第三章，我们将研发数字化转型建设路线规划为"三级跳"，精益转型就是其中的第一跳，这一跳的目标是实现企业从研发模式向精益研发的转型。

精益转型主要解决研发体系三维架构（见图2-1）中"时间维"的信息化需求。在该阶段，企业的主要问题是资源松散、模式落后，如何将这些资源聚合和重组，协同发挥作用，提升效率，是这一阶段的核心工作。

精益转型的主驱动力是数字化流程，采用的核心手段是流程工程，首先需要把研发流程显性化，并在研发管理软件中建立数字化形态的流程，然后将各类研发资源与流程绑定。因此在本篇，我们除了提出精益转型级别的综合方案，还将深入讨论数字化的研发流程、与流程伴随的知识管理、嵌入到流程中的质量管理，以及研发项目如何在这种转型之下获益。

复杂产品的研发流程与普通的业务流程相比具有鲜明特征。企业利用"横向分段，纵向分层"的方案将复杂产品的研发流程解构，厘清流程结构中各段和各层的特征和价值，可确保流程在研发体系中恰当应用。WBS（工作分解结构）的梳理和构建是流程工程的核心，是研发体系中组织分工、数据流转、资源聚合的基础。

精益转型的本质是研发知识利用方式的第一次转型——秩化，即通过流程把松散的知识按照业务需要建立起秩序，让知识找人而不是相反。

　　研发流程是企业研发的主线，研发资源的聚合其实就是资源向流程的聚合。因此，流程的显性化和数字化既是精益转型阶段的起点，也是核心。

一、精益研发流程模型

　　在数字化研发体系中，基于系统工程的三维框架（见图 2-1）为复杂系统研发流程的梳理提供了方法论。基于系统工程的流程分析，我们获得了精益研发流程模型，并由此形成精益研发的骨架——五层流程模型，如图 5-1 所示。

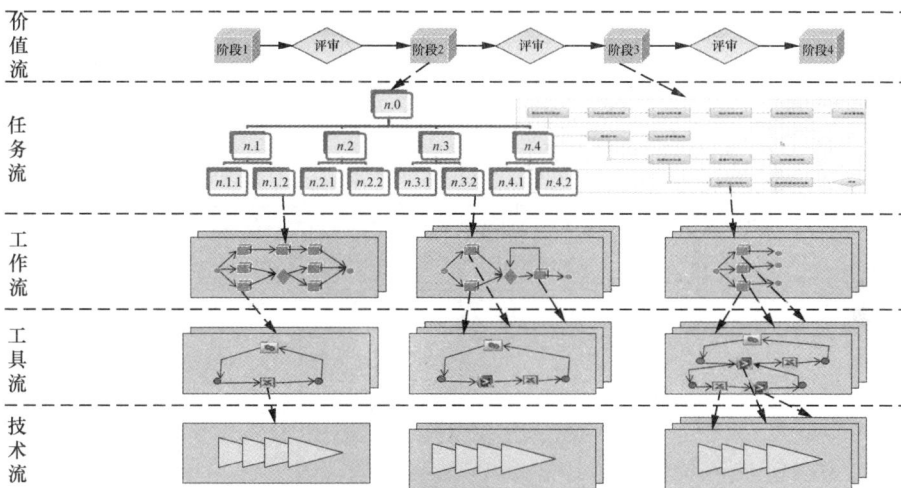

图 5-1　精益研发的五层流程模型

　　第一层，价值流：由产品研发的各个阶段形成的顶层流程。

　　第二层，任务流：每阶段逐层分解形成 WBS。WBS 的最底层元素称为工作包，工作包是研发任务执行的基本单元。工作包按照顺序和数据关系连接可形成研发流程。

　　第三层，工作流：每个工作包的具体执行由一系列工作来完成，即工作流，工作流体现工作人员间的协同。

　　第四层，工具流：工作流中的各项任务由一系列多学科工具软件联合完成，过程体现软件间的数据流转。

第五层，技术流：由单个工具或软件进行由多个步骤完成的特定任务。步骤体现了软件的使用过程。

二、精益研发工作包模型

在常规研发体系下，工作对象为工作包。精益研发体系中的工作包在以下 3 个方面对常规工作包进行了进化：一是增加知识要素，将完成该工作包所需要的知识伴随到工作包中；二是增加质量要素，将本工作包所遵从的质量要求（质量规范和检查表）与工作包关联；三是增加了工具要素，将完成本工作包要求或推荐的设计与仿真工具集成进来，对工作包进行数字化和仿真化改造。精益研发的灵魂——精益研发工作包，如图 5-2 所示。

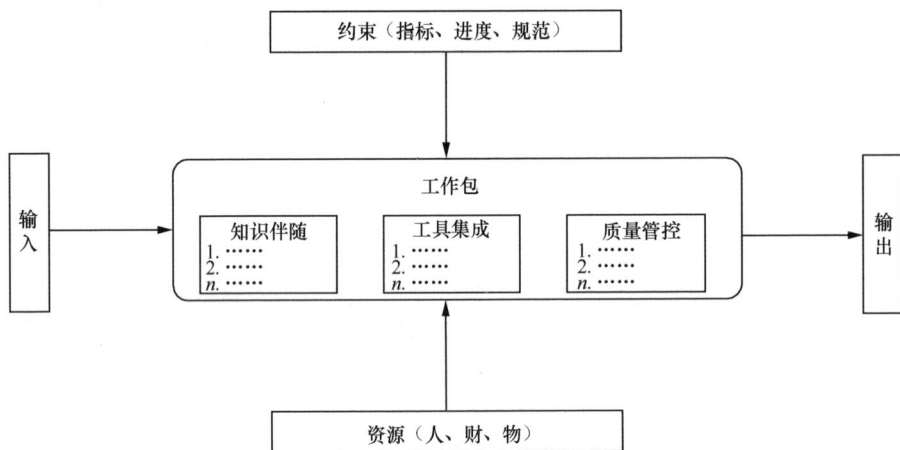

图 5-2　精益研发工作包

三、精益研发工作模式

1. 人体模型

基于精益研发工作包的思想，形成精益研发的工作模式——人体模型。此模型体现出精益研发的显著特点，即知识伴随和质量管控始终存在于研发策划和工作包执行过程中，如图 5-3 所示。

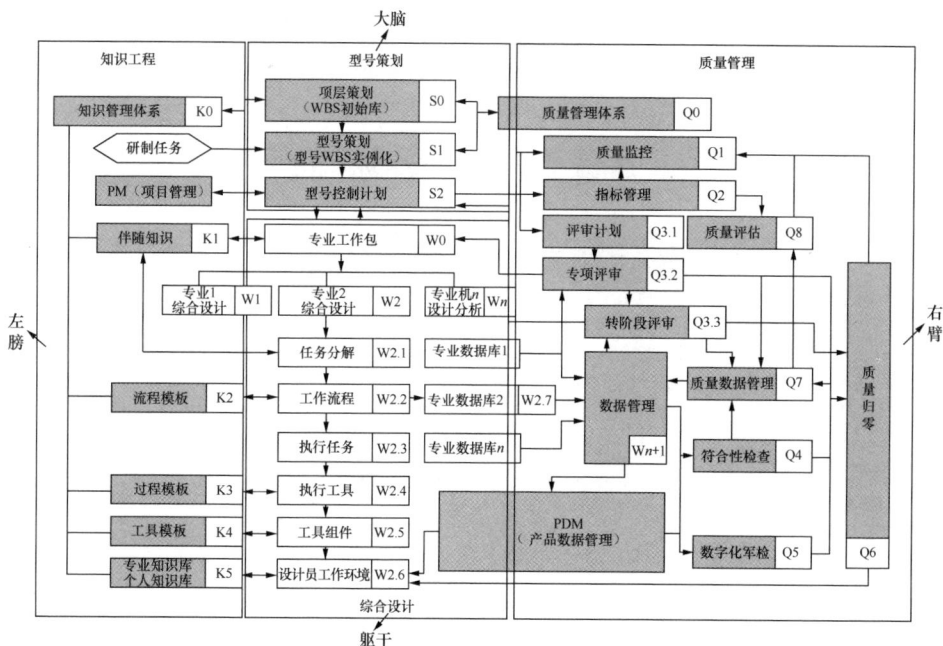

图 5-3　精益研发人体模型

本模型由型号策划、综合设计、知识工程和质量管理 4 部分构成。利用标准 WBS 进行型号策划，这部分是人体模型中的大脑。工作包分发之后进入各专业部室执行工作，这部分是人体模型中的躯干。在策划和执行的过程中，知识伴随和质量管控始终存在。

2. 精益研发的工作逻辑

精益研发的工作逻辑如图 5-4 所示。

此逻辑将研发工作中的 6 类角色所执行的各类业务组成一个有机整体。

① 研发管理人员：利用研发流程库进行型号及质量策划。通过 WBS 的实例化与型号策划过程，获得型号 WBS 及控制计划。型号策划与项目管理（PM）的互动将科研任务信息传递给项目管理体系，项目管理体系将科研计划返回到型号策划中。

② 设计管理者（组长 / 主任）：进行工作任务分解、执行与监控。根据型号的 WBS 工作包按专业类别形成各专业组的控制计划，按照研制阶段及工作包的控制顺序发起专业工作包，由各专业组负责执行。各专业组对工作包进一步分解，通过

具体的工作流实现专业设计任务的协同和流转。

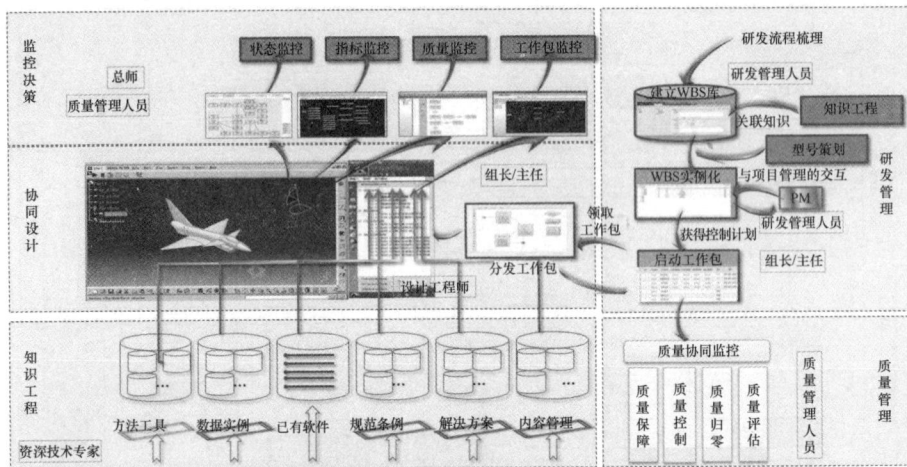

图 5-4　精益研发工作逻辑

③ 设计工程师：利用相关设计工具完成工作流的任务。通过协同工作环境，把设计任务、工具、数据、知识与设计师现有设计终端有机结合，实现对协同设计过程的高效支持。

④ 资深技术专家：进行各类知识（模板、数据、工具、方法、经验、规范等）的创建、封装与管理，使研发知识能够沉淀下来，并将其与研发流程关联，以方便、快捷的方式推送给设计师，辅助执行研发活动。

⑤ 质量管理人员：在型号策划阶段，梳理质量策划库，并将其与相应的WBS关联。根据研制任务要求，针对具体型号进行质量策划。依据顶层WBS工作包以及该型号的实际质量控制要求，形成型号质量保障大纲。在型号执行阶段，对质量进行控制与归零。工程师完成工作任务并交回研发管理体系时触发过程质量体系。质量人员根据预先策划的要求进行审核，必要的话触发归零程序。

⑥ 总师：对型号研发任务的状态、指标、质量、数据等信息进行监控，快捷、全面地了解研发进展情况。

四、精益研发数字化平台

精益研发体系强调知识和质量的重要作用。因此，对理想业务模型可做如下修正：将知识部分资源上移到V模型左肋，将质量管理下移到V模型右肋，形成的新

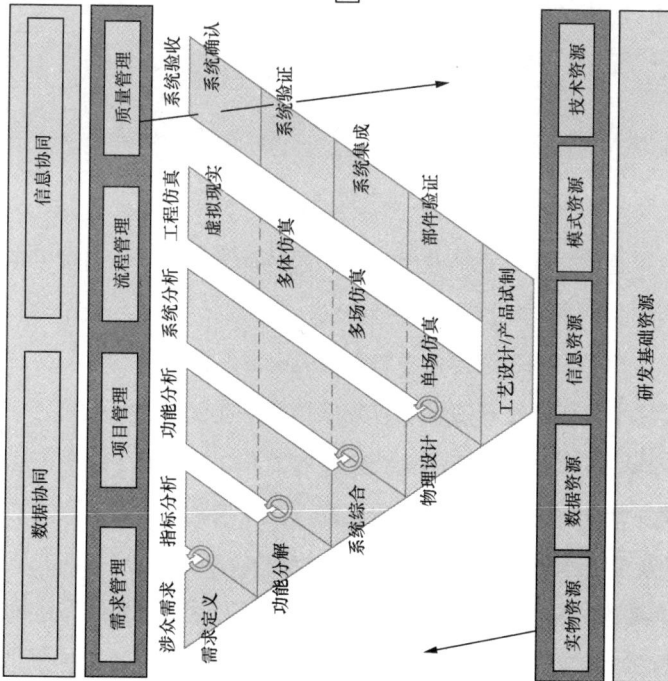

图 5-5 基于精益研发理想业务模型设计精益研发理想模型

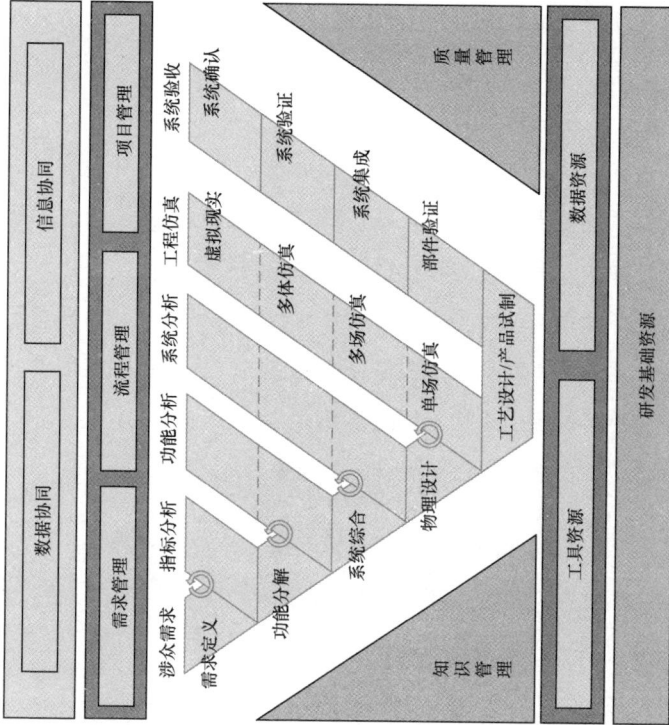

模型称为精益研发理想模型，如图 5-5 所示。根据此模型，推导出精益研发数字化平台架构，如图 5-6 所示。

需要指出的是，在精益转型阶段，企业的研发体系尚未达到图 2-7 所示的理想业务模型状态。通常来说，在没有经正向变革之前，多 V 模型中缺少前 3 个 V，且需求工程和需求管理的能力也不完全具备。精益转型过程不强求企业的研发体系达成理想状态的完整模型，允许正向设计相关的部分业务缺失。

在精益研发理想模型中，根据开发业务的相似性和关联性，对模型所涉及的业务进行归类。以此为依据，对精益研发数字化蓝图的子系统做相应归类，形成最终的精益研发数字化平台的应用架构，如图 5-6 所示。

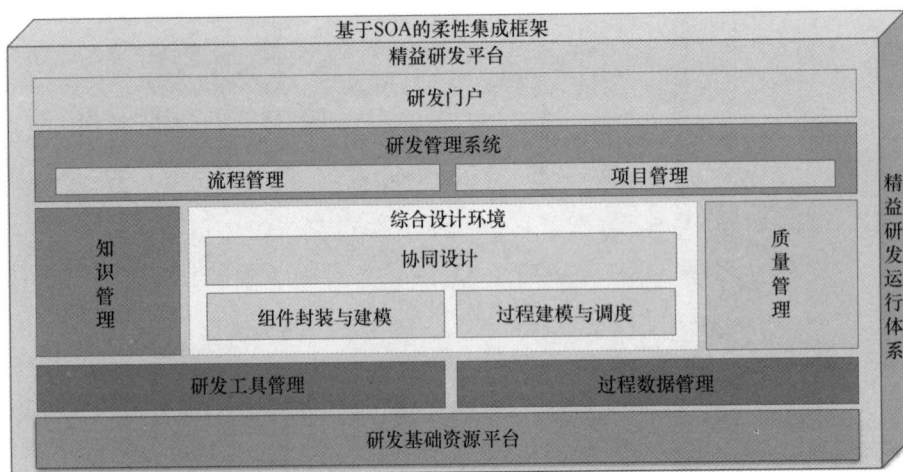

图 5-6　精益研发数字化平台架构

精益研发数字化平台是根据精益研发模型的特征，对数字化研发平台参考架构（图 2-10）的实例化，主要包括以下内容。

① 研发门户：用于展示、监控和协同企业的研发信息。

② 研发管理系统：用于进行研发流程管理和研发项目管理等。

③ 综合设计环境：用于提供产品设计过程中工具、方法集成使用和管理环境。

④ 知识管理：用于管理产品研发过程的知识，并与研发流程系统关联。

⑤ 质量管理：用于管理产品研发过程的质量，并与研发流程系统关联。

⑥ 研发工具管理：用于管理产品研发需要的工具，并与研发流程系统关联。

⑦ 过程数据管理：用于管理研发过程中设计、仿真、试验和工艺数据。

精益研发平台的各子系统之间具有紧密的关系，如图 5-7 所示。首先，知识管理系统进行知识梳理，与研发管理系统中的研发流程关联，并在研发策划时将知识加载到项目流程中。在综合设计环境中执行研发任务时，知识被推送到综合设计环境中。在综合设计环境中产生的新知识沉淀到知识管理系统中，这样完成第一个循环。其次，质量管理系统进行策略梳理，利用研发管理系统进行研发策划时，将策略加载到研发流程中，形成项目的质量策划。在综合设计环境中执行研发任务时，研发管理系统依据质量策略进行质量管控，出现质量问题时进行归零，并把质量知识返回到质量管理系统中，形成对下次型号策划的指导，这样完成第二个循环。这两个循环形成了抱臂模式，称为"抱臂双循环"，体现了知识工程与质量工程对设计的支撑与保护。

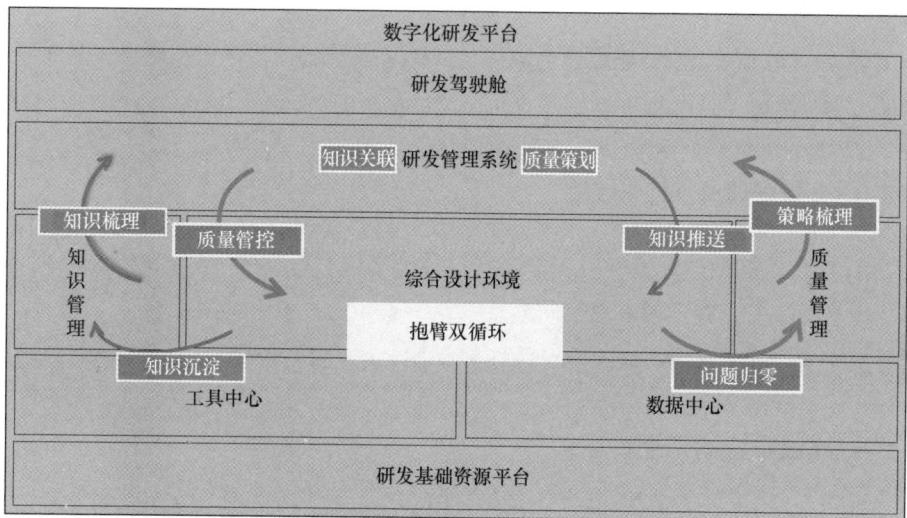

图 5-7 精益研发平台的各子系统的关系

五、精益研发的特点与效益

1. 精益研发的特点

（1）精益研发的两个特点。

① 价值提升：在研发流程中紧密融入知识、质量要求和设计工具，优化研发模式，提高研发的质量、效率和创新程度，提升产品的附加值。

② 过程管理：过程能力是核心，项目管理是起点，产品数据管理是终点，精益研发则包含研发和设计全过程的深层管理，同时集成项目管理和产品数据管理等体系。

（2）研发管理的两个特点。

① 刚柔相济：刚性流程主要用来对部门和专业间的刚性流程进行固化与管控，柔性流程用于提高人与人之间的协同效率。

② 策划科学：在研发流程的实例化过程中，知识库和质量策略库的引用保证型号策划的科学性。

2. 知识管理的两个特点

① 知识融入流程：基于研发过程进行知识积累，在研发活动中积累知识，实现知识的主动推送和重用。

② 知识融入设计：智能知识的数字化插件与数字化工作环境相融合，形成设计模板、仿真组件、过程模板等自动化知识，可点击即用。

3. 质量管理的两个特点

① 基于实际研发流程修订质量文件，将质量控制与真实的研发过程统一起来，解决质量与研发过程"两张皮"问题。

② 基于 WBS 梳理、设计任务检查单，设计人员可自检或互检，提高设计质量。

4. 建设实施的两个特点

① 企业的研发模式需要进化和变革，精益研发给出了变革蓝图，建设实施过程就是引导企业进行数字化研发体系变革的过程。

② 在体系建设过程中，采用一套成熟和完备的方法论，企业可以根据此保持体系持续鲜活和不断进化。

5. 精益研发的效益

企业通过实施精益研发体系，可以取得以下效果。

（1）规范企业研发流程，提升管理能力。

精益研发体系建设是对业务模式的创新。流程梳理不仅是对业务显性化的过程，更是一种业务优化的过程。通过数字化手段可以规范业务流程，明确企业各部门职责，做到各业务部门及人员之间的信息共享与紧密配合。利用已经梳理的研发流程进行型号策划，可以明显提升型号策划、任务分解和执行的速度，并保证科学性，实现对研发过程与结果数据的合理、规范化管理与应用。

（2）增加企业知识积累，提升人员能力。

通过精益研发体系建设，企业可以实现对研发知识的系统梳理与科学规范管理。避免因人员变动造成的知识损失，为知识的有效传承与使用奠定基础。加快人员之间的知识交流与相互学习，形成知识共享氛围，缩短新人学习时间。快速提升团队能力，支持基于研发知识的创新设计。利用研发流程知识伴随的方法，将"人找知识"模式变为"知识找人"模式，减少知识检索时间。

（3）加强过程质量管理，降低质量成本。

在规范研发流程的同时，加强研发过程控制，将质量要素融入关键工作包，解决质量与研发过程"两张皮"问题，实现对多层级研发流程与研发过程的质量管控。通过数字化支撑，改变质量管理流于形式的现象，形成基于研发流程的质量策划、过程质量检查、问题跟踪与归零处理等能力，使质量管理融入业务，落到实处。避免由产品设计质量问题造成全生命周期的资源损耗，降低质量成本。

（4）统一研发工作环境，提升管控能力。

通过精益研发平台建设，现有研发工具、系统与资源实现有效集成，打通各系统之间的信息孤岛，形成统一研发工作环境。多种数据统计分析与报表功能，实现对研发项目进展、设计工作成效、知识管理与应用情况、质量防控与问题归零处理情况等的实时监控，为企业提供决策支持。

第六章

数字化流程工程

精益研发的驱动力是数字化流程，流程工程是精益转型的核心工程，因此流程体系的建立是企业完成精益转型的重要基础。

研发就像打仗，打仗就需要我们熟悉兵力布局、作战地形、行军路线和作战策略。研发流程就是反映作战地形和路线的地图。复杂产品的研发必然有着复杂的研发流程和大量的研发活动，相当于在有错综复杂的地形进行作战，如果缺少这样一张地图，那么从布局、行军到作战，必然处处受制。流程是对最佳实践的提炼总结，源于日常工作，但高于日常工作。因此，研发流程既具有引领作用，又具有枢纽作用。

一、精益研发流程的结构

研发流程体系的主要依据是系统工程理论。它主张对产品研发进行工作分解、逻辑定义和流程管理。通过研发流程体系提供的项目管理、科研策划、任务管理、过程监控等能力，研发的规范化和标准化程度得到提升。从项目策划到任务下发、从具体任务的详细策划到任务的协同执行，企业实现对项目全局的掌握和把控。

研发流程管理以 WBS 为基础，形成典型型号的工作分解结构和工作包。通过引用典型分解结构，系统快速完成型号研发策划，实现工作包的合理分配。项目管理者以研发流程为依据，添加每个研发活动的人、财、物、时间等信息，形成项目计划。利用研发工作分解结构，实现在型号研发过程中对工作任务的监控。

WBS 以"横向分段，纵向分层"的方式表达，研发流程分解过程如图 6-1 所示。横向将流程分解为多个研发阶段，纵向将每个研发阶段分解为多个层次形成 WBS。WBS 的最小节点是工作包。工作包还可以再被分解为一个个任务。这些任务可以是多人协同的任务，也可以是多工具协同的任务，还可以是多技术协同的任务，这三类协同任务通常是逐层嵌套的。这样便形成了研发流程 5 层模型，如图 6-2 所示。

研发流程 5 层模型又可以分为两层：管理层和技术层。本章所谈的研发流程，主要是指管理层刚性流程。刚性流程是企业管理、项目管理和质量管理的基础。在大型型号管理项目中，刚性流程中的工作包一般被下发到部门级或专业组级，不会下发到个人。个人的工作由部门或小组负责人在工作流层面进行分解和分配。对于小型项目，工作流会退化为由一个人完成的多项工作而非多人协同流程，此时相当于工作包被直接下达到个人。科研部门和质量部门主要监控工作包的完成进度、质量和成本。

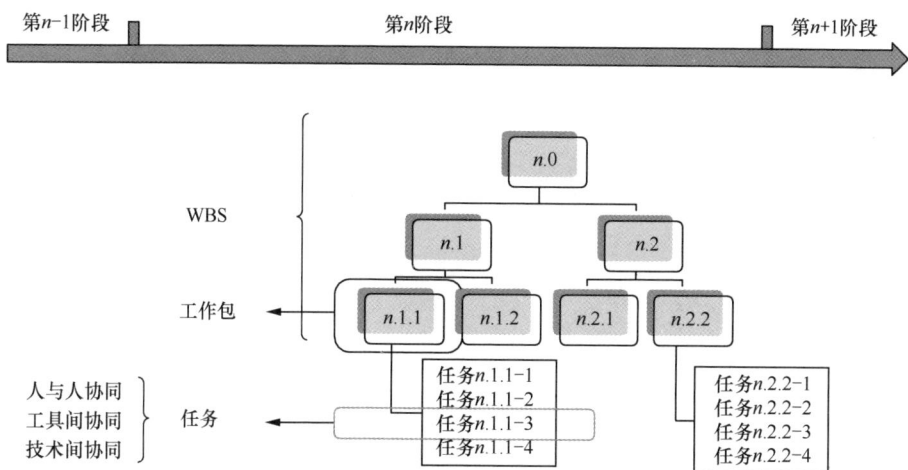

图 6-1　研发流程的分解过程

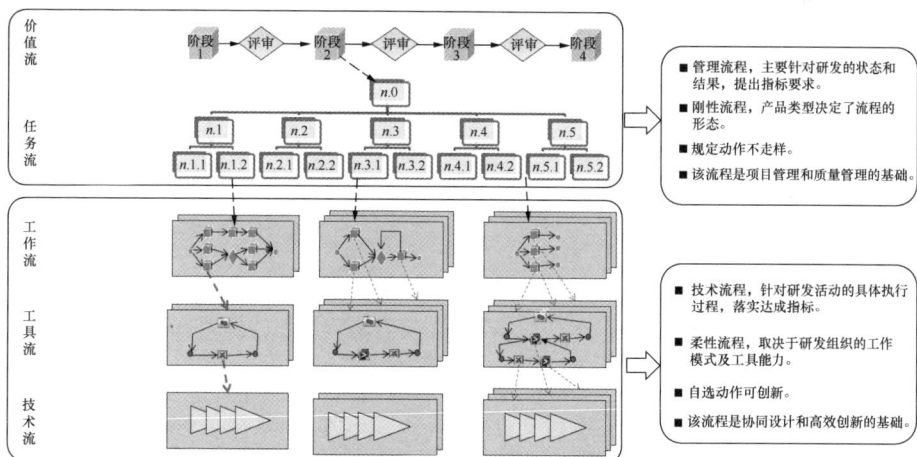

图 6-2　研发流程 5 层模型

研发流程的刚性层和柔性层界面的选择是进行研发管理的要点之一。本界面的选择与产品成熟度、管理成熟度及企业管理风格有关，既没有规定，也没有优劣之分。对于产品或管理成熟度较高、管理偏于精细化的企业，界面倾向于下沉。对于产品或管理成熟度较低、管理偏于授权化的企业，界面倾向于上升。如果界面过低，会造成科研管理部门和质量管理部门"手伸得过长"的问题，引起相关人员抱怨。如果界面过高，则会引起项目进度和成本失控问题，造成质量与研发过程"两张皮"。所谓"一抓就死、一放就乱"，就是没有科学和艺术地界定刚性层的高度造成的。

谈到研发流程，很多企业的第一反应是"我们的研发很复杂、很创新，每次都不一样，所以我们不存在固化流程，或者流程无法显性化的问题。"但我们的经验是，只要企业研发还在运作，就一定有流程，只是刚性层的选择有高有低而已。我们发现，恰恰是在持这种观点的企业，流程显性化的效益是最大的。

二、研发流程的表达形式

研发流程的表达形式一般有以下几种。第一种是常见的树形结构，称为 WBS，反映了研发工作所有任务的集合，但不反映任务之间的关系，如图 6-3 所示。WBS 是最简洁的研发流程表达形式，也是研发流程其他表达形式的基础，所以应用非常广泛。在本书后文中通常将 WBS 等同于研发流程。

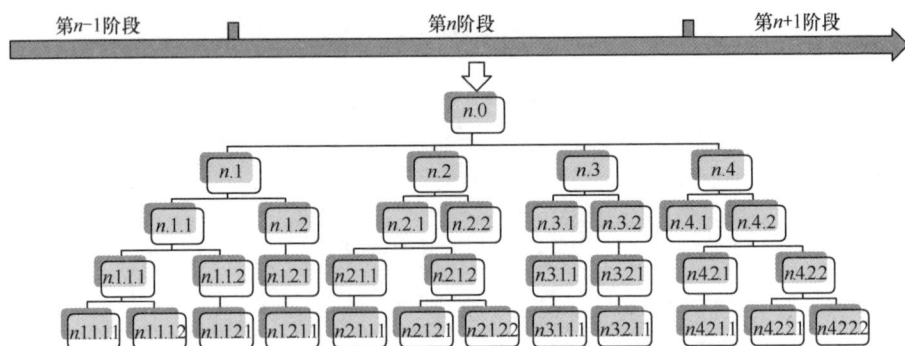

图 6-3　研发流程的 WBS

第二种是泳道图，反映各任务之间的顺序和责任人（或组织），如图 6-4 所示。不同责任人的所有任务排布在不同泳道中，排布的顺序代表了各任务之间的关系。各任务之间的连线代表了任务的数据关系，这些关系可以是跨泳道的。

第三种是 NN 图，这种图将所有的任务按对角线排列，如图 6-5 所示。任务之间的数据关系通过它们之间的角形线表达，在角形线上标注数据内容。这种图形适合表达数据关系比较复杂的研发流程。

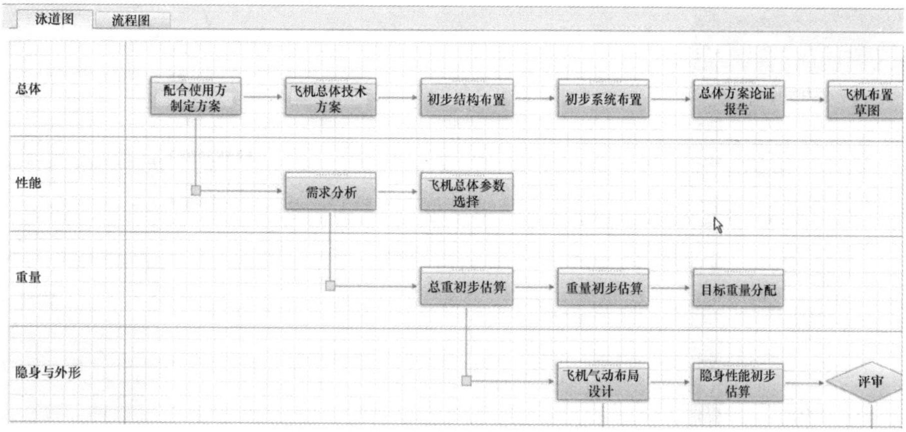

图 6-4　研发流程泳道图

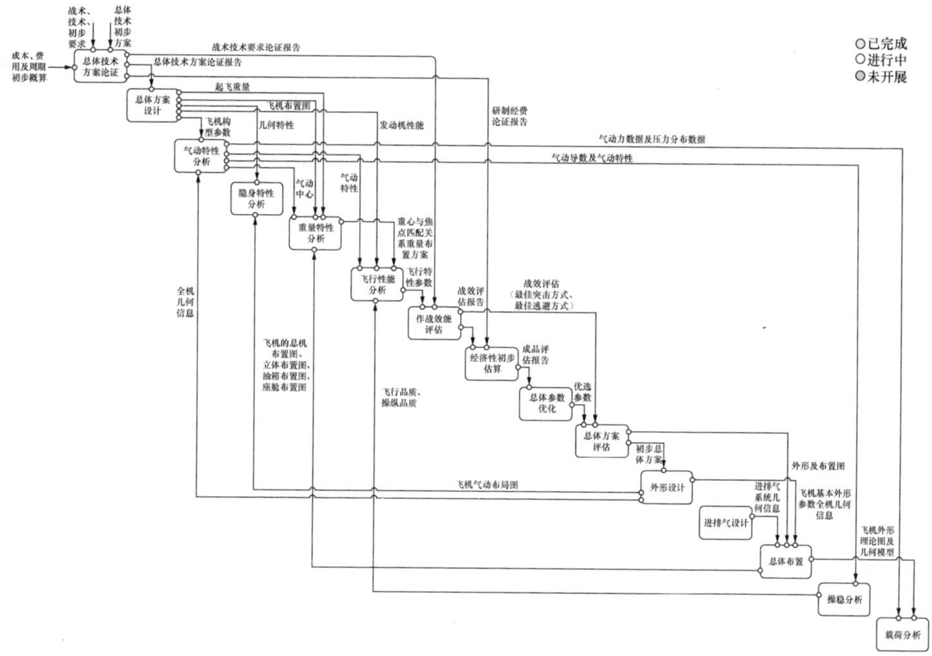

图 6-5　研发流程 NN 图

三、基于 WBS 的研发流程

WBS 既是研发流程的一种表达形式，又是其他表达形式的基础，故在研发流程体系中具有特殊地位。本章主要对 WBS 的基本概念、构建方法和梳理方法进行深入讨论。

1. WBS 的定义

WBS（工作分解结构）是以可交付成果为导向对项目要素进行的分组。它归纳和定义了项目的整个工作范围，结构中更低的层级代表对项目工作更详细的定义。WBS 总是处于计划过程的中心，也是制订进度计划、资源需求、成本预算、风险管理计划和采购计划等的重要基础。

研发 WBS 是对系统研发过程中所应完成的工作进行自上而下逐级分解形成的一个层次体系。该层次体系以要研发的产品为中心，由产品（硬件和软件）项、服务项和资料项组成。它完全限定了研发项目的工作，并表达了各项工作之间及它们与最终产品之间的关系。

WBS 元素实际上是 WBS 结构上的一个个"节点"，通俗的理解就是"组织机构图"上的一个个"方框"。这些方框代表了独立的、具有从属关系的可交付成果。WBS 结构必须与项目目标有关，必须面向最终产品或可交付成果。

工作包是 WBS 的最底层元素，一般的工作包是最小的可交付成果，根据这些可交付成果能很容易地识别活动、成本、组织及资源等信息。一个用于项目管理的 WBS 必须被分解到工作包层次才能够成为一个有效的管理工具。

2. WBS 类型

根据 WBS 的用途不同，可以将 WBS 分为纲要 WBS、项目纲要 WBS、合同 WBS、基础 WBS、项目 WBS，如表 6-1 所示。国家或行业的标准化部门针对特定装备制定的 WBS 通常是纲要 WBS。在实际项目中，根据纲要 WBS 产生项目纲要 WBS 和合同 WBS。为了积累以往项目的研发经验，梳理出的典型型号产品的 WBS 称为基础 WBS，也可以通过对其实例化形成项目 WBS，成为研发管理的基础。

表 6-1 WBS 的类型

用途	类型	说明
行业标准	纲要WBS	国家或行业的标准化部门针对特定装备制定的WBS
装备采办	项目纲要WBS、合同WBS	实际项目中，根据纲要WBS产生项目纲要WBS和合同WBS
研发管理	基础WBS、项目WBS	为了积累以往项目的研发经验，梳理出的典型型号产品的WBS称为基础WBS，也可以通过对其实例化形成项目WBS，成为研发管理的基础

（1）纲要 WBS。纲要工作分解结构（SWBS）是由特定标准（如 GJB 2116A–2015《武器装备研制项目工作分解结构》）规定的各级单元构成的工作分解结构，其单元具有统一的名称、说明和在层次体系中的位置。纲要 WBS 一般分为 3 级，如表 6-2 所示的舰船系统纲要 WBS 示例。各级 WBS 单元的定义如下。

① 1 级为整个系统。例如：舰船系统、飞机系统、高炮系统等。

② 2 级为构成系统的重大单元。例如，舰船、飞机、某类服务（如专用保障设备）或资料等。

③ 3 级为从属于 2 级的单元，例如，发电装置、机体、动力装置、某类服务（如基地级专用保障设备）、某类资料（如工程资料）等。

表 6-2 舰船系统纲要 WBS 示例

1级	2级	3级
舰船系统	舰船	船体结构
		推进系统
		电气系统
		警戒与指挥控制系统
		辅助系统
		船体属具与舱室设施
		武器
		综合/工程
		建造保障
	系统工程和项目管理	系统工程
		工程项目管理

1级	2级	3级
舰船系统	系统试验和评定	研制试验和评定
		使用试验和评定
		样机
		试验和评定保障
		试验设施
	训练	训练设备
		训练业务
		训练设施
	专用保障设备	中继级专用保障设备
		基地级专用保障设备
	资料	技术出版物
		工程资料
		管理资料
		保障资料
	舰船改装	根据舰船具体情况规定
	工业设施	新建、改建或扩建设备的购置或改进
		工业设施维修
	通用保障设备	中继级通用保障设备
		基地级通用保障设备
	初始备件和修理件	按硬件单元进行分类列表

（2）项目纲要 WBS。其是对纲要工作分解结构进行实例化后形成的适合于某一特定装备项目的纲要工作分解结构。

（3）合同 WBS。其是按标准和合同工作说明中的要求，为符合某一合同要求而制定的完整的工作分解结构。

（4）基础 WBS。其是一类项目的 WBS 范例，是研发流程梳理的成果之一。一个典型的基础 WBS 包括了一类项目的所有活动，并根据新型号的研发经验不断扩充完善。

（5）项目 WBS。其是某装备项目完整的工作分解结构，是基础 WBS 实例化的结果。它包括与该装备项目研制和生产有关的所有工作分解结构单元，包含了术语、定义、资源配置和产品结构等内容。

3. WBS 的作用

（1）WBS 在装备采办中的作用。

① 把产品分解为若干部分，明确各部分之间的关系，明确各任务之间及任务和最终产品之间的关系。

② 辅助保证承包商受项目需求的约束，便于进行有效的计划、任务管理和技术职责管理。

③ 辅助技术状态管理、风险管理、资源分配、支出管理，以及成本、计划和技术性能管理。

④ 为挣值管理、集成计划和系统集成提供通用框架，保证项目装备采办花费和执行时间表的一致性。

（2）WBS 在研发管理中的作用。

① WBS 是研发策划结果的载体。研发策划结果形成工作分解结构，以便进行工作分配与执行。

② WBS 是研发流程管理的基础。WBS 工作单元中数据的输入、输出构成研发数据流程，各工作单元构成研发流程。

③ WBS 是研发计划编制的基础。在研发数据流程的基础上进行研发计划的编制，以便进行研发任务的安排。

④ WBS 是将知识、工具与质量等关键要素和任务关联的纽带。例如，若希望知识融入研发流程，就需要把知识和 WBS 工作单元关联起来。

四、研发 WBS 构建方法

1. WBS 的基本构成

有不同类型的项目，就有不同类型的 WBS，每一个 WBS 又有其独有的元素。但是，WBS 包含图 6-6 所示的 5 种元素中的两种或两种以上。不同文献所用的名称不尽相同，但基本内容一致。

图6-6中前3种类型的元素是由3种类型的项目得来的。在PMBOK（项目管理知识体系）中，项目的定义为："通过一种临时性的努力，得到一个独特的产品、服务或结果。"所有类型的项目都有一个或多个可交付成果或输出，它们是开发WBS的基础。图6-6中后两个元素是支持性元素，是完整定义项目范围和满足所有规则所必需的。

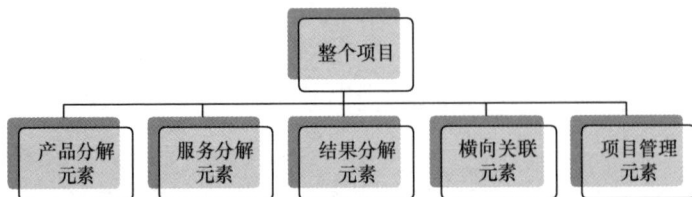

图6-6　WBS的5种元素

这5种元素说明如下。

（1）产品分解元素

产品分解是对即将输出产品的自然物理结果的分级，是最通用和最容易开发的WBS。产品可被分为很多层次，这是由产品及其组件的性质决定的。

（2）服务分解元素

服务项目没有一个有形的、结构性的可交付产品或成果。它的输出是为他人做的工作，如会议服务等。服务分解是基于一种对相似和相关的工作元素、职能或技术进行逻辑分组的方法。

（3）结果分解元素

结果项目也没有一个有形的、结构性的可交付产品或成果。它的输出是包含过程的结果或结论，如新药物开发等。该工作分解是一系列可接受的步骤。

（4）横向关联元素

横向关联元素将WBS横向截断，将每一层的同级元素都联结起来。这是横跨产品所有内容的一种分解，如建筑设计、安装或系统测试。这些元素通常是具有技术性或支持性的。项目越复杂，越可能有多个横向关联元素。

（5）项目管理元素

一个项目的管理责任和管理活动的分解通常包括报告、项目审查及项目经理或团队成员的活动等内容。通常，一个WBS仅有一个这种类型的元素，且其在所有项目中都属于第二级。

在《NASA 系统工程手册》中，WBS 由实现产品分解结构（PBS）所需的工作，和项目管理、系统工程、集成和验证以及全生命周期的保障组成，如图 6-7 所示。

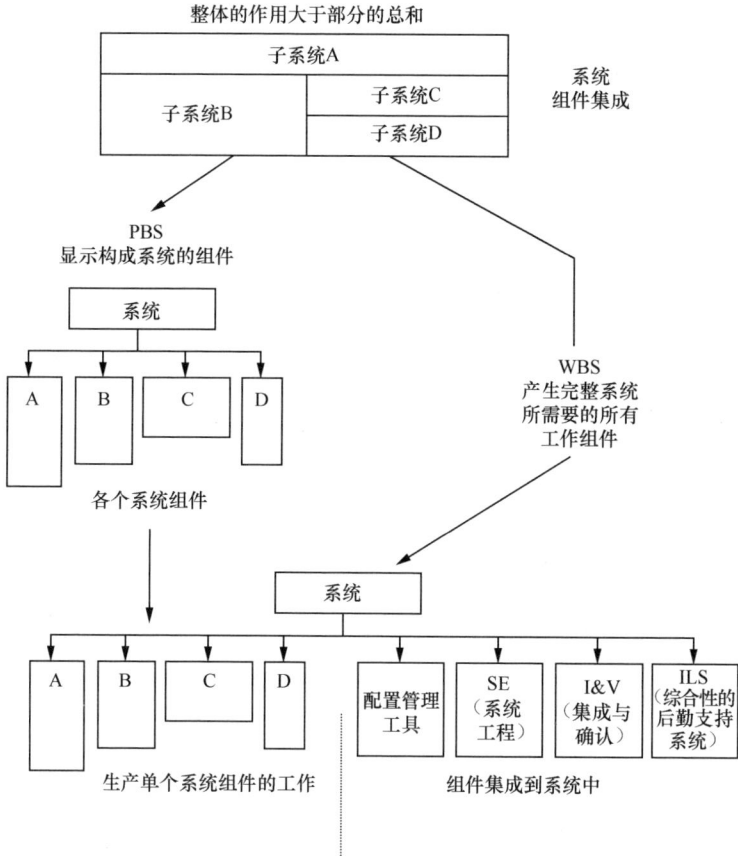

图 6-7 NASA 的 WBS

2.WBS 的分解方式

WBS 的分解框架可以综合采用多种方式进行，介绍如下。

（1）按照产品的物理结构分解。

（2）按照产品或项目的功能分解。

（3）按照实施过程分解。

（4）按照项目的地域分布分解。

（5）按照项目的各个目标分解。

（6）按照部门分解。

（7）按照职能分解。

WBS 的任务分解通常可以分为两种类型。

（1）基于可交付成果的分解。WBS 上层以可交付成果为导向，下层为可交付成果的工作内容。

（2）基于工作过程的分解。WBS 上层按照工作的流程分解，下层按照工作的内容划分。

实践中经常采用两种分解模式混合使用的方式对任务进行分解，以可交付成果为主导，以研制过程为依据，综合运用项目管理技术和工具，开展分解工作。

图 6-8 给出了飞机系统的 WBS 示例。

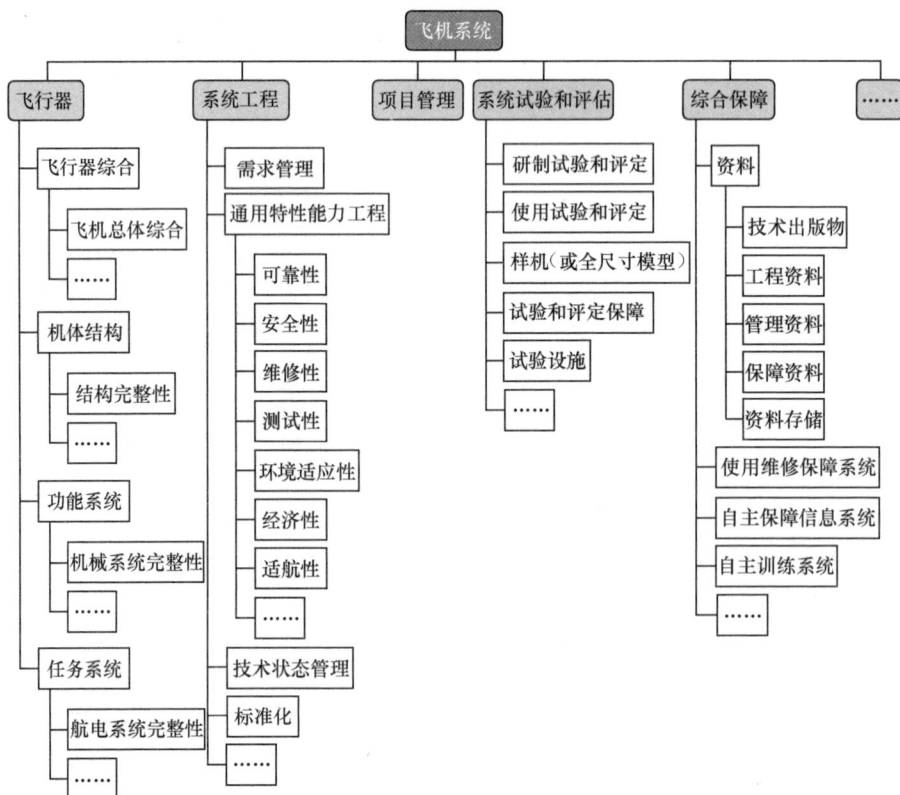

图 6-8 飞机系统 WBS 示例

3.WBS 分解原则

从不同角度描述 WBS 分解原则如下。

① 完整性（100% 原则）：每一级工作单元的总和代表上一级工作单元的百分之百，保证工作安排没有遗漏。

② 合理性：任务不能被分解过细致或过粗糙，过细致将增加工作量，并容易丢失工作重点，过粗糙将难以控制项目。

③ 唯一性：一项任务只能在 WBS 中出现一次。一个工作单元没有被分解之前是一个工作包，一旦被分解，就除了工作单元，它不再包含任何其他内容。

④ 责任性：每个 WBS 节点只能由一个责任人（部门）来负责，有利于责任的落实，提高工作效率。所有的可交付成果或输出产品都可在 WBS 中得到表示。

⑤ 可行性：在创建 WBS 时应征求项目参与人的意见，使其具有可行性。

⑥ 灵活性：WBS 分解满足正常工作的同时，也能在实际情况发生变化时进行调整。

4. WBS 的分解步骤

步骤 1：识别项目目标。

步骤 2：识别项目主要输出是产品、服务还是结果，以确定项目类型。

步骤 3A：如果项目的输出是产品，第二级将包括产品名称、次要产品名称和横向关联元素。确保所有的项目输出都与第二级元素有关（接步骤 4）。

步骤 3B：如果项目的输出是服务，第二级将包括不同类型工作的顶级分组及项目管理元素。识别尽可能多的活动，并将它们按照与工作领域相关的逻辑关系进行分类（接步骤 5）。

步骤 3C：如果项目的输出是结果，第二级将包括为实现结果所采取的必要的、公认的主要步骤以及项目管理元素（接步骤 6）。

步骤 4：对于产品型 WBS，将产品元素分解为产品的逻辑结构或物理结构。把横向关联元素分解为支持工作（接步骤 7）。

步骤 5：对于服务型 WBS，把第二级 WBS 元素在职能工作领域进行分解（接步骤 7）。

步骤 6：对于结果型 WBS，把第二级 WBS 元素分解为要达成元素的目标或输出所采取的特定的标准过程（接步骤 7）。

步骤 7：审查每一级工作元素，以保证确认了全部的工作，并在 WBS 中加上必要的横向关联元素。在产品型 WBS 中，确保其包含必要的集成元素。

步骤 8：继续将元素分解到工作包级。当下一级工作未知时则停止分解，至此完成所有分析或计划。

步骤 9：与项目利益相关者一起审查 WBS，并对其进行必要的调整，以确保 WBS 覆盖了项目的所有工作。

5. WBS 的细化指南

纲要 WBS 一般被定义为 3 级，非纲要类 WBS 被定义为 4 ～ 5 级，对于具有成熟型号产品或倾向于精细管理的企业，WBS 可能会达到 6 级。通过以下问题，可以帮助我们判断是否需要进一步细化 WBS。

- 是否需要提高 WBS 工作包的成本估算和时间进度估算的精确度？
- WBS 的工作包是否包含了多个交付成果或实施过程？
- 是否需要分别定义工作过程的成本或 WBS 内的交付成果？
- 是否需要更精确地了解 WBS 的工作过程的时间进度？
- 不同 WBS 工作包内的交付成果是否相互依赖？
- WBS 工作包中的工作实施是否有明显的时间间隔？
- 某一要素对资源的需求在一段时间内会变化吗？
- 衡量 WBS 某一工作包进度快慢存在明确的标准吗？
- 这些验收标准在 WBS 工作包全部完成前还适用吗？
- WBS 工作包中的某一部分是否存在风险？
- WBS 工作包中的某一部分是否可作为单独的单元来做时间进度计划？
- 项目团队、客户及其他利益相关者对 WBS 工作包有清晰和完全的理解吗？
- 是否有利益相关者关注 WBS 某一工作包的现状和业绩？

6. WBS 的维护与检验

WBS 综合了计划、成本、预算、合同和配置管理等要素，确保采购双方间进行有效沟通。在项目工作正常进行的同时，WBS 也能适应无法被避免的变更。

（1）WBS 各层级的维护。

WBS 的第一层与第二级由项目管理部门维护。

WBS 的第三层由项目管理部门与各专业部门相互沟通后，由各专业部门维护。

WBS 的第四层及以下层级由各专业部门下属的具体专业子部门维护。

（2）WBS 检验标准。

检验 WBS 是否定义完全、项目的所有任务是否都被完全分解，主要依据以下几点。

- 每个任务的状态和完成情况是可以量化的。
- 明确定义了每个任务的开始与结束。
- 每个任务都有一个可交付的成果。
- 工期易于估算且在可接受期限内。
- 容易估算成本。
- 各项任务是独立的。
- 各项任务能被描述。

五、研发 WBS 梳理方法

研发活动的细化分解过程是将原本一个人或组织干的多项工作分解成多个研发工作包，以此来透视研发工作的实际执行过程。

1.WBS 梳理流程

精益研发流程的梳理主要经过系统分析及工作结构分解、WBS 工作单元基本属性定义、工作单元输入输出梳理、工作单元伴随知识和质量梳理、工作单元输入输出匹配、形成研发流程等几个步骤。每个步骤都有可以参考的方法以及交付物（产出），如图 6-9 所示。

在研发流程梳理过程中，精益工作包的模板如表 6-3 所示。该表明确提出了对知识、工具和质量的梳理要求。

参考	主流程	产出
1.WBS分解规则	系统分析及工作结构分解	WBS结构树
1.参考研制程序的工作单元清单梳理方法及原则 2.工作单元类型参考 3.工作单元颗粒度划分参考原则 4.工作单元命名及编号规则	构建WBS工作单元模型 WBS工作单元基本属性定义	WBS工作单元清单
1.输入输出分类参考 2.输出拆分思路 3.输入输出命名及编号规则	工作单元输入输出梳理	工作单元输入输出数据
1.输入输出EXCEL表 2.输入输出匹配规则	工作单元伴随知识与质量梳理	匹配正确的工作单元
1.知识类型参考 2.知识表达形式参考 3.知识多维分类体系参考 4.知识挖掘模板参考 5.质量体系文件 6.质量检查表清单	工作单元输入输出匹配	伴随知识和质量库
	形成研发流程	通用研发流程库
	梳理结束	

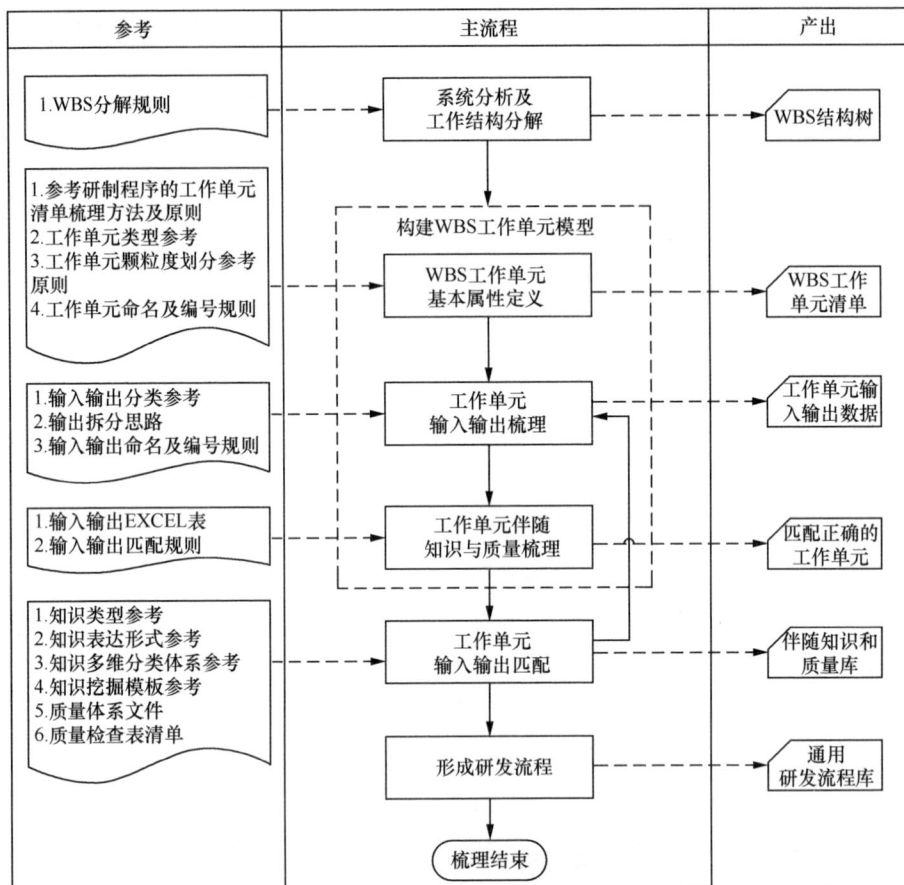

图 6-9　研发流程的梳理过程

表 6-3　精益工作包的模板

编号：	名称：	版次：
研制阶段：	所属领域及专业：	
要求及约束：	工作内容：	双向输入/输出 （要有来源科研活动的编号，并注明状态）
单项输入： （要有来源科研活动及结果的编号，并注明状态）		单项输出： （要有去向科研活动的编号，并注明状态）
伴随知识：	工具和方法：	质量控制：

编号:		名称:		版次:	
设计:		审校:		批准:	
相关专业					

2.WBS 的分解方法

WBS 的分解方法通常有总结归类法、自上而下法和自下而上法。

（1）总结归类法。

总结归类法就是以多个类似项目的 WBS 为基础，总结形成本类项目的基础 WBS。例如，某飞机研发企业曾设计过多种同类型的飞机，就可以根据这些飞机的产品结构及研发活动，进行同类飞机基础 WBS 的总结和编制。

（2）自上而下法。

自上而下法常常被视为构建 WBS 的标准方法，即从项目最大的单位开始，逐步将它们分解成下一级的多个子项。这个过程不断增加级数，细化工作任务。这种方法要求参与梳理人员具备广泛的技术知识和对项目的整体视角。

（3）自下而上法。

自下而上法要求梳理团队成员从一开始就尽可能确定项目有关的所有具体任务，然后将相关任务整合，归总到一个整体活动或 WBS 的上一级内容当中去。仍以某飞机研发企业为例，使用这种方法时，不是在一开始就考察 WBS 制定的指导方针或是参考以前工作的 WBS，而是尽可能详细地列出项目团队成员认为完成项目需要做的任务。在列出详细任务清单后，对所有工作进行分类，以便将这些工作归入上一级大项中。该方法可以促进全员参与或梳理团队的协作。

实践中一般是将这三种方法结合使用。如果有参考项目，那么首先采用总结归类法。但参考项目的成果往往难以整体使用，一般只能裁剪某些有用的部分，或许是架构，或许是片段，因此，后两种方法也需要采用。对于成熟度较高的项目类型，自上而下的分解法可用性较高；对于成熟度不高的项目，自下而上的归纳法更为常用；从两边同时入手梳理是较为稳妥的方法。例如，先尝试搭建架构并作部分分解，越是底层，完整分解的难度越大；之后，可自下而上地梳理离散工作包，逐步与上面的架构对接。

3.WBS 编码规则

在开发一个 WBS 时，通过给各种元素和级别进行编码，用数字或字母串对每一项活动给出唯一识别，能够显著改善 WBS 应用的便利性。WBS 编码同时也是研发管理系统中提高信息和数据交换效率的重要手段。

编码可以采用任何一种方法，但是保持一致性很重要。大多数组织已有一些与 WBS 分解相关的标准编码，这些编码能够被沿用和修改。应尽量使同一代码适用于同类的信息，这样可以使代码更容易理解。一段完整的 WBS 编码代表项目 WBS 中的某项具体工作。WBS 编码与 WBS 工作单元保持一一对应的关系，这样就可以通过 WBS 编码对某项工作在整个项目中进行准确定位。不论编码采用什么形式，应具备以下原则。

- 应该具有规律和并赋予意义，且编号连续，方便进行任务索引。
- 应能反映出任务单元在整个项目中的层次和位置，例如，1.2.3 和 3.4.5.6 显然是在不同位置，也在不同层次。
- 当发生任务增加和删减时，整个层次体系不会发生巨大变化，只是在恰当位置进行增删。
- 方便与其他管理体系的编码相互参照。

十进制编码系统是精确和完整的，能够精确到任意一个所需要的层级。图 6-10 是一个常见的十进制编码系统实例。

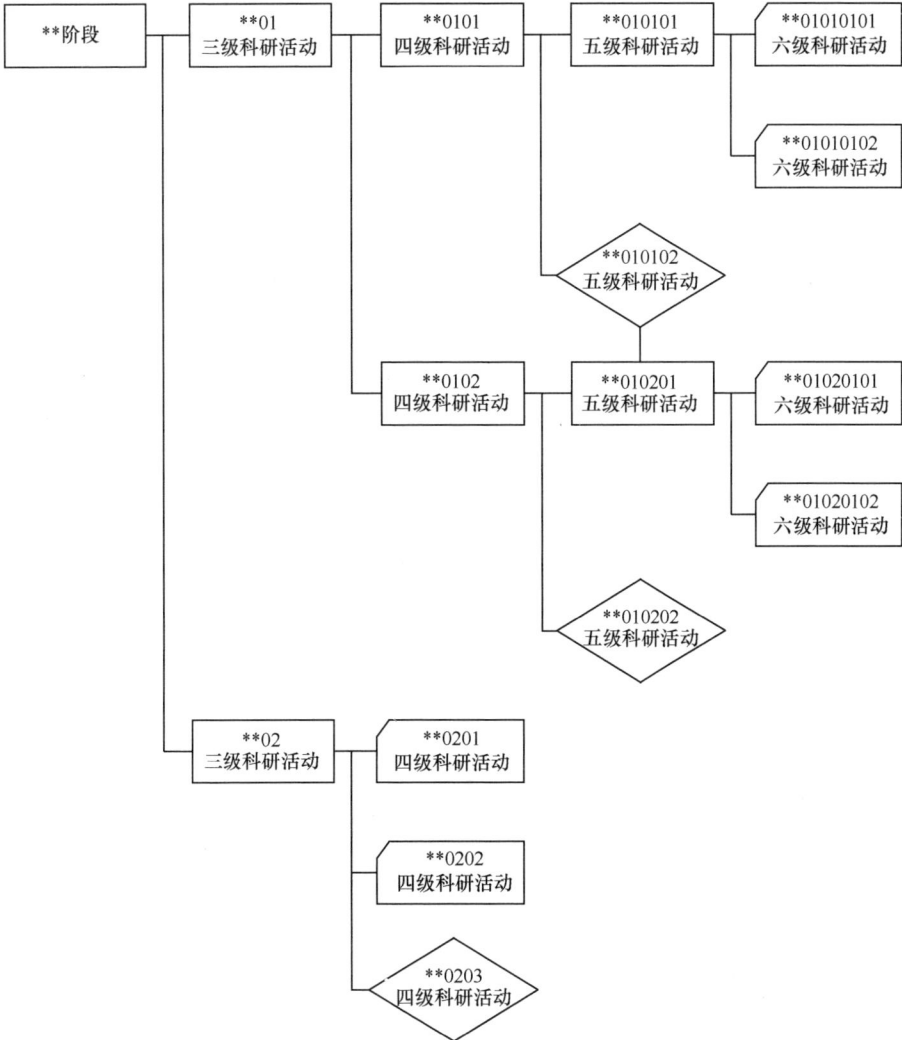

图 6-10 十进制的 WBS 编码系统实例

第七章

流程驱动精益转型

精益研发体系赋予研发流程更加重要的作用。在这里，研发流程不仅是地图和枢纽，而且具有保障和管控作用。所谓兵马未动粮草先行，当我们清楚了作战地形和路线之后，就可以在那些关键环节提前部署兵力、粮草和制敌机关，这些就是我们常说的设计工具、研发知识和质量管控等要素。

一、研发流程的驱动作用

研发流程显性化之后，最有价值的用途包括项目策划、质量管控、知识工程以及协同开发等，在这个过程中，驱动研发的精益化转型。

1. 项目策划

获得某类产品研发流程的标准 WBS 后，就形成了型号 WBS 的基础。针对每个型号项目，只需要对标准 WBS 进行实例化，便可快速形成型号 WBS。相应增加项目管理要素，如负责人、时间、成本等信息便可形成项目管理规划。在精益研发体系中，精益工作包嵌入了伴随知识、质量要求和研发工具，在型号策划过程中可直接嵌入到型号 WBS。

2. 协同开发

由于缺乏研发流程的显性化，任务分发和工作配合基本靠约定俗成的潜规则，导致在效率和质量方面都大打折扣。研发流程的精细化有利于明确每个研发活动的准确工作内容，使复杂/高端的研发做到更专业化的分工，减少重复工作。研发活动前后顺序明确、规范，避免了互相推诿。当流程显性化和数字化之后，数字化平台中的人会自动获得工作包，也很清楚其中的具体任务以及完成工作的时间和质量要求。流程梳理的过程明确了各工作包的输入和输出数据，利用信息化手段，这些数据可以在流程中自动流转。上游完成工作后，下游会自动获得数据。下游对数据有要求时，可以通过流程告知上游。以上过程相较于当前多数中国企业"派活基本靠口，协同基本靠吼"的工作模式，显然具有明显优势。

3. 知识管理

研发过程中需要的知识很多，产生的知识也很多。这些知识当然可以保存在库中。但知识静默在库中，往往会造成在需要的时候不能用上恰当的知识。如果将知识和工作包关联起来，那么知识梳理的目标就明确了，知识推送也更简单和直接了。因此，依据研发流程和工作包进行知识的管理和推送，是知识发挥作用的关键。流程中的知识也更便于学习，有利于人员的培养和成长。

4. 质量管控

过程质量管理的本质是"说到做到"。流程的显性化首先确保了项目策划可以基于现成的流程来完成，其次可以跟踪流程是否按照预先的策划运行并达成目标。过去质量管控不能深入到研发过程的主要原因就是流程没有显性化，因此无法实现质量追踪。

二、流程驱动的项目运行

传统项目管理以提高项目管理能力为目的，关注范围、进度、成本、人员、沟通、风险和采购。精益项目实施以提高项目执行力和交付质量为目的，关注流程、任务、输入、输出、技术、工具、知识、质量和数据。精益项目运行以科研流程为基础，将知识、质量、工具融入项目策划过程和工作包执行过程，确保输入输出明确、工具方法有效、工作接口合理。在整个项目过程中，监控项目和任务的执行情况，预防质量问题，及时处理已经出现的问题。保存项目过程数据，归档项目最终成果。

精益项目运行包含项目策划和任务执行两方面，精益项目运行逻辑如图 7-1 所示。

精益项目运行典型场景包括项目策划、任务分派、知识应用、任务执行、输出物管理、过程质量管理、项目监控、与常规项目管理的交互等，实现对一个项目 / 产品研制全过程的高效执行。精益项目执行业务运行场景如图 7-2 所示。

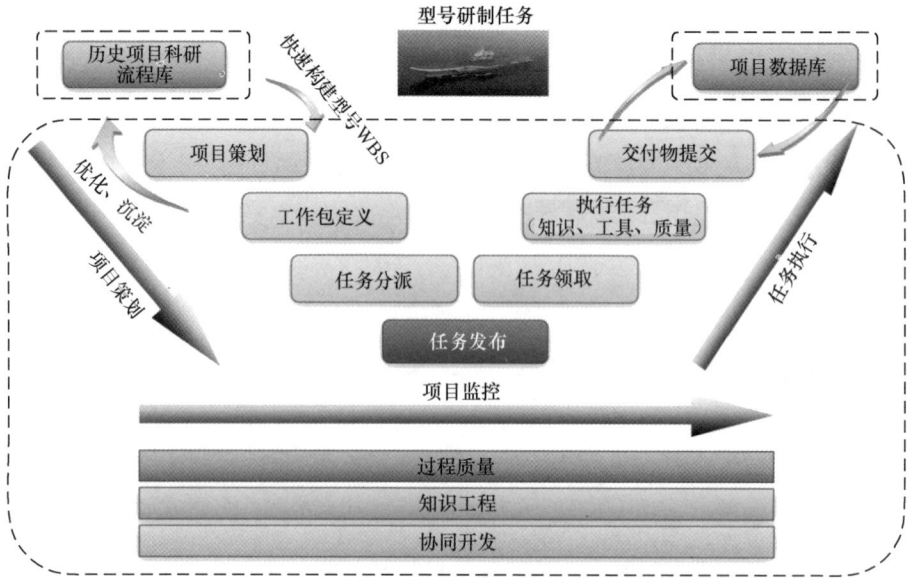

图 7-1 精益项目运行逻辑

通过梳理历史项目流程，构建历史流程库（基础 WBS 库），作为新项目策划的基础。从流程库中提取历史项目流程进行裁剪，快速构建新项目的 WBS。定义工作包的基本属性（科研活动名称、编号、工作说明）、输入输出、关联知识、工具、质量信息。对工作包任务进行分派，发布工作包，完成项目策划。与项目管理体系协同，形成科研控制计划。

执行人员领取工作包，参考伴随知识，应用知识库中的知识，启动相关工具执行工作，提交输出物，按照质量管理要求完成自检、互检、评审、归零和评价等工作。

管理人员通过流程可视化技术，可以对整个项目执行状态、进度等过程信息进行实时监控，实现对科研工作的高效管理。

在项目策划和执行完成后，可以根据项目的实际运行效果对历史项目的科研流程进行优化，将运行完成后的项目流程变成历史项目流程供给后续项目参考，丰富历史项目流程库。

项目运行模式具有以下几个特征。

- 项目策划之前需要利用知识工程体系对项目进行充分理解。
- 项目策划后即可形成项目数据结构树，项目执行过程就是数据树的兑现过程。

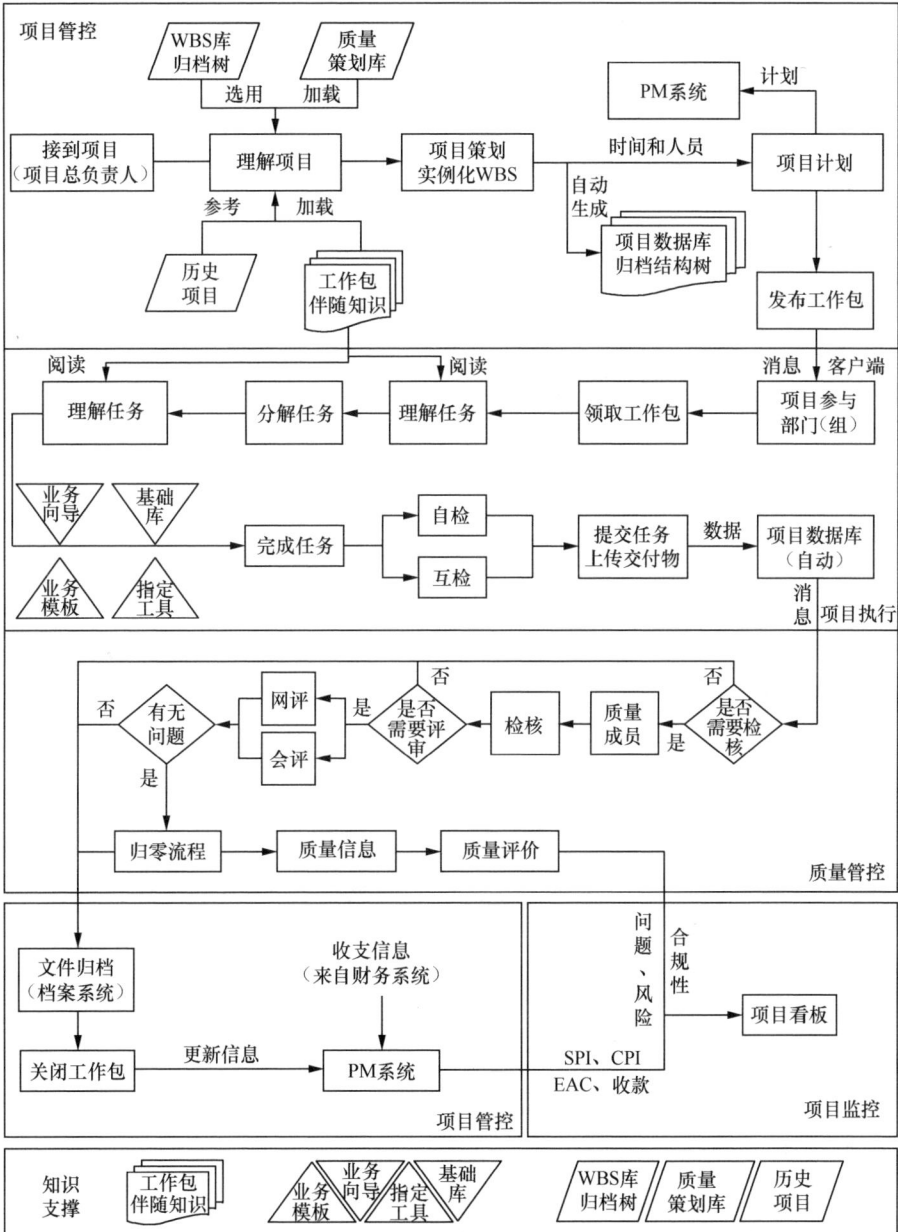

图 7-2　精益研发项目运行场景

- 工作任务执行之前，项目成员利用知识工程体系对任务进行充分理解。
- 工作任务完成之后利用过程质量体系推送的检查表进行自检和互检。

- 关键工作包需要进行审批，判断是否需要评审。如需要，则展开评审。

- 每项工作结束后，将电子化的数据和文档入库管理。

- 提供项目看板，监控项目的执行进度。

在以上过程中，精益项目系统可与常规的项目管理（PM）系统集成应用，模式如下：

- 精益项目平台与项目管理系统进行协同，交互信息。项目管理系统读取精益项目系统中梳理的研发流程，提取 WBS 作为项目策划的基础。精益项目系统则将项目执行的进度和工时等信息提供给项目管理系统。

- 常规项目管理系统的计划管理一般到达部门或科室一级，部门通过精益项目系统对工作包进行再次细化与分解。协同设计系统则通过精益项目系统领取分解的工作活动完成任务。

精益项目运行体系与精益研发其他子体系及经典项目管理体系的协同应用模式如图 7-3 所示。

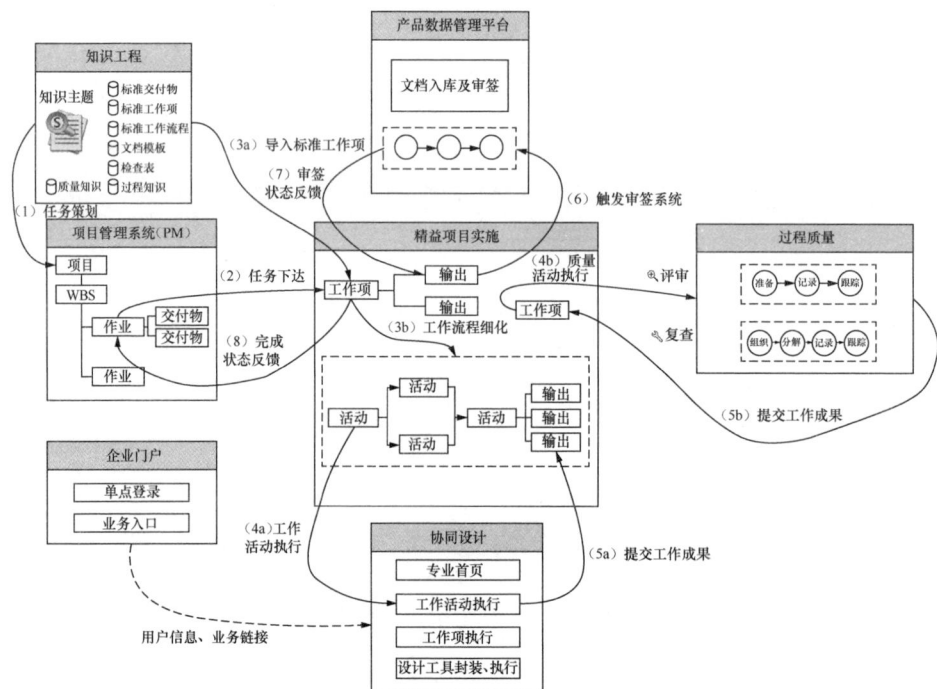

图 7-3　精益项目运行体系与其他子体系及经典项目管理的协同工作模式

三、流程驱动的协同设计

正如前文所述，精益研发五层流程模型的上两层构成刚性流程，下三层构成柔性流程，如图 7-4 所示。下三层流程的目的是完成刚性流程下发的工作包，需要工程师们灵活创新地协同工作，这就是下三层流程必须是柔性流程的原因。协同设计模式必须依赖于数字化系统，下面将结合系统应用过程介绍协同设计模式。

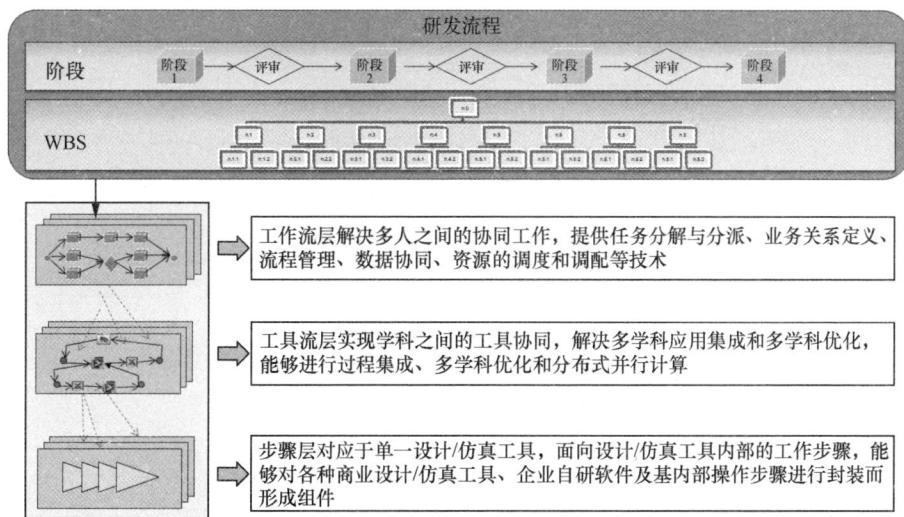

图 7-4　协同设计流程

柔性流程完成的工作也许是系统设计工作，也许是总体论证、物理设计或软件工程的工作。这些工作是设计组长将工作包再次分解为工作流分配下来的。设计工程师接受任务后使用工具流或技术流（组件或模板）来完成工作。工作完成交付的同时，数据保留在过程数据管理系统中。

1. 协同设计业务场景

协同设计业务场景如图 7-5 所示。

借助标准工作流模板，研发管理人员可以快速进行工作流构建和任务分配与下发。研发执行人员接收到任务消息之后，完成任务的接收、执行与反馈。在任务执行过程中，可以使用工具流或技术流模板进行任务的快速执行。数据统一纳入研发过程数据管理系统。结合流程管理与数据管理，管理人员可以实现对研发流程与任务的监控。

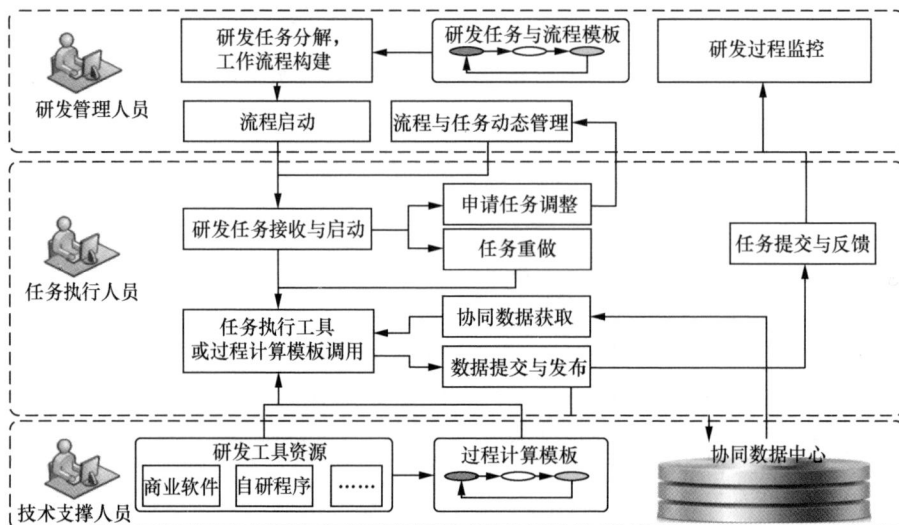

图 7-5　协同设计业务场景

2. 协同流程与任务管理

协同流程与任务管理环境主要面向研发管理人员（如设计科室主任），包括协同任务分解、任务下发与执行、任务状态管理、任务监控与管理、任务模板管理等内容。

（1）协同任务分解。

研发管理人员可以通过可视化环境进行多人多专业协同工作流编制，并支持流程对应任务节点信息的定义（如任务描述、开始时间、结束时间、任务承担者等），从而完成协同任务分解。

（2）任务下发与执行。

研发管理人员将流程创建完毕，即可启动流程，各任务节点研发人员会收到相应的任务提醒信息。研发人员接收到具体的研发任务后，即可进行任务信息查询（如查看任务描述、任务要求、开始时间、结束时间、上下游任务信息等）。确认无误后，即可进行任务启动。如对任务有异议，任务承担者可以申请任务退回，由管理人员重新分配。在任务执行过程中，研发人员可以使用相关的工具流或技术流模板快速完成任务。

（3）任务状态管理。

任务状态包括"未启动""执行中""已完成"3种主要状态。在流程刚启动时，任务分发至各任务承担者。任务承担者点击"任务启动"按钮后，任务状态变更为"执行中"。当承担者将该任务执行完毕，将数据发布至公共协同数据区之后，即可点击"任务完成"，任务状态变更为"已完成"。针对已完成的任务，任务承担者可以进行任务的重新启动，此时任务状态将重新变更为"执行中"。

系统还可根据任务设定的起始时间与当前系统时间进行对比分析，了解该任务当前是否延迟。

（4）任务监控与管理。

在协同流程与任务执行过程之中，支持管理人员对流程与任务信息进行过程管理，主要操作包括流程的启动、暂停、恢复、终止、删除，以及任务信息的变更（包括任务名称、属性信息、承担者等）、暂停、重新发布执行等操作。

在任务执行过程中，研发管理人员可以根据协同工作流直观可视化地进行研发状态监控，如图7-6所示。

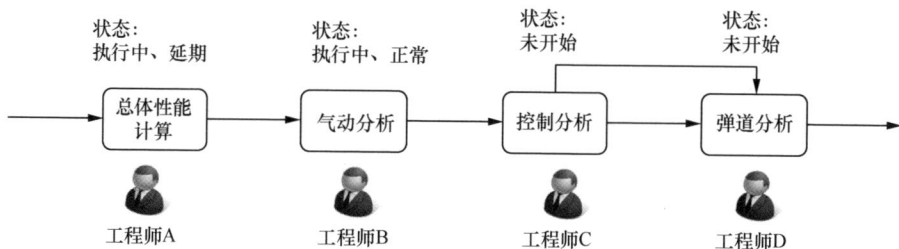

图 7-6　协同流程与任务监控

（5）任务模板管理。

系统支持将标准协同工作流固化为相应的流程模板，供研发管理人员进行调用与任务的快速分解。

3. 工具和技术的协同

在协同设计模式中，多工具流和工具内的技术流可以帮助设计人员高效高质量地完成工作。主要思路是将多学科工作过程封装成过程模板，把软件内的应用过程封装成组件。

四、流程驱动的知识管理

一家企业的强大之处，往往不在于引进了多少先进技术，而在于真正积累了多少现有成果。知识是产品设计的成果，也是设计过程的关键支撑要素，但当前多数企业的知识依附于个人，知识的传承与共享没有途径和平台。知识无法在产品研发过程中得到有效应用，这也不利于研发人才培养。多数研发资源缺少共享平台，限制了资源的有效利用，使得产品研发主要靠个人能力而非集体力量。虽然中国也有不少企业开展过知识管理工作，但知识没有融入研发过程，也没有融入设计过程和工具，没有对研发活动起到支撑作用，存在知识与研发"两张皮"的现象。

1. 知识管理困局

研究发现，多数企业的知识管理工作明显存在以下三大困局。

① 无知识。资深员工不知道如何把知识进行共享，甚至意识不到自己有知识。当我们请即将离岗的专家把他们的知识梳理出来的时候，专家们往往是一脸茫然。

② 弱知识。由于知识的梳理和挖掘存在问题，所以知识管理软件中的知识过于泛泛，与工作关系不大，只能作为闲来翻翻消遣之用。由于专家不能提供知识，所以企业的知识管理项目组只好从内外部搜罗现有材料放入知识管理平台中，此类知识与实际业务势必相去甚远。另外，知识的强弱是相对而言的，知识只有放在正确的位置，才能称得上知识，否则就是冗余信息。因此，知识如何恰如其分地出现在正确的地方，是知识工程的一项重要工作。

③ "死"知识。即使平台中有一些有用的知识，在遇到问题时也找不到这些知识。研发人员通常以搜索方式来寻找知识，结果常常发现要么搜索出来太多的无关知识，要么搜索出来很少的知识，难以支持研发工作。

2. 面向流程的知识管理

以上困局，使得即使是在开展过知识工程工作的企业中，知识也没有融入研发过程，没有对研发活动起到支撑作用，存在知识与研发"两张皮"的现象。

为此，我们提出一个全新的解决方案，那就是知识与研发流程同步，如图 7-7 所示。这是一个两层结构，底层结构与普通的知识管理做法相同：知识库 + 知识管理系统。上层结构是业务流程（或研发流程）及业务活动（工作包），把每个关键工作包的知识梳理出来，与该工作包同步。这样可以利用研发业务活动进行知识的产生、组织、管理、应用和创新。

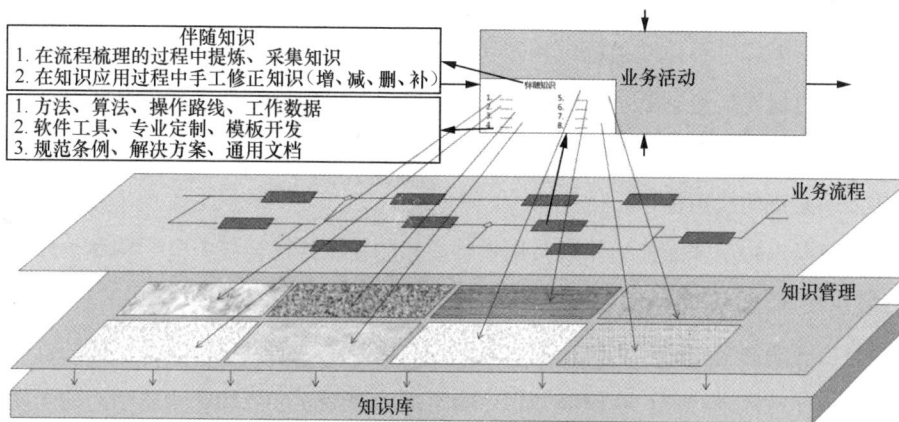

图 7-7　知识与研发流程的伴随

这个方案的以下特点很好地解决了以上 3 个问题。

① 有知识。让专家意识到自己确实有知识。让专家在知识挖掘和整理的过程中有章可循。当专家明确了要梳理自己擅长的工作包相关的知识和资源时，他们都表现得驾轻就熟。

② 强知识。所有知识都与工作直接强相关。无论用何种方法获得知识，都是雪中送炭的知识，而不是锦上添花的知识。工作包上的知识只可能是与完成本工作包相关的知识，其他知识没有机会出现于此处。

③ 活知识。在业务需要的时候，知识就出现了。变"人找知识"为"知识找人"，让知识主动推送到研发人员的工作桌面上。工作人员领取到工作包的时候，知识就同时获得。

3. 精益模式下知识应用的特点

基于流程的知识管理方案思路清晰、方法具体，一经提出，便得到了企业的认可。只要持之以恒，将不仅对知识管理的企业落地起到关键作用，而且对精益研发的落地起到支持作用。该方案具有以下特点。

（1）知识的按需抽取。

多方式的搜索实现按需抽取。系统的智能检索功能提供关键词、概念以及高级搜索三种方式，给用户带来了全方位与更彻底的检索方式。知识工程系统对搜索结果进行了相关度排序，同时基于文章中的主要概念，自动生成每篇文章的摘要。

此外，知识工程系统能根据用户浏览内容或者检索条件产生变化的动态摘要，使用户通过摘要就能判断是否要打开进行查看，并且能够动态了解信息条目之间的关系。

（2）知识的按用重构。

科研活动知识伴随模式实现按用重构。新的研制活动或任务需要构建关联、伴随知识时，可随时到研制知识库中抽取知识，关联到该任务上。

当由于研制工作的应用需求变化等原因，原来已关联到该科研活动的知识不能满足当前任务需求时，可在研制知识库中重新检索知识，更新此科研活动的伴随知识。此外，还可将研制活动中产生的新知识，送回知识库中，以完善知识库。

（3）知识的自动/半自动推送。

通过知识关联技术，将知识与科研活动结合，利用知识工程平台将伴随知识自动推送到研制工作环境中的知识工程应用端。还可自动生成知识的扩展关系，推送特定知识的相关知识、术语、科研活动等。

4.精益模式下知识应用的优势

基于流程的知识体系的建立，使企业可以按设计流程来开展产品研制工作，按设计准则进行产品设计工作，使产品的设计规范化，从而大大提高产品研制的效率和正确性。复杂产品和系统的研制活动构建，及研制流程的数字化实现，将规范所有研制任务的执行，大大缩短研制设计周期，提高研制效率。

企业持续竞争优势的真正来源是有价值、稀缺、难以模仿和不可替代的资源，而知识是其中最重要的资源之一。因此，应建立多源产品设计知识库，为产品设计提供一个共享知识平台，以此来保持企业持续的竞争优势。

通过采用知识伴随和知识自动/半推送模式，可在研制过程中自动和高效地应用知识，解决由于研制人员新老交替带来的知识传承问题，从而满足新形势下年轻设计队伍对高、精、尖产品研制挑战的需要。梳理每一个研制任务所需的知识，并将知识自动或半自动地关联和推送到研制活动，不同人员进行相同研制活动可使用同样的知识，获得同样的效果和效率。

通过产品领域本体技术的研究及数字化实现，为研制知识和研制流程的有机融合、知识的智能扩展以及创新打下良好基础。创新是企业的生命力和生命线，是企业能够不断发展的基石，是企业具有不断开发新产品和开拓市场能力的体现。而创新离不开知识，只有基于知识的创新才能推动技术和经济的发展，推动社会的变革和进步。

五、流程驱动的质量管理

质量已经成为企业核心竞争力的重要组成部分，是企业进行市场竞争、赢得客户、实现品牌价值的重要武器。目前企业质量管理的焦点大多集中在生产阶段，也就是对现有产品 / 流程进行测量、分析、改进，以减少缺陷，保证质量符合要求。

1. 质量是设计出来的

现代质量管理理论认为，质量是设计出来的，研发质量是产品质量的基础。如何提升研发质量管控水平，成为企业质量体系的着力点。据麦肯锡咨询公司的一项调查报告，在装配时发生的问题只占所有缺陷的10%。在企业所发现的50项最重大的缺陷中，有85%在装配之前就已经存在，而这正是由于设计不当造成的。从产品研制的时间排序来看，产品设计、工艺设计和生产控制等不同阶段对产品质量的影响是不同的。对质量影响最大的是产品设计阶段，其次是工艺设计，再次是生产控制。

产品质量首先是设计出来的，其次是生产出来的，但绝不是检验出来的。一款产品的质量好坏，其实在研发阶段就大局已定，后期只能做微小修正。一旦产品图纸和技术规范形成后，固有质量就已基本形成。其后的工艺、生产和检验都是按照设计来实现产品的，这些阶段只能确保质量不下降，而无法提升质量。在设计过程解决产品的质量问题可以达到事半功倍的效果。越是在产品生命周期的前端采取措施，对产品质量提高的效果就越明显。

2. 过程是因，质量是果

设计质量的重点关注对象是过程质量，这也是设计阶段质量效益较大的另一个

101

原因。在生产阶段，人们关注质量往往是在关注结果，而在设计阶段，提升质量的重要方法是强化过程。因此，质量管理必须能够深入产品研发过程，这就是所谓的"质量管理重在预防"。当前绝大多数企业虽然建立了过程质量体系，但没有相应的手段、方法和平台，没有将质量融入研发体系，更没有深入到产品设计过程中，造成了质量与研发"两张皮"的状况，产品设计质量问题无法彻底解决。

过程质量的本质是提升研发过程的透明化程度。一度流行过透明厨房，老板旨在通过透明的厨房打消食客的卫生顾虑。没想到出现了一个有意思的结果：顾客们评价菜变好吃了。这是因为透明的做菜过程提升了厨师的职业化程度和敬业精神，有助于提升菜品的质量。

3. 过程质量管控原理

精益研发流程模型给出了研发业务的运行模式，理想情况是研发工作能按照此流程展开。但流程是由人来执行的，而人是有缺陷的，工作执行总会存在偏差。因此质量大师戴明提出 PDCA（计划—执行—检核—行动）循环来控制过程质量。研发流程五层模型其实只是给出了 P（计划）和 D（执行），另外两个要素 C（检查）和 A（处理）实际上就是为了避免执行过程出现偏差而设计的。在业界称为闭环归零和持续改进。PDCA 循环如图 7-8 所示。

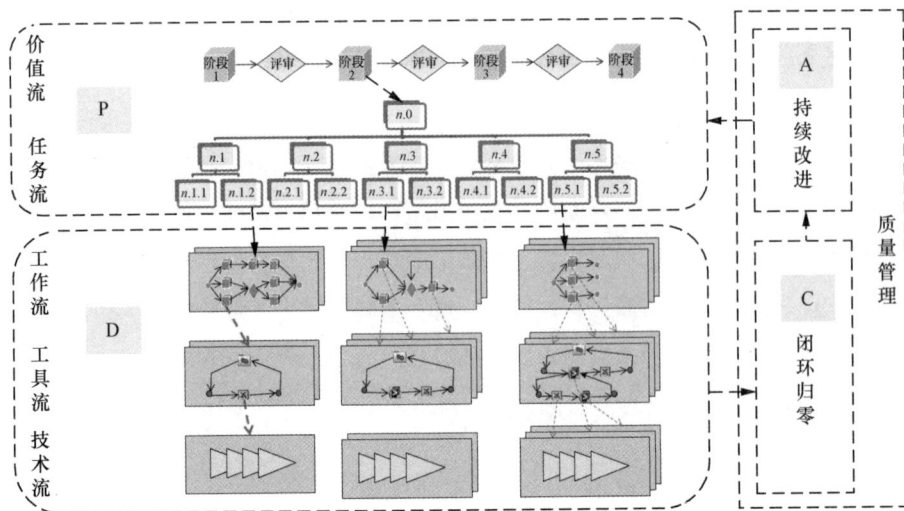

图 7-8　PDCA 循环

精益工作包把知识和工具关联到工作包中，知识和工具的正确使用，可以提升工作包的执行效率和完成质量。我们认为只有把质量要求落实到工作包的时候，才能保证质量，因此，精益工作包也同时把质量要求关联到工作包上。具体做法是梳理关键工作包的质量支撑资源、控制目标和自我检核项，对关键工作包的交付质量进行定义、监控和评估，流程如图 7-9 所示。

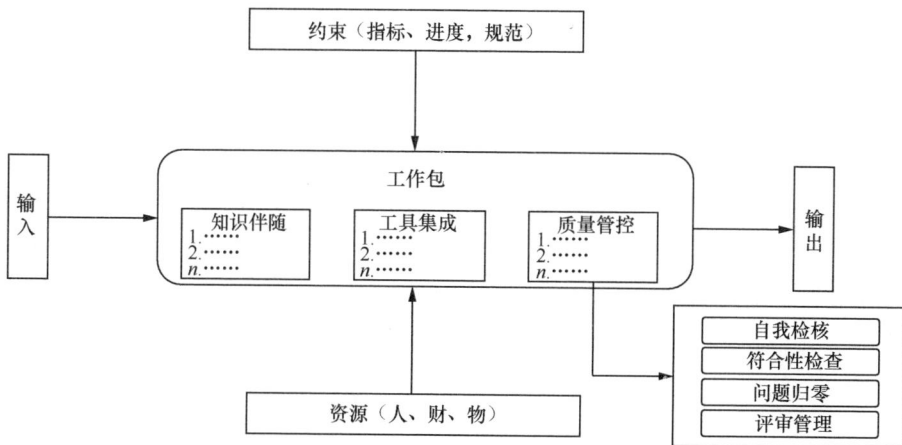

图 7-9 在工作包级别控制研发过程质量的流程

过程质量的一个重要做法是将检核清单伴随在工作包上，用于工作包完成质量的自检和互检。高速路上常见一个有意思的牌子：此处多次撞车。按说这样一个没有技术含量的牌子不应该对交通情况产生实质性影响。但据调查，在曾经多次有交通事故发生的地点竖立了这个指示牌之后，撞车事故大幅减少了。我们常会见到一种现象：设计人员总是质疑质量人员的价值，主要理由就是"质量人员不懂技术，怎么可能对设计质量起到实质性的影响"。但高速路上一条很没技术含量的牌子确实发挥了较大的作用。

过程质量体系的另一项重要工作就是重新编写质量体系文件，使其既符合国家和行业管理要求，又忠实于企业真实研发过程。在通过国家或行业质量体系认证过程中，许多企业照抄行业标准的质量体系文件范本作为企业的文件，其中的业务流程描述也采用行业标准范本而不是企业实际运行流程。真实情况和体系要求"两张皮"，造成认证和年审证据不足，只好集中"制造"证据。这种做法既没起到质量提升的作用，又带来了巨大的额外工作量。其实，无论是体系文件还是业务流程，都允许和鼓励企业按照实际情况来设计。

4. 过程质量管控方法论

过程质量方法论的目的是提出系统化的完备方法，全面解决设计过程中的质量问题。过程质量需要达到的目标包括以下内容。

① 完善基于卓越绩效等先进管理模式的过程质量体系。如今大多数企业已建立了过程质量体系，但是如何实现质量与业务的融合是摆在企业面前的难题。为此，企业需要依据先进的成熟度评价体系与成长策略，对自身管理基础进行评估，形成后续质量体系的长期发展策略，逐步把绩效推向卓越。

② 梳理基于质量目标的流程管控体系。良好的质量策略与目标有赖于规范的执行。企业需要建立基于质量目标的流程管控体系，从企业级端到端流程至部门级流程、专业级流程乃至个人工作过程层层分解，实现流程的梳理与优化，彻底解决管理与执行"两张皮"的问题，打造卓越的执行体系。

③ 布局基于流程的组织成长体系。规范的流程有赖于企业组织建设与人才培养。结合质量目标及流程规范，企业需要建立针对质量战略的人才梯队和培养体系。

④ 完善支持组织成长的工具与方法体系。先进的工具与方法是提升绩效与效率的利器，同时也是固化、规范流程成果与知识的基础平台。为此，在上述工作的基础上，企业需要建立和完善支持组织质量效益持续成长的质量工具与方法体系，形成一体化过程质量管控与优化平台，促进卓越体系的规范执行与持续改进。

过程质量管控方法论由战略、人、流程、技术四大部分组成，如图 7-10 所示。在该方法论中，战略层的诊断与测评起到体系建设的需求牵引作用，流程梳理与优化、人员与组织发展建设实现企业管理基础的梳理与完善，而技术方面旨在结合梳理成果，应用先进的数字化手段进行固化、沉淀。

战略方面：展开过程质量体系成熟度测评，依据测评结果和企业发展规划制定企业组织、技术、流程部分的发展规划，形成这三部分改进的输入。此外，战略层应考虑在体系升级、运行之后周期性开展运行成果测评，以促进体系的持续改进。

人与组织方面：旨在通过战略导入，依据成熟度测评形成的过程质量体系发展规划，设计企业组织与人员的发展规划，规范任职资格体系，建立培训培养体系，形成考核与激励机制。同时，应随着组织的运行，形成运行流程、规范和制度。

流程方面：旨在对管理类、业务类、支持类专业的质量控制流程进行梳理、完善与优化，持续改进企业运行的规范性与系统性。

技术方面：旨在将组织、流程的梳理与优化成果进行固化，形成软件平台，并封装质量算法、评估模型、建立质量数据库，通过升级质量工作手段达到提升质量管控能力的目的。

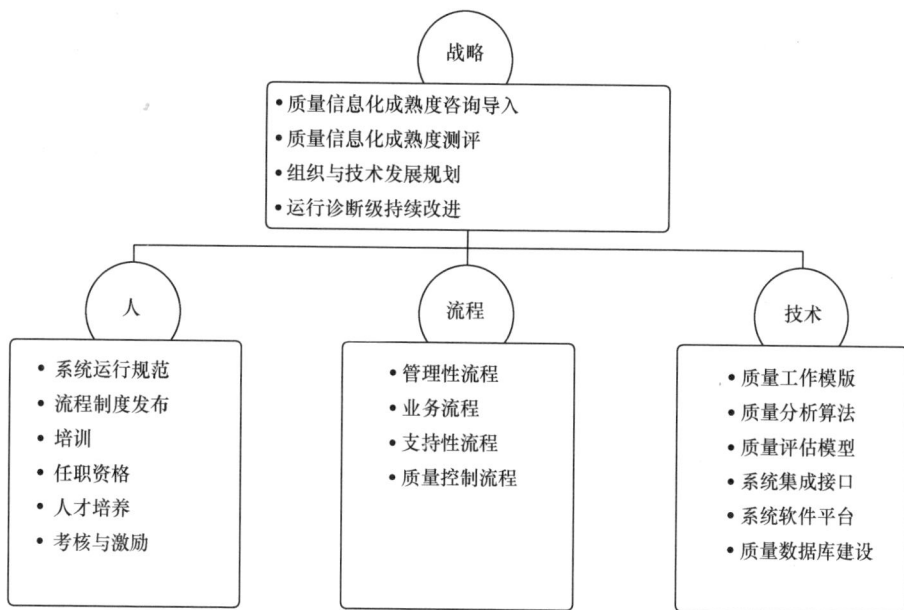

图 7-10　过程质量管控方法论框架

5. 过程质量体系的价值

基于流程的过程质量体系具有以下价值。

① 采用国际领先的管理理念，基于卓越绩效理论，符合行业与企业的管理标准要求，先进且和企业经营管理关联，具有实际效益。

② 创新建立以战略为核心，人/组织、流程、技术及平台相互融合的管理理念及成熟度评价模型，符合国内企业管理现状，体现管理的先进性。

③ 可将企业的标准、规范、经验融入数字化系统，促进业务执行的规范性和高效，保障管理决策的科学性和系统化。基于成熟实施路线，推动系统同企业管理的融合。

④ 建立基于质量成熟度的评价模型，有利于过程质量体系效果的评价及持续改进，成为企业管理理念的指引。不仅解决当前的管理问题，更是面对未来，为企业建立起一套持续改进的管理模式及支持体系，持续提升企业的核心竞争力。

第八章　精益研发体系建设

虽然精益研发是研发数字化转型的第一跳，但此体系的建立同样不能一蹴而就，仍然需要经过规划和实施过程，即经过现状诊断、蓝图设计、确认进化路线等过程之后，方可进行建设实施。

一、精益研发建设目标

精益研发总体目标是推动企业进行研发模式转型，具体目标是将研发流程数字化，并将知识融合、质量嵌入、工具集成，形成高效协同的研发模式，优化业务体系，建设精益研发工作平台，辅之以一套运行标准规范，具体如下。

第一，建设精益研发体系框架，并推进与之相适应的组织架构和管理模式变革。

第二，通过精益研发平台的构建，规范研发流程，管理研发数据，实现产品研发的显性化和标准化。研发工作按照流程开展，使研发过程可视、可控、协同和协调。型号开发依据科学的顶层策划开展工作，将研发工具、质量管理、知识工程与产品研发活动有机结合，提高工作效率。

第三，通过对设计流程和研发工具的梳理，对工具进行封装集成，与设计流程关联，提供协同工作环境，打造协同设计模式。

第四，通过研发活动的伴随知识，将知识与产品研发流程关联，即让知识与主营业务相关联，研发活动以知识为支撑，实现知识资源的高效利用。

第五，构建产品研发全生命周期过程质量体系，实现基于产品全生命周期的质量策划与过程质量控制。

第六，建设研发过程数据管理体系。过程能力是研发能力的核心，过程数据是研发体系最重要的资产之一。过程数据的保存将会极大丰富企业的研发数据，这对数据管理体系也提出了新的要求。

二、精益研发建设任务

对于多学科、多专业、复杂产品的研发企业，精益研发流程是开展产品研发的基础。应结合精益研发建设的总体目标，在研发流程梳理的基础上规划 3 个系统的建设内容：协同开发、知识工程、质量管理，最终形成具有精益研发特征的精益研发业务蓝图。

研发流程是复杂产品的顶层工作依据，是精益研发体系的基础和核心。研发流程的显性化是研发过程固化的最好手段。对型号研发工作进行完整分解，形成标准工作分解结构（WBS），进而形成标准化和规范化的研发流程，这是提高型号策划能力和工作执行力的基础。在型号开发之初，通过对标准产品分解结构进行剪裁、补充、完善和修改，完成型号设计的顶层策划，使整个产品研发过程有据可依。标准化的研发流程对研发人员在产品设计过程中的行为进行规范，强化设计过程的条理性、可预测性、可跟踪性和可追溯性，减少部门之间沟通和协调的成本。

协同开发是复杂产品研发过程重要的工作模式。流程管理解决企业技术管理层面的问题，协同开发则是解决企业技术开发层面的问题。研发流程梳理将研发工作分解到工作包层级，协同开发则能够对工作包的执行步骤进一步细化分解，通过工作流实现设计人员之间的协同。通过工具集成、组件封装和过程建模等手段为工作包的执行制作工具，丰富工作开展的技术手段，提升综合解决研发问题的能力。通过过程数据管理实现所有活动与工具所产生数据的完整记录，最终实现人员、数据和工具的协同。

知识工程是精益研发体系的重点内容，也是精益研发的特色之一。研发型企业作为知识密集型企业，以往的型号资料知识保存于个人计算机或档案部门资料柜中，甚至只存在于研发人员的大脑中。通过知识工程过程，可以对企业知识资源进行系统梳理、建设与优化，形成适合企业发展的知识体系。将知识资源与研发流程相伴随，在型号研发过程中自动推送知识，可实现知识资源的高效利用。

质量管理是企业对研发质量的持续改进，也是研发能力的持续提升。为了使质量管理真正融入型号研发过程，在研发流程中增加了质量要求文件的自动推送环节。在研发活动执行增加了质量检查的环节，研发人员利用检查表完成质量自查互查。为项目负责人和质量管理人员提供了质量监控环节，实时监控项目质量情况。在研发流程中增加了质量控制点，通过质量控制点及时发现质量问题，并通过质量跟踪、质量归零等过程实现产品质量的全过程管理，最终实现研发工作的高品质。

三、精益研发业务转型

业务转型是指对企业的各项业务资源（研发流程、知识、工具、质量要求等）进行收集、分析、整理、增补建设和数字化固化，并导入平台中供后续工作使用。这些业务内容是基于精益研发业务蓝图开展工作的基础。通过将知识、质量、工具等资源与研发活动关联，在精益研发平台上基于研发流程综合应用各项业务资源，可保证工作开展的规范化和高效率。同时也可以提升企业的整体研发能力，保证企业在精益研发模式下开展研发工作，对业务转型起到重要支撑作用。业务优化包括以下具体内容。

1. 总体业务转型

① 对选定类型的型号进行研发流程梳理，形成 WBS 分解、输入输出定义与匹配，实现研发流程的规范化与可视化。

② 对研发活动所需的工具资源、伴随知识、质量管控点、质量要求文件等进行梳理，实现知识的积累、共享与推送，完成研发任务所用工具、模型等资源的集成，以及关键点质量文件库的建设。

③ 将各类型号的研发流程输入平台中，形成研发流程库。根据以前的研发项目经验，形成研发策划库，并通过在已经完成的项目上试用从而达到验证的目的。

④ 利用知识生成工具把知识进行数字化转换，形成可以直接使用的知识。将知识导入平台中，将其与工作包关联伴随，形成可推送的知识。

⑤ 根据用户业务要求，把 CAX 工具进行专业化改造、封装，形成专业模板库。根据业务逻辑，打通工具之间的接口，形成针对特定业务的多学科流程模板库。工程师日常工作的模式是在接到工作任务后，在模板库或流程库中找到针对性的专业模板或多学科流程模板，填入相关的参数，运行即可获得相应的设计效果。这些模板库和流程库可以作为知识工程系统的一部分，也可以作为协同设计系统的基础库。

⑥ 将每个关键工作包的质量要求导入平台中形成质量策略库。在进行研发策划的时候，挂接到研发流程上，成为工作包的质量依据，是工程师日常工作所遵从的质量要求。梳理试点研发活动检查表，形成典型输出物检查表模板。

⑦ 在平台交互终端配置研发门户和客户端，用户可以通过门户和客户端登录平

台，在权限允许的范围内使用软件功能和数据。设计人员使用客户端调出需要的软件、工具及模板展开设计工作，管理人员通过看板，了解整个研发过程的健康度。

⑧ 通过系统管理将用户的组织结构导入平台中，设置平台用户与功能、数据和流程相关的角色和权限。

⑨ 平台全面上线运行，包括研发流程、研发活动所伴随的知识、质量和工具等，实现向精益研发模式转型。

2. 协同设计转型

① 梳理产品设计流程，提取出各专业的设计与分析工具、工具应用场景以及人员协同模式。

② 优化专业设计工作模式，提出未来专业设计的工作蓝图，并对蓝图中的每项任务进行分析，根据单学科、多学科、多人员协同分类。

③ 如果蓝图中的某项任务是单学科工具的应用，则对工具进行专业化改造、封装，形成专业应用模板。

④ 如果蓝图中的某项任务需多学科工具协同完成，则根据业务逻辑，打通工具之间的接口，形成针对特定任务的多学科流程模板。

⑤ 如果蓝图中的某项任务需多人协同工作，则定制人员协同流程模板。

⑥ 通过上述过程形成包含协同流程模板集、多学科流程模板集和工具模板集的专业化模板库。

3. 知识管理转型

① 按照精益研发体系的知识管理建设方法论，梳理研发流程每个关键工作包的伴随知识。

② 把知识导入平台中，并将其与工作包关联伴随，形成融入流程的知识，最终可以直接推送到工作包完成者的终端。

③ 通过内容管理功能，按照知识的类别，将知识分门别类进行归整，形成知识地图。

④ 建立企业或行业的术语体系，形成术语本体库，以提高知识搜索的效率。

⑤ 对于人员工作流，可以利用工作流编辑器，形成参考性工作流程。

⑥ 对于数据库类的知识，可以用工程资源工具形成参考性数据库。

⑦ 日常研发活动产生的心得体会、经验教训以及他人的最佳实践等经验类知识，通过知识工程系统构建或导入，形成解决方案知识库。

4. 过程质量转型

① 基础策划支撑库梳理：基于行业过程质量体系标准与要求，以基础型号产品全生命周期的质量策划为源头，为 WBS 工作包定义质量控制目标、质量支撑资源等要素，形成质量策划支撑数据库。

② 过程质量预防要素内容的梳理：包括工作包的作业指导书、规范流程、设计准则、输出模板等，将质量体系框架要求、企业作业程序与指导文件、管理规定深入落实到工作包，实现与研发活动的密切结合。

③ 过程控制流程与要素梳理：以质量策划的要求与准则为输入，展开设计过程质量控制规范的详细梳理，包括评审、工作包质量合规性检查、质量问题归零等控制流程与标准，为质量控制与研发过程的融合形成基础。

四、精益研发平台建设

根据企业精益研发的规划内容，精益研发平台功能架构如图 8-1 所示。

1. 子系统

流程管理系统是精益研发平台的基础，也是企业研发流程梳理工作的工具和载体。通过开展企业研发流程离线梳理、导入、在线输入输出匹配等工作，形成企业的基础 WBS（历史项目研发流程），为新项目研发流程的策划提供指导和依据。流程管理系统提供的主要功能包括：历史项目流程管理、项目策划、流程可视化、流程监控等。

协同开发系统是精益研发平台的核心，为研发人员提供任务执行环境和工具。协同开发系统能够实现专业设计工具在精益研发平台中的集成。协同开发系统也是一个制作工具的系统，通过组件制作、过程模型定制等功能，为设计人员快速定制专业工具提供了技术手段和方法。企业可通过开展工具梳理工作，明确研发流程中使用的工具，通过协同开发系统实现工具与研发流程的集成，设计人员领取任务后，在协同开发系统中使用各项工具完成研发工作。协同开发系统提供的主要功能包括：任务执行环境、工具集成、工具管理、组件封装、过程模型定制等。

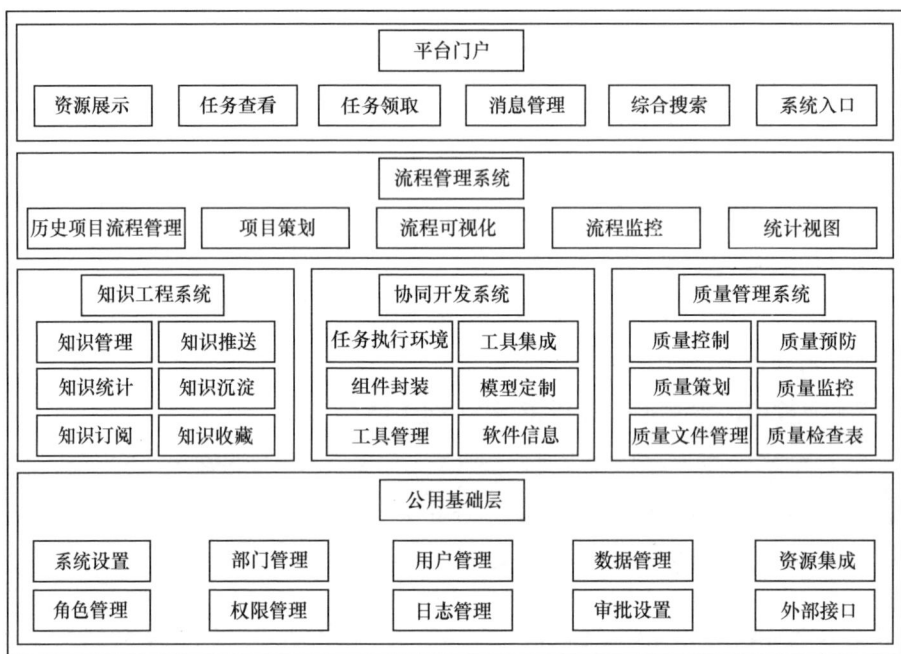

图 8-1　精益研发平台架构

知识工程系统是精益研发平台的特色系统之一，也是精益研发建设的重点内容。通过开展知识工程建设，可将企业散落的知识资源进行系统化的梳理与整合，同时开展流程伴随知识梳理。知识工程系统提供的主要功能包括：知识管理、知识推送、知识统计、知识沉淀、知识订阅、知识收藏等。

质量管理系统是精益研发平台的另一个特色系统，也是企业工作质量持续改进的重要工具。质量建设方面，主要开展研发过程转阶段质量控制点梳理，关键研发活动的质量要求文件梳理和检查表梳理等内容。通过质量管理系统定制控制点研发活动的模板，为转阶段质量控制点活动提供软件支持。质量管理系统的主要功能包括：质量预防（质量控制点策划）、质量控制、质量文件管理、质量检查表、质量监控等。

2. 工作场景

根据企业精益研发的业务逻辑，基于精益研发模式的工作场景主要包括研发工作开展、科研资源建设和精益研发平台运维三方面内容。下面利用三个场景展示未来基于精益研发平台开展研发工作的模式，如图 8-2 所示。

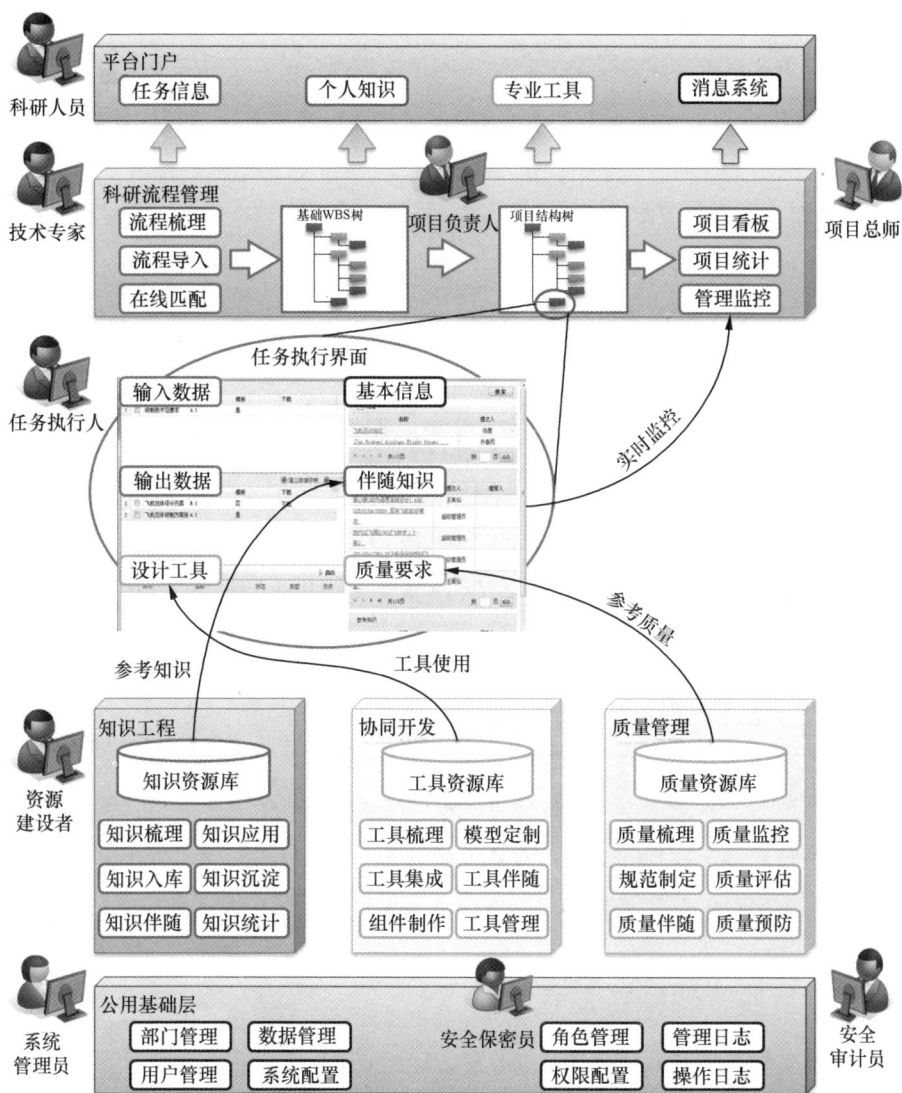

图 8-2 精益研发平台应用场景

场景一：研发工作开展

① 项目负责人策划新项目：新项目开始时，项目负责人基于历史项目研发流程进行剪裁，快速生成适合项目的 WBS，同时对工作包进行维护和策划，定义执行人、

修订输入输出、伴随知识、质量管控和执行工具等信息，待逐级完成项目策划工作后，将工作包分派给任务执行人。

② 研发人员执行任务：任务执行人在平台门户中查看任务信息并领取任务，依据上游任务传递过来的输入信息，使用工作包关联的知识、工具和质量信息开展设计工作。完成设计工作后，提交输出物到平台的数据管理系统或其他外部系统中，结束此项任务。

③ 管理人员监控项目进展：项目总师、项目负责人等各级管理人员通过项目看板、项目统计等功能对项目进度和项目质量进行监控。通过项目管理功能，实时对项目工作进行调整，保障项目健康、有序地开展。

场景二：科研资源建设

① 技术专家梳理流程：企业的技术专家通过对典型项目的研发流程进行梳理，形成基础 WBS 框架，然后将其导入到精益研发平台中，进行在线输入输出匹配和内容完善，实现历史项目研发流程的数字化。

② 资源专家梳理业务资源：企业的资源专家依据基础 WBS 架构，开展伴随知识、工具和质量内容的梳理工作，梳理完成后的知识、工具和质量资源导入到平台中与研发流程进行关联，形成完整的精益研发流程库（基础 WBS 库）。

场景三：精益研发平台运维

三员协作系统运维：在整个业务梳理与项目开展过程中，系统管理员在平台底层系统进行部门、人员、审批流程配置、系统配置等信息的维护支持，安全保密员进行系统角色的分配和权限控制，安全审计员进行保密审查。他们分工协作，共同保障平台系统的安全正常运转。

五、精益研发管理变革

推行精益研发意味着科研模式的改变，变化的模式需要相适应的管理方式，如组织建设、标准规范建设也要与科研模式相适应。

1. 组织建设

组织建设是精益研发的潜在要求，与业务模式的变革同步推进，主要解决企业运营过程中的业务实际与组织职能错位的问题。组织结构优化设计的目的是要保障组织责任与权利的匹配，促进人才快速有序地成长。

① 科研管理组织的调整，用来适应精益研发型号项目和科研项目实施和管理模式。

② 质量管理组织的调整，用来适应质量与研发过程相融合的工作模式，在企业级、部门级和项目级进行质量组织的优化。

③ 知识工程组织的建设，用来保障知识工程体系的长期稳定运行，包括知识梳理、评审、审批和运维等相关组织。

④ 其他资源组织的建设，用来保障流程梳理、优化、工具封装、工程数据库建设等工作的持续推进。

2. 标准规范建设

（1）理念宣贯类。

理念宣贯工作有利于顺利开展精益研发体系建设。包括以下具体工作内容。

① 编制精益研发应知应会（流程篇、知识篇、工具篇、质量篇和平台篇等）。文档内容主要包括各子体系通用理论基础的介绍、概念术语、价值定位、体系建设的意义、目标、工作内容等事项。

② 定期制作精益研发理论知识、项目工作的展板、宣传片等，在企业人员密集位置处展示。

③ 定期开展精益研发理论的培训工作，培训对象包括精益研发建设工作领导组、管理组、业务组、平台组等。

④ 定期组织精益研发理论学习与考试，考试对象包括精益研发建设工作领导组、管理组、业务组、平台组等。

（2）建设指南类。

建设指南类文档是企业开展业务梳理与体系建设工作的指导性文件，主要包括以下内容。

① 制定企业的《产品研发顶层科研活动规范》，作为项目组技术人员开展科研流程梳理工作的顶层指导性和约束性文件。

② 编制企业《企业科研流程梳理指南》，作为项目组技术人员开展科研流程梳理工作具体操作层面的指导性文件。

③ 编制企业科研流程《伴随知识、工具、质量梳理指南》，作为项目组技术人员开展科研流程伴随知识、工具和质量梳理工作的指导性文件。

（3）运行保障类。

在精益研发体系的科研工作平台建设过程中，还需要与之相对应的配套管理规范的出台，才能形成完整的精益研发体系。

① 《平台运维管理规范》是平台交付后，在日常工作中使用和维护的规范性文件。其从使用场景、应用模式、权限申请和设置、管理办法和制度、常见运维问题处理等几个方面对平台运维提供指导。

② 在完成企业科研流程梳理工作的基础上，对历史项目和新项目科研流程进行共性研究，制定企业的《作业指导书》，作为科研人员在执行科研任务过程中的指导性文件。《作业指导书》的主要内容包括指导科研人员在研制过程中需要遵照的流程、设计参考的知识、可用的工具、相关质量要求和标准等。

③ 为了保障知识工程体系能在企业内流畅运行，应建立知识工程运行标准规范。该规范包括基础规范、管理规范、运维规范、部门规范等。

④ 按照研发任务过程质量管控的要求，编写符合国家标准或行业标准等文件，以及基于新研发模式的新质量文件，并制定新的项目管理机制与办法。

第九章

集团研发的精益转型

精益研发体系不仅可以支持企业内的精益化，在互联网和云计算时代新技术的加持下，还可以延伸到企业外。充分利用流程工程，将研发资源（知识、工具和质量等）在产业链内各企业间共享；利用流程协同特性，让产业链的各企业间的业务实现协同，达到全产业链的精益转型的目的。产业集团是产业链的一种常见情况，相比于缺乏统一协同管理机制的产业链，其更容易实现企业间的业务协同和资源共享，因此也是产业链协同研发的现实场景。

一、集团战略管控模型

流传最为广泛的集团管控类型划分方法是"集团管控三分法"理论。其雏形是由 20 世纪 80 年代战略管理大师古尔德等人提出的。他们在《战略与风格》（1987年版）等专著中指出了企业集团的三种管控文化偏好，其经过多次演变成为"集团管控三分法"的基础理论，即财务管理型、战略管理型、运营管理型。

1. 财务管理型

集团对下属子公司的管理控制主要通过财务手段来实现，对下属子公司的具体经营管理基本不加干涉，也不会对下属公司的战略发展方向进行限定。集团主要关注财务目标的实现，并根据业务发展状况增持股份或适时退出。一般来说，这种情况比较适合多元化（即子企业之间产业不相关）集团企业。

2. 战略管理型

集团的核心功能为资产管理和战略协调。集团与子公司的关系主要通过战略协调、控制和服务而建立，但是集团总部很少干预子公司的日常经营活动。集团根据外部环境和现有资源，制定集团整体发展战略，通过控制子公司的核心经营层，使子公司的业务活动服从于集团整体战略。一般来说，这种情况比较适合非多元化（即子企业之间产业相关）集团企业。

3. 运营管理型

通过母公司的业务管理部门对控股子公司的日常经营运作进行直接管理，特别强调公司经营行为的统一、公司整体协调成长和对行业成功因素的集中控制与管理。一般来说，这种情况比较适合产业单一且非常聚焦的集团企业。

这三种模式各具特点：运营控制型和财务控制型是集权和分权的两个极端，战略管控型则处于中间状态。有的企业集团从自己的实际情况出发，为了便于管控，将处于中间状态的战略管控型进一步细化为"战略实施型"和"战略指导型"，前者侧重集权而后者侧重分权。

二、集团化研发管理模型

集团企业研发管理的组织结构大致可归纳为 4 种模式：单一中心模式、多中心模式、轴心模式和网络模式。

1. 单一中心模式

单一中心模式是一种高度集中的研究与开发管理模式。这种管理模式把研究与开发活动集中在集团总部的技术中心进行统一管理。尤其是在那些关键技术的研发上，通常都采用这种管理模式。这种研发管理模式只在运营管理型集团中产生。

2. 多中心模式

多中心模式在那些以地区市场为导向的公司中比较常见。在集团战略的统一规划下，建立若干个地方研发试验室，分别进行各自技术的研究。这种模式的组织结构特征是分散的研发地点结成联盟，没有负责监管的总部研发中心。

多中心模式的特征是高度自主，它与财务管理型集团模式相匹配。财务管理型集团的特点是：各子企业是专业性较强、相对完整的系统。这种集团模式避免了多种业务的互相干扰，在一定程度上保留了单个企业的灵活性，有利于激发创新活力。在项目建立早期阶段，子公司研发中心主任仅向所在地管理层汇报工作进展，而缺乏同集团研发机构分享信息的动力。这种研究过程的独立性和显著的地域特征妨碍了子企业间的协调，从而导致研发活动的重复，也不容易建立技术上的趋同性。这种研发组织面对的主要挑战是在保持现有研发组织独特能力的同时，克服独立研发单位之间的沟通障碍，最终整合为一个更广泛的研发网络，实现全公司的技术战略。因此，必须保持集团高层（总部）对各中心的协调管理，发挥集团整体管理优势。

3. 轴心模式

轴心模式有严格的控制中心，从而降低了资源分配不合理和研发重复的问题。在这种研发模式中，集团总部的研发中心在大多数核心技术领域都站在世界领先地位，是集团所有研究和高级开发活动的主要实验室。集团外研发中心的活动仅限于事先规定的技术领域，开始时仅充当技术检测点的作用。研发中心通过统一的研发框架和资源的分配管控，严格协调分散化的研发活动。研发中心可以是一个法律实体，拥有所有的技术和知识产权。因此，这一模式有助于保证技术的有效转移和地区间长期的技术支持。轴心模式的优势在于，它能迅速发现目标市场的需求，保持集团研发投入的一体化，提高集团公司的整体创新能力。这种研发管理模式一般在战略实施型的集团中形成。

4. 网络模式

当集团外的研发机构获得所在技术领域的专项技能后，轴心模式可能转化成网络模式。多中心模式经过集团化整合和协同，也可以转化成网络模式。网络模式是指分布在不同地区的、不同企业（组织）的多个项目组利用网络化的平台协同完成项目的研发模式。通常的做法是由一个核心企业发起一个研发项目，通过招标、购买或联盟等形式，联合外围企业根据核心企业的项目计划，各自组织自己的研发，核心企业则负责统筹和管理。这些外围企业也可能以一个为中心，通过进一步的分解结构（WBS），将更具体的工作单元和产品开发过程分包出去，形成核心企业研发项目的网络化结构供应链体系。利用计算机及网络技术克服时间、空间等条件的制约，围绕核心企业的项目行程可以形成快速沟通和交流的虚拟组织机构。这种研发管理模式一般在战略指导型的集团中形成。

三、集团级研发体系的典型问题

财务管理型集团企业不适合建立统一化研发模式，运营管理型集团企业更适合建立单一企业的精益研发模式。因此，集团化研发体系所针对的集团管控模式是战略管理型，又分为战略指导型和战略实施型两种。相应地，其研发管理模式为网络式和轴心式。经过实践，战略管理型集团企业的研发体系一般具有如下问题。

（1）全集团研发体系架构不统一，企业间存在研发壁垒。

集团尚未建立全集团研发体系的实质性统一架构，全集团采用何种模型来建立研发体系也未统一，子企业在研发组织结构、工作流程、工具和技术方面都存在较大差异。企业间进行能力复制和数据共享存在客观壁垒。

（2）集团各研发组织孤立存在，分工不明确，合作较少。

集团内的众多子企业都设立研发机构，使得全集团研发体系总体表现出分散化模式。各研发机构之间的定位和分工不明确，就难以产生有效的合作，甚至不合作。经常出现内部竞争、外部形象混淆的情况。

（3）集团内研发信息不通畅，决策效率不高。

子企业的研发数据和信息基本在本企业内流通，企业与集团之间的流通效率不高。科研项目的进展情况通报没有形成机制化，应该在集团保留的重大项目成果的分析和管理模式尚未建立。子企业对集团在技术战略制定和管理决策方面的信息输入不足。

（4）集团内各类技术、知识和资源隐形存在，不能共享。

子企业在技术、知识和资源的显性化方面普遍不好，企业内部的共享机制尚未建立，企业间的共享机制更少。总体上讲共享程度较低，为数不多的资源共享是在集团通过个别资源共享项目推动发生的，没有实现机制化和日常化。

（5）研发过程不透明、质量损失难以避免。

研发过程是一个企业研发能力的体现，对过程的透明化管理也是质量保证的基础。子企业研发流程没有显性化，研发过程很难做到透明化。质量管理也只能依据行业规范抓两头，无法深入过程内部，对质量的策划和预防不利。子企业本身难以避免研发过程形成巨大的质量损失，集团就更加无法掌握与控制全集团的质量损失。

（6）集团资源和能力分散，涉外时各自为战，国际竞争力低。

各子企业没有明确分工、缺乏良好合作、信息和过程不透明，只能各自为战。涉外时，单凭一个子企业的实力，面对集团化作战的国际化对手难以取胜。即使子企业存在简单合作，也最多形成局部优势。只有在集团统一组织和策划下，各企业优势互补、分工明确，形成整合化团队，在国际竞争项目中统一管理，统一交付，才可能形成全面优势。

四、集团化数字化研发平台

集团化数字化研发平台是用以支撑集团化研发体系的信息化平台，包括集团级科技与研发门户、集团级科技战略规划和研发驾驶舱、集团级科研项目协同管理系统、集团级知识共享系统、集团级质量降损系统、集团级科技资源整合与共享服务平台、集团级科研数据中心及集团级研发云平台，如图9-1所示。

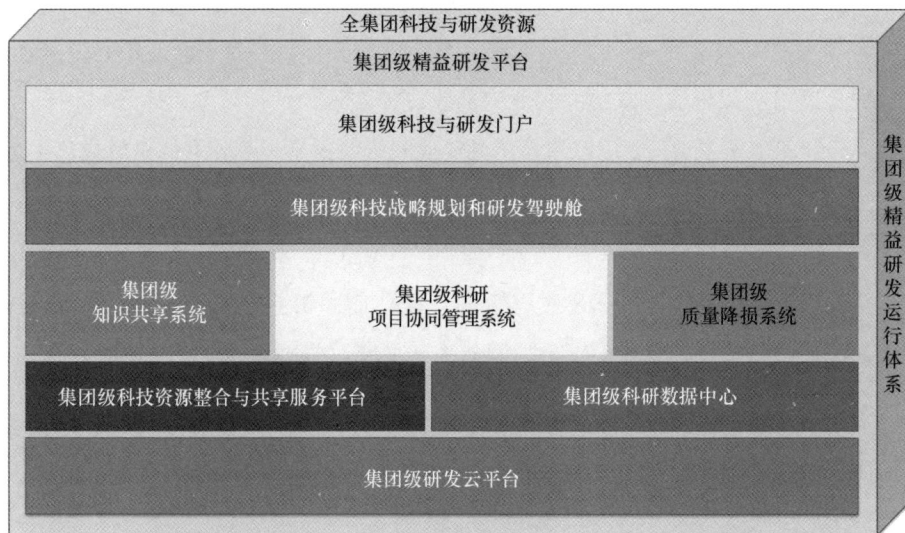

图9-1　集团化数字化研发平台

① 集团级科技与研发门户：集团研发平台各子模块、功能和数据的访问入口，平台中各类信息的展示中心。可以根据访问人的需求和权限，定制门户风格、模块和功能、订阅数据。

② 集团级科技战略规划和研发驾驶舱：集团技术委员会技术战略的制定和发布，全集团科研信息和数据的综合分析、分类展示，以反映集团科研的健康度，帮助技术战略委员会进行战略规划与决策。

③ 集团级科研项目协同管理系统：用来对子企业的科研项目统一管理，这些管理包括立项审批、各类信息的汇总（进度、成本、风险等）、意见建议和指令反馈、

项目成果的管理、知识和质量相关信息的汇总等。

④ 集团级知识共享系统：连接子企业间的知识工程系统，把可以在集团内共享的知识在此平台分享。

⑤ 集团级质量降损系统：连接企业级的过程质量平台，收集质量信息，进行质量损失的分析计算，为集团提供质量降损的建议。

⑥ 集团级科技资源整合与共享服务平台：通过此平台，把不能通过知识工程系统完成共享的特殊资源（如产品技术平台）进行共享。

⑦ 集团级科研数据中心：将各子企业重大项目、型号与能力建设相关的数据进行集中管理，提升数据资产安全性，为大数据分析奠定基础。

⑧ 集团级研发云平台：此处的云平台与企业级资源云平台不同。企业级资源云的目的是通过虚拟化的方式提高企业内部软硬件资源的使用效率，属于私有云；而此处的云计算属于混合云，用以建立子企业之间既联通又相互独立的集成化云平台。

五、集团化研发与企业级研发的关系

企业级研发体系侧重在研发过程管理、知识工程和过程质量，而集团化研发则侧重在集团战略指挥、企业间业务协同与资源共享。依据集团型企业的研发模式和战略要求，针对集团化研发体系规划与建设，形成以下策略。

① 建立统一架构的全集团研发体系，促进全集团基于研发资源共享和动态配置能力，并进行组织优化和合理分工，提高国际竞争力。

② 建立总部科研管控体系，实现总部与子企业、子企业之间资源的共享，打通集团总部与子企业及子企业之间的资源共享屏障、信息壁垒。

③ 建立集团对下属各子企业的研发管理体系，提升子企业研发管理的规范化程度和业务过程的透明度，提升集团对子企业研发的管控力度，实现对子企业研发过程的协同和研发数据的统一管理。

④ 通过总部科研管控平台及子企业质量管理系统的建设，实现集团总部对子企业、各企业之间及子企业内部的质量管控，使全集团的质量降损指标可追溯。

⑤ 促进全集团的标准及规范建设。集团总部梳理、补充集团层面的标准、规范，并为子企业精益研发标准规范建设提供指导原则，子企业根据原则补充完善各自的标准及规范。

⑥ 建立集团级的精益研发平台。平台是精益研发体系的组成部分，也是精益研发完整体系的载体，可充分利用信息化手段的协同、共享、透明、规范的特征，保障整个体系规范高效地运作。

依据以上策略，集团化研发体系应该包括集团级科技发展与产品研发战略管理、集团级研发项目管理与协同、集团级知识共享、集团级质量降损、集团级科技资源共享、集团级研发数据等子体系，如图 9-2 所示。

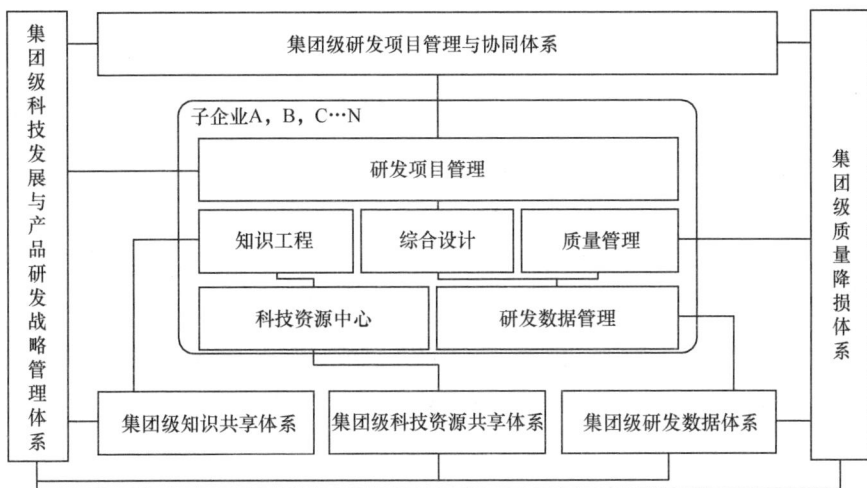

图 9-2　集团化研发体系与子企业级体系的关系

六、集团化研发平台的应用模式

集团化研发平台适用于战略指导性集团企业的两种子模式：战略指导型和战略实施型。

1. 战略指导型集团的平台应用模式

相对战略实施型集团管理模式，战略指导性型集团管理模式侧重于"放权"，弱化集团对下属子企业的管控力度。

（1）研发策划、管理与质量控制。

集团研发平台负责集团级科研项目的管理，汇总子企业项目及质量管理相关数据，进行项目（质量）监控。子企业研发平台负责本企业研发工作的策划、监控，并对研发活动的执行过程进行管理，对本企业内部的研制工作进行质量管理策划、质量评审／复查及研发质量检查。

（2）知识管理与共享。

集团研发平台负责全集团共享知识的集成及应用，为子企业研发平台提供集团级共享知识。子企业研发平台负责本企业内部知识的管理与共享，并为集团级平台提供本企业可在集团内共享的知识，同时享用集团平台中的知识。

2. 战略实施型集团的平台应用模式

相对战略指导型集团管理模式，战略管控型集团管理模式侧重于"集权"，加强了集团对下属子企业的管控力度。

（1）研发策划与管控。

集团研发平台完成集团级研发项目顶层策划，并汇总子企业项目开展的相关数据，对项目进程进行监控。子企业研发平台承接集团研发平台下发的顶层策划，并进行企业级工作分解、策划及监控。工程师通过综合设计环境执行工作活动，完成工作交付，并通过企业级平台逐级反馈到集团级平台。

（2）知识管理与共享。

总部科研管控平台进行全集团共享知识（集团通用知识）的管理，全集团所有用户均可访问集团研发平台的共享知识。子企业研发平台负责本企业内部知识的管理与共享，并为集团级平台提供本企业可在集团内共享的知识，同时集团其他企业也在该平台共享知识。

（3）质量控制。

集团研发平台进行集团级研发过程质量的策划，并汇总子企业质量活动的相关数据，对研发过程质量进行监控。子企业研发平台承担子企业内部质量活动的策划、评审、复查及质量检查。

3. 集团内企业间的协同研发

基于精益研发平台提供的云化特性，企业可以利用云生态进行产业链协同研发。由于精益研发体系和平台是架设在云生态和云平台之上的，所以理想研发模型也从企业内部延伸到企业外部，进化为产业链或者集团化研发的理想模型，最终可以形成云计算技术支撑的产业链研发体系。产业链龙头企业或管理机构可对多家企业共同参与的大项目进行领导、管理、审核与监控。基于云平台的产业链协同研发管理平台为复杂智化产品设计中的全过程、多地域、多领域、多专业并行协同研发提供了支撑。

针对大型集团企业，可利用网络技术等先进信息技术，整合集团企业内部现有的计算资源、软件资源和数据资源，建立面向复杂产品研发设计能力服务平台，为集团内部各下属企业提供技术能力、软件应用和数据服务，支持多学科优化、性能分析、虚拟验证等产品研制活动，极大促进产品创新设计能力。

大型复杂产品的研发必须由多企业合作完成，因此研发联盟或者虚拟企业的协同研发越来越成为趋势。企业可以基于精益研发平台构建产业链协同研发生态系统，如图 9-3 所示。主设计单位可以采用跨域协同的分布式架构建设主设计平台，辅设计单位建设分平台，制造单位建设制造终端和辅制造终端，为用户单位、试验单位和成品单位分别建设用户终端、试验终端和成品终端。还可以通过云门户为集团、主管机关及客户提供监控终端和信息服务。通过各类终端与这些单位的私有平台建立联系，可在保持各单位独立性的同时，建立一体化的产业链协同研发云生态体系。

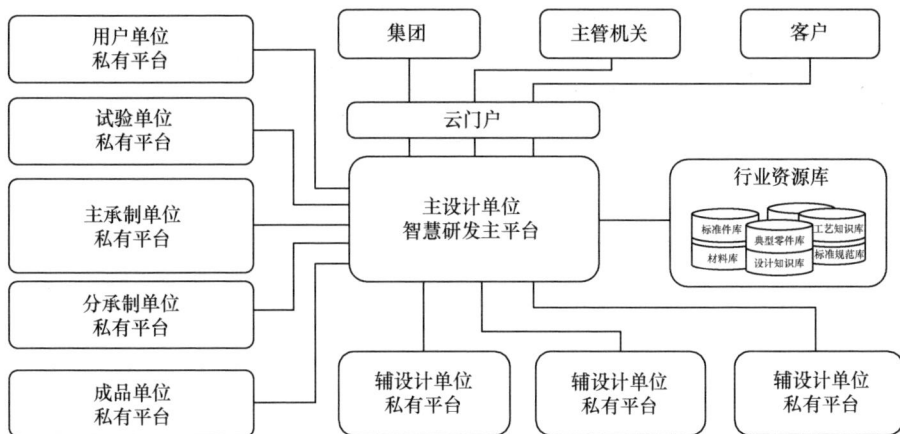

图 9-3　基于工业云的产业链协同研发场景

七、集团化研发的预期效果

集团型企业通过精益研发体系建设，在研发管理和能力建设方面，预期可以形成以下模式及优点。

1.全集团共性技术、知识资源显性化和共享化

通过集团化研发体系及平台的建设，使集团内的所有信息和知识显性化，所有知识和信息在全集团内进行共享和使用。通过知识和信息的优化，有利于集团拧成一股绳，服务于集团创新与共享的双轮驱动的战略目标，帮助集团企业做大做强。

2.全集团研发信息通畅、不留死角，产品研发决策的高质高效

借助于集团化研发平台的管理功能，集团决策层可以深入产品研发的第一线，更容易、更直接地掌握产品研发过程的相关数据，保持集团内研发信息的通畅。通过大数据技术（数据汇总、数据挖掘等）形成有助于产品研发的辅助决策信息，减少决策的盲目性。

3.全集团研发过程透明、节点信息可视，过程质量可管理、可追溯

通过集团化研发集成平台的建设，在集团内部统一了产品研发过程及其管理方式，使得集团研发过程透明。无论是子企业级领导还是集团领导，都可以透过精益研发平台的研发流程管理功能，跟踪产品研发的最新状态，从而实现产品研发的及时管控，加强产品研发过程的质量管理，提高研发质量。

4.全集团研发组织优化、合理分工和有序合作，收放自如

通过集团化研发体系的建设，对集团产品研发的流程、标准和组织进行梳理和优化。根据流程对组织和人员进行合理的规划，建立适合集团化产品研发的组织结构、人员分布、工作职责和关键绩效指标（KPI）体系，解决当前集团型企业所面临的各自为战、自由发展、业务和功能有所重叠的问题。其有助于实现组织的优化组合，科技人力资源的优化配置，可以根据产品研发的需要实现收放自如的科技人才管理和使用模式。

5. 消除子企业间的研发壁垒，整合优势资源和能力，提高国际竞争力

在集团化研发体系建设过程中，通过对集团型企业的研发能力、技术和产品进行梳理和汇总，形成全集团统一的技术货架和产品货架，开发关键产品的统一化产品技术平台，有助于协同攻关、解决产品研发的技术难题，培养和加强集团的产品和技术优势，合力开发集团的拳头产品，形成与国内外市场需求相适应的技术和产品，提高集团竞争力。

第十章

两种"精益"之辩

正如前文所言，工业数字化转型的本质是数据利用方式的转型，研发数字化转型的本质是知识利用方式的转型。数据的"秩化"带来工业的"精益转型"，知识的"秩化"带来研发的"精益转型"。虽然都叫"精益"，但这两种"精益"其实有着巨大的差异。本章就二者之间的差异展开讨论。

一、精益思想溯源

自丰田生产模式于 1990 年被美国麻省理工学院詹姆斯 P. 沃麦克（James P. Womack）教授在《改变世界的机器》一书中总结为"精益生产（Lean Production）"后，就在全世界广为流传，被奉为生产型企业学习的楷模。

精益生产方式以顾客需求为拉动，以消灭浪费和快速反应为核心，使企业以最少的投入获取最佳的运作效益，并提高对市场的反应速度。其核心是精简，即通过减少和消除产品生产中一切不产生价值的活动（即浪费），缩短对客户的反应周期，增加企业投资回报率和企业利润率。企业主要从这几个方面改善生产过程：通过提高生产效率和缩短生产周期来提高企业对顾客需求的应变能力，通过提高库存周转率降低库存，通过提高质量来降低运营成本等。

精益生产的成功使得人们试图将精益（LEAN）思想推广到企业的所有角落，产生了许多与精益有关的名词：精益营销、精益供应链、精益六西格玛、精益质量等。当然，将这种思想推演到产品研发也属自然，毕竟研发也是企业中最重要的活动之一。为了方便，人们干脆把这些"精益"统称为精益战略、精益企业或精益管理，似乎"LEAN"是这些"精益"们共同追求的最核心内容。根据前文对精益研发体系的讨论，读者肯定觉得哪里不对。精益研发追求的不是"LEAN"，而是另有其他。在我们看来，对于不同业务领域或产品生命周期的不同阶段，精益的内涵应该不同，追求也有所不同。

二、研发与生产的差异

我们首先通过对研发和生产的比较来说明不同阶段的精益之间的差异。生产的总体特征是不断重复、遵循次序、避免变异、具有刚性起止点，其成果是由物质和结构构成的实物产品。而研发的总体特征是拒绝重复、不遵循次序、鼓励创新、具有柔性起止点，其成果是由信息和知识构成的虚拟产品。研发与生产的差异如表 10-1 所示。

表 10-1　研发和生产的差异

比较	研发	生产
特点	• 拒绝重复、不遵循次序、鼓励创新、柔性起止点 • 其成果是由信息和知识构成的虚拟产品	• 不断重复、遵循次序、避免变异、刚性起止点 • 成果是由物质和结构构成的实物产品
重复	• 拒绝重复，带来价值的不是重复，而是新尝试 • 在意的不是新尝试带来的浪费和风险，而是价值 • 大量的新尝试，拥抱新信息 • 愿意承担风险，合理风险利于研发增值	• 是不断重复的活动 • 多余环节都意味着浪费和额外的风险 • 总是千方百计消除多余环节
次序	• 信息和知识可并行使用 • 不遵循次序，鼓励并行和协同 • 不仅仅是加快了进度 • 相互反馈激发新创意，修正错的方向	• 实物加工，遵循次序 • 无法获得并行优势
创新	• 鼓励变化与创新，除非放弃所有附加值 • 甄别"变异"，期待有价值的"变异"	• 以一定的程序进行限定性的工作 • 鼓励稳定，而非变异和波动 • 变异和波动往往意味着次品
起点	• 起止点是柔性的 • 精心选择最佳入手点 • 用户需求裕度，允许多方案选择	• 有明确的起点
终点	• 依据投入产出比判断是否结束 • 可随时收手，放弃原定目标 • 会因意外收获而追加计划	• 不可变更的终点

生产过程是一种不断重复的活动，任何多余环节都意味着巨大浪费。增加的环节被多次重复，额外的风险就潜藏其中。因此，生产过程总是千方百计消除多余环节，任何多余环节的消除都将产生显著效益。

然而研发恰好相反，研发过程拒绝重复，因为重复在这里不会带来任何价值，带来价值是的恰恰是新的尝试。研发过程不介意增加一个新尝试，也许新的价值就潜藏其中。在实践中，我们更愿意做大量尝试，拥抱不断涌现的新信息！为此，我们愿意承受新尝试所带来的可控风险和微小浪费，合理的风险对于研发过程的创新与增值不可避免，而潜在的收获使得这点浪费不足挂齿。

研发的成果是由信息和知识构成的虚拟产品。研发就是使信息和知识增值的过程，而信息和知识可以在多个地方同时使用。因此，人们在研发过程中无须遵循顺序，反而鼓励并行和协同。这不仅加快了进度，更重要的是，并行过程之间的相互反馈将产生巨大价值，也许可以产生新的创意，也许可以及时修正一个不正确的方向。这种优势是遵循次序的生产所不具备的。

生产总是要求人们按照一定的程序进行限定性的工作，鼓励稳定，不欢迎变异和波动，因为变异和波动往往意味着次品。但研发鼓励变化与创新，除非放弃所有附加值。我们仔细甄别每一个"变异"，也许最有价值的创新，就在某个"变异"之中产生。

生产过程具有刚性的起止点，遵循固定的要求，有明确的起点与不可变更的终点。研发过程的起止点是柔性的，我们经常要考虑从何处入手，还要判断何时停止，如何"恰到好处"。对于起点，用户需求的裕度会让我们在多个方案之间精挑细选。对于终点，投入产出比的评估可能会促使我们立刻收手，放弃原定目标，也可能促使我们因意外收获而追加投资，延伸计划。

因此，对于研发，我们追求的不是 LEAN（瘦），而恰恰是 RICH（丰饶）。我们进行大量尝试，追求丰富知识的产出，追求知识增值的最大化。我们追求设计方案的不断优化和持续改进，直到达到预期经济效益最大化。我们追求变化，追求尽量多的创新方案，也许赢得市场的机会就潜藏其中。我们也追求产品质量的稳定，但我们并不保守，要在研发过程中考虑各种可能，消除所有不稳定因素。我们追求性能达标的终点，但过程也许更重要和精彩，因为这里产生了大量知识，未来的竞争力就建立在这些知识之上。

"精益"二字对于生产和研发当有不同的解析。

对于生产，"精"代表两个含义：一是精练，保证生产活动尽量简约；二是精确，按需生产，按照市场的供需状况排产，减少因库存、过期、失效而导致的成本。生产之"益"代表效益,通过消除浪费和降低成本来提高效益。

对于研发,"精"也代表两个含义:一是精良,保证研发过程与手段的创新,追求产品的最优化和高质量;二是精准,按需研发,按照用户需求设计产品,杜绝闭门造车。研发之"益"也代表效益,但与生产不同的是,它通过提高产品附加值来提高效益。

三、两种"精益"的异同

我们发现,这种差异并不仅仅体现在研发和生产中,在企业的其他环节也同样存在,如营销和供应。所以,我们需要回到企业价值链的完整过程来研究。

目前来看,工业发展的驱动力有三种模式:需求驱动、效率驱动和创新驱动。在工业发达程度不高的时代,产品供不应求,需求就是一切,产能决定竞争力。泰勒的科学管理和大规模生产就是在这样的时代背景下产生的。随着工业发达程度的提升,在供大于求的年代,能高效率、低成本地制造和供应产品的能力决定了竞争力。精益生产就是在这样的时代背景下产生的。随着工业的进一步发展,在物质极大丰富的年代,人类开始追求差异化和个性化,产品研发和商业模式的创新能力决定了竞争力。最反映这个特征的模型是"微笑曲线"模型,如图10-1所示。

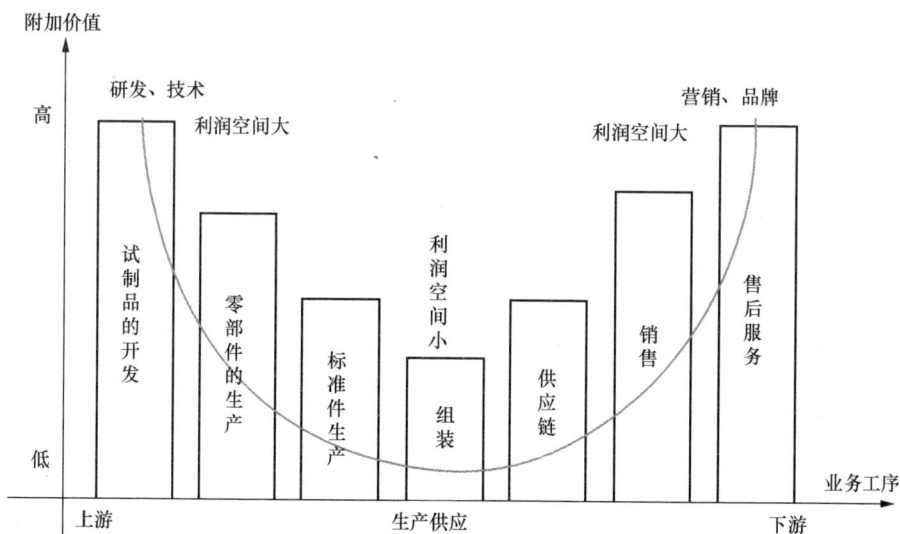

图 10-1 微笑曲线

宏碁集团创办人施振荣在 1992 年为"再造宏碁"提出了有名的"微笑曲线"（Smiling Curve）理论，以作为宏碁的策略方向。十多年后，施振荣又将"微笑曲线"加以修正，推出了施氏"产业微笑曲线"，以作为各种产业的中长期发展策略方向，其也被全世界广泛接受。

微笑曲线的特征是两端朝上，中间最低。左边是研发，右边是营销，中间是制造。在产业链中，附加值更多体现在两端——研发和营销，处于中间环节的制造附加值最低。因此产业未来应朝微笑曲线的两端发展，左边加强研发与创新，右边加强营销与服务。

企业有四项基本功能：研发（创新、设计）、生产（制造、组装）、商业（营销、品牌）、供应（物流、仓储）。根据这些功能的强弱不同，会组合形成不同特征的企业。依据微笑曲线理论，这种组合会产生 3 种极限特征：① 研发、生产、商业和供应均衡的中庸型；② 生产和供应强、研发与商业弱的成本型；③ 研发与商业强、生产与供应弱的创新型，如图 10-2 所示。

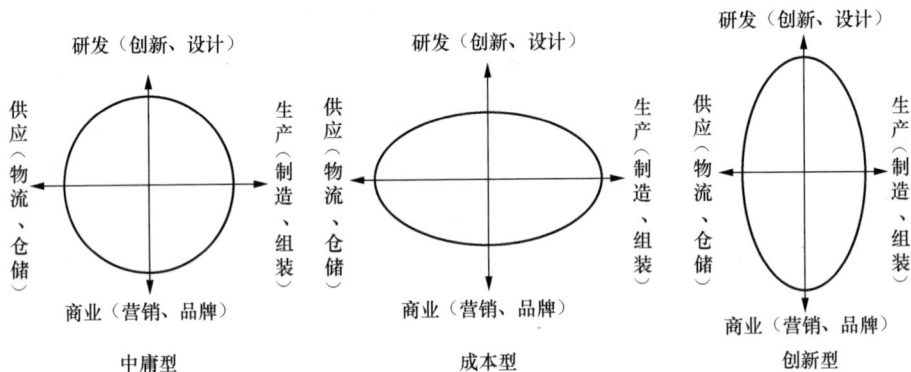

图 10-2　3 种极限特征下的企业模式

研发和生产的差异，在商业和供应之间也完全存在。对于商业（营销、品牌）来说，商业模式的创新是产生高价值和高利润的主要因素，而不仅仅是降低营销成本和提高效率。但对于供应（物流、仓储）来说，则追求零仓储和快物流。

对于商业，"精"也代表两个含义：一是精妙，追求商业模式的创新性，获得不可复制的竞争力；二是精准，精准营销，按照细分市场的独特需求设计商业模式。商业之"益"也代表效益，但与供应不同的是，它通过精妙的商业模式提高商业附加值来提高效益。

对于供应，"精"代表两个含义：一是精练，保证物流活动尽量简约；二是精确，按需供应，按照市场的供需状况做好物流规划，减少因库存、过期、失效而导致的成本。供应之"益"代表效益，通过消除浪费和降低成本来提高效益。

可见，用中文原意是"瘦"的"LEAN"作为生产过程的最佳境界不能不说是一种高超的智慧，但 LEAN 不能包打天下。根据微笑曲线和极限特征分析，企业的不同功能，应该有不同内涵的精益。不同的精益，应该有不同的追求。

如果非要为"精益研发"赋予一个英文名称，那么相较于"Lean R&D"，我们更愿意使用"Rich R&D"。"RICH"在英文中有肥沃、丰饶、高产、贵重的意思，"ENRICH"有充实、提高、增加价值的意思。这些词汇的意义不都是精益研发所追求的吗？同样地，对于精益营销而言，相较于"Lean Business"，我们更推荐称其为"Rich Business"。

综上所述，精益在研发、生产、供应和商业领域既相联系又相区别。联系体现在它们都是以提高企业竞争力为目标，区别在于取得竞争力的方法完全不同。企业提高竞争力的方法有两种：第一种是通过提高效率，降低成本，形成成本领先优势，提升企业竞争力；第二种是形成创新优势，提高产品技术、商业和品牌附加值，从而提升企业竞争力，如图 10-3 所示。

传统的产品工程策略中，要么牺牲创新而追求成本最低，要么不惜增加成本而追求创新。因此产品属性在 BAC 弧线上移动，该弧线半径表示竞争力。显然这种移动不会显著提升产品的竞争力。

如果希望显著提升竞争力，则需要将半径扩大，精益是最有效的策略之一。

精益生产和精益供应链策略是关注成本的策略（沿着 AE 射线水平行进）。该策略可以显著降低生产和物流的成本，但不降低产品的技术含量。采用这种策略，可以比同类产品具有更低的价格，但仍然不赔钱。

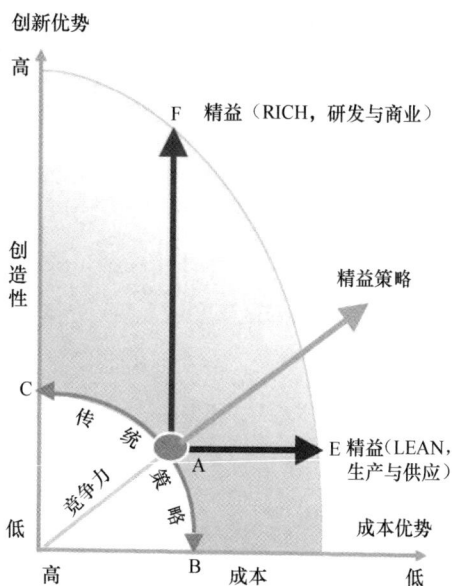

图 10-3　两种精益策略的差异

精益研发和精益商业策略则是关注创新的策略（沿着 AF 射线垂直行进）。该策略在不显著增加成本的前提下，可以提高产品的品质、技术含量和品牌价值，从而提升产品的附加值，达到增强竞争力的目的。采用这种策略，可以比同类产品卖得更贵，但仍然有人买，这就是精良设备和名牌产品。

成本的降低总是有底线的，而价值的提高空间则大得多。研发与商业的精益相对于生产和供应的精益具有更大的空间提升企业竞争力。因此，精益策略获得的产品属性曲线 EF 是椭圆弧，创新轴是长轴，成本轴是短轴。相比于生产，研发和商业的精益化没有上限，所以精益效益也没有上限。我们常看到个别黑马的市盈率是同行的数千倍，这种极致的优势只有通过精益研发才能获得，而没见到谁是通过精益生产获得的。

因此，对不同研发过程数字化转型关注点应有所不同。精益研发应关注创新，精益生产应关注质量，精益商业应关注利润，精益供应应关注成本。与之相应的，它们的数字化转型目的、目标和驱动力应该做不同设计。

四、从源头消除浪费

当然，倡导 RICH，绝不意味着倡导浪费。相反，RICH 是降低成本的终极手段。浪费与否，要基于全生命周期做综合评价。倡导 RICH，是从源头消灭浪费，是深层次降低成本。在研发阶段，如果一味倡导消除浪费，则也许从研发阶段看似是减少了投入，但在产品生命周期的中后期可能会因此付出更多代价。这种代价也许是质量问题爆发，也许是产品竞争力不够，也许是产品使用过程的能耗和物耗过多，由此产生的环境污染治理还需二次投入。

相反，优化设计以采用物美价廉的可替代材料，快速突破研发瓶颈，省去大量物理试验，显著降低产品次品率、返修率和召回率，都是精益研发的直接效益。因此，在研发前期的投入，会在后期获得更多倍的回报。同样，精妙创新的商业模式所带来的直接效益就是，不需要过分的商业投资就能得到巨大的商业回报。

现代复杂高端设备是知识密集度较高的产品，知识资产的充分利用是节省成本的最根本途径。相反，知识封闭、资产闲置甚至流失是最大的浪费，是导致高成本的最主要原因。

研发工具，特别是仿真工具的使用将明显提升产品性能。另外，因数字化工具的使用而减少返工和试验次数，对消除浪费和节约成本的贡献也是巨大的。

　　对研发质量的关注是复杂高端设备降低质量损失的根本途径。研发过程的质量问题传递到生产环节会有放大效应。在研发过程中消除质量问题所耗费的成本是在生产环节所耗费成本的 5%。因此，关注研发质量会明显降低质量问题所带来的成本与损失。

　　其实，对质量的关注不仅不增加成本，反而会产生巨额利润。经过调查和测算，对一家普通企业来说，增加 1 元的销售额，可以带来 1/7 元的利润（约 15%），减少 1 元的成本可以增加 1 元的利润，减少 1 元的质量损失，可以增加 7 元的利润。也就是说，质量降损所带来的利润增加是销售额增加所带来利润的 49 倍。

　　基于流程的研发管理所换取的成本节约同样显著。研发流程为研发工作提供了方法指导，可以减少无谓的摸索和因为工作漏项而产生的返工。有了清晰的研发流程，则无论是在研发策划阶段还是在执行阶段，效率提升和时间节约的效益都很明显。

　　时间就是金钱，对研发来说更是如此。产品比竞争者提前一天上市，获得的利润和价格优势都是对手所无法比拟的。时间也是最贵的，时间的浪费是最大的浪费，我们经常因交付压力而赶进度，由此产生的质量问题在总体质量问题中占据很高的比例。时间的优势可以通过研发体系的精益化转型获得，也会因为时间的流逝而逝去，所以，精益研发没有终点，没有止境，不能懈怠。

　　选错了方向和道路造成的浪费是以上所有浪费的总和。研发倡导创新，倡导变化，倡导尝试新事物，但也正是因为这种属性，研发潜在的浪费风险更大。如何通过选优流程的设计、需求的精选、架构的优化以及 MBSE 和仿真这种方向性工具的体系化使用，让不正确的尝试方向和路线早早被发现并叫停，是精益研发中最重要、最有价值和最有前景的课题。

　　总之，生产和供应的精益从消除浪费入手，从而降低成本，而研发和商业的精益首先关注价值的增加，其次才关注成本的降低。后者更有潜力从源头消除浪费，从而影响产品全生命周期的成本、费用、能耗和物耗，使其获得比前者更显著的成本降低。

C

第 三 篇
HAPTER 3
正向变革

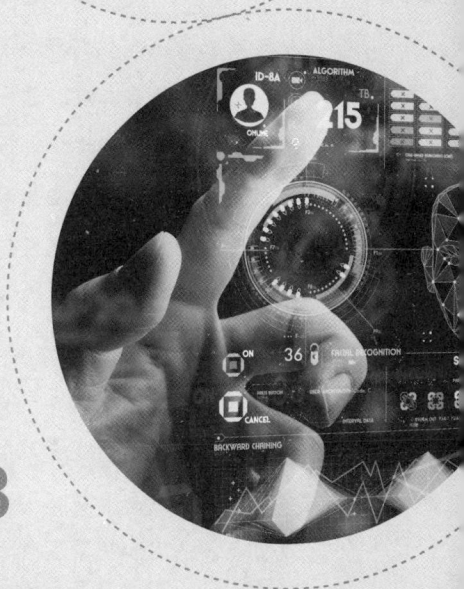

在第三章，我们将研发数字化转型建设路线规划为"三级跳"，正向变革是研发数字化转型的第二跳，这一跳的目标是让设计范式从逆向工程走向正向设计。

正向变革主要解决研发体系三维架构（见图 2-1）中"逻辑维"的数字化需求。进入正向设计阶段，即研发模式精益转型之后，企业的主要问题是创新体系和技术能力的缺乏，本阶段企业亟须创立正向体系，补强创新能力。

正向变革的主驱动力是模型。在该级别，沿着系统工程 V 模型，从涉众需求开始，经过需求定义、功能分解、系统综合、物理设计、工艺设计、产品试制、部件验证、系统集成、系统验证、系统确认、系统验收全过程，产品的所有信息完全用数字化模型表达。模型让研发全过程可以在数字化平台中完成，不需要离开数字世界。这种模式除了在产品和技术创新方面具有不可比拟的优势，在消除二义性、减少质量隐患、高效协同和积累成果方面，也有着天然的优越性。

该阶段的核心手段是模型工程，对模型的规范化开发、集成和应用，一直贯穿其始终。正向变革的过程就是由一系列基于模型的变革工程构成的。模型积累越多，正向模式越强壮。每个阶段的模型可以有不同特征，但模型间的逻辑关系和换算关系必须是完整和全息的。这种模式需要预先一次性完整定义全生命周期的数据结构和表达模型，并体现各阶段和各维度的所有数据的特征。不同阶段和不同维度的模型（多阶段和多版本的数字样机）是完整模型的一个子集。

正向变革的本质是研发知识利用方式的第二次转型——治化，通过模型化过程对产品知识进行严格治理，将其浓缩凝聚在一起，最终形成逻辑化和自动化的知识。

第十一章　正向设计体系

中国已经步入中等收入国家，同时面临"中等收入陷阱"。要素驱动向创新驱动转变是跨越中等收入陷阱的必由之路，因此，以研发创新为使命的正向设计势在必行。无论是在国家宏观层面、行业（集团）细观层面还是企业微观层面，研发都迫切需要从跟随仿制向自主创新转变，在核心技术上实现独立也是工业产业发展和军事安全的根本保障。把创新摆在制造业发展全局的核心位置，走创新驱动的发展道路。

跟随仿制模式已经完成了历史使命，逐渐成为企业发展的瓶颈。但目前，我国大多数工业企业只具备逆向设计（即模仿）能力。设计过程从测绘、复原和仿制的物理设计开始，没有经历过产品正向设计中的需求定义、功能分解、系统综合等真正决定产品功能和性能的重要阶段。而采用跟随仿制模式最多只能研制出最好的二流产品。

相比欧美发达国家，中国还只是制造大国而非制造强国。强国战略要求企业从数量大、质量不高、科技含量不高的低端制造向高技术附加值的高端制造发展，要求企业实施精品战略，研制一流产品。唯有自主创新才能超越对手，自主创新的关键就是要建立基于系统工程的正向设计体系。

一、正向设计与逆向工程

复杂产品研发体系的理想业务模型蕴含了正向设计体系（见图 2-7）。现代工业的正向设计模型从美国科学家保罗·鲁克（Paul Rook）在 1980 年提出的软件工程 V 模型发展而来。V 模型的目的是减小 Bug（程序缺陷）和 ERROR（误差）出现的概率，是对瀑布模型的修正，它强调了验证活动，反映了测试活动与分析和设计的关系，如图 11-1 所示。

系统工程科学家们认为保罗·鲁克提出的 V 模型适合于大部分系统工程（软件工程本身就是一种系统工程），于是将此模型继续修订为系统工程 V 模型，它反映了系统开发的技术过程。不同系统工程学派、企业和机构的研究与实践所采用的

V 模型具有一定差异，这些模型具有不同的流程边界划分方式，某些流程活动名称相似但内涵不同。综合系统工程的经典理论和在中国企业的实践，本书提出了如图 11-2 所示的系统工程 V 模型。

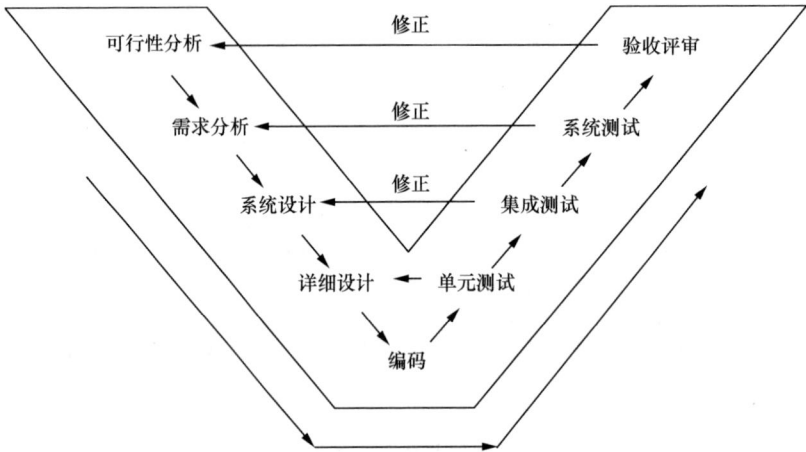

图 11-1　保罗·鲁克提出的软件工程 V 模型

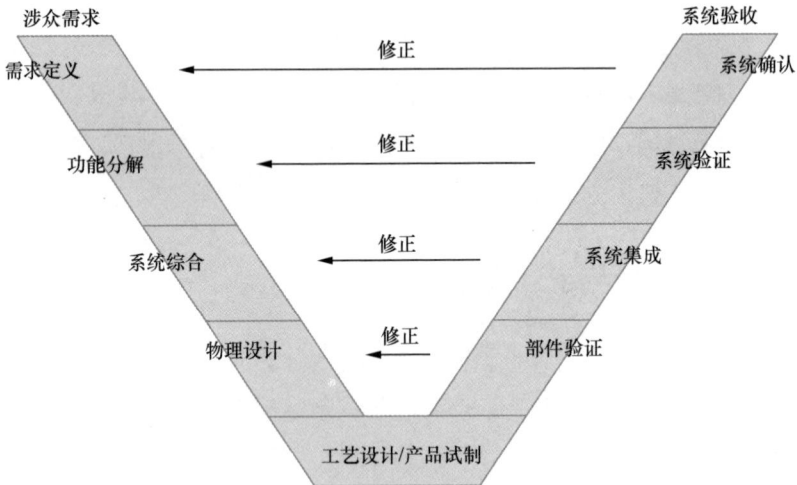

图 11-2　系统工程 V 模型

表 11-1 给出了系统工程 V 模型的说明。其中，第 1～第 9 是系统工程内部流程，第 0（涉众需求）和第 10（系统验收）则是对外流程。考虑各学派和不同实践所用名称的差异，表 11-1 也给出了相似过程的其他常见名称。

表 11-1　系统工程 V 模型的说明

序号	过程名称	主要内容	其他常见名称
0	涉众需求	利益相关者的需求，包括用例、使命任务和方案构想等	利益相关者期望
1	需求定义	汇总所有利益相关者的输入，并将它们转化为技术需求	需求建模、需求分析
2	功能分解	获取逻辑解决方案的过程，用于进一步理解已定义需求和需求间的关系	逻辑分解、功能架构、功能分析、功能分配
3	系统综合	将需求定义和功能分解的输出，转化为可选解决方案和确定最终解决方案的过程	方案设计、物理架构、系统架构
4	物理设计	最终实现系统分解结构中底层系统组件方案的过程，系统组件可以是新设计、采购或重用	详细设计
5	工艺设计/产品试制	单机设备的工艺设计和加工等，形成系统设计中指定的所有单机设备，本书在有些情况下也将工艺设计与产品试制分为两个活动	产品实现
6	部件验证	针对零部件、单机设备进行试验验证，确认部件或设备符合设计预期	部件试验
7	系统集成	将底层系统组件转化为高层系统组件的过程	综合集成
8	系统验证	确认系统组件与设计初衷相符，即回答"是否做对？"	—
9	系统确认	回答"是否设计了正确产品？"	—
10	系统验收	将系统交付给用户的过程，包括产品、技术和资料的交付转让	系统交付

理想产品设计过程的起点是涉众需求，经过需求定义、功能分解、系统综合、物理设计、工艺设计、产品试制、部件验证、系统集成、系统验证和系统确认等阶段，最后完成系统验收。V 模型的右边部分既是产品交付，又是对左边相应阶段的验证。如果验证出现问题，则会回到左边相应阶段进行修正。这个过程称为"正向设计"。

通常来说，企业的发展历程中都会有一个逆向工程过程。产品设计的起始点不是涉众需求，而是从 V 模型中间的某个点开始。"物理设计"是中国企业的常见起点。

该模式从仿照已经存在的产品，完成图纸绘制，进入试制和验证各阶段，完成产品交付或将产品推向市场。V 模型的右边部分出现问题时，由于其没有左边部分可对应，所以企业只能回溯到前一阶段进行查询和解决问题。当企业回溯到物理设计阶段仍然解决不了问题时，那这就会成为永远的问题。清醒的企业会有意识地"补课"，研究物理设计之前的各个过程，以追溯和还原仿制对象的本源。当然，这样只能还原部分本源。以上过程就称为"逆向工程"。基于 V 模型的正向设计和逆向工程如图 11-3 所示。

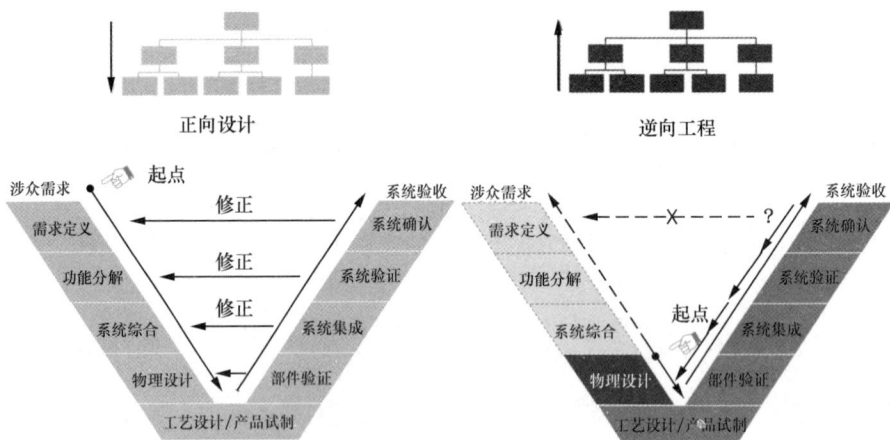

图 11-3　基于 V 模型的正向设计和逆向工程

逆向工程只能让我们知其然但不知其所以然，只有正向设计才能让我们知其然并知其所以然。正向设计过程包括系统设计和物理设计两个过程。系统设计用于形成系统框架，物理设计则用于确定设备的具体结构和参数。现代复杂制造业产品通常包含机械、电子和软件三种产品，不论何种类型产品的系统，系统设计部分的形态都是相似的，均表现为框架形态。物理设计部分的形态则针对机械、电子和软件产品各不相同。

二、仿真是正向设计的核心

正向设计之所以能让我们知其所以然，是因为它不仅拥有完整的 V 模型，特别是完整的需求分解、架构设计和系统设计过程，还利用仿真技术。仿真技术是透视产品功能和性能的关键技术，也是正向设计的核心。

正向设计的特征是设计过程遵从完整的 V 模型，左边部分是设计过程，右半部分确认过程。如果我们等到加工出试件，再通过 V 模型右边来确认，那么一旦出现确认不通过的情况，就必然带来巨大的损失，这不仅是金钱的损失，更重要的是造成了时间的延误。

为了保证 V 模型左边的 4 个设计过程结果正确，V 模型需要引入 5 个小 V 循环，分别是需求确认、功能确认、系统确认、物理确认和制造确认。由于在设计过程中，实物并没有被制造出来，所以，在数字化仿真技术出现之前，这种确认只能用实物的替代品来实现，确认难度非常大，效果也很不理想。数字化仿真技术出现后，就可以通过计算、分析、模拟或仿真等手段对设计进行确认和优化了，如图 11-4 所示。

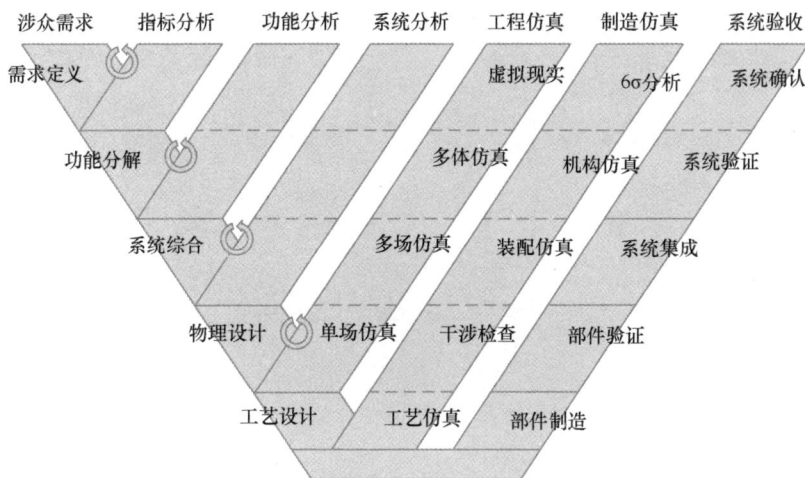

图 11-4　产品研发的完整过程

最终确定的研发体系是由多个 V 嵌套的模型（确切地讲是 6 个"V"），姑且称之为"多 V 模型"。整体来看，多 V 模型的最左侧是设计过程，最右侧是试验与验证过程，最底层是试制过程，中间则是一系列仿真过程。

如图 11-5 所示，在正向设计多 V 模型中，仿真的位置预示着它是正向设计的核心，事实上也的确如此。仿真是产品得以正向设计的保障，或者说，没有仿真，正向设计就无从谈起，至少无法顺利进行。在任何一个阶段设计都应该被验证后才往下进行，否则后期返工带来的成本增加和周期延长会令人难以承受。对设计的最终验证是物理试验，但在设计前期产品尚未成形，根本无法做物理试验，尽管有时候可以用替代品做一定程度的验证，但往往无法达到目的。因此，在计算机中进行的虚拟验证就变得无比重要，仿真就是在计算机中做数字试验的过程。

所谓仿真，就是利用虚拟模型替代真实世界的物理模型，在计算机中对真实世界进行模拟，从而以较低的成本和较短的时间，获得对真实世界更为完整和全面的理解。仿真可以在计算机中透视真实世界的各种现象，这种透视在物理世界中往往成本高、难度大甚至做不到。

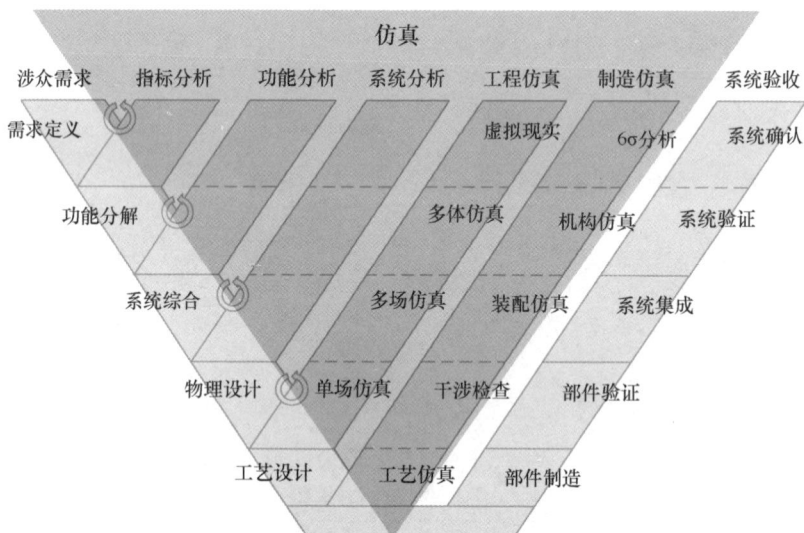

图 11-5　仿真处于产品设计体系核心位置

仿真可以用于透视产品特性，看到产品的运行本质和规律，预测产品性能，如刚度、强度、疲劳寿命等。采用仿真技术可以快速进行数字试验，大量减少实物试验次数。与实物试验相比，仿真能得到通过实物试验得不到的数据，提前发现缺陷，预测运行期间的故障以及引起故障的原因。同时仿真具有低成本和高效率的特点，所以我们可以遍历仿真，发现新方案，验证各种创新思路的可行性。

仿真最基本的作用就是对设计各阶段的结果进行验证。设计过程具有需求定义、功能分解、系统综合、物理设计和工艺设计等过程，对每一个设计子过程都有相应的仿真验证手段，由此，仿真可以分为以下五大类：指标分析、功能分析、系统分析、工程仿真和制造仿真。过去经常听到技术人员感叹仿真的博大精深，纷繁复杂，类型多变，但从正向设计模型的视角来看，仿真的类型还是有限的，针对不同但有限的设计过程，有不同的仿真类型。

习惯上，人们把指标分析、功能分析和系统分析统称为系统仿真（○维仿真），把工程仿真、制造仿真统称为物理仿真（一维、二维和三维仿真），如图 11–6 所示。系统仿真的模拟对象是系统架构，属于抽象模型，而工程仿真和制造仿真的模拟对象是产品实体，属于具象模型。因此，系统仿真往往用于在概念阶段确认产品的总体架构（见图 11–7），工程仿真通常用来确认物理产品的初步设计、详细设计、工艺设计和制造过程（见图 11–8）。

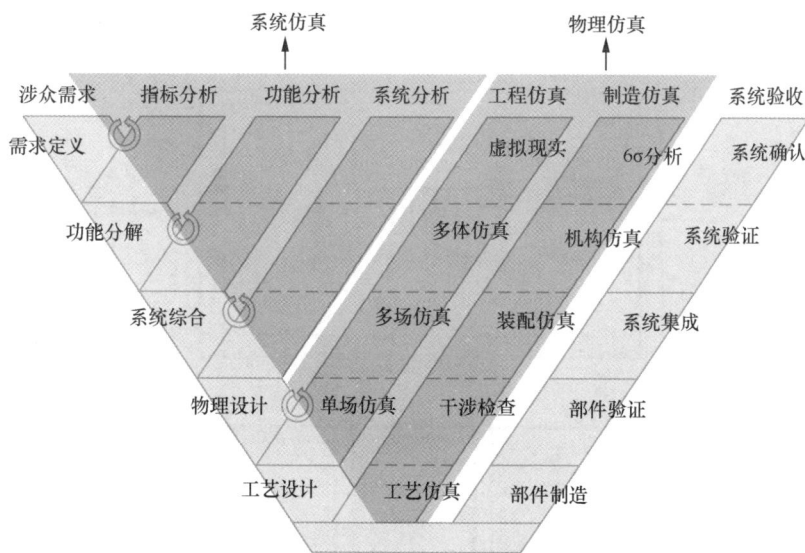

图 11-6 仿真分为系统仿真和物理仿真

到了物理设计阶段，产品的形态已经比较具体，所以仿真的类型变得丰富。根据分析的目的不同，工程仿真分为单场仿真、多场仿真、多体仿真和虚拟现实，制造仿真分为工艺仿真、干涉检查、装配仿真、机构仿真和 6σ 分析等。根据物理场的不同，物理仿真又分为结构场仿真、流场仿真、电磁场仿真等；根据分析对象的不同，分为机械结构仿真、流体仿真、电气仿真、电子仿真、液压仿真等。根据计算方法、模型处理方法的不同，仿真还有更多的分类方法，此处不再赘述。

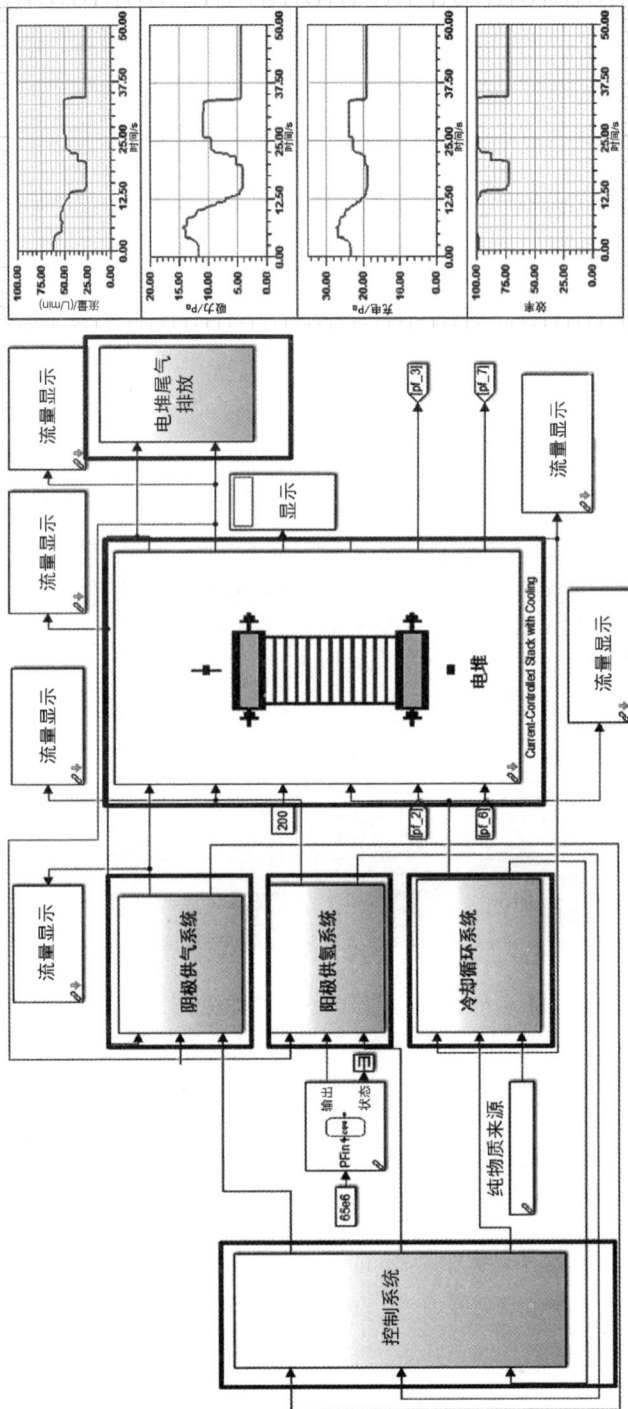

图 11-7 系统仿真实例

146

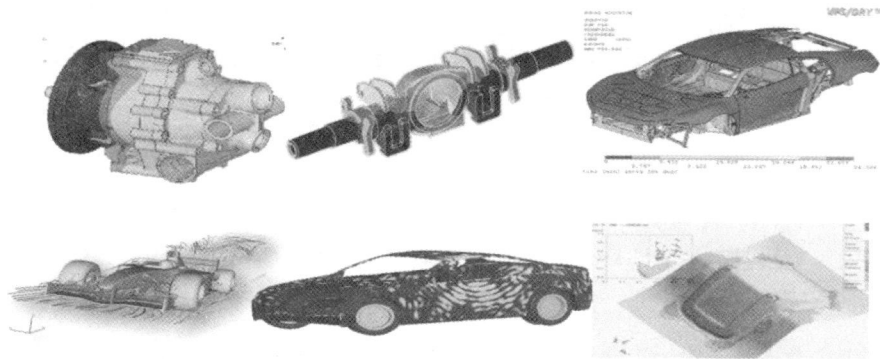

图 11-8　工程仿真实例

三、企业正向设计能级

技术体系可分为上下两层，分别是物理开发层和系统开发层，如图 11-9 所示。物理开发层设计图纸的特征是所见即所得，你在设计什么，图纸上一目了然，即使外行也能知道你在设计什么。系统开发层的图纸则是架构图，这种图纸千篇一律，不论你在设计什么，看上去都是框图模样的图纸，外行很难知道你在设计什么。物理开发层决定了你设计的产品像不像你的目标产品，而系统开发层决定了你设计的产品强不强大。国内企业对物理开发层较为熟悉，但国内很多企业中不具备设计系统开发层的能力。

因此，一家企业应该认真透析本企业的技术体系，你需要左看右看、上看下看、里看外看。图 11-9 所示的模型表明，一家企业的技术体系中，左边（设计）比右边重要，上面（架构）比下面重要，里面（仿真）比外面重要。

显然，企业的设计能力是分级的，依据其产品设计的起点状态可以评判一家企业的设计能力。企业从 V 模型

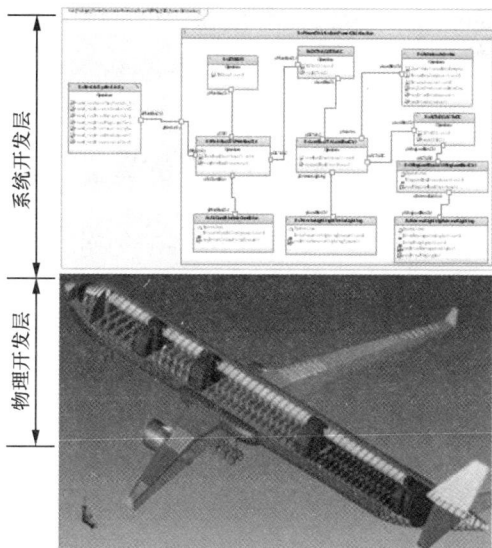

图 11-9　技术体系的上下两层具有不同特性

的哪个阶段入手设计产品，基本可以断定该企业的设计能力级别就是这个起点所对应的能级。这样，企业设计能级（成熟度）被分为 5 级：仿制级、逆向级、系统级、正向级和自由级，如图 11-10 所示。

一家企业的设计能级不取决于其产品看上去的复杂度、企业的产值、人员数量和学历，而取决于其产品设计的入手点。这一般可以通过其产品所涉及的图纸来做出判断。如果其产品图纸只有工程图（二维图纸或三维 CAD 模型），那基本可以认为企业设计能级是逆向级。如果其具有完备的系统设计图、系统架构图，则基本可以判断企业设计能级为正向级。如果其具有完备的技术需求及指标体系分解树，甚至可以用需求模型图来表达技术需求，则基本可以认为企业设计能级达到自由级。

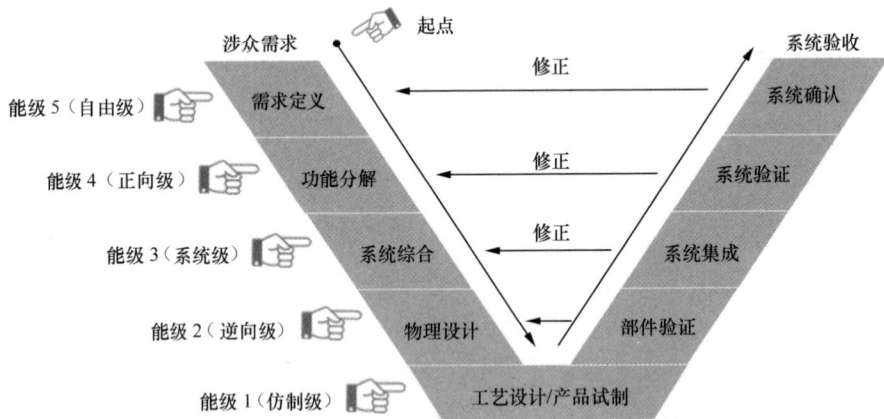

图 11-10　产品设计入手点决定企业设计能级的高低

四、正向设计体系的建立

总结来说，在基于系统工程的数字化研发体系中，正向设计体系主张从客户需求开始，经过需求定义、功能分解、系统综合、物理设计等过程，利用仿真手段对设计进行一系列虚拟验证，利用试验手段对设计进行一系列物理验证，最终使得产品满足客户需求，达到可交付状态。这一正向过程可以保证产品开发的源头是客户需求，而非仿制对象，从根本上保证所设计产品的创新性。

在正向设计体系建设过程中，将利用先进的创新方法、设计和仿真技术提升产品的性能，实现从跟随仿制向自主创新的转变。正如前文所言，正向变革的驱动力是模型，模型工程是其核心手段。正向变革就是用一系列基于模型的方法对研发体系进行改造的过程，如图 11-11 所示。

1. 基于模型的系统工程（MBSE）

系统设计与仿真是 MBSE 的核心技术，打造从需求出发的基于模型的系统设计体系和能力，可以基于模型完成需求定义与指标分析、逻辑分解与功能分析、系统综合和架构设计以及系统仿真等工作。MBSE 的系统开发体系其实就是一个基于模型的系统研制环境，解决以前基于文档的落后设计模式所存在的各种问题。

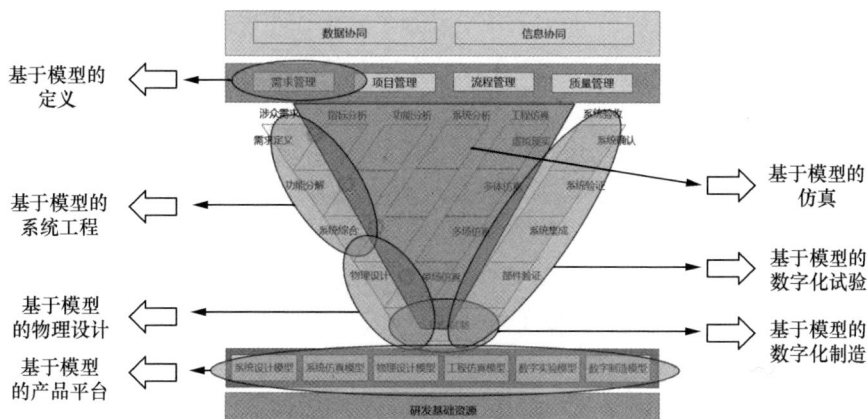

图 11-11　正向变革过程

2. 基于模型的物理设计与仿真

CAD（计算机辅助设计）和 CAE（计算机辅助工程）是物理设计与仿真的核心，使用图形学技术进行几何建模是 CAD 的基本过程。利用网格技术进行符合物理学原理的模型化是工程仿真的基本过程。当然，鉴于仿真过程的复杂性，需要建立综合仿真能力体系，以实现仿真驱动研发的理想，它包括建立仿真流程模型、制定模型化标准、开发基于模型的仿真平台等。

3. 基于模型的定义

传统的产品定义技术主要以工程图为主，专业的图纸反映产品的几何结构及制造要求，实现设计和制造信息的共享与传递。基于模型的定义（MBD）以全新的方式定义产品，改变了传统的信息授权模式。它以三维产品模型为核心，将产品设计信息与制造要求共同定义到该数字化模型中，通过对三维产品制造信息和非几何管理信息的定义，实现更高层次的设计制造一体化。

4. 基于模型的数字化制造

增材制造（又称"3D打印"）是数字化制造的基本技术，其是以数字模型为基础，将材料逐层堆积，并制造出实体物品的新兴制造技术，将对传统的工艺流程、工厂模式、产业链组合产生深刻影响，是制造业有代表性的颠覆性技术。增材制造技术作为具有前沿性、先导性的新兴智能制造技术，正在使传统生产方式和生产工艺发生深刻变革，被认为是推动新一轮工业革命的原动力，引起了世界各国的广泛关注。

5. 基于模型的数字化试验

基于模型的数字化试验体系包括实物试验管理和数字试验两个子体系。实物试验管理是对实物试验过程和数据的管理，强调对试验数据资产的保护。数字试验则是用数字模型和仿真手段提升试验的有效性，赋能实物试验的规划、目标设计、过程设计、过程操作和结果分析，将试验扩展到实物试验所不能达到的范围。

6. 基于模型的产品平台

产品平台是企业的系列产品所采用的共同技术要素的集合。这些共同要素也称通用模块（CBB），包括共用的系统架构、子系统、模块/组件、关键零件、核心技术等。产品平台可以帮助企业实现快速产品设计，并促进核心技术持续提升。

上述的这一系列基于模型的方法对研发体系改造完成后，将形成基于模型的正向研发体系，包括正向设计相关的流程、方法、工具和平台等建设，并进行相应组织的优化和变革。建设完成的正向研发平台如图11-12所示，其是根据正向设计体系对数字化研发平台参考架构（见图2-10）的实例化，特别是明确了正向设计环境中的元素做了，同时归纳了知识工程平台的部分技术资源，形成基于模型的产品平台。

基于SOA的柔性集成框架

正向研发平台

研发驾驶舱

数据协同	科研门户

研发管理系统

需求管理系统	流程管理系统	项目管理系统	质量管理系统

正向设计环境

系统设计	系统仿真
物理设计	工程仿真	快速设计
快速论证	数字制造	虚拟试验

产品（模型）平台

系统设计模型库	系统仿真模型库	物理设计模型库	工程仿真模型库	数字实验模型库	数字制造模型库

研发基础资源平台

正向研发运行体系

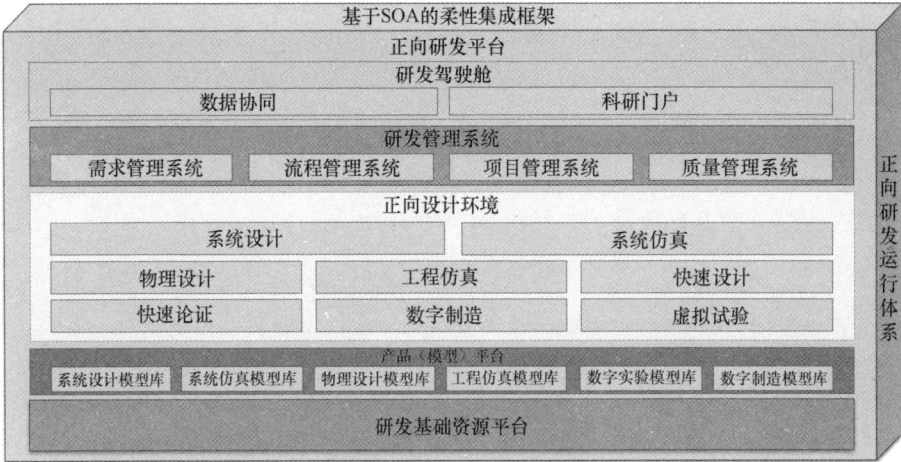

图 11-12　正向研发平台

第十二章

数字化模型工程

数字化模型是正向设计的主驱动力,模型工程是正向变革的核心工程,因此模型工程体系的建立是企业完成正向变革的重要基础。建立模型工程体系就是将工程化思想和方法运用于复杂系统模型全生命周期,通过借鉴吸收系统工程、软件工程等的思想、方法,探寻、挖掘和总结建模活动中有意义的理论、方法、技术、标准和工具,形成一套标准化、规范化、可量化、系统化的模型工程化体系,服务于模型的构建、管理、使用与维护等全过程,从而保证模型全生命周期的可信性。

模型工程的概念和体系首次在北京航空航天大学张霖教授团队于 2013 年发表在《系统工程学报》上的成果中被提出。之后,其他机构也发布了类似的概念,其中美国国防部 2018 年发布的数字工程战略是关于模型工程比较有代表性的论述。本章内容引用、改编和延伸了张霖教授团队的成果。

一、模型的定义和特征

模型是对所研究对象的一种抽象表达,是人们将研究对象的物理学机理、工程知识和社会学特征研究清楚之后,利用数学方法表达物理机理、工程知识和社会特征的,体现了人类在认识世界过程中所表现出的高度智慧。模型是一种区别于自然语言的工程语言,对于资源对象的表达不仅更为直观、科学、全面、准确,而且包含的信息更为丰富,具有无二义性和动态性。

对于不同学科和不同应用场景,模型有不同的定义,如模型是一种具体事物的抽象;模型是一种标准、规范;模型是一种信息模板;模型是数据、信息、知识的集成模式等。企业中的模型很多,它们有不同定义,如产品设计、制造和管理知识及封装、信息系统的运作程序和规范、产品生命周期进化的控制程序等模型。

企业将其在产品全生命周期中和其他过程中所需要的数据、信息和知识进行整理,结合信息系统,建立便于系统集成和应用的产品模型和过程模型。通过模型进行多学科、跨部门、跨企业的产品协同设计、制造和管理,支持技术创新、大批量定制和绿色制造,整个企业具有高度的智慧、快速的反应能力、人机友好性和知识共享性。

不管何种模型，一个理想的模型都应该具有以下特征。

① 目的性：提供某一问题的解决方案。

② 完整性：模型包括解决某一问题所需要的数据和知识等信息。

③ 集成性：模型与其他模型和软件容易集成。

④ 封装性：通过封装，模型具有使用方便的特点。使用者可以不必知道其内部的结构和运行情况，并且模型与环境的集成也比较方便。

⑤ 开放性：添加、修改和关联模型中的知识较容易。

⑥ 规范性：模型的描述、建立和使用都有一套标准规范。

⑦ 透明性：模型中数据和知识等信息的关系和变化对用户是清晰透明的。

⑧ 自主性：在一定条件下，模型自主启动，自主运行进化，自主结束。

⑨ 自适应性：模型随着外部环境的变化逐渐完善，与环境更加融合。

随着科学技术的不断发展，模型的重要性将会越来越凸显。通过模型，可以将信息中的语义与语境、系统的结构、功能和行为等关键要素清晰地展现出来，使其跨越文化、语言与技术层面的障碍，在不同领域、地域与平台之间进行交换与共享。模型已成为现代科学体系中的核心内容之一。人类在漫长的科学研究实践中，积累了大量的关于构建模型和使用模型的经验和知识，这些经验和知识在各自的科学技术领域中发挥着重要的作用。但随着研究对象的复杂性和多样性不断提高，模型的复杂性和多样性也随之提高。

二、模型工程的内涵

1. 模型工程的概念

模型的形成一般需要经历需求分析、模型设计、模型构建、模型验证、模型应用、模型维护等过程，这些过程构成了一个模型的完整的生命周期。可通过构建一套完善的模型工程理论和方法体系，将模型开发与管理活动由一种自发的、随意性较强的行为变成自觉的、系统的、规范的、可管理的行为，从而保证模型各个阶段的可信性。模型工程是采用系统化、规范化、可量化的工程化方法，对模型的全生命周期所涉及的数据、知识、活动，以及过程和组织等进行管理，以最小的代价获得可信模型的理论、方法、技术、标准及工具的总称。这里的模型工程有以下几层含义。

① 模型工程以模型为对象，从方法论层面，研究、建立一套完整的技术体系，为复杂系统的模型构建、模型管理与模型使用等全生命周期过程提供系统的指导和支持。

② 模型工程以保证模型全生命周期的可信性为主要目标，整合当前关于模型的各种理论方法，研究发现模型生命周期中与特定领域无关的基本规律，建立系统的理论、方法和技术体系，并开发相应的标准和工具。

③ 模型工程在保证模型全生命周期的可信性的同时，兼顾模型开发及维护的时间周期和成本等其他要素。

④ 模型的可信性是一个综合性的指标，包含可用性、准确性、可靠性、服务质量等因素。

2. 模型工程的关键技术

全面、系统地应用和实施模型工程需要各类关键技术的支撑。模型工程相关的典型关键技术有以下内容。

（1）生命周期过程建模。

模型工程的生命周期过程模型，确定模型构建及管理中所涉及的各类活动的结构框架，用于指导模型工程，为改进模型质量、提高开发效率、降低模型全生命周期成本提供重要保障。生命周期过程建模需要借鉴系统工程、软件工程等相关领域的已有成果，结合复杂系统模型开发的特点，提出适用的过程模型并制定相应的实施方法。

（2）模型工程过程管理。

以生命周期过程模型为指导、以标准规范为依据，借鉴项目管理的方法和手段，对模型全生命周期的数据、知识、工具以及人 / 组织、技术等进行有效的管理，以保证用最低的代价获得可信的模型。过程成熟度定义与控制、绩效管理、流程监控与优化、风险控制、成本控制等都是模型工程过程管理的重要内容。

（3）模型需求获取与管理。

准确地获取需求是建模的关键，由于复杂系统的不确定性等特征，需求获取与管理十分具有挑战性。需求获取主要研究通过自动或半自动的手段，对需求进行提取、描述、解析、验证等；需求管理则主要研究如何将不断变化的需求及时、准确地反映到模型构建及维护的过程中。

（4）模型描述及建模语言。

复杂系统往往包含多个性质不同的系统，如定量系统、定性系统、连续系统、离散事件系统、确定性系统、不确定性系统等，如何采用有效的方式对整个系统进行描述是复杂系统模型开发的核心问题之一。因此需要针对各类系统的特点，研究相应的模型描述机制、架构，并开发通用或专用的描述语言。

（5）模型工程定量分析与评估。

定量分析是模型工程的重要特征之一。为保证模型全生命周期的可信性，很多环节都需要量化分析、评估或优化，如模型开发过程复杂性分析与评估、成本效益分析与优化、风险分析与控制，模型可用性分析、可靠性分析，模型服务质量分析等。

（6）模型验证、校核与确认（VV&A）。

模型 VV&A 技术是模型工程的重要组成部分，是研究模型可信性，进而保证设计结果可信性的重要手段。针对模型的 VV&A 是对已经建立的模型进行校验或验证，判断其是否可信。这种事后的判断具有重要的意义，可以发现模型的问题和缺陷，但仍不能解决如何获得正确模型的问题。尤其对复杂系统而言，由于系统的复杂性和不确定性，建模的过程会非常复杂，这使得对模型的 VV&A 变得异常困难，而即使通过 VV&A 发现了模型的缺陷，对模型的修正也会非常困难且代价极大。过去我们虽然在此方面积累了较为丰富的研究成果，但仍然无法满足对复杂系统模型建模仿真的实际需求，多数研究仍然以定性分析为主，缺乏定量的、形式化的分析方法，因此 VV&A 技术，特别是 VV&A 定量分析和形式化分析技术，仍是模型工程的重要研究内容。

（7）模型库。

模型库是实施模型管理的基础平台，通过模型库可对模型进行标准化的封装、存储、查询等基本操作，还可以模型库为基础进行模型的组合、重用及配置管理等复杂应用。传统的数据库技术、面向服务的技术、云计算技术等都可为模型库的构建与管理提供支持。

（8）模型组合与重用。

模型组合与重用是提高复杂系统模型构建与维护效率、提高模型可信性的重要手段。其主要研究如何利用已有的模型组件，根据系统需求，快速而正确地组合成更加复杂的模型，内容包括模型组件的标准化封装、模型智能匹配、模型关系管理、模型动态组合、模型一致性验证、模型服务化等。

（9）模型重构及配置管理。

根据不同需求及由于内部及环境的不确定性而引起的对模型功能及性能要求的变化，需要快速地对模型进行重构或配置。模型重构即在不改变模型主要外部功能的情况下，对其内部结构进行调整，从而使得模型的性能进一步优化，并使其更容易被理解、维护和移植。模型配置则是在不改变模型基本结构的情况下，通过调整和优化内部组件和参数，以适应模型在功能和性能上的不同需求或变化。对复杂系统模型工程而言，模型的重构与配置管理是非常重要并极具挑战性的研究内容。

（10）模型数据及知识管理。

许多复杂系统模型包含大量的数据，而有些模型就是在大量数据的基础上构建的，甚至以数据及其关联关系的形式存在。数据管理主要是对数据，特别是对海量数据进行有效的组织和利用，并在模型工程定量分析中发挥关键作用。

在模型工程中，知识总体上分成两大类，一类是模型本身包含的知识，比如某些定性模型就包含大量知识；另一类是关于模型开发及管理的知识，这些往往是开发者和用户在实践中积累和提炼的经验。对不同类型的知识，需要采用不同的方式进行管理和使用，从而提高模型的质量及模型构建和维护的智能性和自动化程度。

（11）模型工程可视化技术。

可视化技术可以应用于模型工程的各个阶段。采用相应的可视化技术将使模型开发与管理的过程更加透明、更易于理解和便于监控，并可大幅提高人机交互的效率。可视化技术将在模型工程中发挥重要作用。

（12）模型工程支撑环境与工具。

模型工程的实施需要一个集成化的支撑环境及相应的软件工具，以支持开展模型工程的各类活动，如网络化协同工作、需求管理、过程模型构建与维护、模型库管理、定性及定量分析与评估、数据集成、知识管理、模型验证与仿真实验等。

三、模型工程方法论

模型工程是许多交叉领域融合的产物，与之相关的领域包括软件工程、系统工程、计算机科学与工程、系统建模与仿真、知识工程、项目管理、质量管理等。基于这些领域的知识体系，结合模型工程的需求和特征，将形成模型工程特有的方法论。

建立模型工程方法论需对其所涉及的知识体系进行系统整理，从相关学科中提取与建模活动紧密关联的知识，总结和凝练建模过程所特有的开发技术与管理手段。在这一过程中，重点包括两方面内容。

① 确定模型工程与其他紧密相关学科之间的横向交叉关系，对它们之间的重叠部分进行适当整理，以使得这些重叠部分反映模型工程所专有的特征。

② 确定模型工程体系内部包含的模块以及模块之间的纵向层次关系和横向交叉关系，使得整个框架构成一个有机的整体，服务于模型的全生命周期过程。

通过建立模型工程方法论框架，我们希望达到如下目标。

① 促进业界对模型工程的内涵初步形成一致的观点。

② 确定模型工程的研究范畴。

③ 对于其他领域，如软件工程、系统工程、计算机科学、项目管理等，阐明模型工程的位置，并设置它们之间的界线。

通过借鉴软件工程、系统工程、建模仿真，以及项目管理、质量管理等领域和学科的知识体系，我们给出模型工程的方法论框架，如图 12-1 所示。

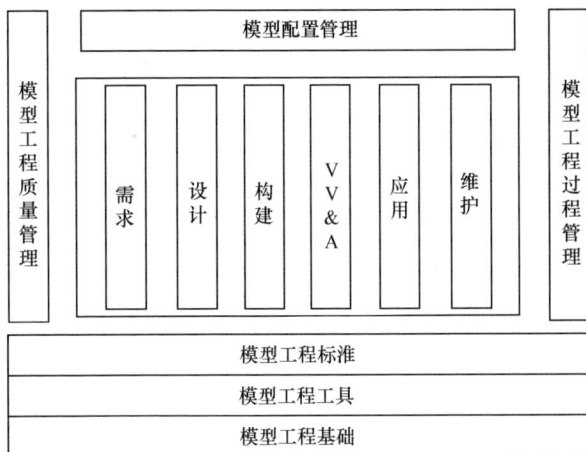

图 12-1 模型工程方法论框架

模型工程围绕模型的需求、设计、构建、VV&A、应用和维护这一全生命周期过程，通过模型工程过程管理、模型工程质量管理和模型配置管理等手段，完成模型全生命周期过程。

模型工程方法论由 5 部分构成。

第一部分——模型工程基础：包括模型工程的基本概念、方法论、知识体系、技术体系等，为模型工程的实施提供最基本的指导，同时也是模型工程独立于其他相关学科的基础和保障。

第二部分——模型生命周期：从技术层面对模型全生命周期的各阶段进行阐述。本部分包含 6 个子专题，分别是模型需求、模型设计、模型构建、模型 VV&A、模型应用、模型维护。

第三部分——模型工程实施与管理：包括模型配置管理、模型工程质量管理、模型工程过程管理等内容，从实施、过程、质量等方面对模型全生命周期各项活动进行管理和控制。

第四部分——模型工程工具：为模型工程全生命周期的实施与应用提供所需的软件工具。

第五部分——模型工程相关标准：为模型工程的实施以及相关工具的开发提供所需遵循的准则、协议或规范。

每个部分的具体内容，详见表 12-1。

表 12-1 模型工程方法论大纲

部分	主题		内容
第一部分 模型工程 基础	模型 基础	模型概念	主要包含模型的内涵与外延、模型的作用、模型的特征、元模型等论题
		模型分类	从系统元素构成、时间特征、状态特征、构建手段等不同角度给出模型的不同分类
		模型生命周期	说明模型从产生到应用的全生命周期的各个主要阶段的主要工作，以及各个阶段间的衔接关系
第二部分 模型生命 周期	模型 需求	需求基础	需求定义、过程质量需求、功能与非功能需求、定性与定量需求、系统需求、硬件需求与软件需求
		需求获取	需求来源、需求的确定和协商、获取技术
		需求分析	需求分类、需求概念建模、架构模型与需求分配、可行性分析

续表

部分	主题		内容
第二部分 模型生命周期	模型需求	需求确认	需求评审、需求模型确认、需求模型校核、需求修订
		需求过程	过程模型、过程支持与管理
	模型设计	模型设计基础	一般设计概念、模型设计语境、模型设计过程、使能技术
		模型设计关键问题	抽象过程、交互与表现、元模型、数据持久性
		质量分析与评价	模型设计的质量属性、质量分析与评价技术、度量
	模型构建	建模基础	复杂性、为校核与验证而建模、建模相关标准
		建模范式与建模语言	基于图形的建模、基于语言的建模、描述建模、结构建模、功能建模、关系建模、信息建模、过程建模、架构建模、面向对象建模、形式化建模、基于组件的建模
		建模过程	建模层次、精化步骤、完成基准
		复杂系统（体系）建模	元模型建模、组合建模、定性建模、因果建模、多分辨率建模、非确定性建模
		涌现建模	多主体建模、基于自组织理论建模、综合集成建模
		本体建模	建模方法、本体分类、本体描述语言
		多学科协同建模	模型统一表达、模型抽象、模型信息交换
	模型VV&A	VV&A基础	VV&A相关术语、关键问题、VV&A对象、VV&A目标、VV&A与其他活动的联系
		VV&A技术	非形式化方法、形式化方法、指标、步骤
		VV&A相关的度量	模型成熟度、评价校核模型、评价验证模型、评价完成的VV&A
	模型应用	模型部署	部署环境、模型校准、模型敏感度调优
		模型集成	模型一致性、接口匹配与转换
		模型重用	模型拆分与组合、模型完整性
	模型维护	模型维护基础	定义和术语、维护的本质、维护的必要性、维护分类
		模型维护关键问题	技术问题、管理问题、维护成本估算、模型维护度量

续表

部分	主题		内容
第二部分 模型生命 周期	模型 维护	模型维护技术	模型理解、模型存储、模型检索、模型版本控制、基于模型的文档生成技术
第三部分 模型工程 实施与 管理	模型 配置 管理	模型配置过程 管理	模型配置的组织语境、模型配置过程策划的约束和指南、模型配置计划制定、模型配置管理计划、模型配置监督
		模型配置标识	标识要控制的项、模型库
		模型配置控制	模型变更的请求、评价与批准，以及实现模型变更
		模型配置状态	模型配置状态信息、模型配置状态报告
		模型配置审核	模型功能配置审核、模型物理配置审核、模型基线过程审核
	模型 工程 过程 管理	过程定义	模型工程生命周期模型、模型工程生命周期过程、过程定义的标记法、过程修改、自动化
		过程评估	过程评估模型、过程评估方法
		过程实现与 变更	过程基础结构、建模过程管理周期、过程实现与变更模型
		工程质量	建立和维护度量工作、度量过程的计划、完成度量过程、评价度量
		项目管理	确定可交付制品、估算工作量、进度、成本、分配资源、风险管理、质量管理、计划管理、过程监督与控制
		评审与评价	模型一致性、确定（功能与非功能）需求、性能的评审与评价
		过程与产品 度量	过程度量、模型工程产品度量、度量结果的质量、过程度量技术
	模型 工程 质量 管理	质量管理基础	模型工程文化与道德规范、质量的价值和成本、模型与质量特征
		质量管理过程	模型质量保证、验证与确认、评审与审核
		质量管理技术	模型质量度量、质量评估、模型比较、质量控制、质量改进
第四部分 模型工程 工具		模型工程工具	模型需求工具、模型设计工具、模型构造工具、模型VV&A工具、模型维护工具、模型配置管理工具、模型工程管理工具、模型工程过程工具、模型质量工具等

续表

部分	主题	内容
第五部分 模型工程 相关标准	模型工程相关标准	包括已存在的标准或拟列标准，如术语标准、模型描述标准、模型封装标准、模型接口标准、模型数据交换标准、模型互操作标准、模型的校核、验证与确认标准、模型可视化标准等

四、模型工程体系的价值

作为正向设计核心的仿真技术是一种基于模型的活动，建立系统的模型并通过对模型的解算和分析进行科学研究和试验，是仿真研究的主要目的。仿真领域中关于模型的研究十分具有代表性。正确的模型是获得正确仿真结果的保证。

仿真是模型的重要应用场景，但模型工程的应用范围并不仅限于仿真领域，模型工程对于任何需要建模并对模型进行管理的领域都具有应用价值。对于不同类型的技术资源，其模型特征、模型化方法及应用方案也大相径庭。常见的技术资源模型化方法及应用方案包括：基于模型的系统工程、基于仿真模型的虚拟试验、基于模型的定义（MBD）、基于模型的产品平台等。这几种方法是应用于产品研制的不同过程和专业的模型化方法。近期，业界还提出了更为综合的模型化方法和应用方案——基于模型的产品全生命周期（MB PLM）和基于模型的企业（MBE）。

没有好的模型，数字化工程将是无本之木，企业管理和产品数据库中的数据杂乱无章，数字化系统整体效率低下，企业协作困难重重。产品研发过程中"造轮子式"的新零部件层出不穷，重复研究比比皆是。在以往的建模过程中，实施方式和手段往往就事论事，具有一定的随意性，缺少必要的原则和规范，导致模型开发过程中产生诸多问题与困难，无法保证所建模型的可信性。造成这种现状的原因主要有三个：一是缺乏相应方法论的指导，二是缺乏有效的建模过程管理机制，三是缺少统一的标准和技术支撑。因此，有必要建立一个以模型为核心的方法论体系，对模型开发过程进行约束、指导和管理，从而保证所建模型的正确性和可信性。

模型工程体系是在模型开发与管理的研究成果的基础上，面向复杂系统建模的模型全生命周期的可信性问题而提出的一种系统化的解决思路。通过提供支持模型生命周期过程的规范化、系统化、可量化的工程化管理和控制的理论、技术、方法、标准和工具，提高模型全生命周期的可信性，并降低模型开发与管理成本。

模型工程体系的建立是一项长期、复杂的工作，要广泛依赖学术界与工业界的协作，才能最终建立完善的模型工程体系，并真正服务于复杂仿真系统的模型开发与管理。

五、数字样机的分类与开发

随着数字化研制能力的不断提升，工业企业已基本形成了装备设计、生产、制造、运用和保障的全生命周期建模能力，装备的研制模式逐步从面向实体装备基于经验的多专业串行模式向面向数字装备基于模型的多学科并行模式转型。伴随装备研制过程中涌现的数字装备模型将作为一种装备类型与实体装备同步研制、鉴定和交付。在工业装备的全生命周期中，需要对数字装备模型的研制过程和研制过程中产生的数字样机以及数字样机中定义和涌现的功能、性能参数之间的关系进行定义和管理。数字样机的定义与建立是模型工程方法在工业装备上的应用。

数字样机有多种分类方法：从数字样机的生命周期来讲，可以分为论证样机、研发样机、制造样机和运维样机；从数字样机的构型上来讲，可以分为逻辑样机和拓扑样机；从数字样机的用途来讲，可以分为功能样机和性能样机。这几种分类方法是基于不同视角或维度来分类的，它们是正交关系，不是从属关系，如图 12-2 所示。

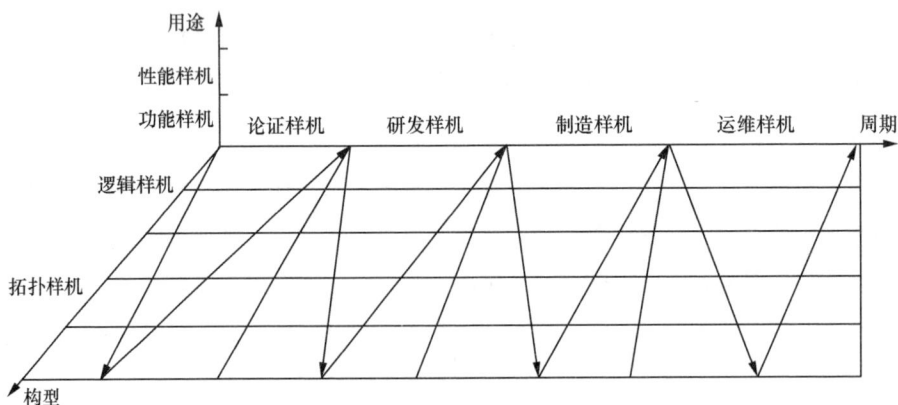

图 12-2　数字样机的分类

1. 数字样机按生命周期分类

按生命周期分类，数字样机可以分为论证样机、研发样机、制造样机和运维样机。

（1）论证样机。

现在的装备论证通常不仅仅是针对装备本身的论证，而是将其放在体系中论证，如智能无人驾驶汽车需要在城市公路上论证，军事装备需要在数字战场中推演，此时装备的数字模型（数字样机）扮演着至关重要的角色。这些数字样机不仅是对实际装备的虚拟复制，而且还包含了丰富的数据和参数，用以模拟装备在各种战斗环境和情况下的表现和行为。同时，论证样机既是需求样机，也是交付样机，既向装备研发提出需求，也为制造结束后交付时提供了验收标准。下面以军事装备论证为例，介绍论证样机包含的内容和参数。

① 物理特性和性能参数。

尺寸、重量：数字样机需要精确地再现装备的实际尺寸和重量，这对于仿真中装备的部署、机动性和稳定性分析至关重要。

速度和机动性：速度和机动性参数影响装备在战场上的快速部署能力及逃逸能力，对战术演练有直接影响。

载荷容量：对于战斗机、坦克等装备，载荷容量信息有助于评估其持续作战能力及物资携带能力。

② 传感器和电子设备。

雷达和通信系统：现代战场高度重视信息战，雷达和通信系统的性能直接影响战场态势感知和指挥通信效率。

导航定位系统：精确的导航和定位系统信息，如 GPS、北斗导航系统等，对于提高打击精准度、确保部队高效协调至关重要。

③ 防御和生存能力。

装甲防护：装备的装甲厚度、材料等信息有助于评估其在战场上的生存能力，以及抵御敌方火力的能力。

隐身和干扰能力：在现代战争中，隐身技术以及电子干扰能力也是衡量装备生存能力的重要因素。

④ 作战能力和效果。

武器搭载量：装备可以携带的武器种类和数量，直接关系其作战能力的强弱。

毁伤能力：不同装备对目标的毁伤效果，包括爆炸威力、穿透能力等，是战场推演中不可或缺的数据。

⑤ 互操作性和网络化。

通信兼容性：不同装备的通信系统是否能相互兼容，影响联合作战的协同效果。

数据链网络支持：现代战争强调信息化，数据链和网络支持能力对作战指挥和控制有着重要影响。

⑥ 环境和地形适应性。

气候适应性：装备在不同气候条件下的性能表现，如极寒或高温环境下的操作能力。

地形适应性：考虑装备在山地、沙漠、城市等不同地形的作战能力，对战术规划至关重要。

⑦ 智能化和自动化水平。

自主决策能力：随着人工智能技术的引入，装备的自主决策和任务执行能力成为衡量其先进性的重要标准。

人机交互系统：现代化的人机交互系统能够提升装备操作的便捷性和作战效率。

数字样机在数字战场推演中的广泛应用，不仅提高了推演的准确性和效率，也为军事训练和作战指挥提供了强大的技术支持。随着技术的不断进步，数字样机将在未来的军事应用中发挥更加重要的作用。

（2）研发样机。

研发样机是装备在研发过程中形成的样机，用于精确地模拟和展示装备整机、子系统及零部件的设计和性能。研发样机通常包含以下信息。

① 设计概念。

研发样机的设计概念包括产品的初步设计思路、创新点以及预期解决的问题或需求。

②系统信息。

层次化结构：定义系统的层次结构，包括子系统、模块、组件等，以及它们之间的关系和依赖性。

子系统行为：每个子系统的工作原理、输入输出关系和内部状态变化，这对于预测和分析系统行为是必需的。

组件特性：组件的物理特性（如尺寸、重量）、性能参数（如功耗、效率）以及失效模式等。

数据流和控制流：明确系统中的数据流和控制流，这对于理解系统的动态行为和性能至关重要。

③ 几何信息。

三维 CAD 模型：展示了产品的精确外形、尺寸和结构布局。它是详细数字样机的基础，确保了数字样机与实际物理对象的高度一致性。

装配关系：描述了各组件间的装配顺序和方法，以确保在数字环境中模拟的装配过程能够反映实际生产能力。

尺寸公差：为了确保制造出的产品能满足设计规范和功能要求，定义了各个部件的尺寸公差，控制生产时尺寸的精度。

④ 材料属性。

材料类型：列出了构成产品的每种材料及其关键属性，如密度、强度、硬度等，以便进行准确的仿真分析。

表面处理：包括抛光、阳极氧化、镀层等处理方式，旨在提高产品的耐腐蚀性或提升美观度。

⑤ 制造信息。

制造工艺：详细说明了产品的制造工艺流程，如铸造、锻造、CNC（计算机数控）加工等，反映了从原材料到成品的转变过程。

质量控制：制定了产品生产过程中的关键检查点和质量标准，确保制造过程中的每一步都符合设计要求。

⑥ 功能性能描述。

操作原理：解释了产品如何运作，包括其主要功能和预期实现的任务或效果。

性能参数：提供了产品在各种操作条件下的性能指标，如速度、精度、响应时间等。

耐久性和可靠性：通过仿真测试得出的产品耐久性和可靠性指标，如疲劳寿命和平均无故障工作时间（MTBF）。

⑦ 系统集成接口。

接口设计：描述了产品如何与其他系统或部件连接，包括所有必要的接口尺寸和规格。

数据交换协议：明确了产品与其他系统交互的数据格式和通信协议，确保了良好的兼容性和协同工作能力。

⑧ 验证测试。

仿真模型：用于模拟产品功能的计算模型，可以基于物理原理构建，也可以是抽象的数学模型。

测试案例：为了确认数字样机的功能符合设计要求进行的仿真测试案例和验证过程描述。

⑨ 维护操作手册。

预防性维护指南：为保持产品性能和延长使用寿命所需的维护信息。

故障排除指南：常见问题的诊断和解决方法，帮助用户快速应对问题。

研发样机不仅提供了一个全面细致的产品设计视图，还支持跨学科团队之间的协作，确保产品设计在多个维度上达到预定目标。这有助于缩短产品开发周期，降低成本，并提高产品质量。

（3）制造样机。

制造样机是装备在制造过程中形成的样机，旨在精确地模拟和展示装备整机或子系统的制造过程。制造样机通常包含以下信息。

① 制造工艺。

工艺流程：详细描述从原材料到成品的转换过程，包括加工、装配、检测等环节。

质量控制：制定生产过程中的关键检查点和质量标准，确保制造过程中的每一步都符合设计要求。

② 材料属性。

材料类型：列出了构成产品的每种材料及其关键属性，如密度、强度、硬度等，以便进行准确的仿真分析。

表面处理：包括抛光、阳极氧化、镀层等处理方式，旨在提高产品的耐腐蚀性或提升美观度。

③ 装配信息。

装配顺序：描述了各组件间的装配顺序和方法，以确保在数字环境中模拟的装配过程能够反映实际生产能力。

装配公差：为了确保制造出的产品能满足设计规范和功能要求，定义了各个部件的装配公差，控制生产时装配的精度。

④ 设备工具需求。

设备规格：列出了实施生产所需的所有设备及其规格，确保生产效率和质量。

工具耗材：详细记录了生产中需使用的各种工具和耗材，包括切削工具、测量工具等。

⑤ 生产成本估算。

材料成本：基于设计方案，对产品制造成本的初步估算，包括材料、人工和间接费用等。

人工成本：根据生产流程和时间估算所需的人工成本。

⑥ 生产计划调度。

作业指导书：提供如何对数字样机进行验证和测试的操作指南，以及维护和校准建议。

生产时间表：概述从方案到实现产品的详细步骤、时间表。

⑦ 维护操作手册。

预防性维护指南：具有保证产品性能和延长使用寿命所需的维护信息。

故障排除指南：具有常见问题的诊断和解决方法，帮助用户快速应对问题。

⑧ 合规性证明。

认证标准：确保产品功能遵循相关法规、行业标准和最佳实践的说明。

环保要求：满足环保相关法规的要求，如有害物质限制使用等。

制造样机不仅提供了一个全面细致的产品制造视图，还支持跨学科团队之间的协作，确保产品设计在多个维度上达到预定目标。这有助于缩短产品开发周期，降低成本，并提高产品质量。

（4）运维样机。

运维样机是一种专门用于产品运维阶段的数字模型，其目的在于通过模拟和分析装备在实际操作中的运行状态和维护需求，优化产品的运行效率和维修策略。以下是运维样机包含的信息。

① 运行性能数据。

实时监控指标：包括设备运行时的温度、压力、速度等关键性能指标的实时数据。

性能曲线：记录并展示设备在不同操作条件下的性能变化趋势，以便进行性能分析和预测。

② 维护策略指南。

预防性维护计划：根据设备的使用情况和历史维护记录，制定定期检查和维护计划。

故障诊断方法：提供一系列基于症状和性能数据的故障检测和诊断流程，帮助维护人员快速定位问题。

③ 备件管理信息。

备件清单：列出所有可能需要的备用零件及其规格、供应商信息，确保维护工作的顺利进行。

库存管理策略：基于历史维护数据和零件消耗率制定库存管理和采购策略。

④ 使用与操作手册。

操作指南：详细说明设备的操作步骤和注意事项，确保用户能够正确使用设备。

应急处理程序：指导用户在遇到设备故障或其他紧急情况时如何快速有效地采取行动。

⑤ 培训与支持文档。

培训材料：提供给用户的设备操作和维护的培训视频、文档等资料，帮助用户更好地理解和掌握相关知识。

技术支持渠道：提供给用户在遇到问题时可以获取帮助的联系方式和技术论坛链接。

⑥ 反馈与改进机制。

用户反馈收集：设立反馈通道，鼓励用户提供使用产品过程中的意见和建议，将其作为产品改进的重要参考。

持续改进计划：根据用户反馈和市场变化，定期评估并更新运维样机的内容，以不断提升服务质量。

运维样机为装备的运行和维护提供了一个全面的数字支持平台，不仅有助于提高设备的运行效率和可靠性，而且能够显著降低维护成本，提升用户满意度。通过这种方式，运维样机成为连接设计、制造与服务全过程的重要桥梁。

2. 数字样机按用途分类

按用途分类，数字样机可以分为功能样机和性能样机。

（1）功能样机。

功能样机包含的信息主要涉及产品在功能层面和操作层面的描述和验证。以下是一些相关信息。

功能描述：包括产品或子系统的操作原理、主要功能以及预期实现的任务或效果。

性能参数：用于描述产品在各种操作条件下的性能，如速度、精度、响应时间、功耗等。

界面定义：产品与用户或其他系统交互的界面描述，如按钮、显示屏、输入输出接口等。

逻辑流程：产品内部的操作逻辑和流程，包括所有软件算法、决策树或状态转换图。

仿真模型：用于模拟产品功能的计算模型，可以基于物理原理构建，也可以是抽象的数学模型。

行为特性：产品在特定输入下的预期响应和行为，包括在异常情况下的处理能力和故障模式。

系统集成：描述如何将功能样机整合到更大的系统中，以及与其他子系统的交互和数据交换协议。

验证和测试：为了确认数字样机的功能符合设计要求，进行的仿真测试案例和验证过程描述。

维护和升级策略：产品的维护指南以及未来可能的升级路径或功能扩展计划。

用户体验：针对最终用户的体验设计产品需要考量的方面，如易用性、人机工程学评估和用户反馈。

合规性和标准：确保产品功能遵循相关法规、行业标准和最佳实践的说明。

功能样机提供了一个全面的框架，用于在产品开发过程中详细规划和验证产品的功能需求和性能。它不仅有助于设计师和工程师理解产品的操作特性，还支持跨学科团队之间的协作，确保产品设计在功能性上达到预定目标。

（2）性能样机。

性能样机旨在全面模拟和评估产品整机或子系统的性能。它通常包含以下信息。

动态响应：描述产品在各种操作条件下的响应速度、稳定性和准确性。

耐久性指标：包括疲劳寿命、磨损率等，用于预测产品在长期使用中的性能保持情况。

环境适应性：分析产品在不同环境条件（如温度、湿度、振动）下的操作能力。

可靠性数据：通过仿真测试得出的产品可靠性指标，如平均无故障工作时间等。

热管理特性：描述产品的散热能力对热稳定性的影响。

人机交互效能：产品对用户指令的响应速度和精确度，以及用户界面的直观性。

能耗效率：分析产品在执行任务时的能源消耗率和整体能效。

性能优化：基于仿真结果对产品设计提出优化建议，以达到更高的性能标准。

测试和维护指南：提供如何对性能样机进行验证和测试的操作指南，以及维护和校准建议。

性能评估报告：详细记录性能测试的过程、结果和评估，为设计改进提供依据。

用户体验反馈：收集并分析最终用户在实际使用中对产品性能的感受和评价。

性能样机的主要目的是在产品开发阶段通过计算机辅助仿真来预测和优化产品的性能。这不仅有助于缩短产品开发周期，而且能够显著降低研发成本和提高产品质量。

3. 数字样机按构型分类

按构型分类，数字样机可以分为逻辑样机和拓扑样机。与这两个样机相关的内容将分别在第十三章（系统设计与仿真）和第十四章（物理设计与仿真）具体展开，此处只做简单介绍。

（1）逻辑样机。

逻辑样机是用来表达装备的工作原理和运行逻辑的样机，不要求表达装备的几何形体和拓扑结构。逻辑样机分为两种：系统设计样机和系统仿真样机。

系统设计样机通常是基于类似 SysML 语言的系统进行建模的。这种模型不仅为系统的设计人员提供了一个组织复杂信息的框架，而且使得非专业人士能够更好地理解系统的特性和行为。

系统仿真样机关注整个系统的运作，包括各个子系统的相互作用及其对整体性能的影响。因此，其构建必须涵盖从高层次的系统行为到底层的组件特性的全面信息。系统级仿真中数字样机应包含的内容和参数有系统架构和模型、子系统和组件模型、接口和交互、性能和效能指标，以及环境和场景模拟、故障和异常处理、优化和改进、验证等功能。

（2）拓扑样机。

拓扑样机用来表达装备的几何形体、尺寸参数、材质材料和拓扑结构等信息。拓扑样机同样分为两种：物理设计样机和物理仿真样机。

物理设计样机旨在精确地模拟和展示装备整机的设计、性能和行为，包含的信息十分广泛，从设计和制造到维护和操作，各个方面都有涉及。它通常包含以下信息：几何和尺寸信息、材料和材料属性、制造和加工信息、表面处理和涂层信息、功能与性能要求、接口和装配信息、质量与合规性说明、维护和操作手册。

物理仿真样机的模型建立是至关重要的基础环节，它直接关系仿真分析的准确性和效率。仿真模型包含的内容和参数主要有几何建模、材料属性定义、网格划分、边界条件与加载设置、求解器设置与计算、后处理与结果分析等。

第十三章

系统设计与仿真

系统设计与仿真在理念和方法上均与我们所熟悉的物理设计与仿真有较大的差异。物理设计与仿真是基于"所见即所得"的物理世界而展开的表达与计算活动。三维是物理世界的基本特征，所以物理设计与仿真的基本方法是三维方法。有时为了方便，在满足一定条件时，可以退化为用二维或一维来表达和计算物理世界。系统设计与仿真是基于逻辑和原理的，所以是零维的，由此带来的表达和计算方法更接近于抽象的数学和逻辑学。

系统设计与仿真是在产品研发的早期，对产品的框架进行确定时最重要的技术，是正向设计的起点。由于长期沿袭逆向工程模式，中国工业体系中产品开发的主体工作是物理设计，企业对此类设计方法较熟悉，而系统设计却是正向设计的基础，因此在这方面，中国企业较为陌生。本章介绍系统设计与仿真的过程、特点和基于模型的系统工程（MBSE）。

一、系统设计过程与方法

作为正向设计的起点，系统设计主要包括 3 个重要活动：需求定义、功能分解和系统综合，如图 13-1 所示。MBSE 是现代系统工程的最新进展，特别有助于系统设计过程高效率和高质量地完成。在业界，MBSE 有广义和狭义之分。广义上讲，MBSE 应该贯穿于系统工程的全过程，涵盖整个系统和产品的研制、交付的全生命周期。从狭义上讲，MBSE 只涵盖系统设计的 3 个过程，以使这 3 个过程由基于文档的传统设计方法转变为基于模型的现代设计方法。广义 MBSE 的内涵和外延过大，让 MBSE 变成了一个理念而非技术和方法，所以本书取用狭义 MBSE 来定义，可以将其理解为基于模型的设计。

1. 系统设计综述

完整系统设计过程除了需求定义、功能分解和系统综合 3 项主要技术活动，还应包括系统分析与控制活动，如图 13-2 所示。与这 3 项技术活动不同的是，系统分析与控制活动是管理活动。由于系统设计在产品设计体系中是较为独立的过程，因此，在系统设计体系中往往会把管理活动与技术活动整合起来研究。

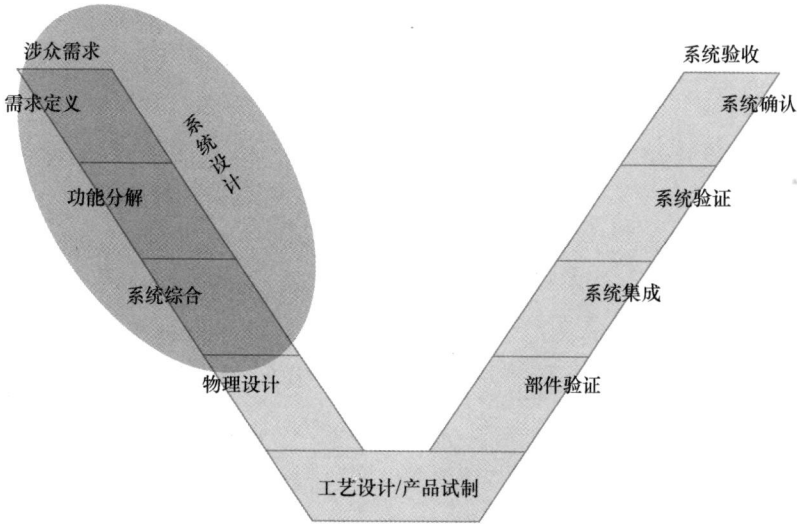

图 13-1　系统设计在 V 模型中的位置

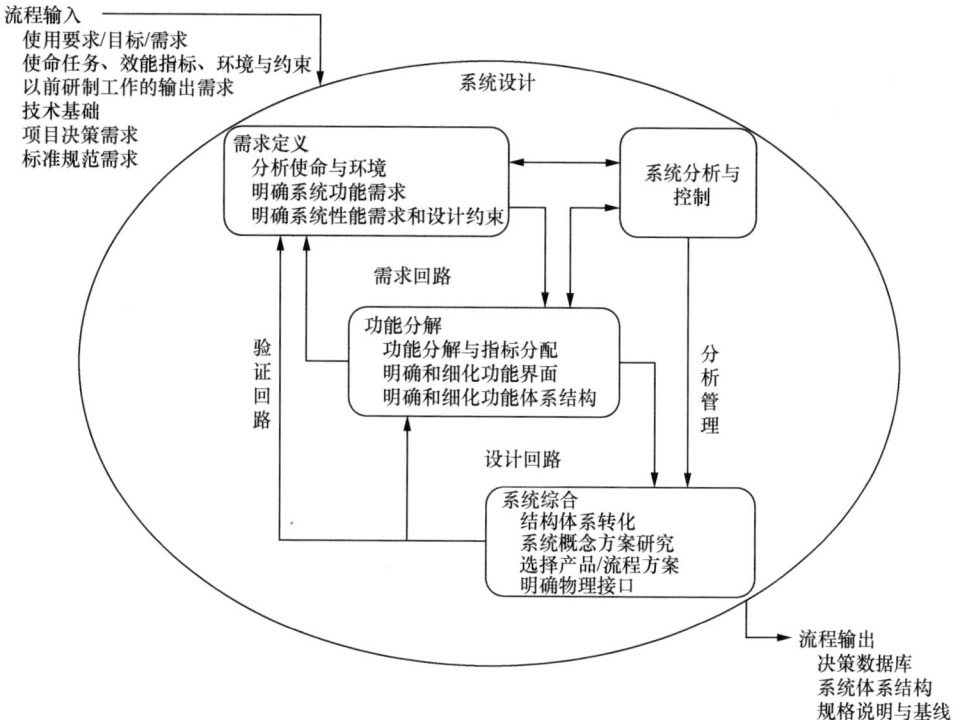

图 13-2　系统设计总流程

在这 4 项活动持续相互作用，随着系统设计过程的推进，其输出也在不断演化。系统设计最重要的 3 个交付物：需求（指标）体系结构、功能体系结构和物理体系结构，它们在迭代与递归过程中同时获得，而非按照系统设计的 3 个子过程顺序获得。

2. 系统设计输入与输出

系统设计过程的输入是包含对能力、效能、环境和约束等要素描述的使用要求和系统目标。能力可以用系统属性和相关的性能指标具体描述。效能是对系统期望结果的量化度量，通常可描述为系统完成规定使命任务的概率。环境包括自然环境与使用环境，以及由系统工程师负责描述的系统内部环境。系统使用单位可以对系统使用要求和目标提出特殊的约束，例如所开发的系统必须能够与在役或者其他在研的系统互操作，必须满足使用人的技术水平约束、费用要求和进度约束等。

与系统相关的工业基础及已经积累的开发工作经验是系统设计过程中的一个自然的输入。所有系统工程师都需要充分利用和继承已有的技术基础和基准型号的经验。当然，通过分析满足现有技术能力需求的程度，系统工程师可以进一步突破需要的关键技术并进行预先研究。

系统设计过程的输出是决策数据库以及经过权衡的系统方案。系统方案是满足最终需求和评估准则的最满意方案。决策数据库包括：① 设计方案；② 达成该设计方案的所有决策；③ 技术规格描述；④ 验证需求；⑤ 设计属性到需求、约束、标准规范的追溯关系。

3. 系统设计的 3 个回路

为了达到满意的方案，3 个重要活动之间需要多次迭代，通过 3 个回路完成迭代过程。

需求回路：需求回路实现系统设计过程中需求定义活动与功能分解活动的交互作用。在需求定义活动中，使命任务分析与环境分析的结果，以及提出的系统功能需求，可以作为功能分解的输入，以实现功能需求到下层功能的分配。而当功能分解与分配完成后，其结果又反馈到需求定义活动中，验证是否满足提出的需求。如有必要，可在满足使命任务要求的条件下对系统的功能需求进行调整。

　　设计回路：设计回路与需求回路并行工作。设计回路的目的是，在建立功能体系结构、明确功能接口的基础上，提出物理结构与布局方案。当系统的概念方案转化为硬件和软件设计方案后，需要分析这些方案是否满足分配的功能和性能需求。在分析的基础上，进一步调整系统功能体系结构或者功能分配结构。设计回路的某些结果有可能反映到需求定义过程中，必要时可重新启动评估。

　　验证回路：在最终的反馈回路中，对设计方案是否满足需求进行验证。这些工作可以通过分析、仿真、演示验证或者这几种分析方法相结合的形式完成。

4. 系统设计的三大活动

　　系统设计的三大活动是需求定义、功能分解、系统综合，介绍如下。

　　需求定义：需求定义是系统设计过程的第一个活动，它与功能分解活动连接在一起，构成了系统设计过程的需求回路。需求定义活动发挥着系统设计过程内部与外部输入的接口作用。它对外部输入进行检查和评估，并将其转化为一系列的功能和性能需求，作为功能分解的基础。需求定义是由系统分析师与系统使用人员协作完成的。

　　需求定义活动包括使命任务与环境分析、明确功能需求、明确性能需求与设计要求 3 个环节，如图 13-3 所示。其中，使命任务与环境分析环节对系统使用要求进行确认，并将使用要求转化为建立系统功能、性能需求和设计约束所需的系统工程表达形式。该环节的输出结果可以启动其他两个环节。随着这些环节的开展，需要根据演化和深化情况对原始的假设和结论进行检查。通常，这将导致对系统的原始构想进行调整。甚至当发现提出的需求难以实现或者实现代价过高时，还需要对使用要求本身进行修正。需求定义活动的输出是系统顶层的功能描述和相应的性能和设计需求，根据对那些显著影响系统的整体性能、经费、进度和风险的关键组成部分不断地进行重点评估，确定需求的合理性。在整个系统设计过程的后续阶段，将系统不断被细化的特性与此活动提出的需求进行比照，验证这些需求是否得到了满足。

　　功能分解：功能分解活动在高层的系统需求 / 约束描述（来自需求定义活动）与要进行系统研制或采购所需的详细技术规划说明（来自系统综合活动）之间建立起一座桥梁。功能分解同时是需求回路和设计回路的有机组成部分。在该活动展开的过程中，将对功能进行不断分解和细化，直到功能体系结构的描述达到足够的深度，可以从系统、设计人员和工作流程等角度进行方案综合，并能够对相关的分析进行辨识和管理。这是一个不断迭代的过程，该活动同时与需求回路和设计回路中的其他活动相互作用，如图 13-4 所示。

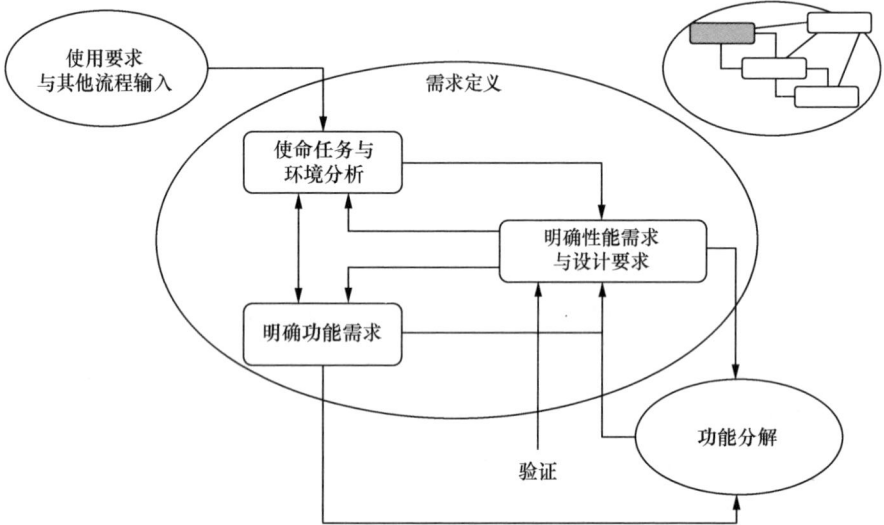

图 13-3　需求定义流程

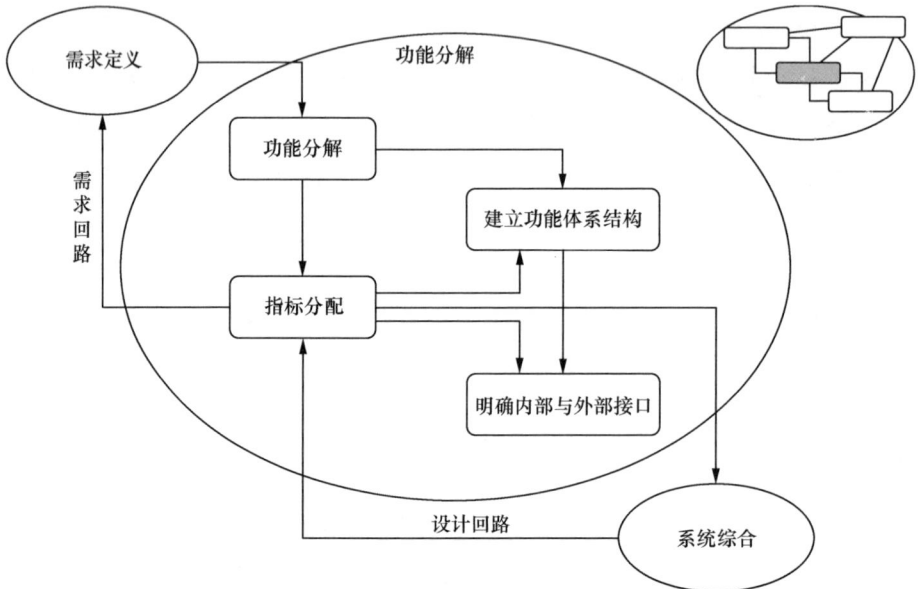

图 13-4　功能分解流程

首先明确为实现总体功能需要满足的下层功能；然后，对系统需求进行分配，建立功能体系结构。这些活动相互作用，并且随着系统的不断细化相互验证。如果发现异常，则要对派生出来的需求进行重新评估。要做出的决策可能并非一目了然，需要在该活动的早期阶段探索不同的功能分解与分配方案，直到发现最优方案。随着功能体系结构逐渐固化，相应的内部和外部功能接口也应逐步确定。功能体系结构以及相应的功能需求作为需求输入将发送到系统综合活动。要构成设计回路，还要将系统综合输出与更加详细的系统描述与功能需求进行比照，以得到能够满足需求的最优方案。

系统综合：通过系统综合活动将功能体系结构和相关的指标要求转化为物理体系结构和硬件、软件和人员构成的总体方案，如图 13-5 所示。该活动是设计回路的输出端。总体方案形成后，应对其性能指标是否满足使用要求进行验证。该活动的输出是经过分析验证后满足需求的总体方案描述，以及形成这种描述的过程与依据。

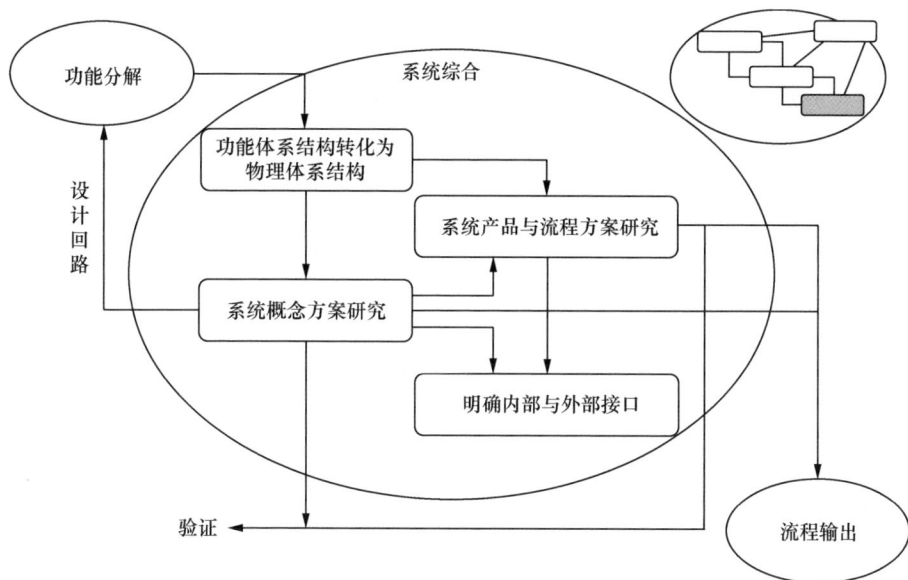

图 13-5　系统综合流程

系统综合的第一步工作是将功能体系结构转化为物理体系结构。通过这种顶层结构描述系统的概念方案以及实现这种概念方案对应的产品与流程，并在展开这些工作的过程中逐渐形成系统的内部和外部接口。当完成系统的概念方案研究后再将其反馈到设计回路上，确保提出的概念方案可以满足功能需求。系统概念方案以及相应的产品与流程方案成熟后，应验证它们是否满足使用要求与系统总体需求，然后从系统设计过程中正式输出。

5. 系统分析与控制

系统分析与控制在系统设计过程中发挥规划、管理、评定等功能。

① 明确需要展开的工作，并对这些工作的进度和经费需求进行预测。

② 协调系统设计过程的其他活动，确保其他所有活动都根据统一的系统视图或者协议进行工作。

③ 对系统设计过程中其他活动的输出进行评估，对所有可能的备选方案开展独立的论证研究，明确最适合应用问题的解决方案。

④ 找出系统设计过程中其他活动之间的依赖关系，并指导有序开展所需活动。

⑤ 该活动将分析和论证的结果正式记录在文件中，维护、管理和控制不断演化的系统技术状态，对工作进展情况进行测度和预报。

系统分析与控制在系统设计过程中的作用可以概括为以下三个方面。

① 纽带作用——将其他活动有机集成在一起。

② 舵轮作用——为其他活动规定方向。

③ 地图作用——展示流程的当前进展情况与过去执行情况。

系统分析与控制是独立于需求定义、功能分解、系统综合的一项活动。该活动跨越型号项目的整个生命周期。该活动从系统需求的初步分析开始，明确所有需要开展的工作，对这些工作涉及的环节之间的相互关系进行管理，对工作进展情况进行检查和测度，对工作过程与结果进行记录。

系统分析与控制和系统设计过程的其他活动相互作用，如图13-6所示。可以该活动进行的初步论证与分析为基础，提出系统工程管理计划与综合计划文件中的系统工程部分，对系统工程工作进行规定。系统工程管理计划是一份面向过程的文件，描述了需要做什么；而综合计划则面向事件，规定了每个事件需要完成的工作及工作准则。应根据系统管理计划与综合计划文件，形成综合调度文件，将综合计划中的事件、系统工程管理计划中的流程与日历关联起来。一旦系统工程管理计划、综合计划与综合调度文件形成后，控制与管理环节将依据该文件指导工作的开展。

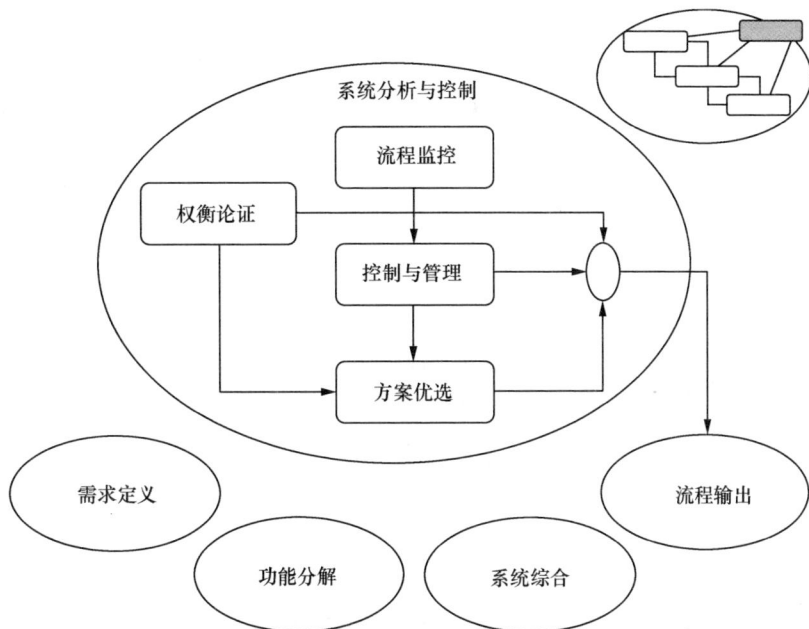

图 13-6 系统分析与控制流程

随着流程的展开，需要开展权衡论证和系统费效分析环节以支持其他环节的评估与选择，需要开展风险辨识与缩减论证以辅助风险管理。权衡分析论证环节还要明确在流程监控中用到的关键参数，提供论证结果，取舍方案，给出得到这些结论的理由和依据。应将选出的方案以及做出这种选择的相关准则和方法同时记录下来。

控制与管理环节除了指导其他环节的开展还要开展技术状态管理、接口管理和数据管理。该环节还应指定在过程检测中需要跟踪的性能指标，实施技术评审，报告工作进展情况。

系统分析与控制活动的输出信息是系统设计过程数据库和流程输出的重要组成部分。

正如在第二章中的讨论，系统设计过程是精益研发三维框架中的逻辑维，在系统开发进程（或时间维）中的每个阶段都存在。只是随着系统开发进程的延伸（或成熟度的提高），子系统层级越来越多，底层系统的细节越来越多。层级（或深度）每增加一层，系统设计过程就要进行一次。

6. 系统要素之间关系

系统工程技术开发流程本质上是在追踪与确定产品或系统的需求、功能、结构和行为等系统各要素之间的映射关系。图 13-7 表明了产品的需求、功能、结构和行为之间的关系。

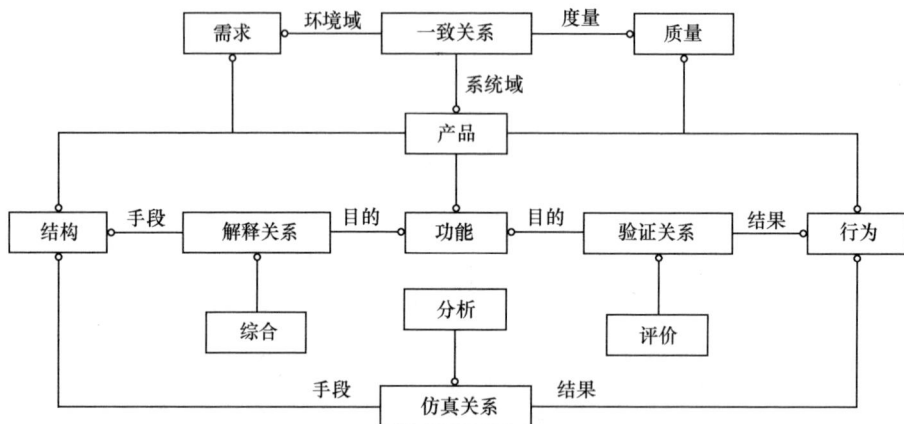

图 13-7　产品的需求、功能、结构和行为之间的关系

结构是功能的载体，行为是结构的效应，功能是行为的抽象，这是功能—结构—行为之间的客观关系。在产品设计中，三者间还存在如图 13-7 所示的主观关系，即产品的结构是对其功能的解释，从功能到结构的映射是综合过程。概念设计的创造性不仅体现在可通过功能分解得到的子功能或功能元找到对应的执行结构单元，更重要的是，将所有结构单元进行合并重组可实现不同层次的功能共享，最后综合得出概念产品。产品的行为是对其结构的仿真，从结构到行为的映射是分析过程。一种结构有多种性质，因此可以有多种行为，仿真的目的就是发现结构的各种行为。产品的功能是对其行为的验证，从行为到功能的映射是评价过程。通过验证，明确功能行为和故障行为，以及故障行为对产品功能的影响。产品的功能、结构和行为应满足环境的需求，两者间是一种一致关系。对这种一致关系度量的结果，就是产品的质量。

7. 指标体系开发

指标体系的获取是系统设计流程最重要的成果之一。在经典系统工程理论中，指标体系分为 3 类：效能指标（MOE）、性能指标（MOP）和技术性能指标（TPM）。为方便讨论，本书增加一类中间指标：功能指标（MOF）。由于这 3 个指标体系通常是以"树"的方式存在，所以我们也常称之为"三棵树"。

效能指标（MOE）：指对运行使用是否成功的度量，其与特定环境中达到使命任务或运行使用目标密切相关。效能指标旨在专注使命任务或运行使用目标达到的程度，而不是如何达成，即效能指标应该独立于任何特定的解决方案。同样，效能指标是在权衡研究和决策分析中对每个提议的解决方案"理想度"的评估标准。度量或计算效能指标不仅能定量比较备选解决方案，而且可以观察其对与运行环境相关的关键假设及任何性能指标的敏感度。

功能指标（MOF）：对逻辑分解之后的功能体系的度量。该指标是中间指标，是效能指标和性能指标的桥梁。功能指标既是对效能指标的分解，又是对性能指标的指引。对于接近顶层的功能指标，可以视其为效能指标。对于接近低层的功能指标，可以视其为性能指标。中间部分则完成两者的过渡。

性能指标（MOP）：与系统相关的物理或功能属性特征的度量，如发动机比冲、最大推力、质量和效能载荷。这些属性通常在特定试验条件或运行环境下度量。性能指标是达成使命任务或成功运行使用的重要但不直接关联的属性。通常多个性能指标形成效能指标。性能指标反映了系统性能需求，当满足设计方案时，可得到系统效能指标的阈值。

效能指标和性能指标之间的区别在于，效能指标涉及解决方案的效能，从用户 / 客户、利益相关者表述的使命任务或者运行使用的准则出发；效能指标反映利益相关者的期望，是判断系统成功的关键。性能指标是供应商特定设计方案实际性能的度量，该方案可能仅与客户 / 利益相关者关心的内容间接相关。

技术性能指标（TPM）：实现使命任务成功的关键参数或性能参数，通过比较当前实际达到的参数值与此刻预期值和未来计划值，实现对产品实施执行过程的监控。技术性能指标用于确认进展情况，识别可能危及系统需求能否满足或者带来项目成本及进度风险的不足。当技术性能指标值落入预期值的期望区间外时，表明需要对系统进行评价和纠正行动。技术性能指标通常是从效能指标和性能指标的集合中选择。

图 13-8 反映了系统指标体系的开发流程。需要指出的是，效能指标、功能指

标和性能指标构成的完整系统指标体系是在系统设计的三个回路中同层迭代和跨层递归而形成的。也就是说，无论是设计方案、功能体系的开发还是系统指标体系的开发，都应经过大量、反复、逐层运行流程来达到目标。最终的指标体系结构、功能体系结构和物理体系结构是同时开发的，而非按照系统设计的3个子过程顺序开发。所以，指标"3棵树"对应的3个体系结构其实是同时出生的"三胞胎"，它们不是父子关系。因此，把系统设计过程称为需求工程或指标开发过程亦无不可。在有些系统工程学派中，也的确就是这样做的。其实，这种方法在软件行业已经在采用了，称为"敏捷开发"。

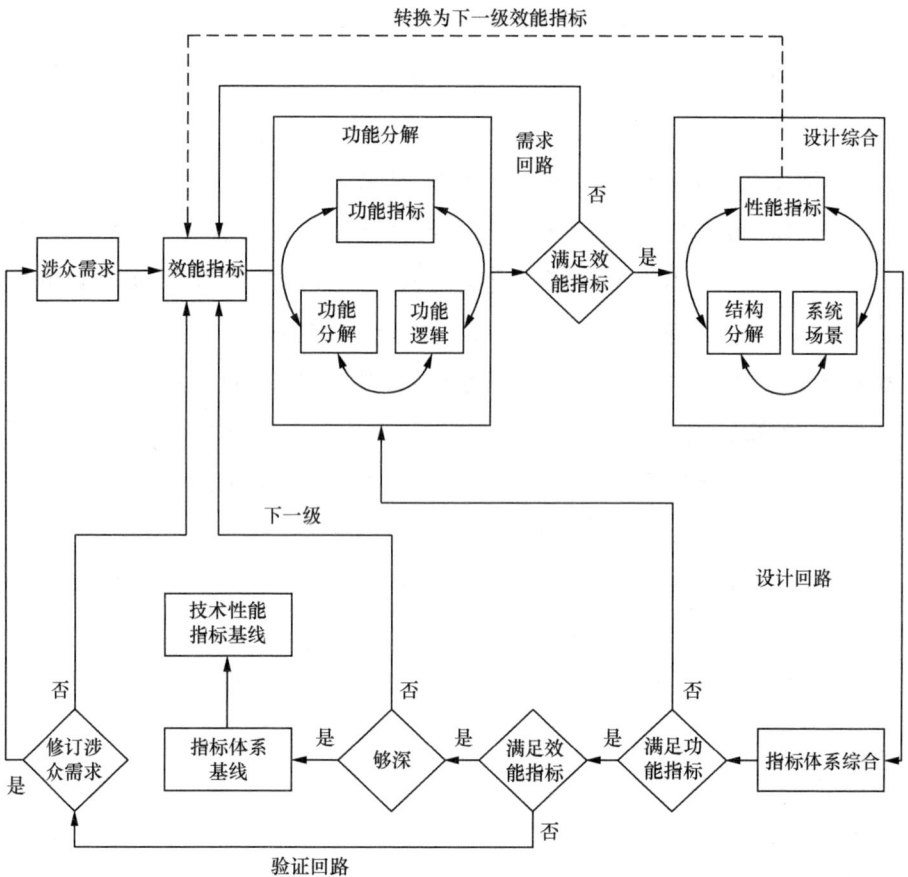

图13-8　系统指标体系开发流程

第二章第七节中关于企业变革的过程，其实就是以上过程的反映。此处的需求指标反映变革目标，功能逻辑表达业务模型，物理结构体现现实资源。企业最终的变革目标、业务模型和现实资源是迭代递归后同时输出的结果。

二、基于模型的系统工程

基于模型的系统工程（MBSE）是现代系统工程的最新发展。曾经的产品设计师利用图板做产品设计。CAD 软件的出现，让工程师们甩掉了图板和图纸，其间的效益大家都理解。系统工程师们当前的境遇与以前的产品工程师相似，大都利用文档做系统论证与设计。MBSE 的出现类似于 CAD 的出现，使系统工程师改用软件进行系统设计与论证。这种设计模式带来的效益将不亚于 CAD 带给产品设计师的效益，基于 MBSE 的复杂系统设计示例如图 13-9 所示。

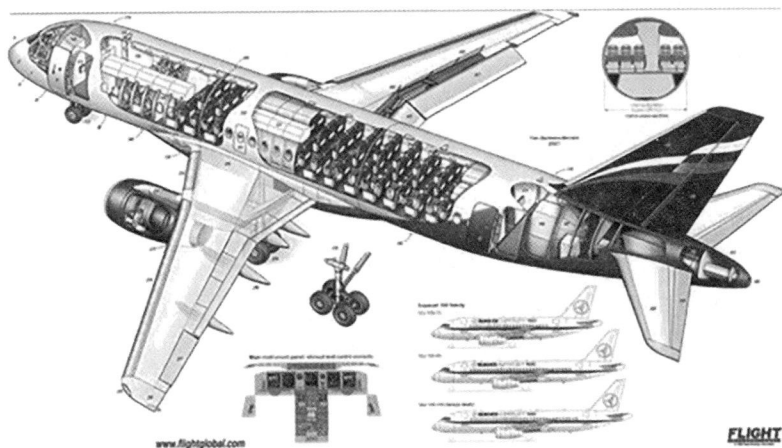

图 13-9　基于 MBSE 的复杂系统设计示例

1. 问题的提出

现代工程系统伴随着技术精细化与管理思想的发展，复杂性迅速增长。其软件密集的特性越来越突出，单位成本急剧增加，研发组织中几乎没有人或单个团队能够理解整个系统。而且，与其相关的运转和支撑环境也越来越复杂。这些特点都给复杂产品和系统设计带来了新问题，具体表现如下。

（1）高端复杂产品的研发面临严峻的挑战。

高端制造业复杂产品及其运转系统已从分立式演变为高度综合式，其复杂性带来开发周期和成本的增加。复杂产品系统的研发需要考虑众多因素，如产品系统本身、产品系统交付客户后的使用运行环境等。以空客 A380 飞机为例，由于体量的变化，相关的运转支撑环境需要发生相应变化。运送餐食的车辆、产品检修、运送行李等地面设备都需要做相应调整，同时廊桥也需要根据空客 A380 而重新设计。同样，就战斗机的作战活动来说，也不再是只考虑战斗机机种的事情，可能需要预警机进行预警和空中指挥，由于航程因素需要空中加油机提前到指定空域与战斗机会合。对于电子战飞机其应事先进行电子压制，然后才执行战斗任务，在最危险的前线还需要无人机执行任务。

（2）系统设计中的庞大信息与数据难以管理。

现代工程系统在整体复杂度上有了明显增加，在系统设计过程中产生的庞大信息与数据开始变得难以管理和维护。传统工程系统采用文档作为基线的方法来组织系统工程活动，现代系统工程会生成各个方面和层面的大量文档，由此引发许多困难。

① 众多信息分散于各个文档，难以保证完整性与一致性。

② 传统工程系统的说明文档对于复杂的、动态交互性强的活动难以描述，表达力不足，有时会产生歧义，导致工程人员交流时的误解。

③ 难以维护与跟进工程细节，某处文档内容被更改后，与该文档相关的文档都需要相应更改。工作量大，维护困难。

（3）系统设计开始前未能全面了解需求。

在过去的工业品设计过程中，在需求和系统方面花费的时间往往很少，而把大部分时间花费在做各种仿真和试验上。没有分析清楚需求，工程师就开始进入设计过程。在一个实际工作中最典型的问题是，某产品可能一共存在 15 种场景，结果工程师只对其中 8 种场景进行过分析，设计到最后发现还有很多场景没有考虑到，只能重新来过。因此，错误的需求和系统设计，往往会造成严重后果，浪费大量的人力物力。

（4）缺乏准确（无歧义）描述目标的手段。

通常，在产品开发的各个阶段，几乎所有人都只是从自己的视角去描绘了一个目标。因此，在各阶段转换的过程中存在信息断层的情况。例如，从需求转化到产品功能定义，往往没有明确统一的交付物，各个阶段、各个学科应用的工具、模型、描述方式均不相同，数据无法互通。而对于描述性文档，阅读者专业背景的不同，往往导致理解偏差。如何通过构建统一明确的模型，减少各个学科和阶段的信息交互偏差，是现代工程系统开发必须解决的关键问题之一。

（5）早期验证发现问题不到位。

在复杂产品的设计中，如果工程师能在早期就对系统进行验证，及时发现错误并予以纠正，则可以降低大量的纠错成本，有效提高产品质量并缩短产品开发周期。但由于早期验证手段的缺少，使得在复杂系统设计过程中发现问题的时间很晚。

2. 问题的解决思路

基于模型的系统设计方法建立系统开发体系是现代系统工程界提出的新路线。利用模型对系统对象、特性及问题进行全面表达，通过需求定义、功能分解、系统综合及系统仿真过程，将顶层系统问题逐层分解成可被硬件、软件解决的各个子问题，将子问题的解决方案逐层集成并整合到系统中以解决顶层系统问题，从而构建出一个基于模型的产品研制环境。

① 采用系统工程方法——从上到下进行定义与分解，再从下到上进行集成与整合验证，以应对复杂系统与体系的设计。

② 引入 MBSE 中的"模型"，实现对象模型化，从而保证从上到下的定义与分解过程保持统一性。

③ 系统的表达由"以文档为中心"转变为"以模型为中心"，基于统一建模语言的一系列系统模型成为全生命周期各阶段产品表达的"集线器"，可以被各学科、各角色研发人员和计算机所识别，为研发组织内的高效协同和沟通奠定基础。

④ 通过需求模型、结构模型和行为模型解决目标共识不统一的问题。

⑤ 为了保证需求定义、功能分解、系统综合与整合验证过程不失真，从系统开发早期开始，就从多个维度和多个层级进行系统全过程的仿真验证。

3. 解决方案

MBSE 的流程如图 13-10 所示。根据建设思路，我们可以采用成熟的需求管理、系统设计和系统仿真等工具作为系统开发体系的数字化支撑平台，同时系统开发体系还应包括系统工程方法论、软件应用模式、最佳实践和模型库。

系统设计工具通过标准建模语言 SysML 构建需求模型、功能模型和架构模型。通过需求管理工具实现需求管理，系统设计工具实现功能到架构的分解和分配，通过模型的执行，实现系统需求和功能逻辑的验证和确认，并采用系统仿真工具实现系统联合仿真。

① 根据使用需求、运行方案等，识别需求和验证策略，给出结构化的需求体系。建立追踪体系，输出需求模型。

② 分析系统静态结构和动态活动，完成需求和功能逻辑的验证和确认，输出系统功能模型。

③ 选择最优架构，基于模型开展功能分解和分配，识别系统内外接口。通过模型的执行，实现系统需求和功能逻辑的验证和确认。

④ 利用系统仿真工具进行系统及体系的统一建模与联合仿真，实现功能（性能）样机的协同。

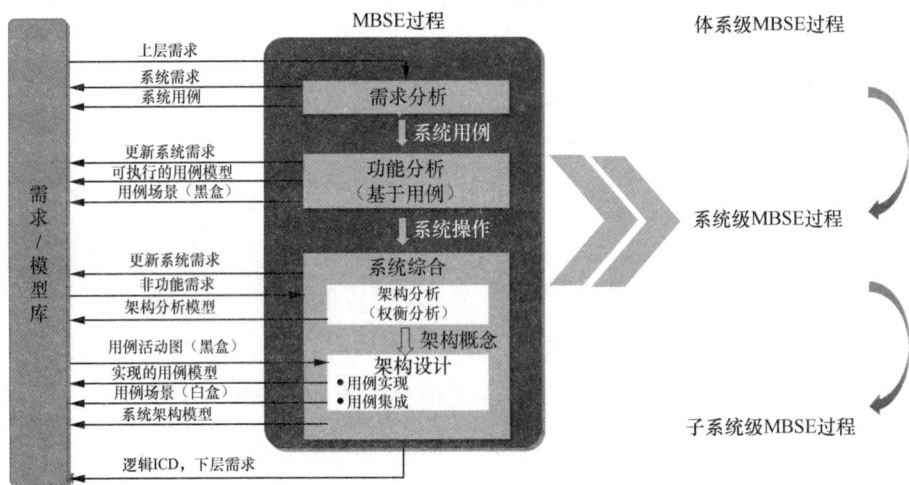

图 13-10 基于模型的系统工程（MBSE）的流程

根据系统开发整体业务框架，基于模型的设计工具和环境具有以下能力。

① 完成需求图、结构图和行为图的系统建模，可与需求管理工具无缝集成。

② 一种可视化编程环境，具有完整的、可定制的代码自动生成能力。

③ 统一的设计和开发环境，可进行系统调试和验证，是可扩展的体系结构。

④ 系统建模与仿真，在设计初期考虑系统功能的影响，对各个功能子系统进行

多方案评估。

4. 系统设计模型

不同的系统建模语言所建立的模型稍有差异，以 SysML 语言为例，其建立的模型包含结构、行为、需求和参数等方面的内容。基于 SysML 语言的系统建模产生的模型主要包括以下几方面内容。

（1）结构方面。

- SysML 的模块定义图和内部模块图是描述系统结构的重要工具。模块定义图主要展示系统的层次关系和分类，它能够清晰地表述系统与组件之间的组成关系，是系统架构的宏观表述。而内部模块图则更侧重于展现单个模块内部的结构和组件之间的接口，它细化了模块定义图的部分内容，提供了观察模块内部运作的微观视角。

- 包图以包的形式组织模型间的层级关系，进一步细化了模型的结构设计，它能够描述系统模型中各个组成部分之间的组织和关联方式，使模型层次分明、清晰易懂。

（2）行为方面。

- 用例图表达系统执行的功能和使用者，是系统功能的黑盒视图。通过用例图，设计人员可以清晰地描述系统应具备的功能以及这些功能的使用者，有利于对系统功能进行高层次的概括和提炼。

- 活动图用于描述控制流程和输入到输出的转化过程，侧重于系统所需的行为分析，通过活动图可以清楚地了解系统内部的操作流程，为后续详细设计提供基础。

- 序列图和状态机图分别精确描述系统内部不同模块间的交互和模块状态的转换，这些都属于行为建模的范畴。序列图聚焦于对象之间消息传递的顺序和交互过程，而状态机图则关注对象状态的变化过程，两者共同丰富了系统行为的描述。

（3）需求方面。

- 需求图用于表述系统的文字化需求以及需求间的关系，支持对需求满足和验证关系的建模。需求图可以清晰地呈现系统的各项需求及它们之间的逻辑关系，为需求管理和跟踪提供了有力的工具。

- 分配关系的表述，如功能到组件的分配、软件到硬件的分配，也在需求模型中得以体现。这些关系表明了需求与系统实际元素之间的映射，有助于确保设计结果满足预定的需求。

（4）参数方面。

- 参数图是 SysML 特有的图，用于说明系统的约束，其与模块定义图及内部模块图互补，也是构成系统模型的重要部分。参数图专注于系统中各种约束条件和性能指标的表示，为系统的性能分析和优化提供依据。

综上所述，基于 SysML 语言的系统建模产生的模型囊括了系统的结构、行为、需求和参数等方面。这种模型不仅为系统的设计人员提供了一个组织复杂信息的框架，而且使得非专业人士能够更好地理解系统的特性和行为。

5. MBSE 的难点

设计工具和环境的存在，让实现 MBSE 需求、建模与仿真等技术和方法本身变得不难。中国企业采用 MBSE 的真正难点集中在以下 3 点。

① 逆向工程向正向设计跃迁的精神障碍。多年的逆向工程实施经历让很多中国企业和工程师在理念和意识上存在障碍，没意愿和勇气走向正向设计。

② 产品原理的认知障碍。采用 MBSE，企业和工程师需要走出舒适区，需要系统、深入地研究产品的每一层的机理，并建立系统模型。过去的逆向工程过程使得企业并不清楚自己产品的每一层机理，现今面临 MBSE，则需要企业对产品机理的完整性有深入的把握，这对企业的挑战很大。

③ 数据和模型积累的缺失。系统模型需要利用有物理参数的符号来代表零部件，这就要求企业拥有自己产品各层子系统和零部件的参数数据，否则建立起来的系统模型没有任何意义。中国企业在该领域经验过少，需要着手建立完整的模型数据库。

6. 价值与效益

MBSE 是先进制造业正向设计的基础。对于复杂产品的研发，离开 MBSE 做正向设计寸步难行。有企业宣称自己是正向设计，是基于需求的设计，其实往往只是在涉众需求上浅尝辄止，跳过了需求分解、架构设计和系统设计及仿真流程，直接依据涉众需求对原有产品进行修改。因此，对于复杂产品的研发，只谈正向设计而不谈 MBSE 的，基本可以判断它是假正向设计。判断其是否为正向设计，只需要在设计图纸中寻找与系统设计相关的图纸，便可了解大概情况。

MBSE 引入特定的建模语言与工具、建模规范与流程，以模型为基线来组织系统工程活动。工程中所有相关人员，如利益方、设计方、实践方、验收方等，都能够着眼于系统模型，需求定义、结构分析、功能分析、性能分析、仿真验证等活动全部围绕着系统模型进行。要不断利用该模型来指导工程，并不断通过工程实践的反馈，来维护、更新模型，以使模型与工程并行前进。

MBSE 的系统开发体系有助于理解、组织、管理复杂产品开发，贯穿于产品全生命周期的各个阶段，从早期需求，到确定产品的功能，再到建立技术架构，完整考虑产品开发相关技术和业务的各方面因素，如性能、成本、采购、制造等。

MBSE 解决的问题涵盖多个领域、多个学科，并提供产品在各层次和各方面的定义。MBSE 能带来以下好处。

① MBSE 的表达能力强大，能够做到信息与知识表达的无歧义性。

② 模型是一个可以传承知识和成果的载体，是实现持续积累的基础。

③ 建立的系统模型具备一致性与完整性。系统模型涵盖工程全生命周期，包括需求、设计、分析、验证与确认过程，所有层级之间可贯穿、可追溯。

④ 提供一个科学严谨的系统描述方式和直观的系统表达，有助于工程师驾驭一个大而复杂的系统和体系，可大幅度提升大型复杂系统的功能和性能。

⑤ 可对系统进行多视角、多剖面的审视，有助于在设计初期对其进行验证确认，降低风险与设计成本。

⑥ 系统仿真使得仿真技术的应用从单学科、零组件级向多学科、系统级乃至体系级进化，真正实现对研发早期阶段和系统工程全过程的支持，实现客户需求在复杂产品系统全生命周期各阶段的分析、定义、追踪和验证。

⑦ 有助于大团队协作。对于需要多人、多团队共同参与的项目，各方基于一个统一模型来对话，可降低工作难度。

三、系统仿真方法与技术

系统仿真过程是对系统设计方案进行确认和优化的过程，在正向设计过程中扮演重要角色，其对象、方法、语言、工具和环境，与物理场分析方法有基因级别的差异，走出了完全不同的发展路线。

1. 系统仿真体系

系统仿真体系可分为以下 3 个层次。

（1）仿真语言。

仿真语言属于面向特殊问题的高级语言，是针对仿真问题在高级语言的基础上研制而成的。它不要求用户掌握复杂烦琐的高级语言，只需按照要求书写代码，而不需要考虑数学模型到仿真模型的转换。这种代码往往更接近系统本身的数学模型，最终，由机器自动完成由仿真语言到通用高级语言或汇编语言的转换。国际流行的此类语言有 M 语言（在 MATLAB 中应用）、Modelica 等。

（2）仿真环境。

一组用于仿真的软件工具的集合构成仿真环境，包括设计—分析—编制系统模型、编写仿真程序、创建仿真模型、运行—控制—观察仿真实验、记录仿真数据、分析仿真结果、校验仿真模型等工具。它涉及许多功能软件，如建模软件、仿真执行软件、结果分析软件等。各功能软件相互联系，为了提高效率，必须将它们集成起来，加上方便的操作界面与环境，这就形成了集成仿真环境。国际主流的建模与集成仿真软件有 MATLAB/Simulink、AMESim 等。

（3）仿真模型库。

仿真模型库是一组具有特定功能的程序的集合，专门面向某一问题或某一领域。它可能是用通用的语言（如 C++，Fortran 等）开发的程序软件包，也可能是依附于某种集成仿真环境的函数库或模块库。利用这些函数库，可以大大降低系统仿真建模的工作量，提高建模效率和模型质量。一款系统仿真软件能否得到广泛应用，一个很重要的因素就是其函数库是否完整。

当前，系统仿真软件的发展十分迅速，其发展方向是建立智能化的建模与仿真环境、支持分布交互仿真的综合仿真环境等，这将为仿真技术的应用提供易用和功能强大的软件支撑。

系统仿真软件可能是面向通用的仿真,也可能是面向某个领域的仿真。它的功能可以概括为以下几点。

① 为仿真提供算法支持。

② 模型描述,用来建立计算机仿真模型。

③ 仿真实验的执行和控制。

④ 仿真数据的显示、记录和分析。

⑤ 对模型、实验数据、文档资料和其他仿真信息进行存储、检索和管理,即用于仿真数据信息管理的数据库系统。

2. 系统仿真模型

系统仿真的目的是根据构成系统的零部件的功能和性能来预测系统整体的功能和性能,从而预测系统运行行为并进行相应的决策。

系统仿真与物理仿真在建模方式上有本质不同。后者根据仿真对象的空间结构及其材料属性来完成建模,其结构属性可以根据这些特征来计算获得;而前者则是利用符号来代表构成系统的零部件,需要对各零部件的功能和性能参数人工赋值代理符号。系统模型将这些符号通过具有特定关系和属性的线条链接起来,以表达它们的机理和逻辑关系。

在实践中,这些零部件的功能和性能指标要么通过试验来给出,要么通过物理仿真来给出。零部件制造企业通常需要把自己的模型提供给供应链的上下游企业。因此,为了保护知识产权,制造企业需要对模型进行加密,保留模型的输入输出端口及必要的参数。模型加密后类似于黑箱,使用者不需要了解模型内部的细节,只需要将模型的参数定义好,将模型的输入输出端口连接好即可。

当然,在理想的正向设计体系中,这些零部件的功能和性能指标是由系统设计和仿真过程来确定的,然后通过物理设计和仿真过程来达到这些指标,相当于系统设计和仿真阶段给物理设计和仿真提出了指标要求。

系统仿真模型应该包含的内容有子系统和模块的定义、系统动力学行为等。在构建一个大型复杂装备的仿真模型时,需要确保模型能够准确地反映装备的操作特性、性能参数以及环境交互等多方面因素。一个大型复杂装备的系统仿真模型应该包含以下内容。

① 子系统和模块的定义。

对于大型复杂装备，其仿真模型应该首先定义构成该装备的各个子系统和模块，并描述它们之间的相互作用和数据流。这些子系统可能包括机械、电子、控制算法和其他关键组件。以汽车为例，整车仿真模型通常包括发动机、变速箱、制动系统、悬挂系统、转向系统、车身结构等主要子系统及其相应的组成模块。每个系统都对应一个或多个子模型，用于精确描述其动态行为和相互作用。

② 系统动力学行为。

系统仿真模型应包含描述装备动态行为的数学或逻辑模型，比如传动装置的动力学模拟、控制系统的反馈循环等模型。这些模型能够模拟在真实操作中系统的动态变化和响应。

③ 主要功能和性能指标。

系统仿真模型包括功能指标和性能指标，每个模型或子模型都需要明确其功能和性能。以汽车为例，功能指标可能包括但不限于如发动机的功率输出、制动系统的减速效果等，应确保模型能够准确反映实际设备的运行状态。性能指标包括但不限于加速时间、燃油经济性、排放水平、操控稳定性、乘坐舒适性等关键性能评估指标，这些都是评价汽车性能优劣的重要参数。

④ 环境与接口模型。

系统仿真模型应考虑装备与其操作环境之间的相互作用，包括与其他系统的接口，如数据交换协议、物理连接等，并模拟环境条件对装备性能的影响。

⑤ 参数和配置选项。

为了使模型可用于各种情况，系统仿真模型应提供详细的参数和配置选项，允许用户根据具体情况调整模型的行为，如调整发动机的功率输出、改变传感器的检测范围等。

⑥ 故障与异常模式。

一个完整的系统仿真模型应包含故障和异常操作模式的模拟，以评估装备在非理想条件下的表现和可靠性，这对于注重安全的应用尤为重要。

⑦ 验证和校验。

通过模型得到的数据应与实际装备测试数据进行验证和校验，确保其在不同工作条件下的准确性和可靠性。

⑧ 用户界面和交互功能。

为方便工程师和研究人员使用，系统仿真模型应提供直观的用户界面，支持输入参数的修改、仿真的启动和停止、结果的实时显示等功能。

⑨ 性能评估工具。

系统仿真模型中应集成性能评估工具，以便于在仿真完成后，能够快速地对装备的性能进行定量的评估和分析。

⑩ 文档和操作手册。

系统仿真模型文档和操作手册包括模型的理论基础、使用指南、维护和修改建议等，必要的培训材料以帮助用户熟悉和使用模型。

⑪ 可扩展性和模块化设计。

系统仿真模型应具有良好的可扩展性和模块化设计，以便未来可以根据需要对其添加新的模块或升级现有模块，而不影响整个系统的性能。

总之，一个大型复杂装备的系统仿真模型是一个高度复杂且精细的工具，它涵盖了从基础物理行为到高级系统控制的多个层面。设计和应用这种模型，需要跨学科的知识和丰富的工程实践经验，以确保其能够为装备的设计、测试和运行提供有效和可靠的支持。

3. 系统仿真的对象

现代工业产品中的系统分为两种，一种是用来控制其他对象的系统，称为控制系统；另一种是被系统控制的系统，称为被控系统。控制系统通常是电子系统和软件系统的集合体，被控系统往往是机械系统和液压系统的集合体。两种系统在系统仿真的方法、语言和环境方面都有较大的差别。

（1）控制系统。

控制系统本质上是一种信号处理系统，其机理可以用一系列微分方程表达。此类方程可通过图形化方式表达（建模），仿真系统可以获得数值解。图 13-13 给出了一个简单的实例，这种图形化建模方法是用一种适合于微分方程建模和分析的语言来支撑的。国际常用的典型语言是 MATLAB 的 M 语言，其支撑的仿真软件是Simulink。

$$\frac{d^2 v_C}{dt^2} + 4\frac{dv_C}{dt} + 3v_C = 3$$

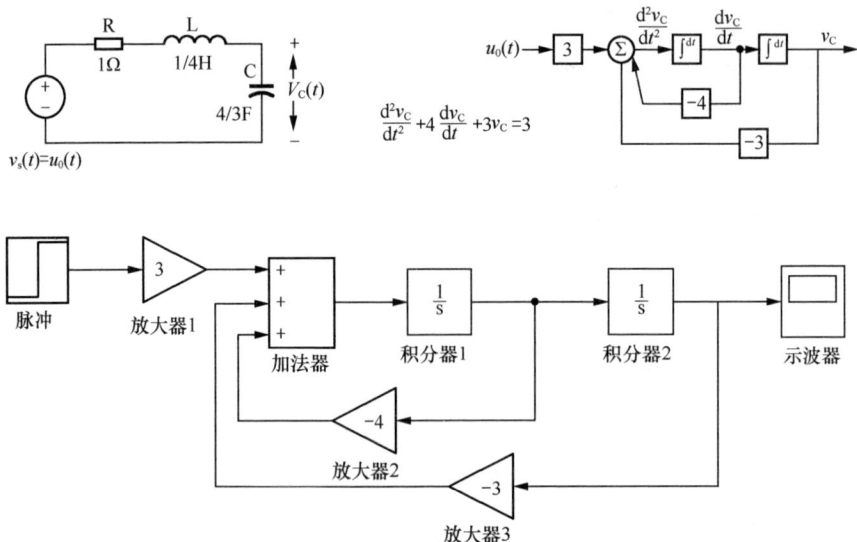

图 13-11　RLC 振荡电路的建模与仿真实例

（2）被控系统。

控制系统是由电路构成的系统，使用上述方法建立系统模型顺理成章。而被控对象往往是机械系统和液压系统的集合体，其用系统模型建立的依据何在？其实，之所以可以用系统模型来模仿机械系统和液压系统，是因为各种系统具有一定的相似性，机械系统和液压系统与电路系统就是如此。虽然很多系统的组成元素有差异，且组成元素的微观结构不尽相同，但通过一定的组织之后，都可以表现出几乎同样的行为。表 13-1 给出了机械系统与电系统的相似性比较，液压系统与电系统也有相似性。系统仿真的基础就是相似性原理，包括几何相似、环境相似、性能相似、感觉相似、逻辑思维方法相似等。

表 13-1　机械系统与电系统的相似性比较

表征	机械系统	电系统
系统实体		

续表

表征	机械系统		电系统	
系统属性	x 距离 $F(t)$ 外力 D 阻尼系数 $\dot{x}$ 速度 M 质量 K 弹簧系数		q 电荷 $E(t)$ 电源 R 电阻 $\dot{q}$ 电流 L 电感 $1/C$ 1/电容	
系统活动	机械振荡		电振荡	
系统描述	$M\ddot{x}+D\dot{x}+Kx=F(t)$		$L\ddot{q}+R\dot{q}+\dfrac{1}{C}q=E(t)$	

被控对象纷繁复杂，对普通的机械和液压工程人员来说，将其模型转化为微分方程具有较大挑战。因此，系统仿真界逐步发展出了一套自动转化方案，这个方案中同样包括仿真语言、仿真环境和仿真模型库。通过直接利用机械和液压的代理符号建立系统模型，系统仿真环境将其自动转换为微分方程，如图 13-12 所示，它展现了一个被控对象——气动系统的模型案例。国际典型的系统仿真语言是 Modelica，典型的仿真系统有 Demola 和 AMESim，这些软件环境中包含了各行各业的仿真模型库。

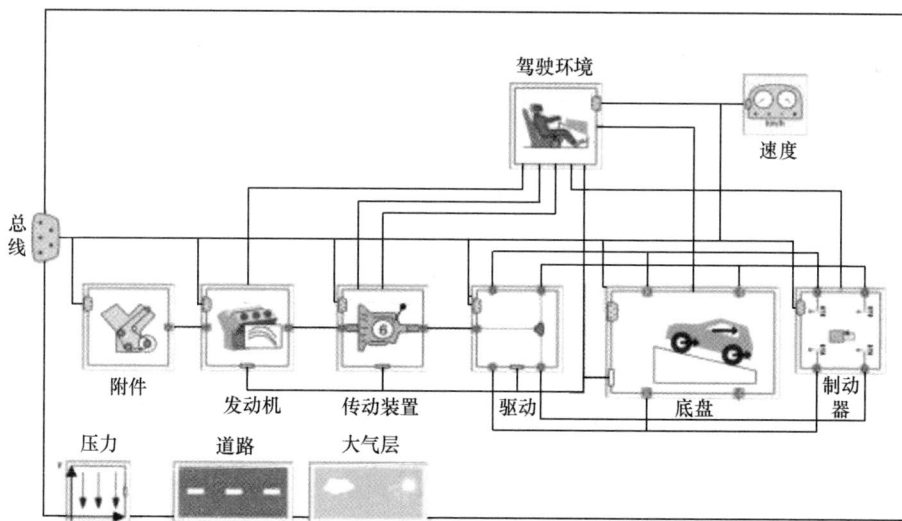

图 13-12 气动系统的系统建模和仿真

4. 系统仿真类型

系统仿真的目的是确认和优化系统的运行机理，因此系统的动态机理和动态行为的仿真才是有意义的。动态行为的仿真方法分为时域分析和频域分析两种类型。

（1）时域分析。

以时间为自变量描述物理量的变化是信号最基本、最直观的表达形式。在时域内对信号进行滤波、放大、统计特征计算、相关性分析等处理，统称为信号的时域分析。时域分析是指系统在一定的输入下，根据输出量的时域表达式，分析系统的稳定性、瞬态和稳态性能。由于时域分析是直接在时间域中对系统进行分析的方法，所以时域分析具有直观和准确的优点。系统输出量的时域表示可由微分方程得到，也可由传递函数得到。在初值为零时，时域分析一般都利用传递函数进行研究，用传递函数间接评价系统的性能指标。通过时域分析方法可以有效提高信噪比，求取信号波形在不同时刻的相似性和关联性，获得反映机械液压设备运行状态的特征参数，为机械液压系统的动态分析和故障诊断提供有效信息。

（2）频域分析。

频域分析方法的基本原则是，控制系统中的信号可以表示为不同频率的正弦信号的合成。在不同频率的正弦函数作用时的系统稳态输出和输入信号之间关系的数学模型描述系统的频率特性，它反映了正弦信号作用下系统响应的性能。应用频率特性研究线性系统的经典方法称为频域分析法。频域分析法是从频率的角度看问题，使用它能看到从时域角度看不到的问题。频域分析法的优点是，它引导人们从观察信号的表面现象深入信号的本质，看到信号的组成部分。通过对信号成分的了解，人们可以更好地使用信号。

5. 实时代码生成

实时代码主要用于控制系统中。如何从原型控制系统向产品型控制器转换，关键在于目标代码的实现。随着技术的发展，目前已有很多工具可以实现从控制器模型中自动生成产品级代码、ASAP2 标定信息文件和说明文档，同时还提供了众多的分析功能，如整型数和浮点数之间的仿真结果比较、整型数的溢出监测等，大大方便了产品级代码的最终实现。不管模型有多复杂，模型更新和最终代码将始终能够保持一致，避免了在代码实施过程中错误的产生。

相比传统的手工编码方式，自动代码生成有着明显的优势，两者的对比如表13-2所示。当然，不论用何种方式（手动或自动）生成的实时系统程序都是C语言的源程序形式，通过C编码器即将其转为可运行的目标程序。

表13-2　手工编码与自动代码生成的比较

类别	手工编码方式	自动代码生成
方法	手工将模型转换为C语言代码，费时	自动将模型生成代码
生成时间	费时的手工编码	数秒内完成代码生成
上市时间	时间长，可达几个月	通过直接生成产品级代码，使上市时间缩短
模型处理	C语言代码级算法转换	基于模型的转换
代码维护	难以维护	易于理解和维护

6. 系统模型库

系统仿真建模方式并不复杂，其难度在于模型参数的确定。如果软件提供一定数量的包含了参数的实用模型库，则会对系统仿真软件的应用大有裨益，这往往也是软件能被广泛推广的基础条件。因此，在系统仿真软件中，仿真模型库通常是一个核心的组成部分，需要包含大量预定义的仿真模型，这些模型可以用于不同的仿真需求和场景。具体来说，模型库中的模型所包含的信息可以从以下几个方面进行详细探讨。

（1）模型描述信息。

- 模型标识：每个模型都有唯一的标识符，方便用户识别和检索。

- 模型分类：按照应用领域、功能或特性对模型进行分类，便于用户根据需要选择适合的模型。

- 版本信息：记录模型的版本历史，包括更新时间、更新内容等，确保用户使用的是最优版本的模型。

（2）模型接口信息。

- 输入输出参数：详细描述模型所需的输入参数以及仿真后产生的输出结果，

这对于用户正确配置和使用模型至关重要。

- 数据类型：指明了各参数的数据类型，如整数、浮点数、字符串等，确保数据的准确传递和处理。

（3）模型内部信息。

- 数学方程：对于基于数学公式建立的模型，提供表示其内部逻辑关系的数学方程。

- 状态变量：描述模型中的状态变量及其变化规律，这对于理解和分析模型的行为非常重要。

（4）模型非功能性信息。

- 性能指标：如仿真速度、内存占用程度等，帮助用户评估模型运行时的性能表现。

- 兼容性信息：说明模型可在不同的仿真环境或硬件平台上运行的兼容性情况。

（5）模型使用案例信息。

- 应用实例：提供模型在实际中的应用案例，帮助用户理解模型的实际应用效果和价值。

- 问题解决：介绍模型如何解决特定领域的问题，增加用户对模型功能的理解和应用的信心。

（6）模型维护信息。

- 更新策略：定期更新模型以修复已知的缺陷或提升模型的性能。

- 用户支持：提供操作手册、培训材料或在线帮助，辅助用户更好地使用模型。

（7）模型共享管理信息。

- 访问权限：设置不同的访问级别，确保模型的安全和合理使用。

- 共享机制：允许用户在一定条件下共享已创建的模型，促进资源交流和共享。

（8）模型验证有效性信息。

- 验证过程：描述模型如何经过测试和验证，保证其科学性和准确性。

- 有效性评估：通过数据对比、误差分析等方式评估模型的有效性，确保仿真结果的可信度。

总的来说，系统仿真软件的仿真模型库中的模型所包含的信息涵盖了从基本信息描述到复杂的内部结构描述，再到使用与维护的详细信息等多个方面。这些信息的全面性和准确性直接关系模型的使用效果和用户的体验。因此，为用户提供详尽的模型信息，不仅能帮助他们更好地选择和使用模型，还能增强他们对仿真结果的信任，从而推广仿真技术的应用和发展。系统仿真软件提供的模型库通常包括信号控制库、机械库、液压库、气动库、传动库等。

四、系统建模与仿真语言

系统建模与仿真语言为工程师和研究人员提供了一个框架，用来描述、分析和模拟复杂系统的行为。仿真语言通常以面向多领域对象的特性进行建模，能够以数学方程的形式直接表达物理规律，支持复杂系统的跨学科建模。

1. 系统建模语言

系统建模语言通常是一种图形化建模语言，用于说明、分析、设计和验证复杂系统的结构和行为。这些图表类型为系统建模提供了一种标准化和结构化的方式，使得系统设计人员、工程师和利益相关者能够更好地沟通、理解和分析复杂系统。通过使用系统建模语言，团队能够更有效地构建和评估系统模型，从而提高系统开发的效率和质量。

常见的系统建模语言包括统一建模语言（UML）、系统建模语言（SysML）、轻量级结构化方法（C4 模型）和 ArchiMate 企业体系结构的开放且独立的建模语言等。这些语言为系统开发提供了标准化的图形表示，支持从不同角度对系统进行描述和分析。下面详细介绍这些常见的建模语言。

（1）统一建模语言。

统一建模语言是广泛用于软件系统建模的一种标准化语言，它提供了多种图表来描述系统的不同方面，如用例图、类图、序列图等。UML 的主要优点是其强大的标准化表示法，可以提高大型组织中的沟通效率；同时，它支持代码生成，有助于加快开发速度。然而，UML 的缺点包括图表的关系相对复杂，对初学者来说可能有一定的难度。

（2）系统建模语言。

系统建模语言是 UML 在系统工程应用领域的延续和扩展，用于说明、分析、设计及校验由软件、硬件、数据和人综合而成的复杂系统的集成体系结构。SysML 被定义为 UML2.0 外廓的通用建模语言，复用了 UML2.0 的成熟语义和表示法，并对其进行了扩展。SysML 既不是一种方法学，也不是一种独立的工具，而是一种用于基于模型的系统工程（MBSE）的标准建模语言。

（3）轻量级结构化方法。

轻量级结构化方法是由软件架构师西蒙·布朗（Simon Brown）于 2011 年创建的，旨在为特定受众可视化软件体系结构。C4 模型通过一组常见抽象的层次结构和 4 种标准图类型进行描述，其特点是独立于符号，没有规定标准的形状、颜色或风格。这种方法简单易学，适用于工程师、利益相关者和非技术团队成员之间的沟通。

（4）ArchiMate

ArchiMate 是企业体系结构的开放且独立的建模语言，用于描述、分析和实现企业体系结构的变化。ArchiMate 提供了一种结构化的方法来表示企业体系结构的各个方面，并支持对企业体系结构信息进行存储、交换和分析。ArchiMate 的目标是创建一个易使用、标准化且被广泛接受的语言，以帮助企业在不断变化的环境中保持竞争力。

这些系统建模语言各有特点，适用于不同的应用场景和需求。例如，UML 和 SysML 广泛应用于系统和软件工程领域，而 C4 模型和 ArchiMate 适用于某些特定的场景。建模语言的选择取决于项目的具体需求、团队的技能和偏好以及所要解决的问题的复杂性。

2. 系统仿真语言

系统仿真语言的设计目的是简化仿真模型的创建和执行，让研究人员可以将主要精力集中在仿真研究本身，而不必深入掌握通用计算机高级语言的复杂编程细节。这些语言通常具备友好的用户界面和丰富的库函数，支持快速开发和修改仿真模型。系统仿真语言有多种，包括 Modelica、GPSS（通用系统模拟语言）、CSSL（连续系统仿真语言）等。这些语言为不同领域的仿真需求提供了强有力的支持。

Modelica：一种面向对象的建模语言，支持多领域统一建模，适用于大型复杂系统的建模与仿真。它通过数学方程来描述物理组件的行为，并且支持连续、离散以及混合系统的建模。

GPSS：一种离散系统仿真语言，广泛应用于交通、能源、通信等领域的决策和分析。它采用面向框图的进程型语言设计，允许用户通过构建模块框图来描述和模拟动态系统的行为。

CSSL：一类专门用于连续系统仿真的语言，具有规范化的源语言处理功能，能够控制并执行仿真过程，同时记录和分析仿真实验的结果。

Dynamo：一种面向方程的仿真语言，主要用于系统动力学建模。它允许用户以状态方程的形式直接描述仿真模型，然后通过编译程序自动转换成可执行的程序代码。

GASP IV：一种多功能的仿真语言，支持连续和离散系统的仿真。它提供了丰富的建模和分析工具，适合进行复杂系统的建模和仿真研究。

SLAM：一种交替建模仿真语言，结合了事件调度和进程交互的特点，适合于复杂系统的建模和仿真。SLAM 具有灵活的仿真控制机制，提供了强大的建模能力。

Simula：最早的面向对象编程语言之一，也是离散事件仿真的经典语言。它引入了独特的"类"等概念，支持复杂的系统建模和仿真实验。

M 语言：是 MATLAB 软件使用的一种系统仿真语言。该软件由美国 MathWorks 公司开发，是一种高性能的数值计算和可视化软件，广泛应用于工程计算、数据分析及科研领域。

3. X 语言

X 语言既是系统建模语言，也是系统仿真语言，是两种语言的集大成者。X 语言是在李伯虎院士关心和倡导下，北京航空航天大学张霖教授团队研发的一套可全面支持 MBSE 系统设计与仿真的语言。XLab 是基于 X 语言的系统设计与仿真工具。这套解决方案完全由国内科研团队自主研发而成，从建模和仿真语言层面实现了零的突破，整合了系统设计语言 SysML 和系统仿真语言 Modelica 两种语言的优势，形成了集设计和仿真一体化的 MBSE 支撑语言，其研发成功具有重大意义。

总的来说，这些系统仿真语言各具特点，能够满足从基础教学到工业应用的广泛需求。选择适合的系统仿真语言，可以有效提高建模效率和仿真的准确性，从而更好地支持科学研究和工程实践。

第十四章

物理设计与仿真

物理设计与仿真是产品（或系统）进行架构设计的关键工具和技术，而 CAD 和 CAE 则是正向设计进入设备整机空间布局和零部件设计和装配阶段的常用技术。空间布局和零部件设计需要精确确定设备的结构参数，因此三维模型的构建和多种物理场的仿真分析是不可或缺的过程，CAD 和 CAE 技术和软件是物理设计与仿真的基本支撑技术和工具软件。

一、数字化先行者

我们在前文讨论过信息化与数字化的关系。在信息化大潮之下，有一类软件显得很另类。当时"数字化"一词还没有如此流行，所以人们就一直忍受着这种另类。没错，我们说的就是 CAE 和 CAD。CAE 是首先走上数字化道路的技术，其次是 CAD，两者均通过建立全息模型的方式实现了对产品数据的充分利用，并通过计算的方式扩展并获得隐含和潜在的数据。

最早走上数字化之路的领域是 CAE。CAE 出现之前，人们虽然掌握了固体力学、流体力学、热学、电磁学、化学等基础理论，但在工程中仍然大量使用经验公式。基于理论的解析解只适用于简单结构（单摆、梁、杆、三角板、四边形板、正圆球壳、四面体、立方体等），经验公式只适用于特定场景（在结构简单、具有特定和明确的初始条件和环境的情况）。此时计算机的使用，只是把算盘和计算尺搬到了计算机里，属于信息化的范畴。对于复杂结构，如异形建筑、高端装备、体系（系统之系统）等，尽管基础理论、初始条件和边界条件都很明确，但仍然无法获得研究对象工作机理的全貌。CAE 的出现，让人们可以建立复杂结构的数字化空间，从研究对象的完整数据出发，获得接近真实世界的机理、初始条件和环境，从而实现了对解析解和经验公式的突破，复杂结构的运作机理得以透视。数字化历程的长期积淀，让仿真的确定性越来越高，对于那种进行过大量仿真确认的复杂结构，我们已经不需要重新计算很多组织结构，只需要在已经形成的数据库中进行插值就可以获得工程可信的结果，这意味着，仿真的信息化属性越来越强。现在，仿真界开始利用 AI

探索不确定性较强的领域，如拓扑优化、参数优化、湍流、复合材料、断裂力学、电磁干扰与兼容、人类无法触及的远端（如火星环境）复杂结构的计算等。

另一个数字化的先行者是三维 CAD，其与 CAE 有着相似的经历。人们从二维 CAD 走向三维 CAD，相当于从信息化走向了数字化。当人们使用三维空间中的数字化模型来进行产品设计时，获得了成效斐然的突破与创新，长期困扰人们的高度复杂结构的形心、重心、装配、干涉、尺寸链、公差链、物料成本等问题迎刃而解。当下流行的 AIGC 设计是其更进一步的发展。AIGC 设计可以完全发挥算法和 AI 的长处，不需要人做过多干预，其实，因为人的思维惯性缺陷反而有可能会妨碍设计创新。我们只需要提供必要的设计限制，其余的完全交给算法来创造。这种新型的设计方法虽然不能替代正向设计，但它能启发人们大脑并拓宽眼界。

二、物理设计技术

物理设计的常用软件是 CAD 软件，它最早应用于汽车制造、航空航天以及电子工业领域。随着计算机变得便宜，其应用范围也逐渐变广，遍及各行各业，走出工业，进入千家万户。当今工业常用的 CAD 软件是三维制图软件。较二维的图纸和二维的绘图软件而言，三维 CAD 软件能够更直观、准确地反映实体特征。如今，CAD 已经不仅仅用于绘图和显示，它变得更智能，利用 AI，帮助设计者拓展设计空间。

对在现代工业中处于追赶地位的中国企业来说，逆向工程是必经的阶段，而 CAD 技术是逆向工程中最常用的技术，是中国企业最熟悉的，所以本书不对这部分内容做更进一步的展开，只介绍拓扑样机中的物理设计样机相关内容。

拓扑样机中的物理设计样机旨在精确地模拟和展示机械产品整机的设计、性能和行为。它通常包含以下信息。

（1）几何和尺寸信息。

三维 CAD 模型：展现整机产品的外形、尺寸及其与其他系统的装配关系。

尺寸公差：用于控制产品质量，确保产品制造时的准确性。

（2）材料类型和材料属性。

材料类型：使用的原材料种类，如钢铁、铝合金、塑料等。

材料属性：包括密度、强度、硬度、弹性模量、热膨胀系数等，用于后续的仿真分析和制造过程优化。

（3）制造工艺和加工要求。

制造工艺：描述零部件将通过哪些工艺制造，例如铸造、锻造、CNC加工、3D打印等。

加工要求：在特定加工过程中的细节要求，如切削速度、进给速率、使用冷却液等。

（4）表面处理、耐久性和外观要求。

表面处理：如抛光、阳极氧化、镀层等，用于提高耐腐蚀性或增强美观。

耐久性和外观要求：根据零部件的工作环境和应用需求，明确耐用性和外观要求。

（5）功能描述与性能要求。

功能描述：整机的功能和操作原理，可能还包括其在更大系统中的作用。

性能要求：必须达到的性能水平，如最大承载力、温度范围、电气特性等。

（6）接口设计和装配信息。

接口设计：子系统如何与其他部件连接，包括所有必要的接口尺寸和规格。

装配信息：指导如何将子系统装配到更大的系统或产品中，包括顺序、工具和方法。

（7）质量控制点与合规证明。

质量控制点：制造过程中的关键检查点和质量标准。

合规证明：符合相关行业标准和法规的证明，如ISO认证、CE标记等。

（8）预防性维护指南和故障排除指南。

预防性维护指南：为保持子系统性能和延长使用寿命所需的维护信息。

故障排除指南：包含常见问题的诊断和解决方法，帮助用户快速应对问题。

三、物理仿真技术

正向设计到了物理阶段，产品的形态已经比较具体，所以仿真的类型开始丰富起来，这个过程的仿真统称为物理仿真，包括工程仿真和制造仿真。根据分析的目的不同，将工程仿真分为单场仿真、多场仿真、多体仿真和虚拟现实等，制造仿真分为工艺仿真、干涉检查、装配、机构仿真和6σ分析等。根据分析的对象不同，分为机械仿真、流体仿真、电气仿真、电子仿真、液压仿真等。根据计算方法、模型处理方法等，仿真还有更多的分类方法。

1. 工程仿真

越来越多的企业已经充分理解了工程仿真对创新设计能力提升的重要性。在汽车、航空航天、船舶等工业领域的大量工程中运用实践，验证了其适用性和准确性。工程仿真技术成为企业产品转型、研发创新和技术突破的最基本手段。

从 20 世纪 60 年代开始，工程仿真分析逐步成为产品研发的必经过程。仿真分析的数量和产生的仿真数据也随之大量增加。伴随着计算机性能的不断提升，仿真分析的成本大幅降低，而物理试验成本却在不断增加，因此，大量物理试验正在通过仿真来完成。以汽车工业为例，在过去的 20 年里，通过采用碰撞仿真技术，汽车平台车型开发的碰撞试验次数由 240 多次下降到 80 多次，大大缩短了汽车开发的周期。与此同时，世界各大汽车公司每天都有几十次甚至近百次的碰撞仿真计算，从事碰撞仿真的工程师人数也在急剧增加，在每家公司中达上百人。

工程仿真技术产生之初主要为产品设计服务，用于对产品特性进行预测或确认。随着技术和应用的发展，仿真技术逐步拓展到制造模拟和试验模拟。

产品仿真是产品研发设计过程中的主要仿真类型，它使产品研发模式从过去的试验驱动模式转变为仿真驱动模式。图 14-1 的下半部分展示了曾经的试验驱动模式。这种模式的特点是串行，仿真是在试验之后进行分析确认的。在这种模式下，仿真的作用很小，处于辅助地位。串行模式在产品周期和成本方面都具有较大风险。

图 14-1 的上半部分展示了仿真驱动的研发模式。其在概念设计之后，建立虚拟样机，利用仿真手段进行大量的循环迭代，对各种可能的工况和参数进行模拟试验，获得确认后再进行详细设计、物理样机试验和产品投产。在这种模式下，仿真是研发最重要的工具，对研发成本的节约和周期的缩短作用巨大。

通常，产品设计可分为以下三类，每类产品设计对仿真的需求不同，作用也不同。

① 在现有产品基础上的改进设计。这种设计模式对仿真的需求较小，有时甚至不需要仿真。

由试验驱动模式变为仿真驱动模式

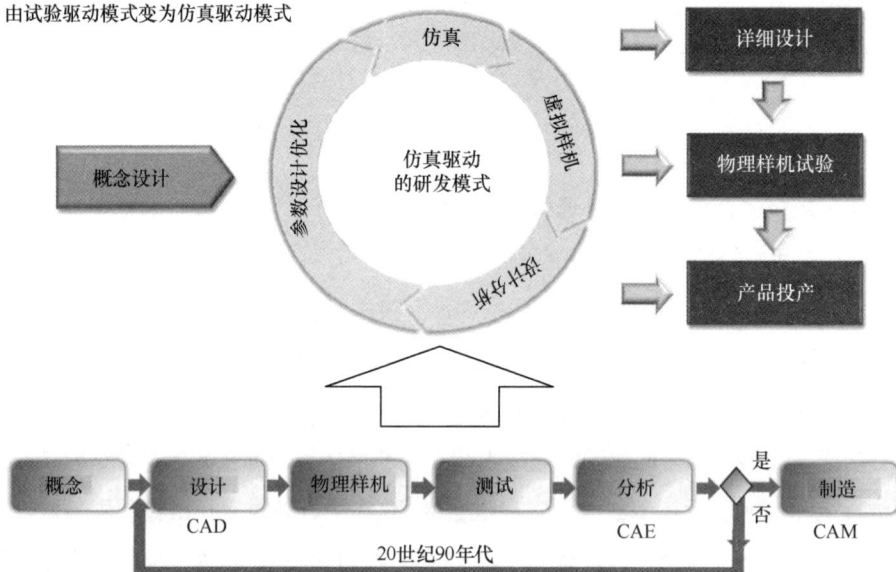

图 14-1　仿真驱动研发的过程

② 在现有产品基础上的系列化设计。这种设计模式对仿真有一定的需求，关于不同参数的选取对产品性能的影响需要做研究。

③ 全新产品设计（开发新产品）。这种设计模式对仿真的需求是最大的。

在产品研发的各个阶段，仿真的价值也有所不同。我们只有认识到其在研发早期、中期、后期等各阶段的不同作用，才能正确发挥仿真的价值，也更能获得仿真的最大效益。

① 在产品研发早期，仿真可以探索新设计，发现新方案，在几个可选项中正确挑选设计方案，预测产品性能。

② 在产品研发中期，仿真可以确认参数的正确性，修正不合理的设计细节，优化设计参数。

③ 在产品研发后期，仿真可以帮助产品定型，在加工过程中返回设计问题，选择最优方案，产品在市场中出现质量问题时，选择最需要召回的批次等。

2. 制造仿真

由于仿真兴起于制造业，在制造业的应用也最为广泛，因此在制造业场景下的仿真类型最为丰富，不仅涉及为产品设计服务的工程仿真，也涉及服务于产品生产和制造的仿真。

（1）工艺仿真。

工艺仿真即通过对类似铸造、锻造、体成型、板成型、切削、热处理、焊接这样的工艺机理的模拟，利用材料学、热力学、固体力学、流体力学等科学计算来判断这些工艺实施的可行性、效率和效果，如图 14-2 所示。

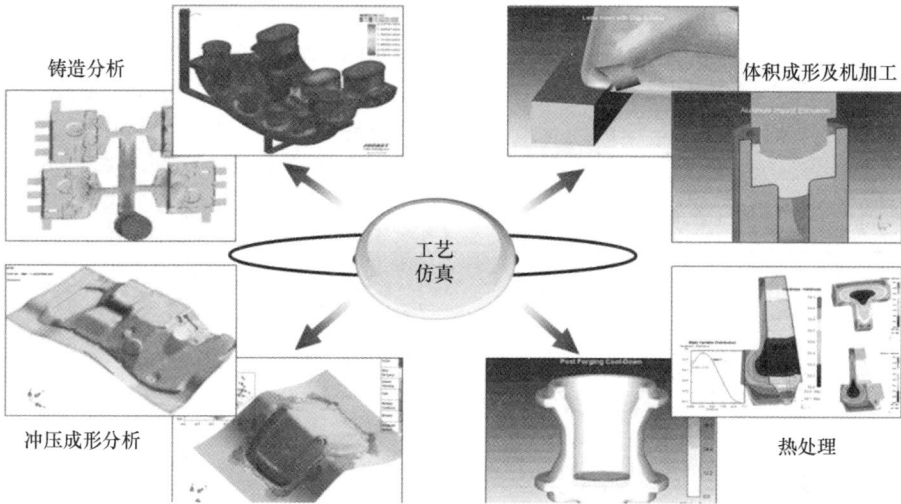

铸造分析

体积成形及机加工

工艺仿真

冲压成形分析

热处理

图 14-2　工艺仿真的类型

图 14-3 反映了传统工艺设计引入仿真前后的差别。在引入工艺仿真技术之前，工艺设计的特点是利用大量实物试验确认工艺的可行性。而在引入工艺仿真技术之后，工艺设计方案通过仿真手段进行确认和优化，形成最优方案后进行实物试验确认。通常，在仿真确认和优化后，最终方案只需要经过很少的实物试验即可形成，工艺仿真在成本和周期方面具有巨大效益。

数控加工仿真也属于工艺仿真中的一种，但与前文所述的基于物理学原理的科学计算的工艺仿真有所不同，数控加工仿真是通过图像学技术来对数控程序进行校正，而工艺仿真的背后是物理学原理。为了确保数控程序的安全性和加工结果的正确性，利用图像干涉的原理对生成的刀轨进行检查校验，检查刀路是否有明显的过切或者加工不到位，同时检查是否发生与工件及夹具的干涉。在这个过程中，会获得加工之后的零件形状，并发现更优化和高效的刀轨，据此优化数控程序。

（2）装配仿真。

利用图像学技术，特别是其中的干涉技术，对装配对象的装配过程进行模拟，以验证装配的可行性及工艺效率，可为各类复杂机电产品的设计和制造提供产品可装配性验证、装配工艺规划和分析、装配操作培训与指导、装配过程演示等。

■引入工艺仿真技术前—靠经验重复试模

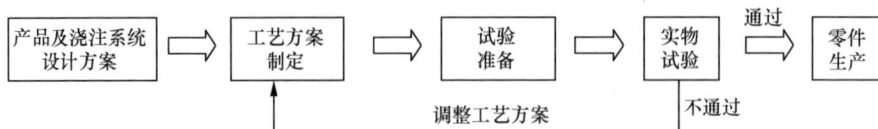

■引入工艺仿真技术后—采用计算机快速试模，大大减少试模次数

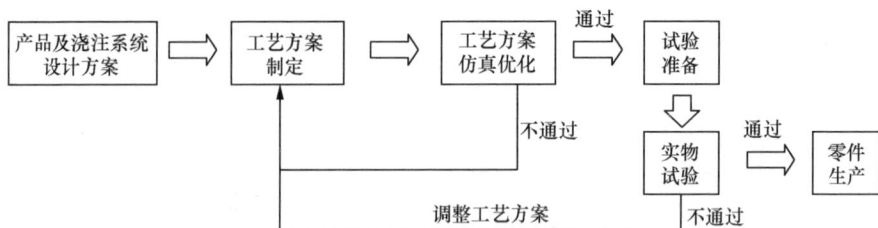

图 14-3　工艺仿真驱动工艺设计

① 装配顺序的制定与优化。

装配顺序的制定即根据装配模型推理出无碰撞的装配方向，进而推理出几何和物理可行的装配顺序。在优化装配顺序时主要考虑的因素有子装配体的稳定性和安全性、子装配体的模块性、装配序列并行度等。

② 装配路径的制定与优化。

装配路径的制定：在机械装配过程中，每个零部件都是沿着初始的装配轨迹运动到目标位置的，若移动过程中不和其他零部件发生碰撞，则这样的运动轨迹称为该零部件的可行装配路径。

装配路径的优化：装配路径生成后，需要从多个路径解中选择最优路径，一般选择平滑的、最短的、成本最低的路径作为最优路径。

③ 干涉与碰撞分析。

产品装配过程中产生干涉的原因主要包括：设计错误导致零件形状、尺寸不合理，造成装配干涉；装配路径规划不合理导致装配干涉；装配顺序协调规划不合理导致装配干涉。利用干涉和碰撞分析可以有效避免以上因素。

④ 人机功效分析。

人机功效分析即在装配仿真中，利用人机工程技术，根据装配仿真环境，通过对操作者模型的控制，模拟生产现场装配人员在装配时的各种实际操作，并基于此进行测试和分析，对已设计的装配方案进行人机工效评估，以便及时发现产品在装配中可能遇到的问题。

（3）工厂仿真。

工厂仿真是一类特殊的服务于制造业的仿真，其仿真对象是车间和生产线。对于离散制造业和流程制造业，工厂仿真有较大区别，如图 14-4 所示。

离散制造业的工厂仿真主要关注离散制造业的生产规划环节，通过利用虚拟仿真技术，可以对工厂的生产线布局、设备配置、生产制造工艺路径、生产节拍、物流等进行预规划，并在仿真模型预演的基础上，进行分析、评估、验证，发现系统运行中存在的问题和有待改进之处，并进行调整与优化。

流程制造业的仿真主要关注流程制造业的生产运行的效率和安全性。例外，管路系统是流程制造业的常见系统，通过仿真手段对管路系统中流通物的流动进行模拟，可以计算系统效率和安全性，达到优化制造系统设计的目的。

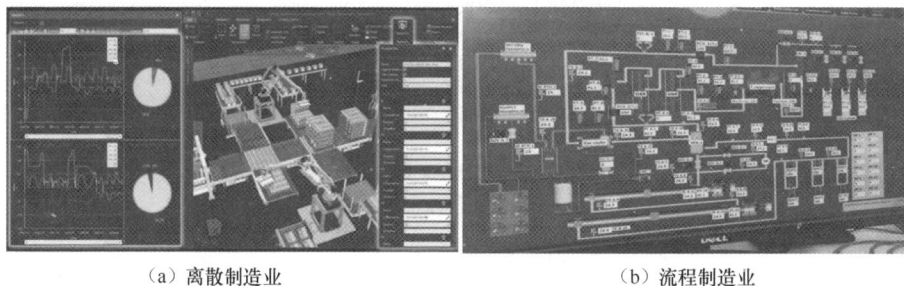

（a）离散制造业　　　　　　　　　　（b）流程制造业

图 14-4　工厂仿真实例

3. 物理仿真模型

CAE 技术是物理仿真的重要工具，其建立的模型包含的内容和参数主要包括几何模型、材料属性、网格模型、边界条件、求解设置和后处理数据等。

① 几何模型。几何模型是通过类 CAD 软件构建机电产品的三维实体模型，为后续的网格划分和边界条件设置提供基础。此步骤需要确保模型的尺寸与实际产品

一致，同时对于复杂结构进行合理简化，以便于仿真计算的进行。

② 材料属性。材料属性的正确定义对于仿真结果的准确性至关重要。这包括材料的力学性质（如弹性模量、泊松比等）、热性质、电磁性质等。不同的仿真目的可能需要不同的材料属性数据，这些数据通常来源于实验数据或材料数据库。

③ 网格模型。网格模型是将连续的几何体离散化为有限数量的元素和节点而形成的模型。网格的质量直接影响仿真的精度和计算效率。因此，选择合适的网格类型和网格密度，对于提高仿真分析的准确性和效率具有重要意义。

④ 边界条件。载荷与边界条件的准确设置是仿真分析能否反映实际工况的关键。这包括对模型施加的力、温度、入口速度、电压等外部作用的定义，以及模型的约束条件、接触条件等的设定。合理的边界条件设置能够确保仿真结果的真实性和可靠性。

⑤ 求解设置。根据仿真分析的目的选择合适的求解器，并进行相应的求解设置，如分析类型（静态/动态）、迭代方法、收敛准则等的选择。求解器的设置直接影响仿真分析的精度和效率。

⑥ 后处理。后处理包括对仿真结果的整理、分析和展示。通过对应力、变形、温度分布等结果的分析，可以评估机电产品的性能和可靠性，为设计的优化改进提供依据。

通过构建准确的仿真模型，并结合高效的求解技术和深入的结果分析，可以显著提高机电产品的性能和可靠性，缩短产品开发周期，降低成本。当然，CAE 仿真同时也面临着诸多挑战，如模型的准确性、仿真过程的标准化与自动化，以及跨学科知识的融合等，这些都是未来工作中需要重点关注和解决的方向。

四、多学科仿真与优化

仿真涉及的学科种类繁多，而且各学科之间无可替代，但各学科所分析的产品对象是同一个，因此它们之间必然关联。事实上，在产品定型的过程中，不同的设计参数对产品性能有不同影响，这种影响之间往往是有冲突的，必须权衡折中。因此，多学科集成仿真与优化成为一项重要的工作。

多学科仿真与优化需要对仿真模型进行封装以方便相互集成。这种工作往往需要在一个专业化的环境中来进行。这个环境包括模型封装与集成、多学科流程集成、多学科设计优化等功能。

1. 模型封装与集成

通过软件调用接口、参数解析和封装模型,对企业研发过程中使用的各类仿真模型进行封装,可对单个工具的应用方式进行标准化改造,从而实现"前端参数化设置、后端自动化运行"的应用模式。模型封装还是过程集成的基础,可针对已有的各种工具、算法、设计分析过程的封装,形成专业化的应用组件。封装好的组件可以发布到组件服务器中,用于后续在过程集成模块中搭建各类过程模型,或被计算节点调用执行。主要封装过程包括输入文件参数解析、软件驱动方式设计和输出文件参数解析等。

2. 多学科流程集成

多学科流程集成功能支持通过拖曳的方式进行多学科仿真过程流程/模型定制,如图 14-5 所示,即依次把需要的组件从平台客户端拖曳到分析视图中,并通过定义各个实例化组件变量(参数和文件)之间的关联关系,建立自动化分析过程。多学科协同仿真过程模型支持顺序、并行、嵌套、循环、条件分支等多种控制模式。在模型封装与集成的基础上,通过可视化编辑环境实现仿真流程设计、模板定制、参数提取、数据关联等。

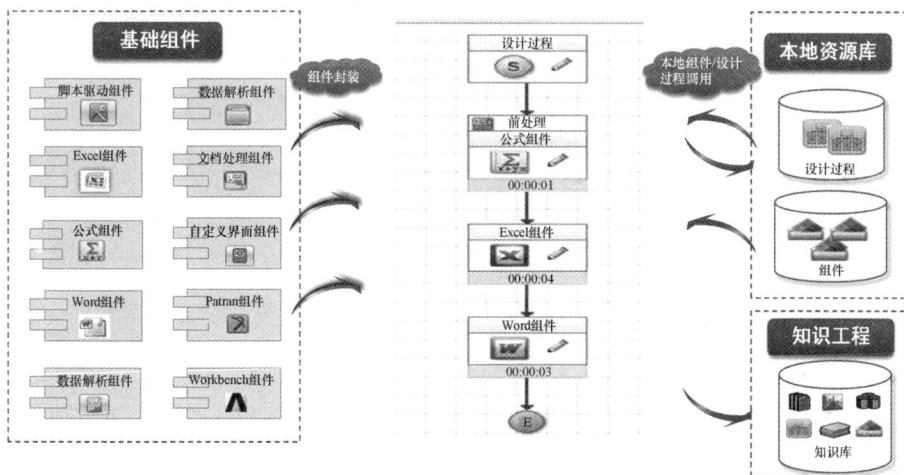

图 14-5　多学科仿真过程流程 / 模型定制

仿真集成环境提供数据链接编辑器，针对模型组件对应的输入输出文件进行解析，进行关键参数的定义与提取，通过拖曳的方式建立各模型之间的数据传递关系，从而建立各个仿真分析变量之间的关联关系，形成仿真分析任务的多学科仿真过程模型，参数提取和数据关联如图 14-6 所示。可提交组装好的多学科仿真过程模型给运行环境，仿真任务以自动化方式完成。

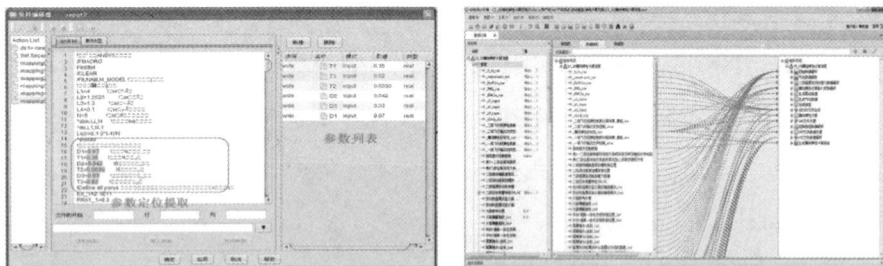

图 14-6　参数提取和数据关联

多学科仿真过程运行环境能够访问分析服务器上所有可用的服务，能把模板库中的组件自动部署到分析服务器中，并自动驱动多个组件按分析流程依次运行，使仿真数据自动地从一个组件传递到另一个。

3. 多学科设计优化

多学科设计优化（MDO）的主要目的：在各个设计阶段力求各学科参数的平衡，充分考虑各学科之间的相互影响和耦合作用，应用有效的设计 / 优化策略和分布式计算机网络系统，来组织和管理整个系统的设计过程，通过充分利用各个学科之间的相互作用所产生的协同效应，获得系统的整体最优解。

多学科设计优化即在多学科仿真集成基础上，增加优化算法包，其作为仿真集成对象之一参与集成分析流程运算，最终获得优化的结果。这些优化算法通常包括"What-If（用于假设分析）"、参数研究、试验设计、权衡分析、可靠性分析、梯度优化、遗传优化、代理模型等，最近几年出现了利用 AI 技术来智能搜索最优解的解决方案。

复杂系统的 MDO 需要考虑各学科之间的耦合，其在计算、组织、模型和信息交换的复杂性方面都是单学科优化无法比拟的。使用单学科优化常用的设计空间搜索算法来进行复杂耦合系统设计空间的搜索是不可行的。对于 MDO，需要将设计空间搜索（示例见图 14-7）算法与近似技术（示例见图 14-8）结合起来，在得到近似问题的最优解之后，根据最优解的真实结果修改近似模型，再通过反复迭代不断提高近似模型的逼近精度。

图 14-7　设计空间搜索示例

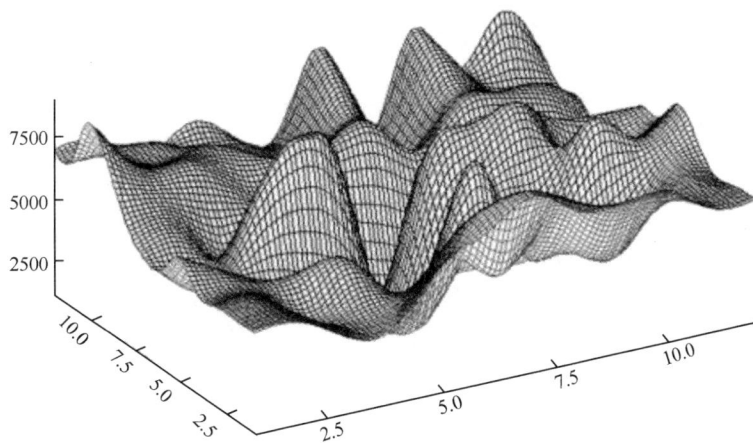

图 14-8　用近似技术构造响应面

五、协同仿真平台

1. 协同仿真平台解决的问题

复杂产品研发是一项综合性强的系统工程，涉及系统、结构、流体、电磁、电路、液压、机构运动等多项仿真技术。各种仿真技术采用的软件各异，且来自多个厂商，这为工程应用带来益处的同时也带来诸多问题。企业仿真工作通常存在以下问题。

① 仿真工具分散，集成度低：随着大量仿真工具的采用，孤岛现象日益突出。仿真流程、优化流程、仿真过程数据等都未能有效管理和集成，系统仿真、结构仿真、流体仿真、电磁仿真、热分析、机构运动学分析等专业软件的数据交互困难，不利于多学科协同设计、仿真分析与优化。

② 自动化程度低，影响效率和质量：仿真人员常常花费大量时间进行几何建模、划分网格、分析数据、撰写报告等。这些工作如果以手工方式进行，则非常耗时耗力、重复枯燥且容易发生差错。此外，不同工程师的处理方法不同，严重影响仿真分析的有效性和准确性。

③ 仿真数据管理混乱：在研发过程中大量仿真数据产生，需要解决数据管理问题。

④ 协同管理缺乏手段：基于企业当前设计现状，需要对仿真活动中人员、任务、数据、工具之间的协同进行有效的管理和规范，提高仿真工作效率。

2. 协同仿真平台的目标

协同仿真平台按照企业仿真流程进行规范化管控，并充分利用已有的软硬件基础，通过平台框架及专业应用工具的补充建设和整合，实现对数字化仿真流程和仿真数据管理的支撑。其可同时满足不同学科领域的仿真需求，如流体、结构、电磁、多学科耦合分析及相应的高性能计算等，实现上述多个软件及工具的协同与集成。实现仿真知识沉淀和应用，将知识与仿真过程有机融合。协同仿真平台对分散存储在工程师个人计算机上的仿真数据进行合理有效的管理，促进仿真数据在整个研发团队中的共享重用，也可以根据仿真结果快速追溯相关的原始条件，做到"知其所以然"，同时可以自动从庞大的数据文件中判读所需结果。

3. 仿真数据管理

仿真数据管理是协同仿真平台的重要组成部分。仿真数据在研发过程中是一类较为复杂的数据，在管理和使用方面都具有独特性，需要特殊系统来处理，而不能使用传统的 PDM（产品数据管理）系统简单替代。

仿真数据管理主要是对仿真几何模型、仿真网格数据、仿真载荷数据、仿真边界条件数据、中间结果数据、最终结果数据、仿真流程模型数据、仿真计算报告等的管理。

仿真数据管理系统的建设目的与价值有以下几方面。

① 目前仿真过程数据主要散落于仿真人员的本地计算机之中，通过仿真数据管理系统可以实现统一规范化管理。

② 目前多工具、多学科协同仿真过程主要以手工方式进行数据处理与传递，分析效率较低。未来可以实现基于仿真数据管理系统的自动化多学科协同仿真。

③ 在产品仿真过程中，如果发现存在相应的设计质量问题，目前主要通过手工方式进行数据的反向检索与追溯。未来可以实现基于仿真数据管理系统的研发过程问题快速追溯。

仿真数据管理的主要特点与难点如下。

① 每次协同仿真过程涉及的数据量大，但这些数据都是为了完成某个特定的分析任务而产生的，不可分散管理，需要按照仿真特点建立逻辑关系。

② 仿真数据类型多种多样，既有参数型数据，也有文件型数据。数据既可能是个体参数、参数表格、矩阵、多维数据模型等，也可能是图片等不同表现形式的数据，数据格式与类型的多样化给仿真数据规范化管理带来了难度。

③ 仿真工作有时需要多部门、多专业、多人员、多工具协同完成，数据协同较复杂，需要进行大量的数据前后处理工作，耗时耗力。

④ 协同仿真过程往往需要进行多轮迭代分析，每轮分析都会产生大量过程数据。各版本数据关联性差，产生问题后数据追溯困难。

仿真数据管理主要实现对协同仿真过程相关数据的规范化管理，并实现仿真过程数据与流程的紧密结合，支持多人员、多学科协同设计仿真分析，支持多轮迭代快速设计与仿真分析。

仿真数据管理的主要功能要求如下。

① 支持对仿真过程各类文件型数据与参数型数据的规范化管理，如几何模型数据、网格划分数据、载荷数据、边界条件数据、中间结果数据、输出结果数据等。

② 支持对多人员、多工具多轮迭代分析过程数据的规范化管理，包括对各仿真步骤相关输入、输出、参数或约束条件设置等数据与信息的全程记录与跟踪。

③ 支持对协同仿真数据的规范化管理，支持个人数据向公共协同数据的发布与管理。

④ 支持从输入数据、中间过程数据、结果数据之中进行相应的元数据抽取，结

合仿真报告模板快速生成相应的仿真分析报告。

⑤ 支持仿真数据向任务交付数据、成熟产品数据的转换与提交。支持对数据版本、数据权限的管理。

4.协同仿真平台架构

协同仿真平台主要是围绕企业仿真人员、仿真流程、工具集成、优化应用、数据管理、资源调度等需求而搭建的平台。其架构如图 14-9 所示。

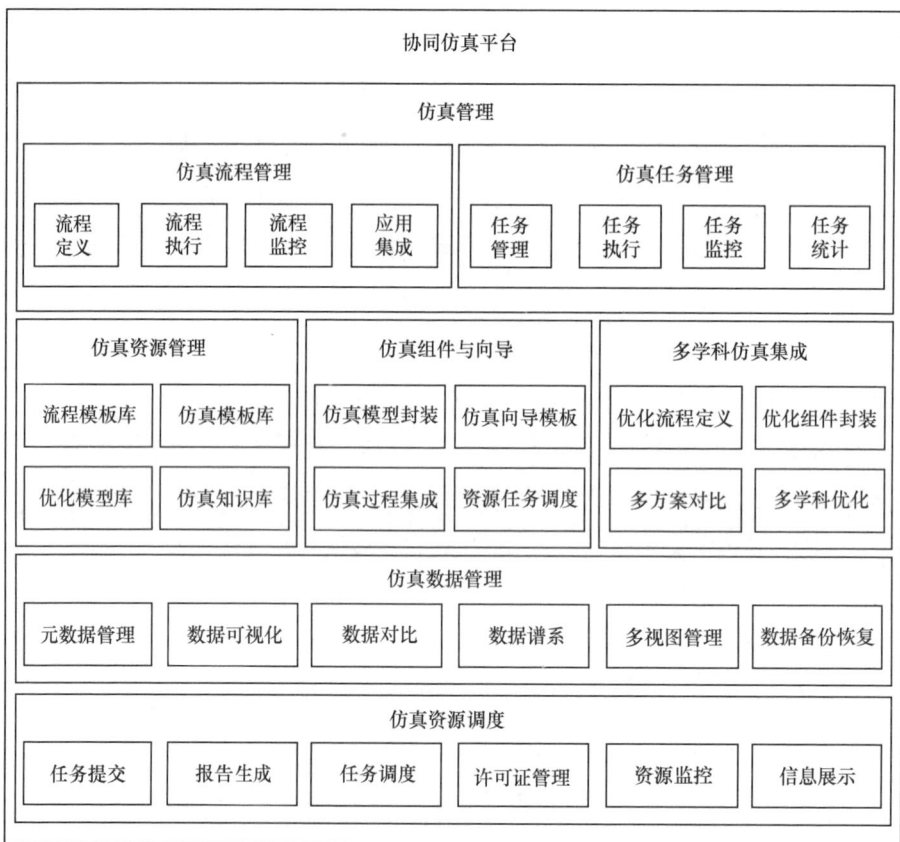

图 14-9 协同仿真平台架构

协同仿真平台的主要功能模块如下。

① 仿真流程及任务管理：该模块通过业务结构树，对仿真任务及流程等内容进行管理，跟踪仿真任务进度，掌握人员工作情况。

② 仿真组件与向导：该模块使用统一封装环境等工具或二次开发技术，快速开发各专业仿真组件工具与过程向导组件，并将它们置于仿真平台中调用。

③ 多学科仿真集成：多学科仿真过程集成是面向多学科设计 / 仿真 / 优化等应用过程的集成。在多学科集成环境中，可以利用图形界面把一系列仿真组件按规定的逻辑、数据关联关系组装成自动化的仿真过程。

④ 仿真资源管理：该模块集中管理平台中各类仿真流程模板以及组件等，帮助用户实现工作的流程化、标准化、知识化以及资源的共享和应用。

⑤ 仿真数据管理：该模块主要是对各类仿真任务产生的数据进行管理，包括几何模型、网格模型、载荷工况、边界条件、中间结果、最终结果等数据。

⑥ 仿真资源调度：支撑仿真高性能计算需求，具备远程图形终端资源调度功能，如报告生成、任务调度、许可证管理等。

第十五章

基于模型的产品定义

物理设计所采用的 CAD 技术是相对传统的产品定义技术，主要用于绘制工程图，通过专业的绘图反映产品的几何结构及制造要求，实现设计和制造信息的共享与传递。基于模型的定义（MBD）以全新的方式定义产品，改变了传统的信息授权模式。它以三维产品模型为核心，将产品设计信息与制造要求共同定义到该数字化模型中，通过对三维产品制造信息和非几何管理信息的定义，实现更高层次的设计制造一体化。

MBD 是一种超越二维工程图实现产品数字化定义的全新方法，使工程人员摆脱了对二维图样的依赖。MBD 是一套管理和技术体系，而并不仅仅是一个带有三维标注的数据模型。MBD 使制造信息和设计信息共同定义到三维数字化模型中，使信息成为生产制造过程的唯一依据，实现 CAD 和 CAM（加工、装配、测量、检验）的高度集成。ASME Y14.41、BDS600 系列等标准是 MBD 的重要基础，这些标准的制定促进了 CAD 软件公司参照其开发软件新功能，使 MBD 的思想得以实现，并很快应用到以波音公司产品为代表的生产实践中。

一、MBD 的产生背景

三维 CAD 替代二维 CAD 已成为设计主流，但在通常的三维 CAD 系统中，工程技术人员所建立的产品数字化模型仅仅是三维几何模型，其制造工艺信息还在二维图纸上。这样，仅依据三维几何模型往往难以进行产品的生产和检验。也就是说，三维几何模型中没有让技术人员以清晰、确定的方式，将工艺、模具设计与生产、部件装配、部件与产品检验等工序所必需的设计参数添加进来。即三维几何模型虽然包含了二维图纸所不具备的详细几何形状信息，但却不包括尺寸及公差的标注、表面粗糙度、表面处理方法、热处理方法、材质、结合方式、间隙设置、连接范围、润滑油涂刷范围、颜色、要求符合的规格与标准等非几何信息。另外，在三维几何建模中，基于形状的注释提示、关键部位的放大图和剖面图等能灵活且合理地传达设计意图的手段也存在不足。这在实际工程中就会产生既使用三维几何模型，又离不开二维图纸的矛盾状态。这些在实际生产中遇到的问题是 ASME 关于 MBD 技术标准研制的根本动力，并推动了 ASME Y14.41-2003 标准的颁布。与此同时，以波音公司为代表的世界顶级制造企业和软件厂商也加紧在此标准基础上进行技术开发，进一步发展基于模型的标准。目前 MBD 技术及其相关标准仍在不断发展之中。

二、MBD 与传统工程图

传统工程图以投影法为基础来表达一个产品的设计模型，在图纸上用线条定义出产品的结构形状、尺寸，用标注、符号和文字来说明工艺指令信息。

在数字化时代，随着产品结构日益复杂和构型频繁更改，工程技术人员将越来越深地体会到传统工程图的缺点和不便，介绍如下。

① 对于任何结构形状和尺寸的变化，工程图纸都必须重新绘制，给二维工程图纸的生成、更改与维护带来了极大不便。

② 只提供产品结构在不同视图中的平面投影，无法直观反映产品的立体结构，导致生产人员无法快速、正确地理解设计意图。

③ 二维 CAD 技术是对工程图样的一种"硬"复制，对曲面造型和生产过程中的新型制造和加工技术（如 NC 技术）缺少有效支持。

④ 在三维建模技术出现以后，由于设计过程中缺乏必要的工艺信息，因此制造人员仍然要依靠工程图纸来建立制造准则，出现了同时依赖三维模型和二维工程图纸的局面。

MBD 方法是以产品的几何模型为核心，将所有相关的工艺描述、属性、管理等信息都附着在产品的三维模型中的先进数字化定义方法。MBD 方法将需要定义的信息按照模型的方式组织，是具有三维模型的完整产品定义，包含了对产品几何形状信息和非几何形状信息的定义。它不再使用或依赖二维工程图纸或正投影视图作为主要制造依据，是数字化定义的最新阶段。MBD 方法具有以下明显优势。

① MBD 方法以三维模型为核心，集成了完整的数字化产品定义信息，使加工、装配、测量、检验等过程实现高度集成，解决了二维工程图纸的不足，直接解决了二维工程图纸管理和维护的一致性问题。

② 三维模型可以很好地表达曲面造型，实现了对新型制造和加工技术（如 NC 技术）的有效支持。

③ 三维模型可以使各职能人员准确、直接地明白并理解设计意图，减少了读图工作量以及由此可能带来的理解偏差。

三、数字化产品定义规范

美国机械工程师协会颁布的数字化产品定义数据实践（ASME Y14.41-2003 Digital Product Definition Data Practices）是基于模型定义的基本规范要求的基础。这一标准是数字化技术发展时期顺应工业领域的应用需求而提出的。标准的制定始于业界顶级航空制造业。1997 年 1 月，在波音公司主持的会议上确定了对这一标准的需求，以波音公司多年数字化制造经验为基础，经过几年的修订，标准于 2003 年 7 月 7 日被批准为美国国家标准，这期间三维设计系统的发展也使得标准的内容不断扩充。

ASME Y14.41-2003 建立了应用于数字化产品定义的数据集要求及参考文档。这一标准和其他现行 ASME 标准 [如 ASME Y14.5M-1994(R1999)，尺寸和公差标注] 配套使用。它支持两种应用方法：① 仅使用模型（三维）；② 模型与数字化格式的图纸（二维图纸）相结合。标准规定从对这两个方法的公共要求开始，然后分别叙述其他各部分对这两种方法的各自要求。

标准还对三维 CAD 软件提出了建模和标注功能的要求，直接促进了 CAD 软件三维标注功能的发展，CAD 软件公司已把此标准设计到软件中。波音公司在此标准基础上根据公司具体实践制定了 BDS600 系列标准，并在 2004 年开始的波音 787 客机设计中，全面采用基于模型定义的新技术。这使得三维产品制造信息（PMI）与三维设计信息共同定义到产品的数字化模型中，使 CAD 和 CAM(加工、装配、测量、检验等) 实现真正的高度集成。2006 年，ISO 颁布了 ISO 16792，规定了全面的三维模型标注规范，数字化技术的应用有了跨越式发展。

四、MBD 的数据集

根据 ASME Y14.41-2003 标准规定，数字化产品定义（DPD）数据集可以下列四种方式之一存在：① 三维 CAD 模型和全尺寸标注的二维工程图纸；② 三维 CAD 模型和标注了工程要求但未标注全尺寸的二维工程图纸；③ 三维模型，工程要求在三维模型里以文本显示；④ 三维模型和工程要求。

这 4 种方式都可以认为是 DPD 方式，第 2 种方式得到的图有时又被称为缩减尺寸工程图纸（RDD）或简化图纸（SD），第 3 种和第 4 种方式称为基于模型的定义方法。MBD 数据集示例如图 15-1 所示。

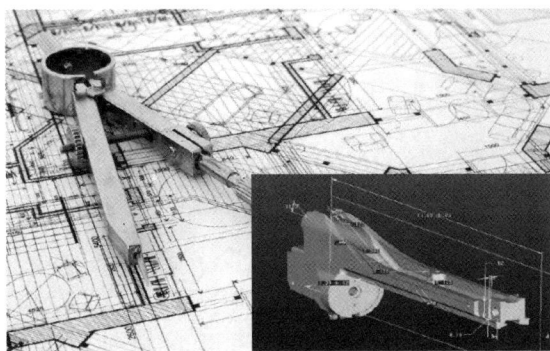

图 15-1　MBD 数据集示例

MBD 数据集提供完整的产品信息，集成了以前分散在三维模型与二维工程图纸中的所有设计与制造信息。零件的 MBD 数据集包括实体几何模型、零件坐标系统、尺寸、公差和标注、工程说明、材料需求及其他相关定义数据。MBD 模型的基本内容包括标注、设计模型、属性，如图 15-2 所示。装配件的数据集包括装配状态的实体几何模型、尺寸、公差和标注、工程说明、零件表或相关数据、关联的几何文件和材料要求。其中，工程说明由标注注释、零件注释、标注说明（与特殊工程需求有关的说明）组成。

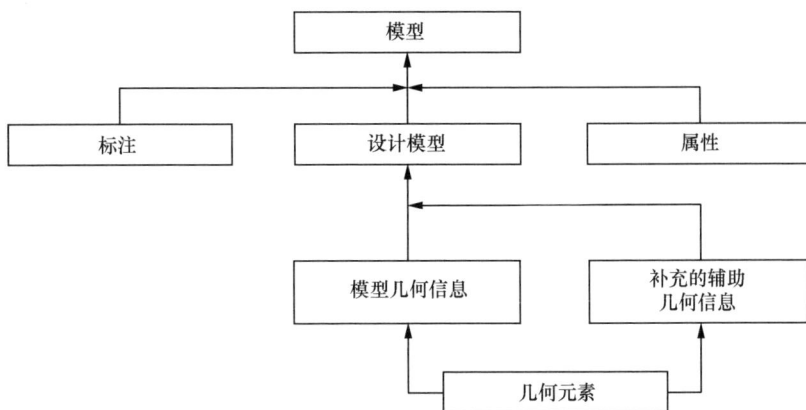

图 15-2　MBD 模型的基本内容

全三维基于特征的表述方法，基于三维主模型的过程驱动，融入知识工程和产品标准规范是 MBD 技术的核心思想。它用一个集成的三维实体模型来完整地表达产品定义信息，将制造信息和设计信息（三维尺寸标注及各种制造信息和产品结构信息）共同定义到产品的三维数字化模型中，从而取消二维工程图纸，保证设计和制造流程中数据的唯一性。MBD 技术不是简单地在三维模型上进行三维标注，它不仅描述几何信息而且定义了非几何的管理信息（产品结构、PMI、BOM 等），它通过一系列规范的方法能够更好地表达设计思想，具有更强的表现力，同时打破了设计制造的壁垒，其设计、制造特征能够方便地被计算机和工程人员解读，有效地解决了设计、制造一体化的问题。

MBD 模型的建立，不仅仅是设计部门的任务，工艺和检验部门也都要参与到设计的过程中，最后形成的 MBD 模型才能用于指导工艺制造与检验。MBD 技术融入知识工程、过程模拟和产品标准规范等，将抽象、分散的知识集中在易于管理的三维模型中，设计、制造过程能有效地进行知识积累和技术创新，成为企业知识固化和优化的最佳载体。

五、MBD 的关键点

MBD 具有以下 4 个关键点。

（1）MBD 模型数据的完整表现。

MBD 模型数据包括设计模型、注释、属性等数据。其中，注释是不需要进行查询等操作即可见的各种尺寸、公差、文本、符号等。而属性则是为了完整地定义产品模型所需的尺寸、公差、文本等，这些内容在图形上是不可见的，但可通过查询模型获取。为了在三维模型中很好地表达 MBD 模型数据，需要有效的工具来进行描述，并按照一定的标准规范组织和管理这些数据，以便于 MBD 模型数据的应用。

（2）面向制造的设计。

由于 MBD 模型是设计制造过程中的唯一依据，因此需要确保 MBD 模型数据的正确性。MBD 模型数据的正确性反映在两个方面，一是 MBD 模型反映了产品的物理和功能需求，即客户需求的满足；二是可制造性，即创建的 MBD 模型能满足制造应用的需求，该 MBD 模型在后续的应用中可直接应用。

（3）数字化设计与工艺制造的协同。

MBD 的重要特点之一是设计信息和工艺信息的一体化，这就需要产品设计人员和工艺设计人员及时沟通，构建协同的环境及相应的机制。

（4）MBD 模型的共享。

通过 MBD 模型一次定义，多次多点应用，MBD 模型实现数据重用的最大化。

六、MBD 数据管理

在二维图纸中置于标题栏中的大部分管理数据，在 MBD 模型中可置于模型上或者与模型分离的数据集中，其包括应用数据、审签信息、数据集标识、设计传递记录、数据集修订版历史信息等内容。置于模型上的管理数据将放在管理数据标注平面上或用等效的方法呈现。标注平面可与模型一起显示，但管理数据标注平面将不与模型一起旋转。置于模型上的管理数据将包括但不限于 ASME Y14.41M 注解、CAD 维护标记、设计活动标识、复制原件标记、分项标识、单位标记、导航数据等内容。

数据管理系统将提供控制和跟踪数据集信息的能力。这一系统可包含工作进展状态、数据评审状态、模型检查状态、发放状态、设计工具和版本以及各种数据库等。二维图纸上的第一角和第三角标记在 MBD 模型中不要求标注。

数据集依据工程图标注（ASME Y14.100）来审批，将在产品全生命周期里被控制和利用。修订版历史信息将依据工程图纸和相关文档的修订标准（ASME Y14.35）保留在数据集中。

七、MB PLM 是发展方向

基于模型的产品生命周期管理（MB PLM）是 MBD 思想、方法和技术在产品全生命周期中的全面应用，是一种技术资源模型化的综合与高级形态。它采用建模与仿真技术对其设计、制造、产品支持的全部技术和业务流程进行彻底改进、无缝集成以及战略管理。利用产品和过程模型来定义、执行、控制和管理企业的全部过程。采用科学的模拟与分析工具，在产品生命周期（PLM）的每一步做出最佳决策，从根本上减少产品创新、开发、制造和支持的时间和成本。

从技术上讲，基于模型的产品生命周期管理（MB PLM）就是要基于 MBD 在整个企业和供应链范围内建立一个集成和协同化的环境，各业务环节充分利用已有的 MBD 单一数据源开展工作，使产品信息在整个企业内共享，快捷、高效和低成本地完成产品从概念设计、制造到废弃的部署，有效缩短整个产品的研制周期，改善生产现场工作环境，提高产品质量和生产效率。

基于模型的产品生命周期管理（MB PLM）已成为当代先进制造体系的具体体现，代表了数字化制造的未来。美国陆军研究院指出："如果恰当地构建企业 MB PLM 能力体系，能够减少 50% ~ 70% 的非重复成本，能够缩短达 50% 的上市时间。"基于此，美国国防部明确指出，将在其所有供应链中的各企业推行 MB PLM 体系，开展 MB PLM 的能力等级认证。全世界众多装备制造企业也逐步加入到 MB PLM 能力体系建设的大军中。由此可见，MB PLM 已不再单纯是一项新技术、新方法的应用和推广，而是上升到了国家战略和未来先进制造技术的高度，它的研究应用成功与否将关系到未来制造业的新格局。

作为一种数字化制造的实体，基于模型的产品生命周期管理（MB PLM）在统一的基于模型的系统工程（MBSE）指导下，创建贯穿企业产品整个生命周期的产品模型、流程管理模型、企业（或协作企业间的）产品管理标准规范与决策模型，并在此基础上开展与之相对应的基于模型的工程（MBe）、基于模型的制造（MBm）和基于模型的维护（MBs）的实施部署，如图 15-3 所示。

基于模型的工程（MBe）、基于模型的制造（MBm）和基于模型的维护（MBs）作为单一数据源的数字化企业系统模型中的三个主要组成部分，涵盖了从产品设计、制造到服务的完整的产品全生命周期业务。以 MBD 模型为核心在企业各业务环节顺畅流通和直接使用，从虚拟的工程设计到现实的工厂制造直至产品的上市流通，基于 MBD 的产品模型始终服务于产品生命周期的每个阶段。

MB PLM 企业的能力在强调 MBD 模型数据、技术数据包、更改与配置管理、企业内外的制造数据交互、质量需求规划与检测数据、扩展企业的协同与数据交换等 6 个方面的同时，更强调扩展企业跨供应链的产品全生命周期的 MBD 业务模型及相关数据在企业内外顺畅流通。

构建完整的 MB PLM 能力体系是企业的一项长期战略，应在充分评估企业能力条件的基础上，统一行动，以 MBD 模型为统一的"工程语言"，在基于模型的系统工程方法论指导下，全面梳理企业内外、产品全生命周期业务流程、标准规范，采用先进的信息技术，最终形成一套崭新的、完整的产品研制能力体系。

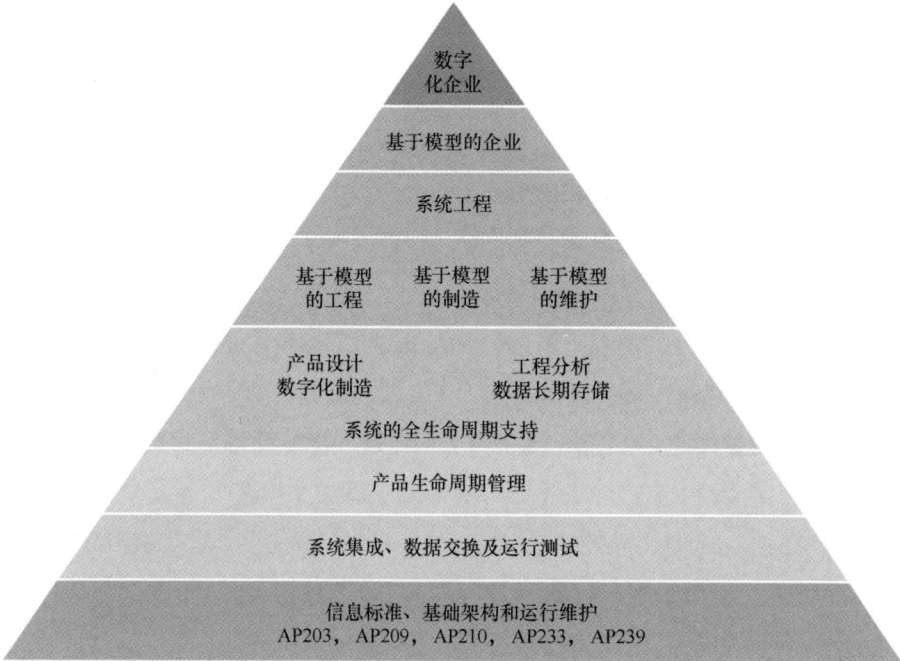

图 15-3　MB PLM 为基于模型的企业建立基础

第十六章

基于模型的数字化试制

数字化试制的内涵较为丰富，一般是指产品在研发阶段完成后，进入到生产阶段，利用数字化技术提升效益和质量的制造方案。由于本书讨论的重点在于数字化研发，因此，我们将近年来较多服务于研发过程的数字化制造的子集——增材制造（又称3D打印）作为讨论重点。

增材制造是一种采用材料逐渐累加的方法制造实体零件的技术。这种方法与传统的切削加工技术不同，是一种"自下而上"的制造方法。增材制造基于离散堆积原理，由零件三维模型驱动直接制造零件，因此是一种典型的基于模型的制造方法。我们把增材制造体系定义为正向设计中的一个子体系（见图16-1，V模型的底部构件为增材制造），增材制造绝不仅是提供了一种新的制造方式，而是提供了一种突破传统工业体系的赋能技术，特别是对产品设计具有巨大影响，它的出现释放了工业品的无限创新潜力，使新型工业品具有无限发展空间。

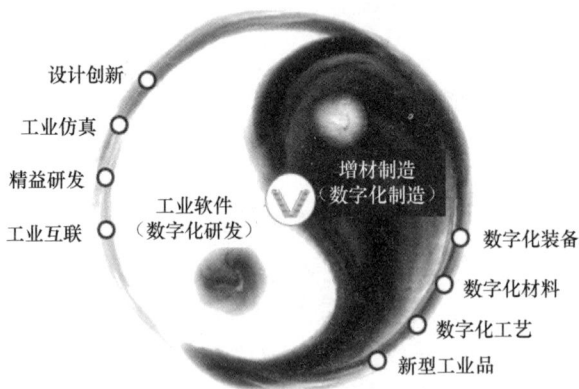

图16-1　工业软件、正向设计和增材制造之间的辩证关系

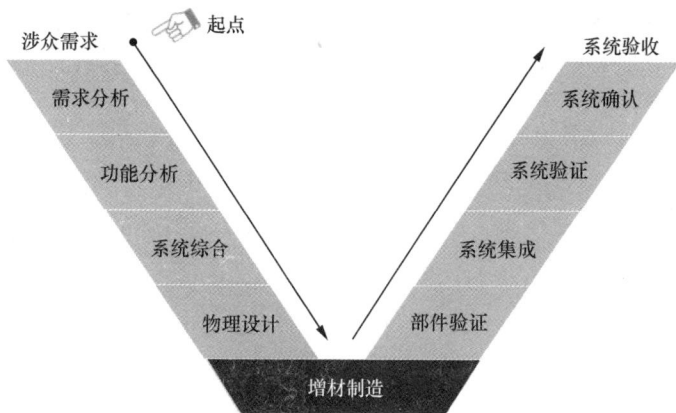

图 16-1　工业软件、正向设计和增材制造之间的辩证关系（续）

一、基于增材思维的正向设计

《增材制造产业发展行动计划（2017—2020 年）》指出，增材制造是以数字模型为基础，将材料逐层堆积制造出实体物品的新兴制造技术，将对传统的工艺流程、生产线、工厂模式、产业链组合产生深刻影响，是制造业有代表性的颠覆性技术。另有文献表示，增材制造技术作为具有前沿性、先导性的新兴智能制造技术，正在使传统生产方式和生产工艺发生深刻变革，被认为是推动新一轮工业革命的原动力，引起了世界各国的广泛关注。请注意上文中的两个用词："颠覆性"和"革命"。增材制造到底颠覆了什么？革了谁的命？

我们分析发现，增材制造名为"制造"，而颠覆的反倒是"设计"，进而革了"旧工业品"的命。在我们看来，它绝不仅是提供了一种新的制造方式，而是提供了一种突破传统工业体系的赋能技术，特别是对产品设计具有巨大影响，从而释放了工业品的无限创新潜力，给全新型工业品的产生提供无限空间。

围绕正向设计，工业软件和增材制造之间具有一种奇妙的哲学关系。以正向设计为核心和主线，工业软件通过支持正向设计，进而在全生命周期中支撑增材制造的完成。在数字化的世界里，研发和制造不是先后跟随关系，数字化研发和数字化制造两者之间在任何时候都是相辅相成、相互输送价值的关系，如图 16—1所示。

首先，正向设计所提供的架构性创新彻底释放了增材制造的价值。优化和创新到极致的设计，其结构往往也是复杂至极的，而不怕复杂正是增材制造的优势所在。用增材制造技术加工传统产品完全是一种浪费，不仅不能反映增材制造这样一个颠覆式技术的优势，反倒会给人一种"多此一举"的负面印象，让人们看到的完全是这种技术在速度和成本上的劣势，所以离开了正向设计的增材制造就像鸟儿被折去了翅膀。

反过来，增材制造打通了正向设计的传统瓶颈。在过去，我们如果想顺利走完正向设计全程，一直都忌惮一个关键过程，那就是工艺和制造过程。这个过程的不顺利可能会让我们一票否决正向设计所产生的创新方案，理由就是设计很创新，但却制造不出来产品。这往往会给设计人员一种怀才不遇的挫折感。但是在增材制造时代，也就是数字化制造时代，不论设计多么创新，结构多么复杂，产品都能被制造出来。增材制造实际上赋予了正向设计无限自由，只需要从需求和功能出发来进行产品设计，而不需要考虑制造的约束，进行颠覆式创新。因此，增材制造相当于让正向设计如虎添翼。

在基于增材思维的正向设计中，有一些不同以往的特别之处（见图 16-2），第一项特别之处是 AIGC（人工智能生成内容）设计。这种设计方法完全不同于传统的设计方法，使用的工具软件也不是传统的 CAD 软件。AIGC 设计方法完全发挥算法和人工智能的优势，不需要人做过多干预，也不希望人做干预，因为人的思维惯性可能会妨碍设计创新。我们只需要给出必要的设计要求，其余的完全交给算法来创造。这种新型的设计方法虽然不能完全替代正向设计和创新，但是它拓宽了人们的眼界。

基于增材思维的正向设计的第二项特别之处是多尺度仿真。仿真本身是正向设计中的常用技术，特别是对增材制造所提供的无限创新空间来说，设计本身没有必须遵守的规范和标准，因此仿真便成了最重要的工具。这也是为什么那些以仿真起家的公司，虽然是增材制造领域的新进入者，但却具有得天独厚的领先优势。但在增材制造领域，仿真遇到一个难题，那就是多尺度问题。用增材制造的思维来看传统制造的产品，其特点是"傻大笨粗"。可以肯定地说，任何一款采用传统制造方法加工的产品都有 50% 甚至更多材料的冗余。自然界的生物经过数亿年的进化，都把结构优化到极致，若非病变增生，绝不会生长一点多余的材料。这种进化特性使得自然界的结构，如树枝或树叶，都是具有细小纹理的多孔结构。在传统制造世界，这种结构模式是不可想象的，但在增材制造世界则是再正常不过。对这种结构的仿真难度极大。我们希望通过仿真来找到在宏观结构和微观结构都是最优的设计，但在当前仿真技术之下，反映两种尺度的结构不能在同一个模型中出现，且还要在不同的计算中传承对方的计算结果。宏观结构的力学特性需要根据微观结构的计算结果来等效获得，微观结构的计算则需要宏观结构的计算结果作为输入。这些关联工作是增材仿真过程的重点和难点。

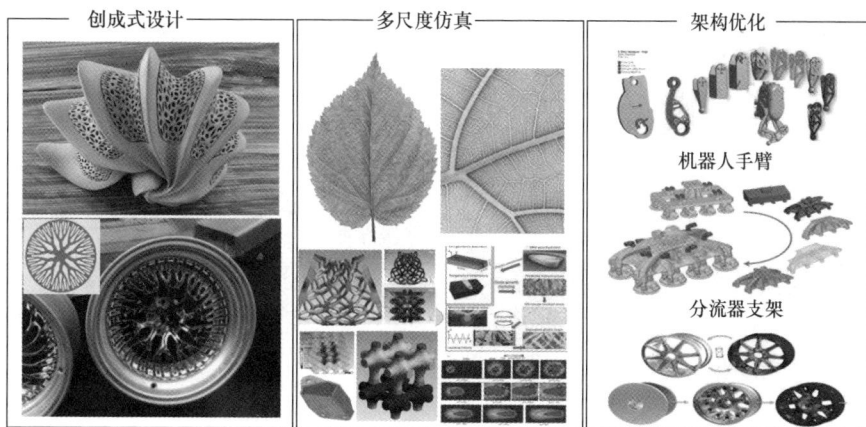

图 16-2　基于人工智能生成内容

基于增材思维的正向设计的第三项特别之处是架构优化。这在其他领域被称为拓扑优化，而本书更愿意将它称为架构优化，因为在正向设计体系中，架构的创新和优化是首要工作，也是最具价值的工作。在架构优化中，我们并不需要对结构的形式做限定，只需要给出结构的受力和约束条件，软件可以按照力的传递路径自动找到最佳的结构形式，然后结合 AIGC 设计和多尺度仿真，对这个结构形式进行微观设计和仿真。

增材制造的结果必须是产生新型工业品。增材制造的本质是基于增材思维对现在的工业体系进行赋能、改造甚至重构。我们坚决反对用增材制造手段来制造传统产品，要对传统产品进行再设计，甚至进行架构性创新，这将产生完全不同于以往的新工业品。

微型涡轮机就是一个新型工业品案例，如图 16-3 所示。过去的涡轮机械往往是大型设备，大都安装在飞机这样的大型装备上。如此小的涡轮机基本只在科幻片中见到，钢铁侠全身便装满了这种装备，使得他不仅能上天、下海、入地，还具有超强攻击力。用传统的研发和制造方式应对这么小型且高性能的涡轮机是很难想象的。正向设计和增材制造结合产生的巨大创新空间，将使这种新型工业品变得司空见惯。

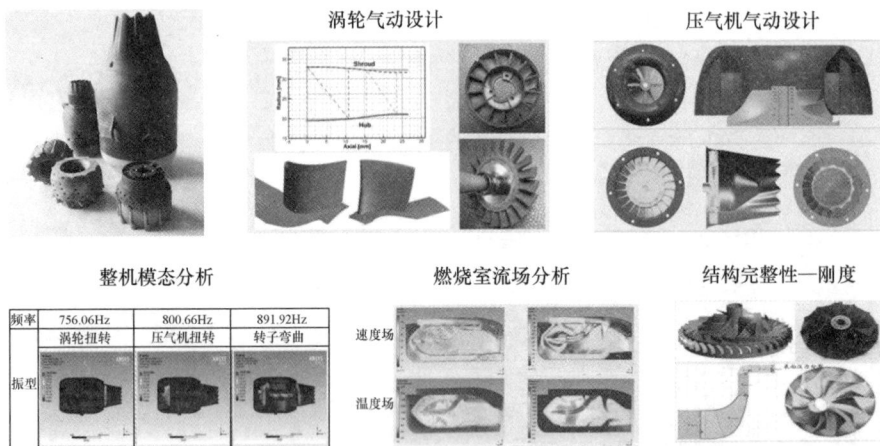

图 16-3　基于增材思维的新工业品研发——微型涡轮机

二、基于增材思维的再设计

增材制造虽然为颠覆式的设计带来了可能，但在增材制造和基于增材思维的设计产生前，工业和日常生活中就有大量的传统产品。由于种种问题，这些产品无法完全通过增材制造和增材设计来替换，但对于其中的部分结构，增材制造和增材设计仍然可以发挥巨大作用。局部结构的改造势必受到周边结构的约束，所以，我们把这种设计称为再设计。

1. 再设计概念

再设计是让研发设计回归本源需求，重新审视原有设计，以最自然的方式来探索设计的本质，效法自然；消除以前由各种情况或限制导致的不合理之处，或纠正以往对客户需求的错误认知或满足偏差，重新设计核心零部件或整机，以达到当前技术条件和认知水平下的最优设计。

之所以进行再设计，往往是因为突破性新技术和新工艺的出现和成熟。再设计其实就是把握这些已有的新技术和新工艺，促使其成果最大化，工业再设计就是将工程仿真手段和精密制造先进工艺相结合。由于精密制造技术具有能制造任何复杂产品的特点，彻底解放了因制造工艺的限制而对产品设计带来的制约，使得在产品研发设计过程中，工程师只需关注产品功能达到最佳而无须顾忌制造工艺的束缚，极大地拓展了设计人员的自由设计空间，能最大限度地发挥创新性，做到"效法自然"。工艺束缚的消失，使得传统的产品设计模式将被根本性地颠覆，真正实现仿真驱动产品设计。这不仅可以对各类工业产品整机或其关键零部件进行程度不一的改良，甚至可以实现颠覆式创新。

由于再设计过程产生的均是非标准化甚至反传统的产品，没有设计标准及经验可参考，因此唯一能依赖的设计手段就是工程仿真和实物试验。在再设计体系面前，传统的标准、规范、知识和经验都将失效甚至成为创新的制约。掌握了仿真技术并进行了大量工业实践应用的组织将具有更强的竞争力，成为中国工业再设计体系的主力团队。

2.再设计流程

图 16-4 展示了再设计的完整过程，首先是追根溯源，回归需求本源，重新审视原有设计，获取再设计对象（核心零部件或整机）的指标参数和边界条件，作为再设计的输入。

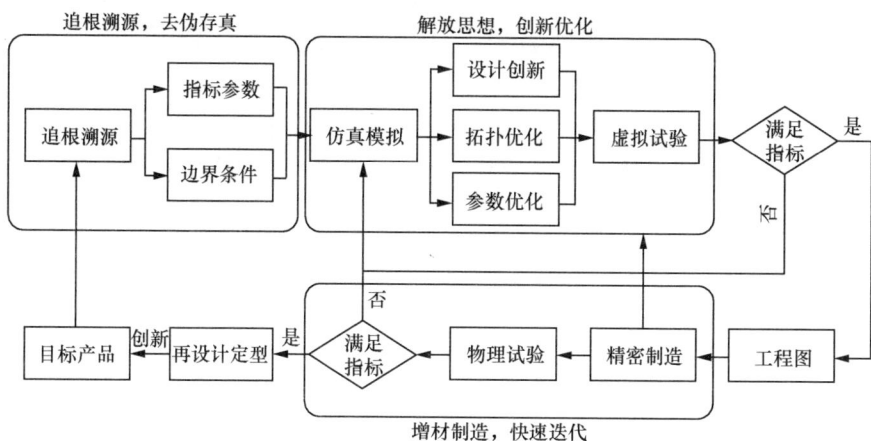

图 16-4　再设计流程

然后，通过仿真模拟得到初步结果，再采用设计创新、拓扑优化、参数优化等手段开展创新设计，并借助数字试验技术进行验证。在设计过程中，工程师完全可以打破工艺束缚，只专注于需求，可以设计任何结构的产品。

最后进行虚拟试验，这有可能是一个迭代过程。在增材制造技术的支撑下，产品将实现快速迭代，并尽快实现再设计定型，并推出最终的目标产品。在这一过程中，可实现对再设计对象的跨量级优化，系统性能指标将有明显提升。

3. 再设计实例

工业品通过优化手段再设计后会获得明显优势，有可能颠覆大量工业行业。从已经完成再设计的产品来看，在维持原装备性能、不改变装备制造材料的前提下，通过再设计，产品普遍可以实现减重 15% ～ 60%。

目前再设计已经在装备制造、汽车、航空航天等多个领域发挥了巨大作用，涌现出了数目众多的成功案例。图 16-5 展示了汽车前桥的再设计案例。

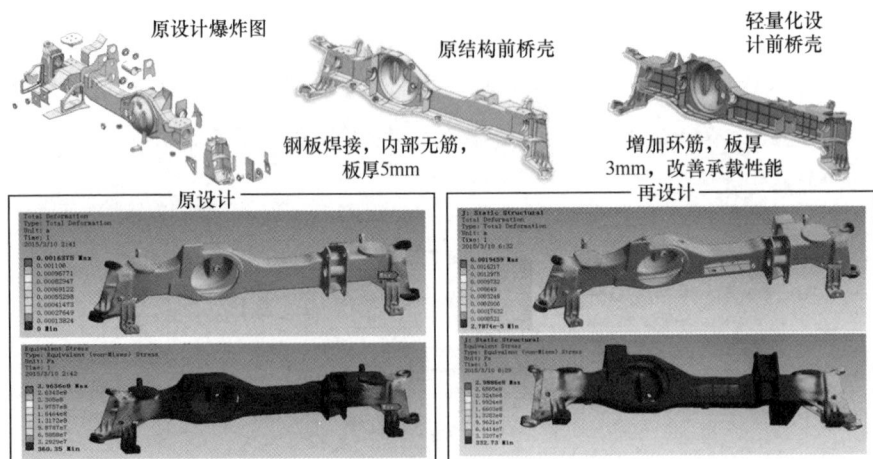

图 16-5　汽车前桥的再设计

经过再设计，在原结构基础上，进行内部镂空和加筋处理，采用增材制造技术整体成型，将原来由 78 个钢制零件连接而成的前桥壳整体制造成一个铝制零件，实现了在不降低性能指标的前提下，减重达到 63.2%。重量的下降使得产品在使用过程中的能耗、仓储、运输方面的节能降耗效益更为巨大；同时，省略了焊接环节，简化了部件连接模式，提高了装备的整体可靠性，减少了污染；此外，整体成型的汽车前桥有精确的近净形尺寸精度与形位公差，减少了后续的机械加工甚至免加工，可实现使用过程中的高效率替换和维修。

4. 再设计效益

再设计带来的直接效益是节材减重。通过再设计，产品普遍可以实现装备减重 15% ～ 60%。

再设计带来的间接效益是绿色生态。产品节材减重之后，在全生命周期形成一个绿色产业链，带来的绿色效益明显，如体积减小、仓储节约、降低材料要求、寿命延长、成本降低、节能降耗、环保治污等。绿色效益往往是节材效益的 5 倍之多。

再设计还能实现效能跨越，如有效载重、机动性能、动力效能、产品质量、可靠性都将提高。某研究院武器系统壳体重量实现了超过 50% 的降低，实现了在航程、航速、精确性方面对仿制对象的全面超越。某飞机的导弹挂架经过再设计减重后可以增挂数发导弹，提升了战斗力，减少了空载油耗，扩大了作战半径。

三、增材制造工艺的仿真

目前，仿真已经在工艺设计中广为应用，第十一章介绍的传统工艺的仿真在制造业中已经有成熟应用。作为新型工艺，增材过程的仿真尚处在探索阶段。

1. 增材制造面临的挑战

增材制造工艺的仿真是仿真技术的一项新挑战。随着增材制造技术的广泛应用，这种新工艺的仿真也自然而然地成了仿真界的热点。

虽然金属增材制造的增长速度近年来非常可观，但无论是直接能量沉积工艺还是粉末床融化工艺，都存在几大类挑战：

- 可打印的金属材料种类有限，急需开发更多金属种类以满足工业需求；
- 受打印速度和效率制约，不适合量产；
- 打印成本过高，包括机器成本、粉末成本及较高打印失败率带来的额外成本；
- 需要烦琐冗长的打印后处理环节；
- 打印件质量保证及工艺调试难度很高。

其中，质量是获得合格打印件至关重要的因素。金属增材制造可能出现部件变形、开裂等问题。同一部件，在加工参数、层数、材料相同的条件下，采用不同加工取向和位置，成品微观组织和属性就不同，例如，垂直方向柱状晶的残余应力水平低，水平方向马氏体残余应力水平高。

增材制造工艺仿真主要研究加工参数、粉末、几何构型等因素对于宏观变形、残余应力、部件微观内部金相组织及性能的影响。宏观控形与微观控性是金属增材工艺中的两个重要考察指标：宏观控形重点关注翘曲变形、部件开裂、刮板碰撞或支撑开裂等问题；微观控性需要关注孔隙率、相变、球化、颗粒尺寸、一次和二次枝晶结构和初始位错密度等微观特性，这些将决定金属件的力学性能和特性。

金属增材制造看似简单，但真实过程非常复杂。能否成功得到一个合格的打印件，受到材料、打印机、打印设置和工艺以及后处理等诸多因素的影响，如图16-6所示。对于一个实际金属打印件，工人完全凭借经验或者直观感觉，打印的成功率较低。试错方法既增加成本，又延长产品制造周期。

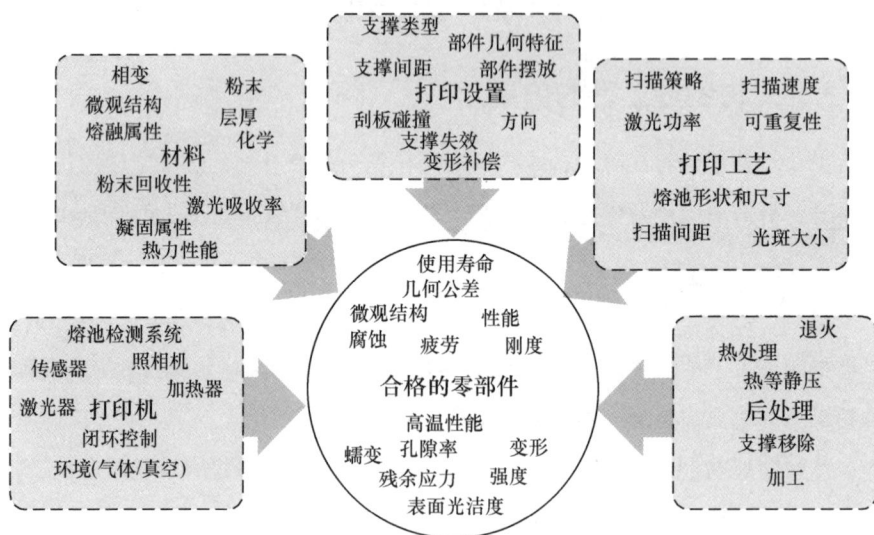

图16-6　金属增材打印的影响因素

2. 增材工艺仿真

利用仿真技术提前获取打印产品的性能特性，是解决金属增材工艺质量问题的一个重要手段和方法，通过提前预测并在此基础上进行工艺优化，可降低打印失败率，同时可较大程度地减少打印成本，不合格产品的数量和试错次数也大为降低。

虽然增材打印技术具有"无论多复杂都可制造"的特性，但对于具有相同功能的产品，采用稍微不同的设计，可打印性就能大大增强。这对于打印成功率和制造补偿都有重大影响，可能提高机器利用率，缩短产品打印周期，使产品打印可重复，质量能够得到保证。如果微观金相组织和特性预测也能够通过仿真实现，则将大大加快新材料、新机器、新工艺参数包的开发，减少研发成本和周期，获得个性化微观结构和控制材料属性将成为可能。金属增材工艺仿真的价值如图 16-7 所示。

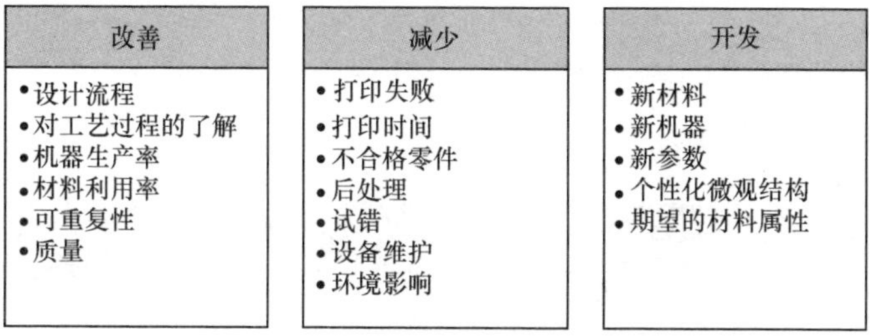

改善	减少	开发
• 设计流程 • 对工艺过程的了解 • 机器生产率 • 材料利用率 • 可重复性 • 质量	• 打印失败 • 打印时间 • 不合格零件 • 后处理 • 试错 • 设备维护 • 环境影响	• 新材料 • 新机器 • 新参数 • 个性化微观结构 • 期望的材料属性

图 16-7 金属增材工艺仿真的价值

3. 增材工艺仿真的困难

虽然增材工艺仿真的价值巨大，但实现的难度同样巨大，主要困难包括以下几个方面。

（1）空间离散规模庞大，时间离散步长数庞大，计算时间长。

光斑尺寸之微，宏观尺寸之巨，它们之间的尺寸反差使得网格化离散的规模巨大。同时，打印件的打印时间一般比较长，小件以数小时计算，大件则以天计算，而热—固耦合仿真的时间步长为微秒甚至更小量级。以现有的计算硬件资源，实现打印工艺的模拟难度非常大。

（2）宏观、微观、介观并存的多尺度问题。

无论是从物理现象还是研究对象尺度，针对熔池内部的快速冷却凝固非平衡态的动力学研究都需要采用材料微观理论来进行。如何引入介观，将微观现象与宏观现象进行统一，则需要从多尺度的角度入手进行分析，如图 16-8 所示。

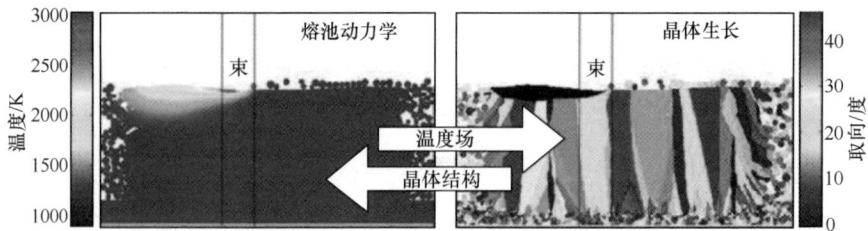

图 16-8　金属增材工艺多尺度现象

（3）物理过程机理复杂。

仅仅考虑熔池内的物理现象，金属增材打印就已经非常复杂，其中包含浸润、毛细作用、表面张力、马兰格尼对流、熔池动力学、相变等物理对象，如图 16-9 所示。其物理变化的准确机理和演变规律需在工程中利用试验来进行验证和总结，很难仅用物理控制方程完全预测和归纳。

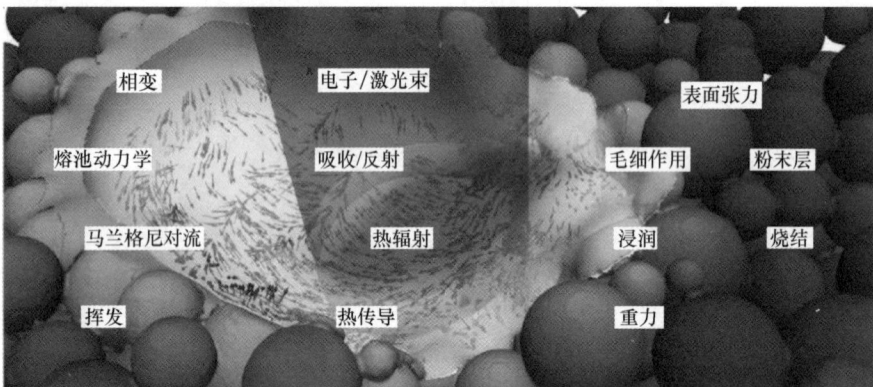

图 16-9　熔池内的物理现象

（4）涉及因素和环节多。

金属增材制造的质量不仅与金属粉末的质量和特性有关，而且与增材设计的可打印性、机器设备、打印工艺和打印参数包及后处理等都关系重大。

（5）不确定性和误差来源多。

由于环节长，涉及因素多，因而增材工艺仿真的不确定性和误差来源也较多。

4. 典型金属增材工艺的仿真

金属增材工艺除 SLM、EBM、SLS 和 DMD 外，还有衍生的工艺方法，如 LBW、

EBW、RPD 等。本书以比较流行和常用的 SLM（粉末床熔化工艺）为例，来介绍金属增材工艺仿真。

SLM 仿真是一个非常复杂的典型多尺度和多物理场分析过程，如图 16-10 所示。多尺度体现在从宏观到介观再到微观的尺度跨越，多物理场则需要对成型温度场、气场（保护气体）、熔体流场（熔池流体）、速度场（铺粉过程）及打印结构的固体应力和变形场等进行分析，其可应用于金属增材制造成型的每个阶段。

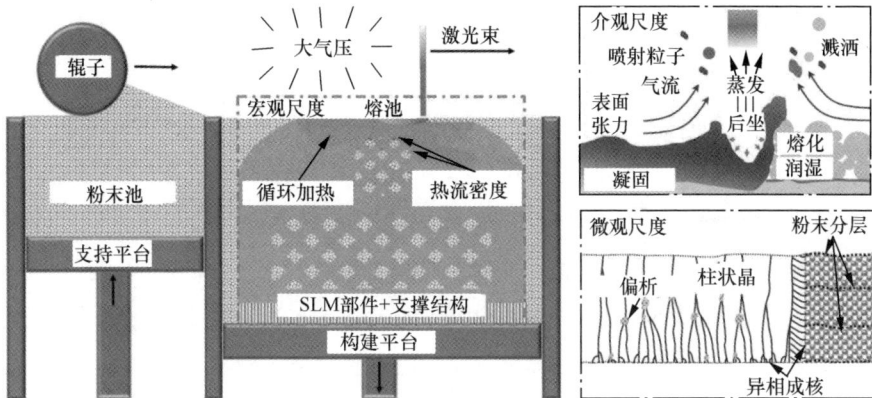

图 16-10　SLM 仿真过程中涉及的多尺度和多物理场

（1）宏观尺度的工艺仿真过程。

宏观尺度的仿真分析主要是针对零件成型的工艺仿真，对成型过程中的应力应变、成型温度场以及成型过程中可能存在的风险给出预测。宏观分析的对象是打印件自身和工艺设计的支撑对象，也可能包括基板和必要的机器设备信息（如激光光源）。根据工艺仿真算法的不同，目前应用于宏观尺度的金属增材工艺仿真的方法主要有两种，即温度与结构耦合（热弹塑性）的有限元分析方法和固有应变有限元分析方法。宏观尺度工艺仿真分析结果通常包括：部件和支撑的变形和残余应力（去除支撑前/去除支撑后）、逐层应力和变形、变形补偿、刮板碰撞检测、高应变区域和基于应力优化支撑等。

（2）介观尺度的熔池和粉末分析。

介观尺度的仿真分析主要是针对熔池和粉末的分析，包括熔池流动性、熔池大小形貌以及粉末的流动性、粉末传热和熔化后的蒸发、飞溅等现象，需考虑熔池内部的表面张力、毛细作用、浸润及马兰格尼对流等现象，目前主要有等效热耦合和CFD等方法应用于该分析。可通过熔池动力学预测溶化过程及凝固过程，获取相变历程、温度历程及凝固冷却速率。

目前应用于介观尺度的金属增材工艺仿真的方法主要有两种，即熔池内部不考虑粉末尺度的方法和考虑粉末影响的方法。介观尺度的仿真分析通过模拟较小尺度熔池内部的流动和传热，除了预测温度、温度梯度及冷却速率，还可以预测表面质量、层间黏性力、孔隙率等。介观尺度的工艺仿真一般是单道扫描对象，极少进行多道扫描，得到的结果可以修正宏观仿真结果，也可以作为后续微观尺度分析的输入。

（3）微观尺度的组织仿真。

利用宏观或介观尺度仿真分析得到的温度梯度或凝固冷却速率进而进行微观尺度的仿真，它可预测制品的晶体组织形态、晶粒大小与取向，以及缺陷和性能等。目前主要用到的方法包括相场法、自动元胞机法等，不同的方法各有特点和限制条件。

金属增材制造过程获得的微观组织结构将直接影响成型件的性能，因此获得高密度和具有良好晶粒取向及大小的晶体组织是金属增材制造的重要目标。受金属增材制造复杂过程的影响，晶体的仿真分析也具有相当的难度。

通过宏观分析或介观分析得到温度场或相变结果数据后，可进一步计算得到热梯度、固化速率、冷却速率和形态因子，这是微观尺度进行金相组织仿真的输入参数。

微观尺度的组织仿真通常包含确定性方法、概率法和相场法。确定性方法通常有前沿跟踪法，概率法则包含蒙特卡罗法和 CA 法。确定性方法和概率法在模拟晶粒生长时都需跟踪固液界面，以此仿真枝晶的形貌，但对三维形貌仿真有一定困难。相场法以金兹堡—朗道理论为基础，用微分方程体现扩散、有序化势和热力学驱动的综合作用，采用统一的控制方程，不必区分固液相及其界面，因此能够直接仿真微观组织的形成。相场法和自动元胞机法是微观组织仿真常用的两种数值仿真方法。

（4）金属 SLM 增材工艺宏观、介观、微观尺度仿真分析的关系。

金属 SLM 增材工艺宏观、介观、微观尺度仿真分析的关系如图 16-11 所示。

5. 增材工艺仿真的其他关注方向

增材工艺仿真目前比较关注的应用还包括以下专题，其细节不在此赘述。

- 特殊后处理（如热等静压）、热处理对宏观变形和消除残余应力影响的分析、微观仿真（如致密度提升及金相组织改善仿真）、后续机加工工艺过程仿真、流内表面光滑仿真等。

- 宏观仿真中的支撑处理和等效仿真，包括体支撑、Cone（一种金属替代物）支撑和Block（块）面片支撑，后续更丰富的支撑也会在宏观工艺过程仿真中考虑。

- 微观金相组织模拟，这将直接支撑材料力学性能预测和评估。

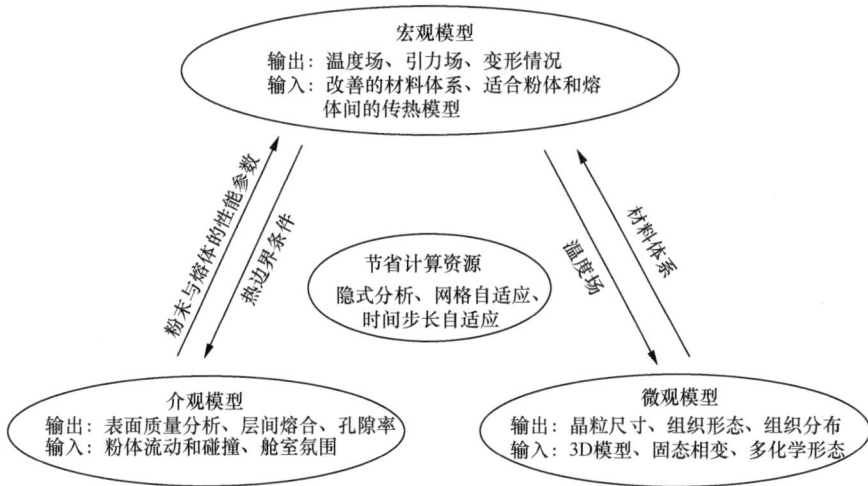

图 16-11 金属 SLM 增材工艺宏观、介观、微观尺度仿真分析的关系

6. 增材工艺仿真的发展趋势

增材工艺仿真的发展趋势主要在以下几个方面：

- 宏观尺度的增材工艺仿真将越发普及和工程化应用，增材设计、工艺和制造等全周期将逐步引入增材工艺仿真，以保证设计产品的可打印性；

- 材料—设备—被打印件—支撑设计和工艺设计—工艺参数包—宏观特性—微观特性—后处理—性能预测，整个过程将被流程化和平台化；

- 介观分析和微观分析将逐步从研究和科研阶段迈入工程化应用；

- 基于物理过程驱动的支撑设计及优化软件将逐步面世；

- 利用测试数据和仿真数据，AI 算法和多尺度算法将实现增材工艺的线下预测；

- 更多金属材料数据将被测试并收集，更多金属增材工艺方法将得到仿真。

第十七章

基于模型的数字试验

实物试验是基于实物的仿真，仿真是虚拟的试验，因此，与仿真体系相似，试验体系是正向设计体系的一部分。鉴于试验体系的特殊性，以及其对当前中国企业的重要性，本章将其进行单独介绍。数字试验体系不仅是工程仿真技术和工具在试验阶段的应用，还需要建立完整的体系和平台，同时，实物试验的数据管理也是数字试验体系的一部分。

一、数字试验的价值

随着现代技术的发展，产品越来越复杂。产品的性能和复杂性均不断提高，传统试验方法已无法满足客户对加速装备研制和部署、降低研制风险和成本、提高经济可承受性的需求。于是，在数字技术、仿真技术等飞速发展和广泛应用的推动下，从 20 世纪 80 年代起，各国开始寻求产品试验验证技术的变革，数字试验技术便是其中一项重要策略。

数字试验是一种贯穿复杂产品研制全生命周期，涉及关键系统数据产生、获取、分析和评价的系统工程。在产品研制过程中，采用数字试验技术可以解决大型试验设施能力不足问题，减少试验投资，缩短研制周期。例如，美国在研制第四代攻击机 F-35 项目时就提出目标：从设计到飞行试验全面数字化，研制周期比 F-22 缩短一半，风洞吹风试验次数减少 75%，试飞飞行架次减少 40%，定型试验周期缩短 30%。

数字试验是计算机仿真技术、科学计算可视化和虚拟现实技术有机结合的产物，是解决仿真、试验、计算结果可视化问题的有效手段。数字试验是在长期积累的大量数据、虚拟样机模型、动力学模型以及各种环境等三维模型的基础上，利用高性能计算机、网络环境、虚拟仿真系统和各种虚拟现实设备，建立能方便进行人机交互操作的环境，在此环境中对虚拟样机进行试验，用可视化的方法观察被测物体的性能及其间的关系，并对试验结果进行分析与研究。

数字试验能够减少研制过程的盲目性和不确定因素，增强决策的合理性和科学性。构建数字试验平台，不仅可以取代部分实物试验，对复杂产品或系统的设计方案进行分析和评估，以降低研制过程的盲目性和不确定性，增强决策的合理性和科学性，而且可以实现产品虚拟样机和实物样机在同一个网络化平台上得到验证、修改及优化。

以数字化研制技术逐步取代依赖于大量实物试验的传统研制技术，通过数字试验进行复杂产品系统研制是试验和测试技术发展的必然趋势。近年来，国外在数字试验验证技术领域发展迅速。虽然该技术仍处于探索、建立和完善的过程中，但该类技术发展迅猛，并且已经在产品研制周期的全过程中得到应用。

2006 年，波音公司举行了 787 客机虚拟首发式。整个 787 客机采用了完全的数字化设计、试验、装配，没有实物样机，总共有个 16 TB 的设计和试验数据，且在全世界协同研制。数字试验验证技术作为核心技术之一发挥了重要作用。787 客机的大型试验均在虚拟环境中进行，大大降低了研制风险，研制周期从 5 年缩短到 4 年。美军 F–22、JSF 等四代战斗机的气动载荷计算、油箱方案优化、流场分析等方面采用数字试验验证技术。美国航空业两巨头波音和洛马公司在竞标 JSF（联合打击战斗机）项目时，除设计新战机外，都建立了数字试验验证系统用以研发和测试新战机，并训练飞行员和地勤人员。在两家公司的飞机试飞前，已在虚拟系统上进行了数千小时的数字试验。

数字试验体系建设是我国科技发展的迫切要求。我国在数字试验验证技术领域的研究处于起步阶段，在技术、规范等方面的研究和成果与国外相比还存在较大差距。经过 10 年左右的发展，我国已经在某些系统的数字试验领域取得了一定进展，这对该领域的技术研究起到了示范作用，也为应用技术的研究奠定了基础。

当前，国家重大科技工程，如大飞机、探月工程、新一代运载火箭工程等，在规模、难度、新颖性、复杂性和综合性方面，都对数字试验体系提出了发展需求。为降低研制风险，对一些重要系统和关键技术必须进行数字试验与验证，验证其关键系统（如动力、控制、探测等）的性能技术指标及应用成熟程度，并对关键子系统在整机（系统）中实现的功能和作用等进行试验与验证。

如今，数字试验验证技术正朝着规范化、集成化、体系化的方向发展。企业的当务之急是构建数字试验支撑软件平台框架，制定出适合高端复杂产品研制试验需求、自顶向下的数字试验验证标准规范体系，进而推动产品研制技术的变革。

二、常见的数字试验

即使产品仿真和工艺仿真可以在计算机中对产品和工艺进行虚拟运行，确认了产品和工艺的可行性和合理性，在实践中也仍然需要进行实物试验，作为一种最终确认，这通常也是国家和行业的规范要求。此处的数字试验特指用仿真方法对试验过程进行模拟，以提高试验策划、方案设计及试验执行的效率，对试验结果的解读也大有裨益。这种以数字化技术改进实物试验的方法，将过去纯粹的实物试验方法升级为虚实结合的验证方法，如图 17-1 所示，是试验和测试技术发展的必然趋势。

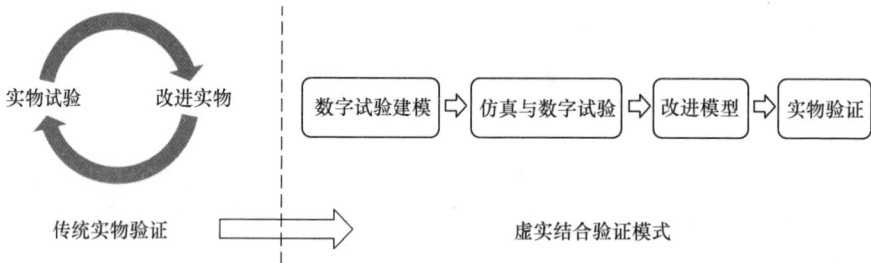

图 17-1　数字试验过程

图 17-2 展示了几例常见的数字试验：数字风洞试验 [见图 17-2(a)]、汽车数字试验场 [见图 17-2(b)]、电子产品跌落试验 [见图 17-2(c)]。

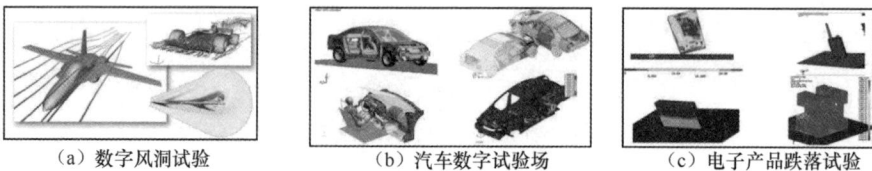

（a）数字风洞试验　　　（b）汽车数字试验场　　　（c）电子产品跌落试验

图 17-2　常见的数字试验

三、数字化试验体系

数字试验是指在数字的试验环境条件下，利用计算机技术、建模技术、仿真技术、通信技术、网络技术和数据管理技术，对建立的各种组件或系统的数字模型进行数字化的试验，它是评估和验证产品组件或系统的性能是否达到预定设计要求的活动。数字试验体系能够把设计验证的模式从传统实物验证转变为"试验建模→仿真与数字试验→改进模型→实物验证"的虚实结合模式。

可以考虑从以下几个方面入手进行数字试验体系的建设。

① 构建数字试验软件支撑平台，搭建数字试验环境。在数字试验软件支撑平台上，试验者能够将试验产品（数字原型）"安装"在数字试验环境下进行"试验"。借助仿真技术、交互式技术和试验分析技术，设计者在设计阶段就能对产品运行性能进行评价或体验。

② 通过构建试验模型库及数字试验样机管理机制，解决试验模型的统一管理、改进等问题。

③ 数字试验过程和任务能被统一管理和调度。工程师能够通过交互界面完成数字试验的数据监视与执行控制。

④ 通过构建试验评估机制，实现数字试验结果的分析、评估与参数修正。对数字试验过程中收集到的数据进行分析，确定试验结果的合理性，分析试验参数的灵敏度，为产品设计和实物试验提供支撑。

⑤ 进行数字试验数据的全生命周期管理，获取外部实物试验数据，并进行虚实对比分析。

⑥ 研究我国高端复杂产品的数字试验验证标准规范体系。

综上所述，通过构建数字试验软件支撑系统，工程师应能够在平台上管理数字试验样机，搭建数字试验环境，调度试验任务，开展各种数字试验，评估试验模型和结果，并把试验数据管理起来。

四、数字试验平台

企业根据建设思路，搭建数字试验的数字化支撑系统，同时应建设数字试验验证标准规范体系、数字试验平台、高性能计算及基础 IT 平台、数字试验平台与试验数据管理系统的接口。数字试验体系整体业务框架如图 17-3 所示。

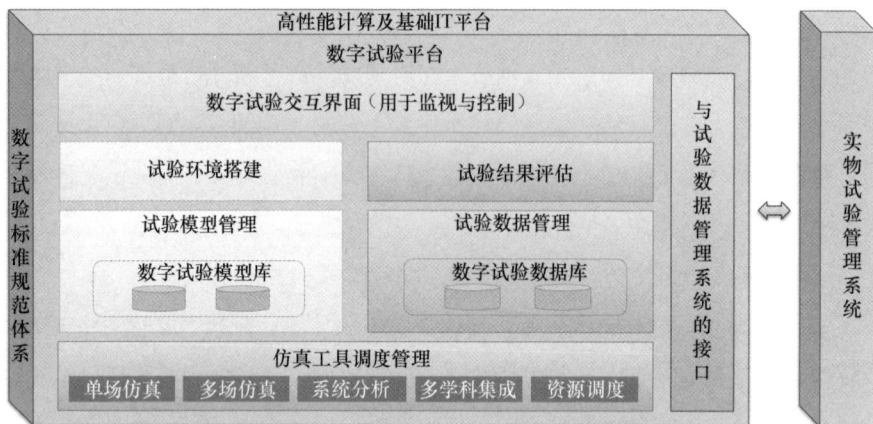

图 17-3 数字试验体系整体业务框架

数字试验平台由数字试验交互界面、试验环境搭建、试验结果评估、试验模型管理、试验数据管理、仿真工具调度管理以及与实物试验管理系统等模块组成。如表 17-1 所示。

表 17-1 数字试验平台的模块组成及其主要功能范围

序号	模块	主要功能范围
1	数字试验交互界面	实现数字试验任务的统一管理、数字试验的监视与控制。主要功能包括： ① 数字试验数据监视； ② 数字试验控制（人机反馈）； ③ 数字试验任务统计； ④ 数字试验任务状态管理
2	试验环境搭建	完成试验对象、设备、环境的配置，试验数据的采集，人机接口及仿真引擎的设定。主要功能包括： ① 试验对象设定与配置； ② 试验设备与环境配置； ③ 测试与控制（数据采集）； ④ 人机接口设定（操控）； ⑤ 仿真引擎设定（计算类别）
3	试验结果评估	对数字试验的结果数据进行分析，并将数字试验数据与TDM系统中的实物试验数据进行对比分析，确定试验结果的合理性及试验模型的正确性，为试验模型的改进提供依据

续表

序号	模块	主要功能范围
4	试验模型管理	实现数字试验模型的定义、存储与管理。主要功能包括： ① 数字试验模型定义； ② 软件驱动接口； ③ 软件间数据模型接口； ④ 数字试验模型统一管理； ⑤ 数字试验模型版本管理； ⑥ 数字试验模型全生命周期管理
5	试验数据管理	对数字试验数据进行统一管理。主要功能包括： ① 数据统一管理； ② 数据检索； ③ 数据可视化； ④ 数据对比分析
6	仿真工具调度管理	实现仿真工具的和调度与管理。主要功能包括： ① 仿真工具管理； ② License（许可证）资源整合； ③ 硬件资源整合； ④ 作业调度，多用户多任务并发； ⑤ 简化高性能计算操作
7	与试验数据理系统的接口	用于获取外部实物试验数据

数字试验标准规范体系应包括虚拟模型描述方法、数字试验过程的组织管理方法、数字试验数据分析方法、数字试验模型校验和修正方法等相关标准规范。

五、数字试验的关键技术

数字试验体系的关键技术介绍如下。

（1）数字试验验证体系构建技术。

该技术主要研究产品数字试验验证体系的描述方法、试验验证体系中多系统的边界描述和状态涌现机制、数字试验系统组织规范和接口管理等问题。

（2）数字试验中间件技术。

该技术主要研究将"虚实结合"起来的通信转换、映射和发布机制，包括实物、半实物、数字模型和系统之间的异构消息映射和状态更新技术研究，试验模型的交互性、可重用性和可组合性研究。

（3）数字试验过程可视化技术。

该技术解决的问题是如何在试验模型的驱动下，运用先进的虚拟现实技术构建一个逼真环境，为进行可视化验证提供技术支撑。

（4）数字试验综合环境生成技术。

该技术用于研究数字试验综合环境数据表示模型、数字试验综合环境数据编码规范、空间环境参考模型、综合环境接口规范和传输格式等。

（5）数字试验 VV&A 技术。

该技术用于研究数字试验验证过程中试验模型的验证和评价方法，对从试验模型的产生到使用过程进行全寿命的验证和评估，确保数字试验验证过程的可信性。

（6）虚实试验数据融合技术。

该技术用于研究在数字试验验证过程中不同的信息获取方法，支持实物、半实物和数字试验的数据采集，并在此基础上进行数据分析。

（7）数字试验样机（VTP）技术。

VTP 是近年来从虚拟样机概念延伸而来的一种新型复杂产品试验验证技术，是一种基于集成化产品和过程开发策略的试验验证手段。VTP 将系统建模方法、系统集成分析和验证方法有机地结合起来，构建支持复杂产品数字试验验证的模型簇，为产品开发过程中的试验验证提供数字化的模型生成、表现、评估标准规范，并为在此基础上构建的数字试验验证应用系统提供模型和数据来源。VTP 技术的研究为在虚拟样机和试验样机之间的模型映射和数据交换提供了技术基础。

（8）数字试验验证分析、评估与参数修正技术。

该技术主要对试验过程中收集到的数据进行分析，确定试验结果的合理性，分析试验参数的灵敏度，为产品设计和实物试验提供技术支撑。

六、试验数据管理

现代企业的试验数据总是以数字化手段进行保存和应用，所以我们将实物试验的数据及其管理视为数字化试验体系的一部分。现代企业一般已经投入了大量的资金与精力进行各类试验条件及设备的引进、升级等工作，在基础硬件能力方面有了很大提升。但随着工作任务的增加，仅凭借现有手段企业已无法满足日益增长的试验任务需求。

1. 企业试验体系的特点

目前企业试验体系的特点如下。

① 试验大都具有规范的流程作为指导，企业对试验从立项到完成分析报告的全过程进行管理，各环节负责人、责任承诺时间、审核人、各环节权限控制等都被严格定义，规范的流程确保试验按照计划顺利完成，并保障整个试验过程数据的完整性。

② 试验往往与产品设计、仿真、优化等业务紧密相关，试验负责人需要与产品设计、仿真等部门协同，必要时还需要和外部企业的相关部门协同。

③ 经过几十年的不断积累，企业获得了大量的试验经验与知识。

④ 通过在线采集的试验数据一般具有量大、格式复杂等特点，很难直接应用，必须经过专门的数据处理与分析之后才可应用。

⑤ 试验任务繁多，经常面临试验资源冲突情况。随着企业承担型号任务的增加，试验任务也随之增加。试验资源有限，经常面临高峰时期多个部门争夺同一台试验资源而低峰时期试验台闲置的情况。

2. 企业现状与差距分析

总的来说，目前国内企业试验管理与国外先进企业之间的差距表现在以下几个方面。

（1）试验管理系统存在差距。

目前，企业缺乏针对产品试验全过程管理的数字化试验平台，试验业务中产生的有价值数据没有很好地被收集、整理和保存。同时，围绕各部门之间的协调配合，企业也没有建立比较好的数字化管理机制。

（2）试验任务管理存在差距。

随着企业承担的科研任务急剧增加，凭借人工手段管理及数据统计录入已无法满足试验任务的需求，占用了试验人员有限的时间，制约了试验效率的提高，影响试验任务的整体安排与计划调度。

（3）试验流程管理存在差距。

企业试验流程较为杂乱，主要原因是企业承接的任务类型比较复杂。有的检验方法根据委托方指定的检测流程，有的则根据国标、军标、行业标准、企业标准制订的检验流程。

（4）综合测控管理存在差距。

一般企业试验设备种类繁多，如果全部采用人工导入、导出的方式来收集试验数据，势必将占用大量的人力。检测设备接口不同，种类复杂，同时由于产品类型存在较大差异，导致试验设备与测试设备配套不固定，测控系统组合多样，时常出现因设备更换造成的数据采集不成功的情况。

（5）试验数据管理存在差距。

企业各个试验室的数据都是分散且孤立存储的，没有专业的试验数据中心，缺乏数据汇总的能力。试验数据花费巨大代价获得，重要数据应长时间保存。由于无法预见数据将来的用途，因此试验数据清晰和永久保存的重要性容易被忽视，人为因素导致版本混乱甚至数据遗失的情况也时有发生。在新时期产品研发过程中，很多试验都需要多个部门共同参与完成，因此试验结果数据也需要在多个部门共享。但由于数据格式种类存在较大差异，缺乏统一的数据存储、访问、显示、处理机制，造成不同人员、不同软件工具之间无法共用数据，带来极大不便。

（6）试验知识管理存在差距。

近年来，随着试验水平的整体提升与数字化技术手段的深入应用，部分企业对于试验重要文档、结果与报告能够进行很好的管理与保存。但除此之外，仍有大量的试验过程信息、文档、经验知识没有被有效收集。目前仍采用纸质和人工的管理方式进行记录和传递，没有随着试验任务交付物进行归档，造成大量信息丢失，给单位过程知识的积累造成困难，不利于试验后期的分析、追溯与反演。

3. 试验管理体系的目标

试验管理体系的总体目标：以企业试验业务管理需求为依据，结合数字化建设现状和将来发展趋势，采用架构式平台化思想，构建试验管理体系；以先进的技术条件为依托，建立具备高性能、可操作性强的专业试验工具，提升试验数据获取的实时性、共享性和利用率，提高企业试验业务的管理水平与效率；实现缩短试验周期、提高试验效率和质量，有力地支持企业型号的研制。

具体目标如下。

① 实现试验业务全过程综合管理，将试验业务有关的各项管理工作有机结合成为一个整体。

② 建立高效的试验数据收集和规范化管理手段，减少试验人员工作量。

③ 建立试验数据共享机制，保障数据存储的完整性与安全性。

④ 建立试验知识中心，实现试验知识与经验的积累、共享与应用。

⑤ 建立完整的试验资源管理体系，提高资源利用率与共享度，减少资源冲突，减少人工协调工作量。

4. 试验管理系统

建立试验管理系统是上述诸多问题的解决方案，也是试验管理体系的数字化载体。建设一个企业级的测试试验平台，集中管理与协同试验过程，实现试验全生命周期管理，使委托申请、任务建立、设备调度、试验计划、数据管理、值班管理、计量检定、检测表单管理、报告生成与管理、信息统计等与试验业务有关的各项管理工作有机结合成为一个整体，从而提高企业试验业务的管理水平与效率。

试验管理系统包含任务管理、流程管理、数据采集、数据入库、数据存储、数据应用、资源管理、知识管理、综合管理、系统管理、接口管理以及系统扩展共十二项管理功能，对涉及的系统及部件试验业务全过程中的信息、数据、资源、文档进行综合管理。

试验管理系统功能架构如图 17-4 所示，以下主要介绍试验过程管理、试验数据管理、试验资源管理与试验知识管理。

（1）试验过程管理包括任务管理和流程管理。

① 任务管理。

任务管理具备完善的试验任务、计划管理功能，可实现过程管理、数据追溯及成本核算功能。其能够实现试验和测试任务书的获取，根据任务书要求进行工作分解、人员安排及资源调用，能够跟踪和统计进度。

② 流程管理。

流程管理是试验管理体系建设的重要组成部分，它除了具有独立的流程管理、执行功能，还要与任务管理相关联，共同完成试验全过程管理。用户可以根据试验作业指导书和相关规范整理试验流程，如图 17-5 所示。

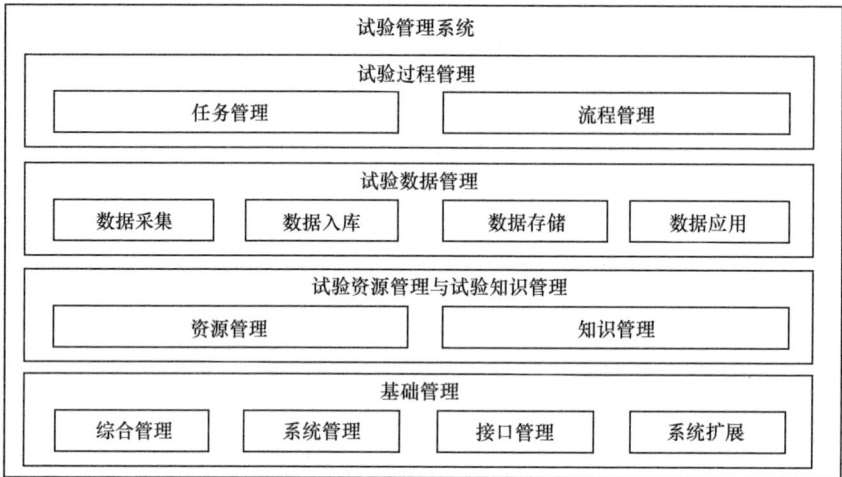

图 17-4　试验管理系统功能架构

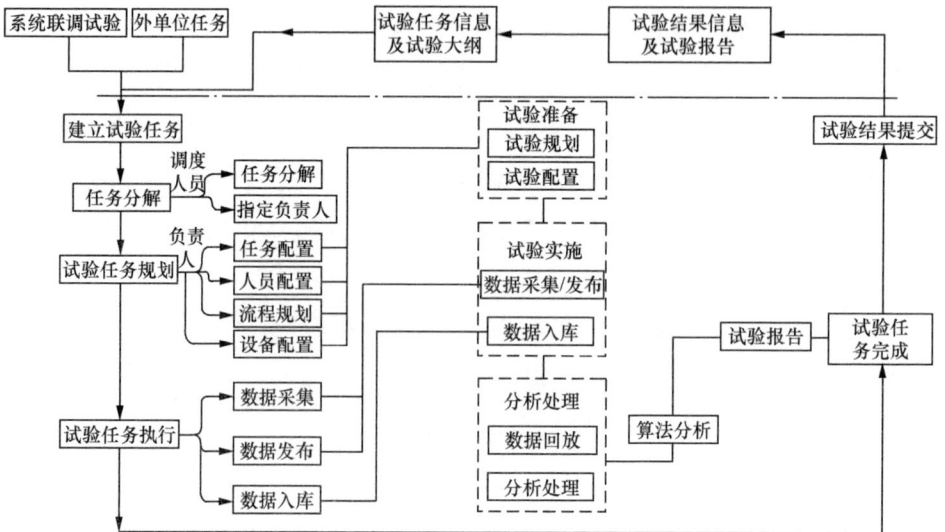

图 17-5　产品试验流程

计算机可以固化流程，并利用专家经验控制流程，形成可以自动执行的智能化流程。流程固化后可以保存为流程模板，不断积累形成流程模板库，试验全过程流程模板如图 17-6 所示。

流程管理主要功能介绍如下。

• 试验流程定义。

系统具有流程设计能力，可以根据需求任意设计试验流程，具备流程节点自定义、流程节点任务分配、流程版本管理、流程表单管理、流程过程控制、可视化流程编辑功能。流程设计过程中，流程节点与表单动态关联，允许对同一个表单设置多个试验流程；可以随时发起变更申请，经审批通过后实现变更。

• 流程监控与待办提醒。

流程执行在 Web 中进行，具备流程监控、消息提示、过程控制、附件上传等功能。试验流程监控功能使试验负责人能够实时了解流程进度。用户在流程启动后可以给相关人员发送提醒消息，在流程执行过程中发送待办流程提醒，也可以通过该页面快速进入流程办理页面，执行相关操作。

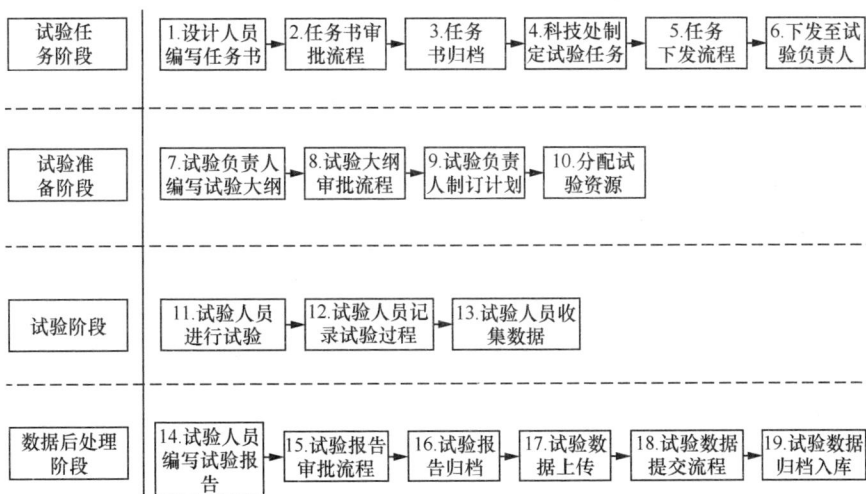

图 17-6　试验全过程流程模板

• 试验文档审签管理。

试验人员能够灵活发起文档审批流程，并可随时对文档审签流程进行查询与监控，从而实现文档高效审签与信息的无纸化传递。

（2）试验数据管理。

试验管理体系的核心内容是实现试验数据的结构化管理。可通过实时试验数据采集与监控系统的建设，保障试验数据获取的及时性。使用者可通过网络，实现对试验设备统一监控、数据采集、远程发布、数据入库、试验过程的远程监视和试验设备的调度管理。

① 数据采集。

不同试验所采用的试验数据采集系统存在一定差异，因此所生成的数据格式、数据存储结构以及数据的压缩程度有所不同。建立高效的试验信息收集和规范化管理手段，实现检测数据的自动化获取和实时入库，需要对各个试验室测控采集系统进行更新和数字化改造，提升试验数据的共享能力，减轻检测人员数据录入的工作量。

② 数据入库。

为实现试验数据的快速入库，系统提供与采集设备集成、Web 页面录入、手动导入、自动导入等多种数据入库方式。系统可按照用途对数据进行归纳合并，参照国际通用的工程数据格式标准（如 ASAM），针对每种数据制订专门的数据文件存储格式，形成规范、统一的数据格式标准。系统提供对开放式数据服务的支持，支持将符合 ASAM-ODS 标准的 ATF 文件解析入库到试验管理体系，支持 classic 和 xml 版本的 ATF 文件。

③ 数据存储。

应将分散的、不同种类的数据利用统一格式进行存储，并能够选择格式导出，以便于业务系统中的各种工具获取、处理、传输和显示。

对数据进行分类管理，包括试验任务书、试验大纲、操作规程、试验计划等试验任务信息，试验方案、试验报告、试验数据等结果文档，以及试验案例、试验算法等试验总结文档。

试验管理系统将各类文档与产品型号、试验任务相关联，提供对非结构化文档的上传、查询、浏览、下载、全文搜索等功能。

④ 数据应用。

通过系统可以进行试验数据查询、展示、导出、统计、对比、处理、报告生成等应用。数据应用提供数据显示浏览、全过程反演、数据查询、对比、挖掘功能，实现对试验数据的充分共享。通过对以往试验数据的重新整理、归纳及综合分析，能够为型号优化提供支持。

（3）试验资源管理与试验知识管理。

① 资源管理。

资源管理对试验资源（包括仪器设备、试件/样品、物料等）基本信息进行管理和调度，同时针对试验过程中用到的试验室环境、试验团队以及试验人员的资质和培训进行管理。

企业各试验室的试验设备，如测量仪、传感器、振动台等，可通过网络进行集成管理。建立综合测控指挥中心，实现测控软件的一体化的管理，能够使试验人员对网络中的试验设备进行配置、集中控制、统一监控、数据采集、检测信息记录等操作，提高试验中心自动化水平、数据收集的工作效率与准确率。

针对资源数据，动态定义资源数据之间的关联关系、资源数据与其他数据之间的关系、数据校验规则、查询分类树和查询视图，然后通过导入或手工录入的方式将资源数据保存到系统中，从而实现灵活的、全面的、可扩展的资源数据管理，可在线浏览试验设备状态、试验设备校验与使用情况等。

② 试验知识管理。

试验管理系统将长期积累的基本公式、经验数据、技术文档、试验标准、规范文档、时效分析经验、工艺图片等知识型文档进行合理规范管理与共享，充分发挥各种试验知识的应用效应。

第十八章

基于模型的产品平台

正向变革的驱动力是数字化模型，规范化地建立和使用模型是其核心特征。今天，任何一家制造业企业都具有大量科技资源，其中产品资源和技术资源是两类最具模型化特征的资源，通过对产品和技术资源的模型化和归一化，形成普遍适用的通用模型，可以明显提升产品研发的效率和质量。产品平台就是基于通用模型进行产品研发的一种有效方法。MBSE 方法为架构设计阶段提供了基于模型的正向设计方案，产品平台则为物理设计阶段提供了基于模型的正向设计方案。

一、产品平台的提出背景

很多国内企业在技术研发上由于没有长期持续的投入和努力，故而普遍缺乏核心技术。与之伴随的另一个突出问题是，对企业既有的支持产品开发的技术资源缺乏积累和系统性的规划与建设。企业一般会制订产品发展目标及具体开发计划，但很少在产品模型库建设、产品线规划及平台战略上下功夫。

如果企业缺乏明确和具有前瞻性的产品平台规划和产品线规划，产品开发就会没有路线图，产品开发人员将无规可守，无章可循。设计人员在不知道该产品在公司未来规划中所处位置的情况下定义和开发产品，其结果必然是各个产品各自开发，不能形成一条体系化的产品线。而如果企业不能按恰当顺序开发并投放新产品，则往往错失良机。在市场压力下，如果企业企图将所有产品都做出来，摊子铺得太大，则会发现自身不具备充足资源，处处受制，困难重重。

部分企业的业务可能呈现以下现象：

- 产品线多，各线之间缺乏良好的共享机制，重复、低价值的产品开发较多；
- 项目众多，定制开发量很大，以前的成果不方便借鉴；
- 项目和产品越来越多，却没有规模效应，成本上升，利润下降；
- 新产品或项目开发压力很大，质量和稳定性易出现问题；
- 核心技术无法得到发展和持续提高，容易被对手超越。

为了解决以上问题，业界提出了产品平台理念和方法。产品平台是企业的系列产品所采用的共同技术要素的集合。这些共同要素也称通用构建模块（CBB），包括共用的系统架构、子系统、模块/组件、关键零件、核心技术等。产品平台可以帮助企业实现快速产品设计，并促进核心技术持续提升。

二、核心理念：细腰型架构

如果企业采用了基于模型库的产品平台，那么其研发体系会表现为一种细腰型架构，如图 18-1 所示。这种架构的特点如下。

① 上层产品丰富：面向客户的产品系列多，满足客户个性化和多样化。

② 中间平台较少：产品平台数量尽可能少，但产品框架适用性较强，能够支撑上层产品的各种变化。

③ 下层货架丰富：包括技术货架和产品货架，丰富的货架是产品平台适用性和灵活性的保障。

以产品平台为基准，企业为快速满足客户个性化要求，采用尽可能少的产品平台，发布尽可能少的产品版本，从产品货架和技术货架上提取成熟的公共模块和技术，以接近批量化生产的成本满足尽可能广泛的客户群需求，兼顾批量化与个性化的优点。同时，企业牵引技术货架和产品货架的发展，并通过核心技术与关键技术的突破，推动平台的升级换代，保持核心竞争力，带来利润的持续增长。

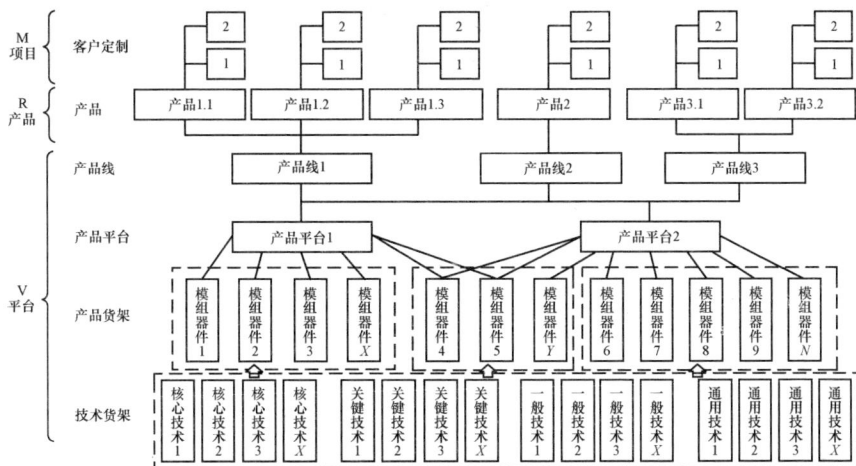

图 18-1 基于模型库的产品平台的研发体系的细腰型架构

三、产品平台的建设

1. 核心建设内容

五类核心资源库是产品平台的建设主体：技术分类库、技术货架库、产品模块库（BB库）、产品货架库（CBB库）、产品平台。这五大核心库的成熟度和标准化水平依次提高，也反映了企业产品平台体系的建设顺序。并非只有建立完整的产品平台才能支撑产品研发，而是每建设一层就能获得相应的效益。任何制造业企业都可以在本体系中找到一种最适合自身的产品平台方案。

（1）技术分类库。

技术分类库是从企业产品或项目开发中提取技术，按照一定规则分类存储所形成的技术储备库。技术基础较薄弱或暂时无法大规模建设产品平台的企业，可以先建设技术分类库，把企业所有技术进行分类整理。其价值在于摸清家底，对企业的技术优势和劣势进行全面梳理和分析，从而为技术复用和针对性技术改进提供依据。

（2）技术货架库。

技术货架库是一系列成熟且标准化技术的合集。这些技术可以是一般技术、关键技术、核心技术，也可以应用在不同产品之中。技术货架库可以自成体系，也可以向产品平台输出成熟的技术资源，与平台一起构成更大的体系。技术货架库可以按照不同的分类模式进行组织，可以按照不同的技术成熟度形成分层结构，也可以按照产品结构树的形式分类。

技术货架库是技术分类库的高级形式。成熟度高、形式完备的技术树就是技术货架库，工程师可直接使用。技术积累较好，有一定规模的企业，可以尝试建立技术货架库。

（3）产品模块库（BB库）。

产品模块库可以按照企业的产品习惯划分，不必过多加工，其价值在于全面梳理企业的产品模块。在CBB梳理充分之前，可以用BB库在一定程度上加速企业的产品设计过程。BB库建设过程中，可以结合技术分类库或技术货架库，企业更加清楚地了解产品模块的优势和劣势，有针对性地加强研究。

（4）产品货架库（CBB 库）。

产品货架库是一系列产品通用构建模块（CBB）的合集。CBB 是指通用的产品模块，其特征是技术成熟度高、质量稳定、应用范围广。在产品中尽可能多地采用 CBB，能够大幅提高产品质量，降低成本，缩短研发周期。具有典型、规范结构形式的 CBB 集合，就形成了产品货架库。产品货架库可以自成体系，也可以向产品平台输出成熟 CBB 库，与平台一起构成更大的体系。

产品货架库是 BB 库的高级形式，工程师可直接使用。产品货架适合于技术力量强、多品种、小批量的制造业企业。这类企业通常没有固定的产品形式，客户定制较多，一般无法建立形式完备的产品平台，而产品货架基本就是平台化的最高形式。

产品货架库也可以按照不同的分类模式进行组织，可以根据企业的需要进行定制，可以按照不同的技术成熟度形成分层结构，也可以按照产品结构树的形式分类。

（5）产品平台。

产品平台是整个系列产品所采用的共同技术要素的集合，包括共用的系统架构、子系统、模块 / 组件、关键零件、核心技术、基本技术等。其特征如下。

① 具有业务逻辑。产品平台是针对一个产品系列的，即每一个产品型谱拥有一个产品平台。该平台可以是整机的开发平台，也可以是重要部件、组件或子系统的开发平台。

② 综合性强。其大部分内容来自技术货架与产品货架，并且与需求、指标等相关联。产品平台需要定制的部分要给出明确的界定，如功能、范围、接口、所使用的技术等。

③ 成熟度高。产品平台来自产品货架和技术货架的比例越多，定制开发的比例越少，说明产品平台的成熟度越高，开发出的产品成熟度也越高。

产品平台适合于大部分制造业企业，企业的技术水平、面临的市场压力、组织结构、企业制度、资金实力等因素决定了产品平台的水平。平台是分层次的，可以从技术分类库一步一步建设起来。技术水平高的企业可以直接从平台框架入手建设，各核心库可以分步或同步建设。

2. 平台开发方法

图 18-2 给出了产品平台规划、开发、应用、维护和监控的路线。

本路线图中，"开发"是核心，有两种路线：自底向上法和自顶向下法，如图 18-3 所示。

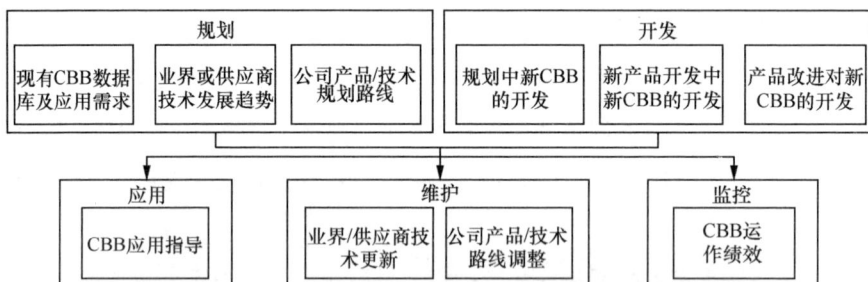

图 18-2　产品平台规划、开发、应用、维护和监控的路线

图 18-3　产品平台的两种开发路线

对于企业的产品成熟度不高、企业对产品的理解或分析尚不透彻的情况，建议采用自底向上法（基于企业已有的产品和项目数据总结并归纳产品货架）。

对于企业的产品成熟度高、企业对产品的理解或者分析较为透彻的情况，可以采用自顶向下法（基于企业战略规划和产品需求分析、规划与建设产品平台）。

四、产品平台的数字化

数字化平台的目的是将梳理成功的产品平台及各类资源录入软件系统中并与业务系统结合，以支持新产品高效和高质量的开发。

数字化平台分为应用层、功能层、管理层、资源层、系统层等5个层次，如图18-4所示。

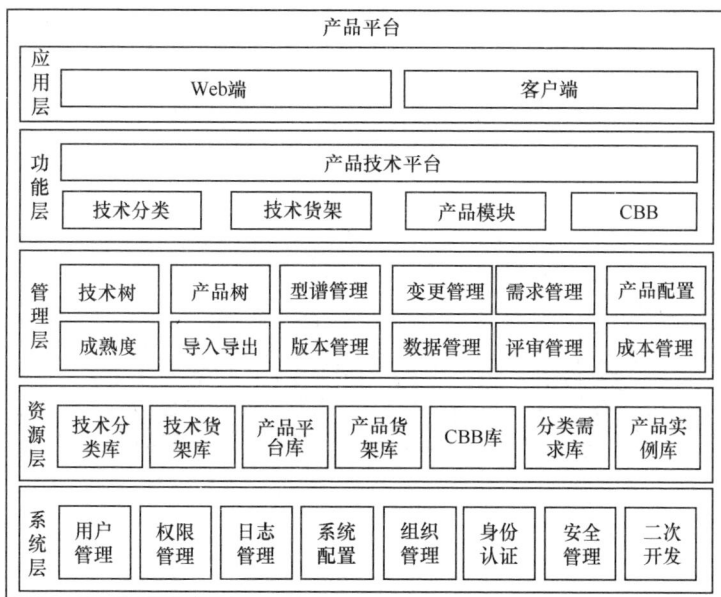

图18-4　产品平台架构

（1）应用层针对用户，是设计人员的使用界面和功能入口，可提供 Web 端和客户端两种登录方式。

（2）功能层提供产品平台的建设及应用所需的功能。5 类核心库的应用步骤和所需功能不同，平台将 5 类库的功能进行整合，以较少的功能模块满足了 5 类库的不同需要。

（3）管理层提供对资源的管理，如变更、差异分析、成熟度评价、配置管理等；

同时提供对功能层的支撑，如技术树管理、产品树管理、型谱管理等。

（4）资源库是整个系统的核心，所有工作都围绕这个库展开。对企业来说，根据企业不同的技术状态和研发特征，可以选择最适合的核心库进行建设。这些库皆可以独立建设和运行，组合使用则能发挥出最大效能。

（5）系统层是系统管理和配置方面所需的功能。

五、基于平台的总体论证

系统设计属于总体设计过程，但这个阶段的产出物是系统架构，尚未形成几何样机。产品设计终归要形成几何样机，所以，在进入物理设计之前，需要以某种方式进行基于几何样机的初步论证，以确认总体设计的合理性。基于模型的产品平台便可以协助总体设计师实现这一目的。以飞机为例，图18-5给出了产品的总体论证流程。总体论证包括外形设计、总体布置、总体工程分析等的论证。在飞机概念阶段，总体论证不求详细和精确，但追求速度与效率。

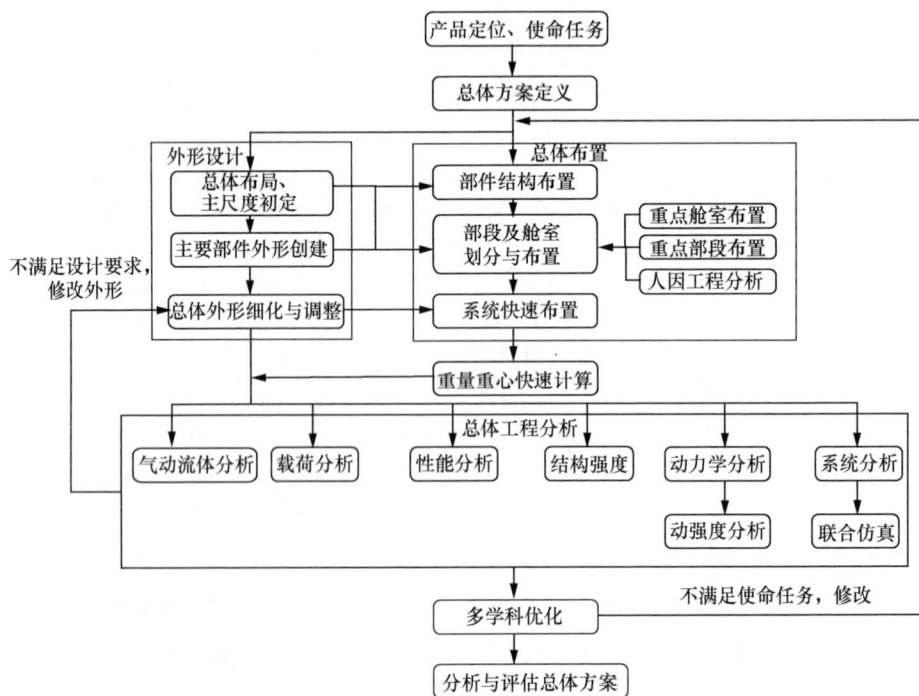

图 18-5　产品的总体论证流程

研发企业的总体部以前主要利用电话、会议和文档的交流方式，通过组织和协调专业室人员完成总体论证，非常耗时，论证效果却不如人意。企业总体部需要一个总体论证系统，总体设计人员需要能够在较短时间内快速创建复杂产品的参数化三维概念模型，并能针对概念模型进行快速工程分析和多学科优化，实现对不同方案的快速设计和对比分析。先在总体部内部小范围快速论证，获得基本结论后再协调各专业室确认和修订，可以提高总体论证的效率和质量。

利用工具可以进行产品方案定义、方案快速建模、方案快速工程分析、多学科仿真优化、方案对比分析与评估。工具需要集成用户的自研程序、工程算法、商业分析软件、工程数据库等现有成果与经验。

1. 产品方案定义

基于产品研制需求和使命任务等信息，实现研制需求、总体战技指标、总体设计方案、关键技术和分系统方案的快速定义，确定方案的主要输入内容，为方案设计和分析提供输入数据。

2. 方案快速建模

方案快速建模包括外形参数化设计、结构快速设计、舱室划分与布置、系统布置、人因工程分析等（建模实例见图18-6）。复杂产品三维模型须包括总体布局外形、主要部件结构及总体连接结构、部段及舱室划分与布置模型、系统设备布置模型。可通过参数化方式快速创建具有行业产品特点的总体布局外形，基于外形模型可以布置各部件主要结构、内部部段及舱室区域划分、主要系统设备布置，通过自行创建和导入外部模型的方式实现产品方案三维模型的快速创建。用户可以通过修改设计参数的方式实现模型快速更新和关联模型的更新，

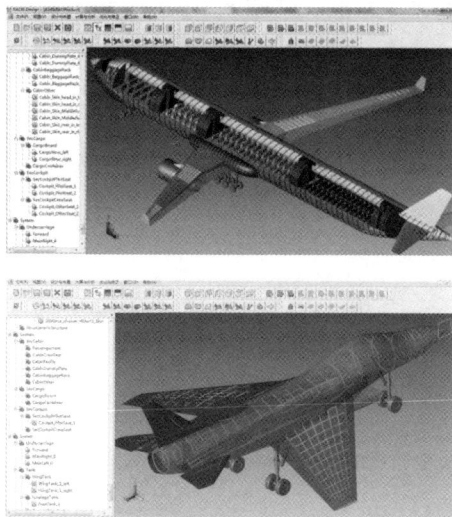

图18-6 总体论证实例

减少前期设计过程中因模型调整而导致的大量重复性工作。由于复杂产品的使用都需要人的参与，所以为了提高产品的易用性和使用效率，还需要针对产品方案模型进行人因工程分析，分析人员的生活与工作空间、使用环境条件等。

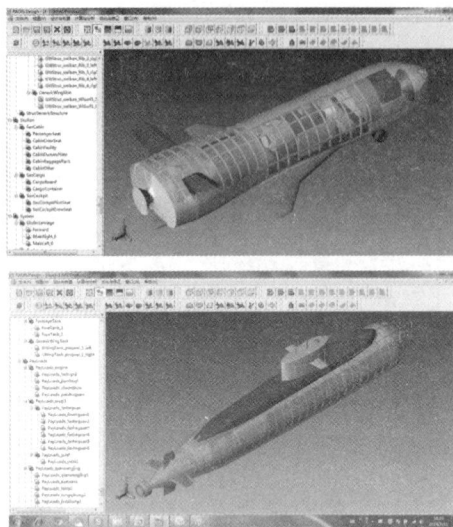

3. 快速工程分析

快速工程分析包括重量重心快速计算、气动流体分析、载荷计算、强度分析、动力学分析、性能分析、系统分析、装载平衡分析。复杂产品三维模型建立后，

图 18-6 总体论证实例（续）

为了提高产品方案的合理性并降低仿真分析与试验的成本，有必要在前期对产品方案进行快速工程分析。将 CAD 三维模型通过专业算法快速转化为工程分析所需的模型，如用于气动和流体分析的外形有限元网格模型，用于结构强度及动力学分析的结构有限元网格模型。有限元网格模型与 CAD 三维模型直接相关，CAD 三维模型修改后网格模型会自动更新。基于三维模型及通过模型计算的相关数据，可以依据行业特点和产品设计分析特点进行多种工程分析，既可以集成现有商业软件进行快速分析，也可以集成用户自研程序或工程算法实现快速计算与分析。商业软件及自研程序等都集成在软件后台，用户不需要熟悉被集成的软件和程序即可实现快速分析与计算，这将大大缩短中间数据处理和熟悉专业软件程序的时间，有效提高工程分析的效率。

4. 多学科优化

为了实现方案的最优化，既可以通过人为手动修改相关设计分析参数的方式来实现，也可以通过多学科优化的方法实现针对某一个目标或某几个目标的快速优化分析，包括总体参数优化、外形优化、布局优化、结构减重优化等。集成成熟的多学科分析引擎，并进行适当的设置后，系统能够在一段时间内自动运行，选择满足某些目标的最优设计方案。对于系统推荐的最优方案，用户还可以根据经验对方案进行人为判断，通过对某些参数的调整来获得在工程上可实现的总体方案。

5. 方案对比分析与评估

为提高复杂产品方案的竞争力，在能力、周期和人力资源条件具备的情况下，研发部门往往希望能够针对同一研制需求进行多个方案的设计与分析，每个方案均从不同的侧重点进行设计。为了从多个方案中优中选优，需要对方案进行无量纲化指数评估。通过对各指标设置不同的权重，研发部门可选择满足使用需求的最优方案，可以进行分系统性能指数评估、总体性能指数评估、研制风险评估和研制成本评估，实现多个设计方案以及现有产品方案之间的评估与对比分析，最终获得满足用户需求的产品方案。

6. 工程数据库

常用工程数据库可实现参考数据的统一管理、共享和快速灵活调用，包括材料库、翼型库、型线库、参数化模型库、成品设备库、标准件库、标准规范库、设计知识库、产品总体参数实例库等。

六、基于平台的敏捷研发

基于平台的敏捷研发是以产品平台为基础，最大限度地减少时间和资源的浪费，通过公共框架和公共货架的广泛运用，利用少量平台敏捷地满足大量客户的个性化需求，并精益求精地持续更新平台，保持企业研发的敏捷化。产品平台可支持以下各类敏捷模式。

- 快速产品设计
- 快速产品原型
- 快速系统设计
- 快速仿真
- 快速产品配置
- 快速投标
- 快速低成本采购
- 快速成本预估
- 快速制造

以快速产品设计为例，它具有以下重要特征。

① 敏捷设计：采用成熟架构、成熟技术和成熟模块。

② 大量重用：采用共用框架和共用模块。

③ 降低成本：统一工艺，降低制造成本；批量采购，降低物料成本。

④ 质量稳定：由成熟技术和成熟模块保障。

⑤ 多样化和个性化：更多精力用于满足个性化要求，产品呈现多样化。

七、产品平台的价值

成熟 BB/CBB/ 平台的持续建设和广泛应用，可帮助企业凝聚和发展核心技术，积累和固化产品资源，降低成本，缩短交付周期，提高质量和客户满意度，提升品牌价值，具体表现在以下方面。

① 促进企业从以项目为核心的开发模式转向基于平台的产品开发模式。

② 可以实现规模化扩张，做大企业；持续积累核心技术，做强产品。

③ 可以最大限度地实现技术、模块、产品等成果的共享，减少重复开发造成的浪费。

④ 减少零部件种类，增加零部件的采购批量，减少供应商数量，增强议价能力。

⑤ 实现快速设计，快速响应市场需求，快速推出新产品。

⑥ 形成最佳产品技术开发模式，如产品开发与技术开发分离、产品设计与项目设计分离等。

⑦ 实现研发队伍梯队的合理配置，持续提高团队技术水平。

C

智慧革命

在第三章中，我们将研发数字化转型建设路线规划为"三级跳"，智慧革命是研发数字化转型的第三跳。这一跳的目标是实现智慧研发，而智慧研发的主驱动力是知识。

在智慧革命级别，企业的研发模式已经优化，创新能力已经建立，其主要问题是缺乏高可持续发展能力和随需应变的柔韧特性，亟须通过对知识灵活、充分和智能化的应用，让企业降低对组织稳定性的依赖，以适应个体崛起时代的新特征，让人员和知识协作工作，并随着价值的变化而灵活聚散。

智慧革命主要解决研发体系三维架构（见图 2-1）中"知识维"的智能化需求。该阶段的核心手段是知识工程，将研发过程所有活动需要的所有类别的知识进行梳理，利用各类知识加工方式对其进行增值加工，形成数字化形态的智能体，通过 AI 智能匹配的方式融入研发活动，使得研发活动完成过程由数字化且能自动工作的知识所支撑。

知识不仅是智慧研发的基础，而且是精益研发和正向设计的基础，也就是说，知识是所有数字化转型层级的基础。但数字化程度越高，知识的存在感越低。这当然不是因为知识变少了，而是获取、加工和使用知识的方式更智能和智慧了，是手中有剑、心中有剑还是无剑胜有剑的差别。

智慧革命的本质其实是研发知识利用方式的第三次转型——智化，力图发挥知识全集的作用，把确定性知识加工集成为 App 形成智能，把不确定性知识利用 AI 技术提取智慧。知识高度密集，并充分融入研发体系，特别是 AI 的深度参与，将对当前的研发主体——人提出挑战！未来的研发人员不仅是深谙知识系统的人，而且是可驾驭 AI 的人，甚至就是 AI 自身。

第十九章

智慧研发体系

信息化在左，司左脑之职；数字化在右，行右脑之事。那一往无前的是谁？对，就是知识！是它在一直探索通向未来的智慧之路。所以，先忘掉你的派系吧，不论你的"左"派还是"右"派，向前才有未来。数字化转型的终极目标是智慧化，而知识才是通往智慧的阶梯，在研发设计环节尤为如此。

从研发角度来看，知识是智慧研发的源泉。从知识角度来看，研发是知识的终极归宿。智慧研发提出了企业研发体系框架和理想蓝图，知识工程是智慧研发蓝图的实现方略。智慧研发是突变式的转型升级，知识工程是基于微创新的渐进式的持续进步。我们将智慧研发比作仰望星空，知识工程比作脚踩大地。智慧研发实际上是利用知识工程工作从量变到质变的过程。针对这一结论，知识管理界的"神"模型——DIKW 模型给出了相同的暗示。

一、知识管理界的"神"模型

DIKW 模型堪称知识管理界的"神"模型，是表达数据（Data）、信息（Information）、知识（Knowledge）及智慧（Wisdom）之间关系的模型，企业的知识管理体系经常引用此模型。该模型将数据、信息、知识、智慧纳入一种金字塔形的层次体系，每一层比下一层都具有一些新特质，如图 19-1 所示。通过原始观察及量度获得数据，分析数据间的关系获得信息，在行动上应用信息产生知识。知识在不确定（模糊）场景下综合与灵活应用产生智慧。智慧映射未来，它含有暗示及滞后影响的意味。

通过 DIKW 模型分析，可以看到数据、信息、知识与智慧之间既有联系，又有区别。数据是被记录下来的且可以被鉴别的符号，是最原始的素材，未被加工解释，不回答特定的问题，没有任何意义。信息是已经被处理、具有逻辑关系的数据，是对数据的解释，这种信息对其接收者具有意义。

知识是从相关信息中过滤、提炼及加工得到的有用资料。在特殊背景或语境下，知识将数据与信息、信息与其应用之间建立有意义的联系，它体现了信息的本质、原则和经验。此外，基于推理和分析知识，还可能产生新的知识。

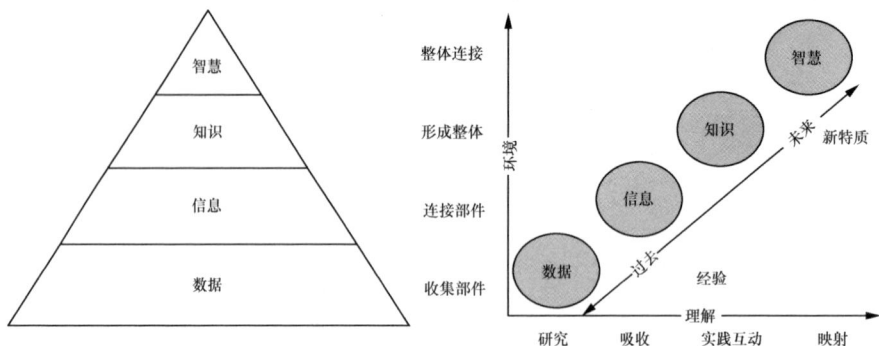

图 19-1　DIKW 模型：数据、信息、知识与智慧的关系

目前，智慧只是人所表现出来的一种独有能力，未来的机器（软件）也许会发展出类似的能力，主要表现为收集、加工、应用、传播知识的能力，以及得出对事物发展的前瞻性看法。在知识的基础之上，通过经验、阅历、见识的累积而形成的对事物的深刻认识、远见，智慧体现为一种卓越的判断力。

二、知识工程的新发展

从人类历史视角来看，研发的终极价值并不是很多人想象的那样，只是为了创造新产品，而是为了知识的进化，产品只是研发知识进化的载体。就像生产果实并不是生物存在的目的，繁衍与进化才是，果实只是植物繁衍和进化的工具，是基因的载体。产品是研发的副产品，就像果实是生物繁衍和进化的副产品一样。产品不会是一个组织终极的竞争力，但知识是。产品会死亡，但知识不会。一代产品死亡，会有新的产品产生，但这代产品其实只是以前知识的新载体。研发过程本质上是基于旧知识创造新知识的过程，是人类所从事活动中知识密度最高的过程。创新（或创造）是研发过程唯一看重的价值，而所有的创新（或创造）活动都是基于知识的。

在第六章中，我们提出面向流程的知识管理模式。虽然此模式在企业中受到欢迎，但仍然有一些问题尚未得到好的解决，那就是知识本身的问题，包括以下两方面。

① 远知识：知识似乎与工作有关，但距离业务应用太远，使用起来不直接、不

方便。同一条知识，不同的人理解不同，应用效果也相去甚远。

② 浅知识：只关注显性知识的表面价值，看不到隐性知识的深层智慧。

为此，我们提出以下两项要求，作为知识工程下步发展的重要方向。

① 近知识：所有的知识可以像工具那样直接被使用，无须二次加工。无论用何种方法获得知识，它在应用系统中都可以即插即用。只有工具化的知识才能保证不同人的使用结果相同，因为工具化的知识具有自动化和智能化特征，将人为因素带来的影响降到最低。

② 深知识：将知识进行提炼、归纳、分析，具有隐性价值。利用智慧分析方法，将隐性价值按照业务应用情景显性化，给研制人员工作提供智慧导航。基于大数据的智慧分析方法是一项前瞻性技术。

通过以上的分析，可以对图 7-7 所示的两层结构进行优化和扩展，形成由 3 个层次构成的知识工程体系，结构如图 19-2 所示。

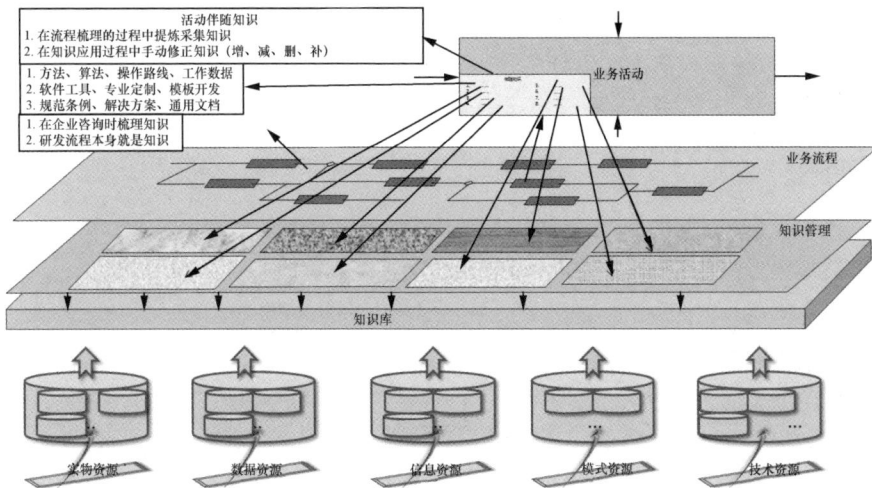

图 19-2　知识工程体系的 3 层结构

3 层结构中的中间层是传统的知识管理体系，其将已有知识按照业务需要进行管理，支撑业务人员的查询和搜索。

知识管理向上作用于业务流程，将知识伴随在研制流程的工作包中，将知识融入流程。知识管理向下则深挖设计过程中的知识。

三、知识增值为智能体

虽然知识是智慧的源泉，但知识不会自动变成智慧，这一特点在研发过程中体现得相当明显。在图 19-2 中，知识管理面向知识库继续发展，根据知识的类别，选择合适工具对其进行增值加工。通过软件的知识建模工具生成数字化和工具化的知识，称为智能体。智能体直接与相关研制工具建立关联，使这些知识天然具有能与业务工作环境互动的特点，直接启动应用，使知识与设计活动紧密融合，直接支持设计工作。另外，这种方式也提供了随用随积累、随用随创新的知识积累与应用模式。

研发过程是利用现有知识创造新知识的过程，智慧研发的本质就是将研发过程的海量知识经过增值加工，形成大量的智能体（亦称作智能知识插件），嵌回研发过程中。在图 19-3 中，研发理想模型的每个矩形或菱形就是一个业务构件，每个构件是由较多任务构成，而业务流程就是由这些任务组成的。这些知识天然具有能与业务工作环境互动的特点，可直接与相关研发工具建立关联，使知识与设计活动紧密融合，直接参与研发和设计工作。在研发过程中，这类智能体越多，智能化程度越高。因此，在智慧研发中，知识工程的核心就是对知识进行增值加工，使其形成智能体。

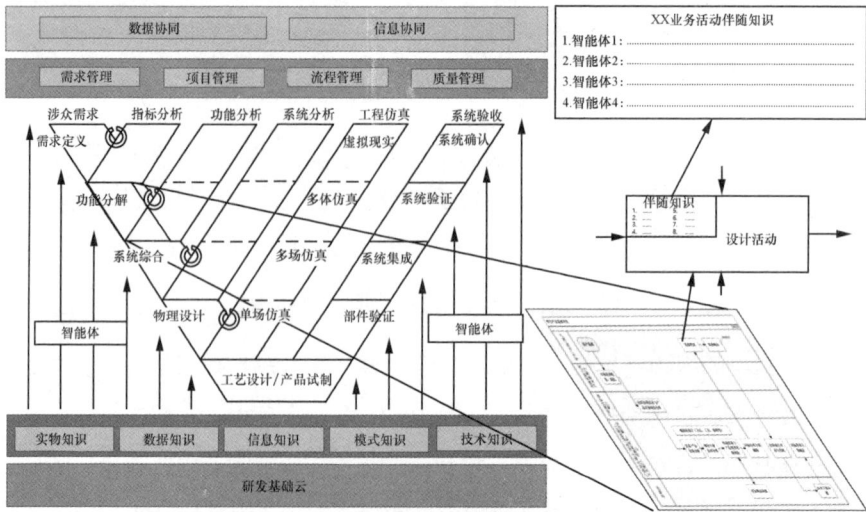

图 19-3　研发理想模型中业务构件的展开

在研发知识工程中，我们将研发资源分为实物类、数据类、信息类、模式类和技术类，不同类别资源的加工方法，分别是电子化、标准化、结构化、范式化、模型化。对于所有类资源，可以用 AI 技术进行全息化加工，形成智慧特征，如图19-4 所示。

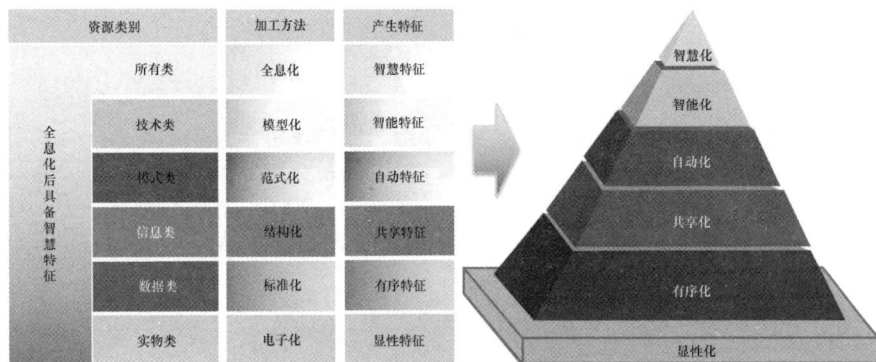

图 19-4　研发资源加工产生知识特征并实现增值

这些加工过程其实是对知识级别的提升过程，我们称之为知识增值过程。在这一过程中，不同的知识应采用不同的加工方法实现增值，同时，其指出了每层知识的具体属性、知识特征、加工方案、升级特征乃至智能化和智慧化的程度，比DIKW 模型更具有实践性和可操作性。

总结来讲，知识增值加工可明显提升知识的价值，表现为以下几个方面。

① 实物的数字化提升知识的显性化程度。知识的显性化程度越高，越接近业务应用，实用性越强。

② 数据的标准化和信息的结构化提升知识的共享化程度。知识显性化带来高效率，知识共享化促进创新。

③ 模式的范式化和技术的模型化提升知识的工具化程度。知识工具化程度越高，自动化和智能化程度越高。

④ 知识的全息化提升知识的智慧化程度。知识全息化程度越高，智慧程度就越高，知识的价值越大。

这也解释了世界领先的工业公司拥有上万种工业软件的原因。我们知道，全球可以买到的工业软件也不过千种，这些工业企业怎么可能会有这么多种工业软件？

唯一的解释就是这些企业自己开发工业软件，但工业软件并不是他们的主营业务。这些工业软件其实就是此类智能体，是企业内部开发的知识智能体。流程插件、设计插件、仿真插件、质量插件等是研发体系中常见的知识插件。

流程是研发管理和运营的核心，同时，流程本身也是知识的一种，称为模式类知识。应对模式类知识进行数字化建模，形成研发流程模型库、协同设计模式库、研发流程交付物库、标准与规范库等，并使其可自动化运行。

正向设计过程是基于模型的过程，其中 MBSE 是最重要的过程之一。模型本身就是一类技术密集型的知识，称为技术类知识。应对技术类知识进行归一化和标准化，通过数字化建模，形成客户需求库、技术需求库、系统设计模型库、快速论证模型库、产品模型库、技术模型库、专利技术库等。按照产品线的需求，将这些知识聚合为不同的产品技术平台。

仿真的前提是物理问题的模型化，其前置活动就是建模。应将仿真类知识按照仿真学科聚类，利用软件封装与建模技术，形成多学科集成模式库、仿真模板库、仿真流程库、仿真数据库、仿真模型库、仿真规范库、仿真标准库、数字试验模型库、经验公式与算法库等。

应对质量相关知识按照质量学科聚类，进行不同类型的加工。利用数字化建模工具，形成研发流程库、质量策略库、质量检查表库、质量归零数据库、质量审计数据库、质量评审过程库、外场质量数据库、生产质量数据库、产品运行数据库、质量大数据分析模型库等。

通用人工智能（AGI）在工业甚至研发体系的应用场景逐渐显现，相信不久的将来，知识将以崭新的方式——智能体（智能知识插件）在研发体系中发挥作用。总之，知识终将回到它来的地方——业务，只不过路线不同：昨天是流程，今天是模型，明天是智能体。

四、智慧研发模型及平台

将研发知识进行增值加工，形成数字化知识，即智能体，通过 AI 技术让智能体融入所有与之高度匹配的研发工作包，从而融入研发体系全过程，让研发体系智慧化。随着融入研发活动中的智能体从少量逐渐变得海量与泛在，研发体系将逐渐变得智慧。研发知识工程的目的就是建立研发过程智能体库，并将智能体与研发过程（活动）关联起来，实现知识的泛在化。

研发理想模型（见图 2-7）是复杂产品研发体系的终极蓝图，也是研发数字化转型的顶层指导模型。在智慧变革阶段，我们需要将数字化知识和智能科技（如云计算、大数据及 AI、物联网、XR 图形技术等）融入理想模型，提升体系的智慧程度，最终将研发理想模型智慧化升级为如图 19-5 所示的智慧研发理想模型。

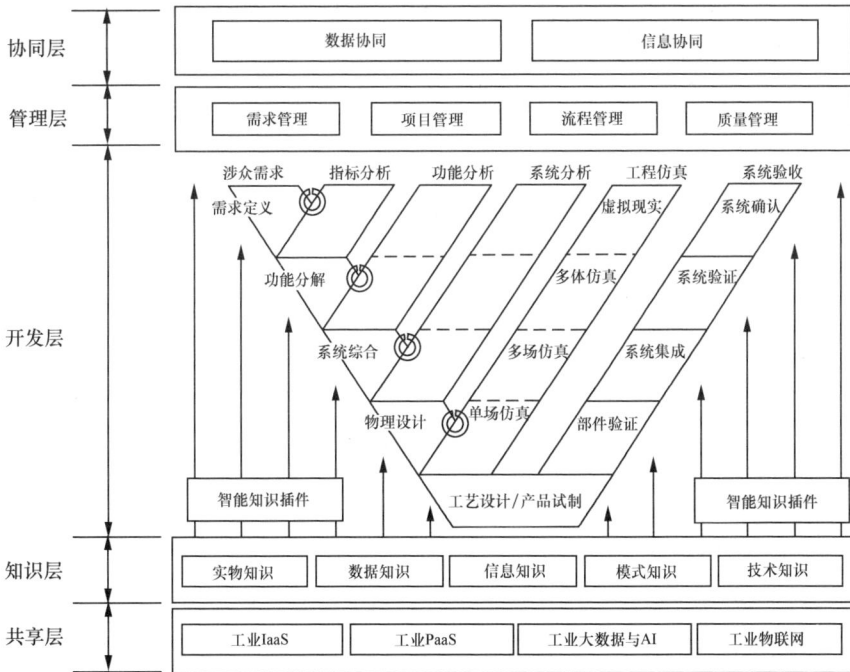

图 19-5　智慧研发理想模型

根据智慧研发理想模型，我们将数字化集成研发平台参考架构（见图 2-10）做了实例化，增加了云计算框架，融入了 AI 增强和知识体系，并考虑了数字孪生体开发的需要，最终形成智慧研发平台，如图 19-6 所示。

总之，智慧研发体系的核心使命是在企业内部通过知识工程实现企业内研发体系的智能化，知识工程是研发智能化的核心工程。

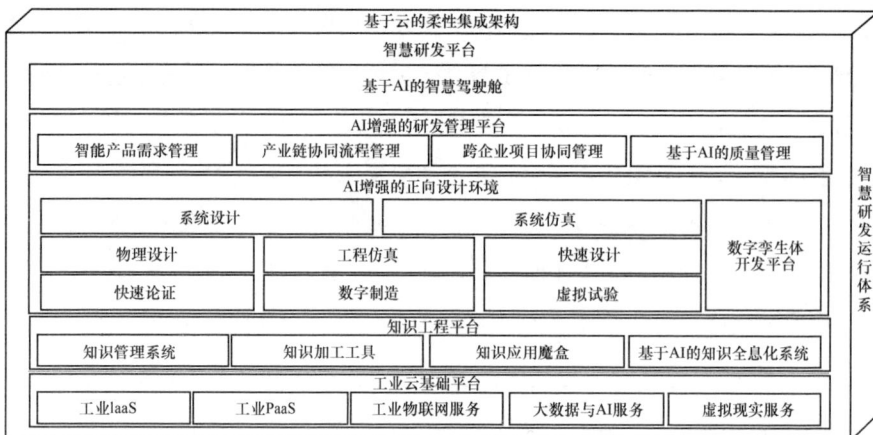

图 19-6　智慧研发平台

第二十章

数字化知识工程

数字化知识是智慧革命的主驱动力，知识工程是智慧革命的核心工程，因此知识工程体系的建立是企业完成正向变革的重要基础。

在知识管理时代，企业试图解决如何管理好现有知识的问题。其基本假设是：① 企业有很多现成的、显性化的知识；② 只要管理好了知识，它就应该能得到很好的应用。但是，我们研究发现，企业的知识管理困局恰恰来源于这两个并不成立的基本假设。所以，我们倡导知识工程，应从这两个基本假设入手，解决知识的来源和知识的去向问题。我们利用知识与数字化流程伴随的方法，解决了知识到哪里去的问题；利用知识的数字化增值加工的方法，解决了知识从哪里来的问题。"知识到哪里去"解决的是知识的应用问题，"知识从哪里来"则是利用数字化手段解决知识的显性化问题，最终形成制造业企业知识体系的数字化解决方案。

一、工业知识的本质

谈及知识工程，我们首先要回答的一个问题是"什么是知识"。知识，在很多人的意识中，是一个既普通又神秘的概念。我们每天都在说"知识"这个词，"知识"一词被频繁使用，但若真要定义知识，却无从落笔。

知识的学术定义其实有很多，《知识管理 第1部分：框架》（GB/T 23703.1–2009）也对知识做了定义："通过学习、实践或探索所获得的认识、判断或技能。"然而，当我们进行企业知识体系梳理及建设，用这些学术定义来应对"企业到底有哪些知识？""哪些东西算知识？"等问题时，仍然难以作答。学术上关于"知识"的定义如此之多，但实践中我们却很难按照这些定义开展知识工程工作。在工程应用中，我们需要的是一个具有"实践"意义的知识定义。要回答这一问题，我们须先回到企业经营的本质，来寻找知识的本质。

一家正常经营的企业，一定有三条经营主线并行：一是"主营业务"，二是"业务管理"，三是"业务资源（知识）"，如图 20–1 所示。

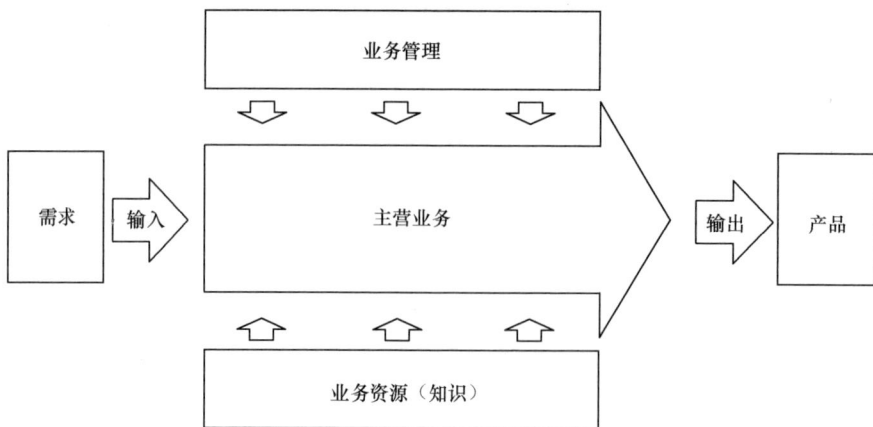

图 20-1　企业经营的三条主线

"主营业务"是企业生存的主线。对研发型企业来说，主营业务就是产品和技术研发。当然可能还有生产型、试验型、论证规划型、咨询型等类型的企业，其主营业务各不相同。主营业务是一个过程，经过这个过程，企业把原材料变成满足客户需求的产品。因此，主营业务的目标是产品。当然此处所言"原材料"和"产品"是广义原材料（包括信息、数据、标准件等）和广义产品（包括技术、服务和报告等）。主营业务的本质是"满足客户需求"。

"业务管理"的目的是保障主营业务按照既定的时间、路线和质量达成既定的目标——产出满足客户需求的产品。例如，需求管理保障的是满足用户需求；流程管理保障的是按照既定路线达成目标；质量管理保障的是业务过程和交付物的品质；项目管理的核心是计划管理，保障的主要是时间与进度。没有管理，业务仍然可以进行，但会像踩着西瓜皮一般，走到哪里算哪里，这是企业领导者不愿意看到的。因此，管理虽然烦琐，业务一线的人员也多有诟病，但总是不可或缺。其实，管理并不复杂，其本质是让业务单位和业务人员"有诺必践，有行必果""说话算话，说到做到"。有些人认为"管理就是管人""管理就是管钱""管理就是管资源"等，都是有所偏颇的。这些说法看似把管理简单化，但其实并没有反映管理的核心，反而使其复杂化了。

"业务资源（知识）"的目的是保障主营业务具有可行性和高效率。在主营业务开展过程中，业务人员当然可以白手起家，从零做起，试错前行；但他们一定会想方设法寻找参考物，让工作一次做对，提高效率。这些参考物在企业中被称为"资源"，究其本质，这些资源虽然是"参考物"，但其实起着知识的作用，这种特征在科技型企业中尤为明显。一位企业领导说："企业的年轻工程师有样子的活会干，没样子的活不会干。"这里所谓的"样子"，就是参考物。因此，在企业中，知识的本质是"参考资源"。当然，这种资源不是朴素的资源，而是经过整理加工增值之后，具有参考价值的资源。对科技型企业来说，知识就是"增值的科技资源"，知识工程的一项重要过程是科技资源的增值过程。

科技资源的定义：科研活动所利用的一切有形物质和无形要素。其按照广义分类，科技资源可以分为科技人力资源、科技财力资源、科技物力资源、科技信息资源、科技组织资源5类。其按狭义分类，目前并没有统一的标准和划分方法。依据通用的科技资源划分法和中国企业的实际，我们将工业企业的科技资源归纳为9类，如表20-1所示。

表20-1　工业企业科技资源分类

编号	资源类别	资源实例
1	产品资源	普通构件、公用构件、产品货架、模型库、需求库、指标库、产品平台等
2	技术资源	普通技术、标准技术、技术货架、专利库、公式算法、技术平台等
3	模式资源	研发流程、多人协同模式、工具集成模式、工具使用步骤、科研制度、行业标准、设计规范、质量文件、检查表、方法指南等
4	信息资源	规划报告、设计文档、计算报告、试验报告、经验总结、科技情报、文献档案、词库术语等
5	数据资源	项目数据、设计数据、仿真数据、试验数据、工艺数据、制造数据、销售数据、综保数据、历史型号库、外部产品库、材料库等
6	人力资源	资深专家、专业技术人员、普通技术人员、劳务资源
7	设备资源	试验设备、制造设备、测试设备、维修设备等
8	软件资源	工具软件、管理系统、操作系统、数据库系统等
9	硬件资源	服务器、终端、高性能计算机、网络、存储等

任何企业一经创建，总是会源源不断地建设和产生资源，这些资源的自然利用是企业应用知识的最初级形式。如果我们对资源进行改造加工，提升其显性化、共享化、智能化程度，则可使资源更接近业务，它也就更具有知识特征。因此，知识是被增值加工后的资源。知识与资源的关系是相对的、可以相互转化的。对特定层次而言，高层次的对象是知识，低层次的对象就是资源。因此，知识工程建设和资

源建设之间没有绝对的界限，凡是在产品研发中有用的资源，都应该被纳入知识工程的建设范围。

二、知识增值加工是核心

依据载体形式和加工手段特征的不同，我们进一步将以上 9 类知识（资源）归纳为 5 类，并依据价值差异对其划分了层级，分别是 0—实物类、1—数据类、2—信息类、3—模式类、4—技术类，如表 20-2 所示。

表 20-2　9 类资源归类和加工后的知识特征

编号	资源小类	资源大类	资源层级	加工方法	知识特征
1	产品资源	技术类	4	模型化	智能化
2	技术资源				
3	模式资源	模式类	3	范式化	自动化
4	信息资源	信息类	2	结构化	共享化
5	数据资源	数据类	1	标准化	有序化
6	人力资源	实物类	0	电子化	显性化
7	设备资源				
8	软件资源				
9	硬件资源				

不同资源类型采用不同技术加工手段，提升其知识特征，是知识工程的核心价值。实物资源电子化之后具备显性化特征；数据资源标准化之后具备有序化特征；信息资源结构化之后具备共享化特征；模式资源范式化之后具备自动化特征；技术资源模型化后具备智能特征；利用大数据分析技术进行知识的全息化之后具有智慧特征。详细说明如下。

第一，软件资源、硬件资源和设备资源属于实物资源。企业从无到有的发展过程中往往会产生大量实物资源。在数字化时代，只有将原子形态的资源电子化，其中蕴含的知识和资源才可显性化，使企业具备进行现代知识工程的基础。但企业此时知识化特征仍然较弱，因此知识层级为 0。人力资源（如专家）是一类特殊的实物资源，是最有价值的隐性知识的拥有者，通过数字化社交平台可实现其知识的显性化。

第二，数据资源本身是数字化的，通过标准化技术，可以使其获得有序化特征，但它仍然属于低层次的知识形态。企业的研发数据在各种业务过程和具体项目中产生，并且以不同形式、不同格式、无秩序地保存。数据的不标准化特点，使数据的可读性和可访问性较差。这种无秩序状态的数据知识层次为0，经过标准化加工后形成各种独立的参考库，如历史项目库、历届型号库、外部产品库、行业材料库等，使得数据有序化。此时，知识层级为1，数据资源升级为数据类知识。

第三，信息资源是将数据类知识进行分析整理，形成具有特定结论的文档。此类资源可以通过结构化加工强化其共享特征。经过分类、聚类、摘要、标记、主题和语义分析等手段结构化加工后，信息资源可形成各种分类知识库供参考查阅。具体来说，即主要依托语义技术，通过本体库的构建，利用词汇处理技术对文档类知识进行标记，并应用统计分析等算法，最终实现文档类知识的自动分类和聚类等。对于更高形式的使用要求，可以采用语义分析技术，使知识工程系统具有自动摘要和自我学习能力。采用主题、标签、领域板块、部门专业等形式组织知识，让知识通过不同的维度聚集在一起，彼此产生关联关系。利用流程进行知识关联是一种特殊的知识结构化的方法，知识与研发流程的关联可实现知识的准确推送。经过这些处理，知识层次上升为2，信息资源升级为信息类知识。

第四，针对模式资源，面向研发应用，将研发流程、标准规范、多学科设计与仿真集成、单学科设计与仿真操作等过程归一化和标准化，使其成为具有共性、普适意义的过程，我们将这种过程称为范式化。模式资源范式化之后，就可以利用软件工具进行封装，形成即插即用、自动运行而不需要人工干预的知识。经过以上范式化手段，模式资源成为一种工具化的知识，这种工具具有自动化特征，知识层次为3，模式资源升级为模式类知识。

第五，针对技术资源，把企业已创造的技术成果标准化、统一化形成产品模型或技术模型。所谓模型，就是可以根据外界输入参数进行自推理、自判断和自调整的技术单元。复杂的技术和产品可以认为是这些单元模型有序组合的产物。在未来的产品设计或技术研究中，通过对参数进行适当调整即可形成新的产品设计或技术成果。可通过数字化手段形成产品平台，在产品设计的时候直接选择和调用其中的模块，甚至产品设计可直接在此平台上进行。经过以上模型化手段，使技术资源形成另一种工具化知识，这种工具具有智能化特征，知识层次为 4，技术资源升级为技术类知识。

第六，在未来，技术手段提升后，特别是大数据技术的快速发展，我们可通过智能化手段采集保存在科研活动和管理过程中的大量数据，将隐藏在其中的各类显性知识中的隐性知识充分挖掘出来。利用大数据分析技术找到数据之间的相关性，往往能够突破基于预设模式的小样本数据分析的结论，得到预料之外的颠覆性成果。基于大数据的智能分析可根据工作场景自动分析工作需要，从现有知识体系中自动组合当前工作需要的知识，推送或嵌入到业务系统中，具有自判断与自决策的特征。

图 20-2 所示的知识资源增值框架。针对不同的知识类别和特征，应采用不同的知识采集、聚集和加工手段，实现知识增值。

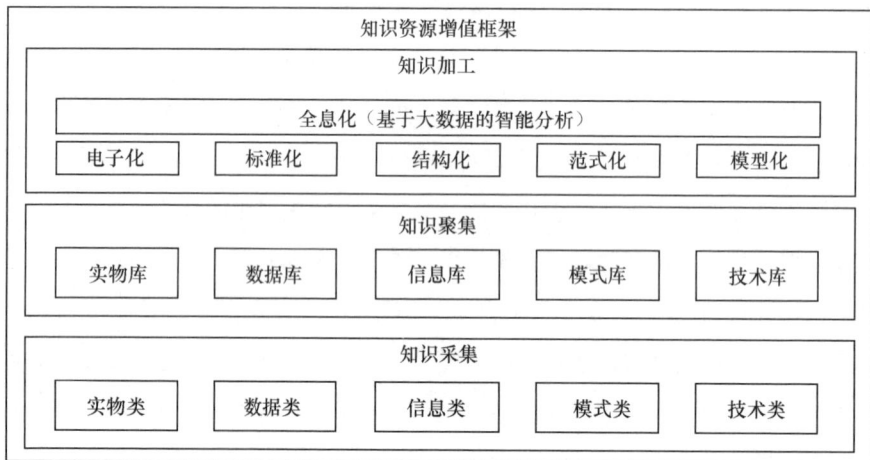

图 20-2　知识资源增值框架

其中，知识采集是知识资源增值框架的基础层。知识的初级形态是科技资源，对企业科技资源的梳理和分析可以获得知识对象的状况。

知识聚集的作用是将来自实物档案、个人计算机和信息系统等不同来源的知识对象，通过各种手段进行有效收集。针对知识的不同形态，设计相应的知识模板（知识模型）和知识库，将模板和知识载体关联入库，最终形成各种类型的知识库。

知识加工的作用是，对进入知识库中的不同类型知识，对应采用电子化、标准化、结构化、范式化、模型化及全息化等知识进行加工处理，提升知识层级，实现知识增值，提升智慧程度。

三、知识工程体系蓝图

图 20-3 所示的知识工程运转之轮展示了知识工程体系的运转逻辑。

（1）知识是知识工程运转之轮的核心。知识运转过程中，隐性知识和显性知识相互转化。

（2）知识增值是知识工程体系的灵魂，是知识效益化和企业智能化的关键。

（3）知识的"采、聚、管、用"是知识工程体系的行为模式，是知识体系在企业中的运动形式。

（4）知识战略是企业战略的知识化映射，是企业战略分解过程中，由知识工程体系所承接的部分，也是知识工程支撑企业战略的方案。

（5）知识体系是企业知识的体魄，不论知识以何种形式在企业中发挥作用，知识体系才是根本。

（6）知识运行体系是知识工程的神经网络，通过卓越的组织和完善的流程、标准、规范，保障知识工程体系得以良好地运转。

（7）知识工程平台是知识体系的载体，也是知识工程体系运转的数字化支撑。知识工程的各要素融入这个平台，它才能按照预定的模式和效率运转起来。

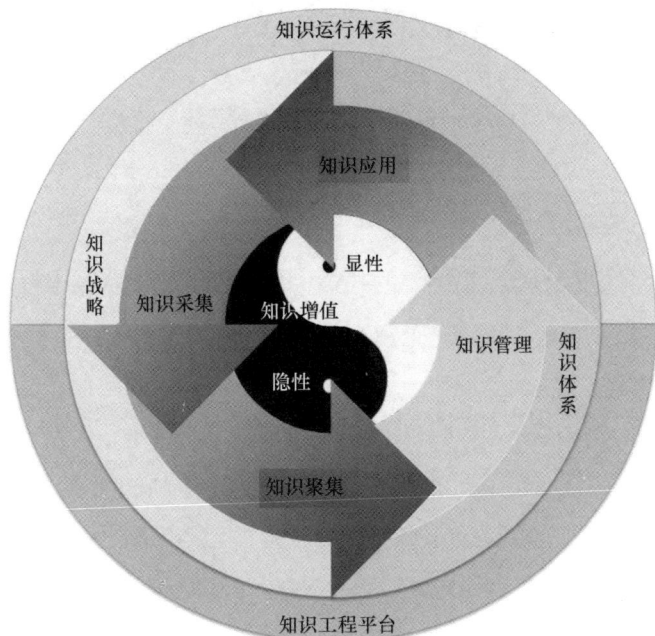

图 20-3 知识工程运转之轮

之所以用运转之轮来表示知识工程体系，是为了传达知识生生不息的特性。例如，隐性知识与显性知识之间相互转化是知识运转的常态，现有知识的应用过程就是新知识的产生过程等，都是知识生生不息的体现。

基于知识工程运转之轮，我们设计了知识工程体系蓝图，如图 20-4 所示。本蓝图中各要素与知识工程运转之轮各要素一一对应。如果说知识工程运转之轮是知识工程体系的文化、艺术或哲学形式的业务化表达，那么知识工程体系蓝图则是其科技形式的数字化表达。

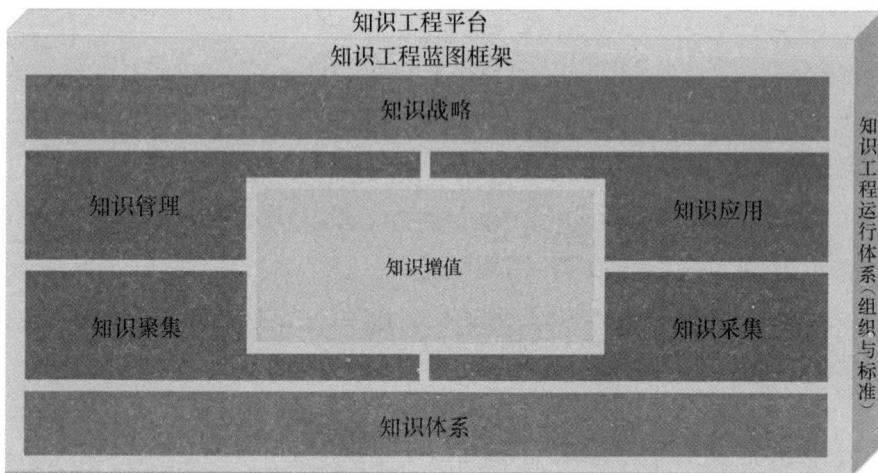

图 20-4　知识工程体系蓝图

四、知识工程体系框架

与精益体系及仿真体系类似，知识工程体系同样是典型的社会技术学体系。因此，我们采用社会技术学模型（见图 1-7）设计知识工程的体系模型，形成如图 20-5 所示的模型。

（1）知识工程体系建设以"知识提升企业智慧"为战略，从人（人才与组织）、流程（标准与规范）、技术（工具与方法）等方面综合考虑，制定长期规划和建设方案。

（2）在技术方面，重点是知识工程加工技术、搜索引擎技术、分类聚类算法等。

（3）在流程方面，重点是知识伴随、采集、聚集、加工、应用等相关的流程、规范和标准等。

（4）在人才与组织方面，重点是知识工程组织、任职资格、考核与激励和人才培养等。

（5）在平台方面，利用知识工程框架和企业的各类知识加工和应用系统，搭建集成数字化平台，承载整个知识工程体系。

本体系将知识工程相关的战略、人、技术、流程和数字化平台有机联系在一起，实现知识工程体系建设后知识在企业内的有效流动与运营。

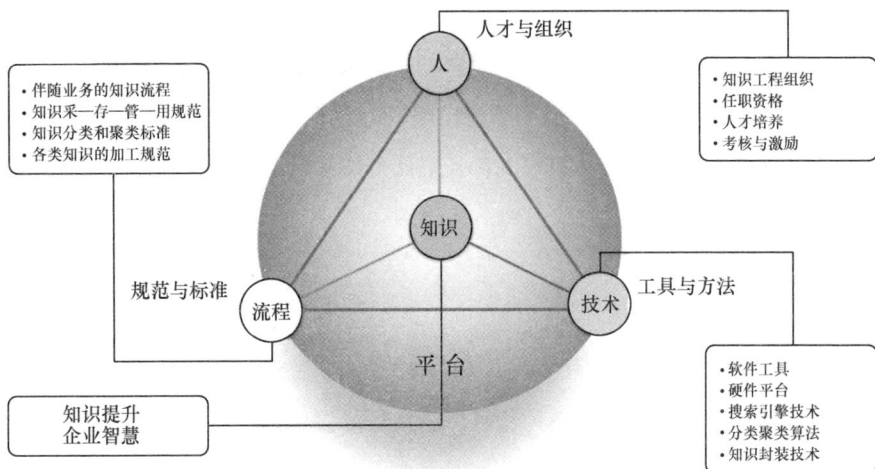

图 20-5　基于社会技术学模型的知识工程体系模型

将社会技术学模型展开形成知识工程完整体系框架，如图 20-6 所示。

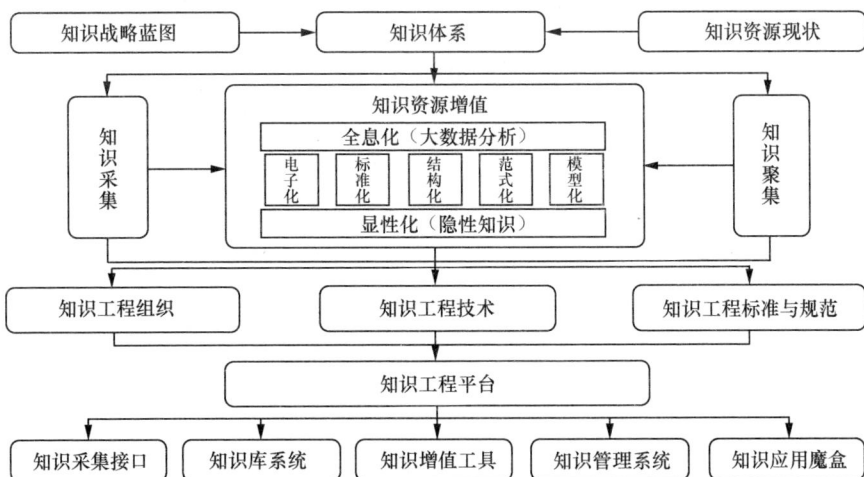

图 20-6　知识工程体系框架

1. 知识体系

企业知识体系是根据企业战略蓝图，特别是研发战略规划，以及知识资源现状的分析，形成企业知识的完整结构图，对企业未来较长时间内的知识资源建设给予指导。

2. 知识采集与聚集

知识的采集与聚集是企业通过各种手段获取（采集）企业内外的知识对象到企业内部并分类管理（聚集）的过程，这些知识对象包括实物档案、专家经验、个人计算机和信息系统等有不同来源的资源。根据知识形态设计知识模板（知识模型）和知识库，将模板和知识载体关联入库，最终形成各种类型和模式的知识库。这些知识库包括实物库、数据库、信息库、模式库、模型库等。

3. 知识资源增值

知识资源增值是知识工程的核心，用于提升知识资源的显性化、共享化、工具化和智能化程度。知识资源增值的程度，决定了知识接近业务的程度、促进创新的程度以及研发体系的智能化程度。

4. 知识工程标准与规范

知识工程标准与规范是知识工程能够成功建设、推广、应用的有效保障。知识工程运营流程、配套制度、激励机制的建设，可为知识全生命周期活动（包括知识的采集、聚集、加工、应用）提供完整的流程和制度保障。通过和知识应用及贡献度关联的绩效考核与激励措施，提高员工知识管理的参与性、知识贡献的积极性和主动性。知识工程标准规范主要包括工作流程、制度、标准和规范等内容。工作流程主要是指知识工程体系运行流程；制度主要解决企业什么时间做事、做什么事、做正确事的问题；标准主要是指评判相关事项优劣的准则；规范建设主要解决"怎么做"的问题。

5. 知识工程组织

知识工程组织是知识工程体系建设与运营过程中，为保障体系的有效运行而设立的组织机构，主要包括部门设置、职责设计、人员选择、任职资格、关键绩效指标（KPI）等方面的内容。

6. 知识工程技术

知识工程技术指在知识工程体系建设过程中需要采用的技术，如知识采集、搜索、分类、聚类、分析、推送等技术。这些技术包括开展知识工程工作所需的技术和数字化平台建设所需的技术，选择的工作路线包括技术调研、技术评估、分析决策、采纳定制等步骤。

7. 知识工程平台

知识工程平台是整个知识工程体系的载体，是对以上所有知识工程相关要素进行管理和运作的数字化平台，包括知识采集接口、知识库系统、知识增值工具、知识管理系统和知识应用魔盒等平台。

五、知识体系结构建立

企业知识体系是指企业知识资源的总和及其相关的结构与支持技术，是企业赖以生存的基础。由于不同企业所掌握的知识不同，结构相异，因此企业的生产模式、产品、销售策略也不同。不同的知识体系和知识使用情况造成了企业使用和配置资源的不同，使企业的成本和利润有了差别。可见，作为企业知识资源总和的知识体系是核心能力的静态表现，是最终提高执行能力的基础，也是企业提升人力资源资本的基础。但并非每一个企业的知识体系都是合理的，知识的流动都是通畅的。一般来说，自发的知识体系是以一种无规则方式存在的自组织体系，而企业调整和更新其知识体系的过程就是企业逐渐适应外部环境的过程。

知识体系的建立可以依据知识分类进行。依据不同的知识分类理论，知识的分类不同。因此，知识体系是一个多维矩阵结构，图 20-7 所示是一个三维结构实例。理论上讲这个维度可以很多，但是在实践操作中，过多维度会增加工作的复杂程度，实际意义也不大。通常来说二维或三维矩阵结构已经足够业务应用。结构中每一个单元体都有特定知识存在，利用这种结构化的方式可以把企业的知识体系建立起来。

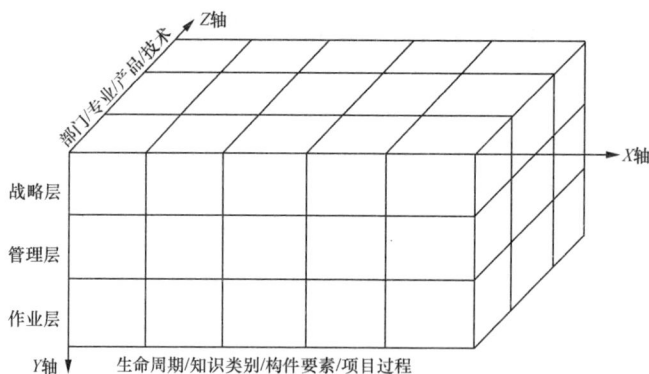

图 20-7　知识体系的三维结构实例

图 20-7 中，唯有纵坐标（Y 轴）是确定的维度，横坐标（X 轴）和 Z 坐标是不确定的，可根据企业需求选定。确定的 Y 轴设定为业务层级维度，分为战略层、管理层和作业层。横坐标（X 轴）和 Z 坐标可以是业务要素的任何一个，如部门、专业、产品、技术、项目过程、生命周期、知识类别、构件要素等。根据选定不同，X 轴和 Z 轴有时是独立的，有时是相互制约的。例如，当 X 轴设定为生命周期，Z 轴设定为产品时，Z 轴上将是产品 1、产品 2……产品 n，X 轴可能由需求、研制、制造、运维等构成。如果 Z 轴设定为部门时，本轴上将是部门 1、部门 2……部门 n，相应地，X 轴可能是由初创、发展、成熟、收缩、取消等构成。基于增值加工特征将知识分为 5 类，这也是 X 轴或 Z 轴一种可能的选择。

当 Z 轴设定为"专业"、X 轴设定为"生命周期"时，可以形成基于流程的知识体系架构。其原理是将研制流程中的关键工作包识别出来，针对该工作包的完成需求进行知识梳理，或者将已经梳理的知识伴随其上，让知识融入业务流程，最终实现知识的推送，如图 20-8 所示。这种方法其实就是基于流程的知识管理的理论源头。

当研制人员启动相应的研制流程或研制任务时，系统能够自动将与该任务紧密相关的通用知识、质量知识、作业知识及软件根据任务特征自动搜索推荐的知识等推送至研制人员，从而减少研制人员获取数据与知识的时间，提高研制效率。利用软件搜索，可以为工作包自动推送相关的知识，尽管采用这种方式所推送知识的直接程度不如手工搜集的，但是可以减少工作量，有益于定向扩大知识参考范围。

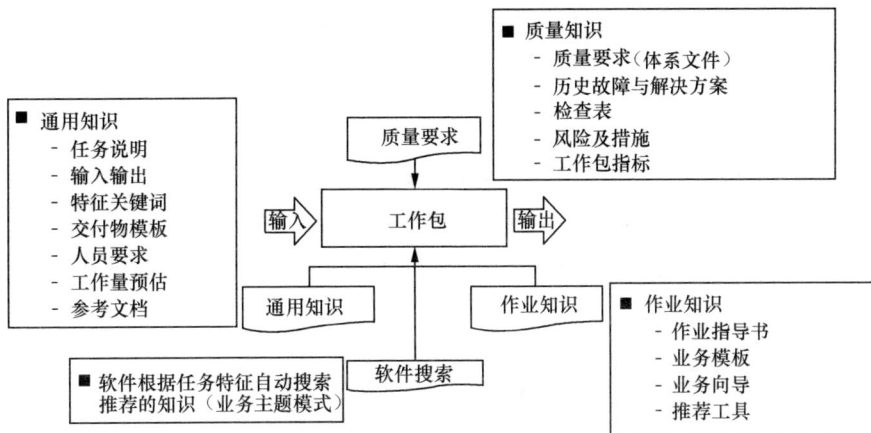

图 20-8　流程工作包伴随知识

当选择 Z 轴是"产品"、X 轴是"构件"时，可以形成基于产品构件的知识体系架构。所谓产品，是企业自研或协助外部研发的整机、部件或零件。基于产品构件的知识就是与这些产品相关的研发、设计、仿真、试验、工艺、试制、生产、运维相关的所有知识或资源。这些知识与产品关联或伴随便形成了基于产品构件的知识体系。这些知识涉及表 20-1 中的所有资源类别，表达方式与图 7-7 所示的相似。产品应选择企业的典型产品或核心产品，这些产品的知识对大部分产品的研制具有指导意义。更为优越的做法是利用成组技术或模型化技术（参见第十六章），通过"三化"（通用化、系列化及模型化）过程形成标准化或归一化的产品平台，以此为基础进行知识体系的建立。基于产品平台的知识体系其实就是基于产品构件的知识体系，也是基于产品平台进行产品研制、生产和运维的知识密度较高的手册及指南。

根据各种知识在企业中的作用，可以将其划分成核心知识、基本知识、一般知识 3 个层次，可以据此对知识打上价值标签。核心知识是指可以提升竞争优势的知识；基本知识是整合的业务知识，它可以在短期内提升优势，如最佳实践；一般知识是指对企业生产过程没有重要影响的知识。上述 3 种知识在企业内部形成了塔形结构，但在对于企业的作用方面，则是形成了锥形结构。

核心知识是一个企业区别于另一个企业的主要内容，是形成企业核心能力的主要部分。一般来说，核心知识是企业独有的，属于企业的商业秘密。对核心知识的判断可以从特有能力、逆向工程难度、对设备 / 能力的要求等几个方面来考察。其特有能力越高，表明被他人仿造的可能性越小，企业的核心能力得以保持。逆向工程是根据企业产品（或服务）推断其知识的过程。技术类知识中的显性知识容易被其他企业模仿、获得，如果其是以隐性知识的方式存在的，则难以被模仿。

企业中，知识作为资源，帮助员工提升工作能力和工作效率。大部分知识是大众在工作中归纳总结而成的。企业鼓励这种知识的产生，但不强求使用，就像我们用网络搜索引擎，会发现多人回答一个问题，每个回答基于不同角度和维度，所以各有特点。查阅者通读之后通常会获得基本满意的答案。显然，不完整和不规范的回答仍然非常有用，也有利于企业形成知识共享文化。

还有一种知识是官方知识，是企业要求员工必须使用和遵守的知识，也就是标准和规范。这种知识往往是对大众知识二次总结的成果。大众知识有好有坏，好的知识被大众识别、推举置顶后，企业应该关注它，二次加工的知识形成企业的标准规范，上升为企业的官方知识，成为企业运行的强制性条款，这对产品研制、生产制造和运维服务的一致性（质量保障）是非常有帮助的。因此，企业的知识体系，应该对知识和标准做一定的区分。

六、知识工程集成平台

知识工程数字化平台是知识工程体系的载体。通过建设知识工程集成平台，如图 20-9 所示，利用数字化手段实现知识的采集、聚集、加工、管理及应用。知识工程集成平台包括知识采集接口、知识库系统、知识加工系统及知识应用系统。

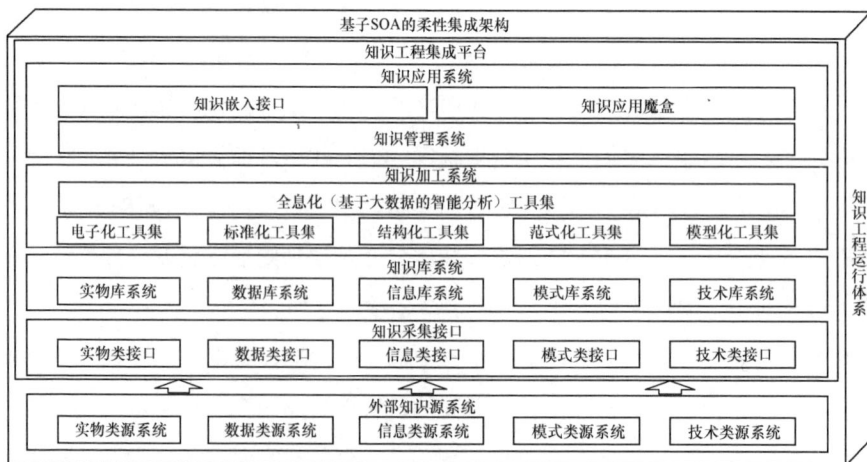

图 20-9　知识工程集成平台

知识采集接口提供（集成）了 5 类知识的采集接口（工具），面对外部知识源系统的对应知识资源进行针对性采集。

知识库系统提供（集成）了 5 类知识的存储库，将采集来的知识的原始数据进行保存。

知识加工系统通过集成多种知识加工工具，实现知识资源的增值。

知识应用系统包括知识管理系统、知识应用魔盒及知识嵌入接口。

- 知识管理系统类似于常规的知识管理软件，将加工增值后的知识按照业务应用方便程度进行有序管理，供业务人员进行查找和搜索使用。
- 知识应用魔盒提供"漂浮"在用户工作桌面上的便利工具条。客户可以直接搜索知识，也可以随时与本工具条"对话"，说明当前工作的特征，沟通得越多，工具条越聪明，它可以按照某种方式推送与用户当前工作相关的知识。
- 知识嵌入接口用于监控用户行为，这种行为可以是业务系统级的操作，也可以是操作系统级的操作。可根据操作内容分析用户行为与业务需求，利用客户端推送合适的知识。

本平台之所以称为"集成平台"，是因为平台中的工具和系统并非一体的单套系统，它具有柔性的集成框架，基于 SOA（面向服务的体系结构）模式，按照知识工程的思路，集成各类工具和系统。这些工具和系统也许是用户已经拥有的业务系统或知识系统，也许是正在或将要采用的工具和系统。只要这些工具和系统对知识工程工作有贡献，都将集成到知识工程集成平台中。

知识工程集成平台为知识工程体系提供支撑，是社会技术学模型各要素最终的落脚点，是知识工程体系建设成果的承载环境。

知识工程集成平台的应用模式有以下 4 种。

第一种是基于传统知识管理系统的应用方式。即业务人员通过知识分类聚类、标签主题、查询、导航、收藏、订阅等方式获取需要的知识。

第二种是基于流程的知识推送方式。即在业务人员打开工作包的时候，伴随知识将自动推送给设计人员。

第三种是通过知识应用客户端（知识应用魔盒）使用知识的方式。可利用通用人工智能（AGI）技术解决用户业务与知识的智能化关联问题，用户与客户端的"业务对话"越多，越可能获得与业务工作联系更紧密的知识，如图 20-10 所示。

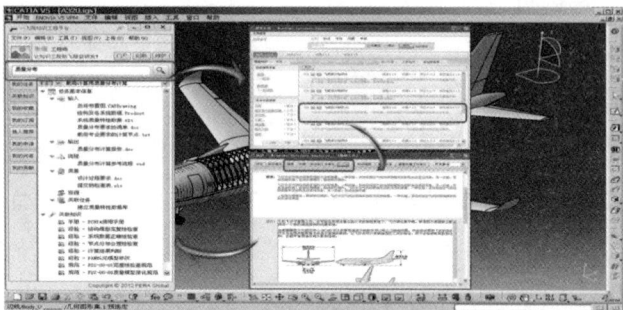

图 20-10　知识魔盒应用示例（充分对话之后的智能推送）

第四种是嵌入业务系统的主动方式。即以推送的方式将在研发人员需要知识的时候推送到设计环境中，或者直接嵌入这些应用环境，并且在知识运行的时候可以与应用软件互动。图 20-11 展示了一个工具化的知识（智能体）运行前的状态和运行后的状态。在此案例中，智能体运行时会调用仿真软件进行流体计算而获得飞机的气动特性。

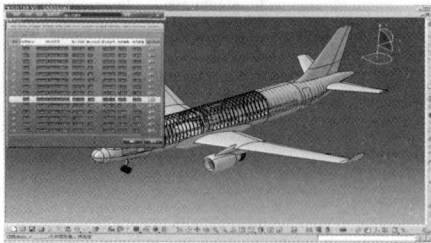 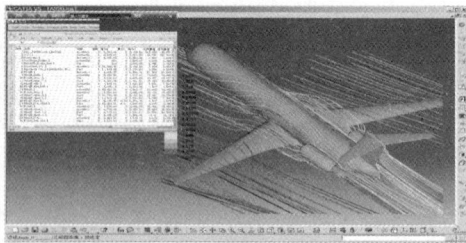

（a）知识运行前　　　　　　　　（b）知识运行后

图 20-11　知识工程集成平台应用示例（应用嵌入式的智能推送）

第二十一章 知识的增值加工

智慧研发的本质就是将研发过程的海量知识经过增值加工，形成大量的智能体，再嵌回研发过程中。因此，知识增值和数字化加工必然是智慧研发体系的核心，本章就其方法和工具做详细介绍。

一、知识增值加工综述

知识的分类方案有很多，本书对知识的分类方法就是依据其适合的加工方法来进行的，针对不同类型的知识，采用不同的数字化加工方法实现知识增值，并形成智能体，如图 21-1 所示。

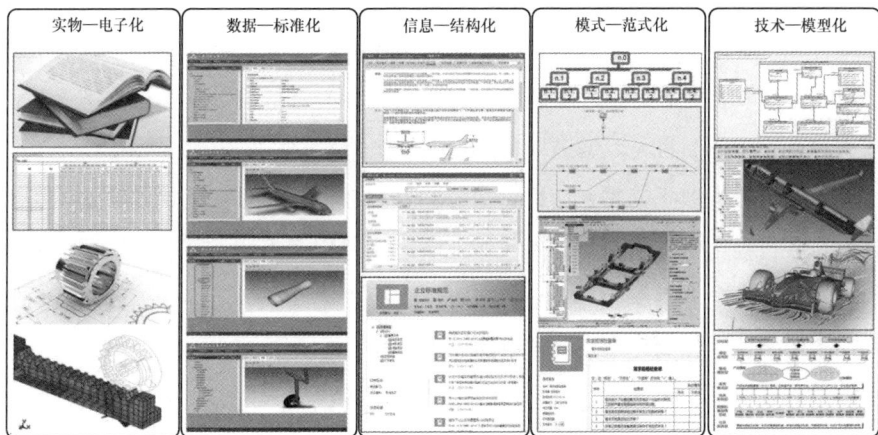

图 21-1　知识加工后形成智能体

此处简要介绍这几种加工方法。

① 电子化。实物资源是其他资源的知识化基础。电子化指对这类资源进行加工的一种方法，以使其他资源具备知识的基本特征。

② 标准化。利用标准化技术处理数据资源，使其获得显性化特征，步入知识的初步形态。

③ 结构化。利用结构化技术处理信息资源，使其具有共享化特征，可达到较高

层次的知识形态。

④ 范式化。利用范式化技术处理模式资源，形成自运行、自判断的自动化特征，进一步提升知识层级。

⑤ 模型化。利用模型化技术处理技术资源，可使其具有智能化特征，达到知识的更高层级。

在未来技术手段提升后，特别是采用大数据技术使知识全息化后，以上各类资源都可能再次实现一到两级的提升，具有智能化特征。

二、数据资源的标准化

企业的研发数据在各种业务过程和项目中产生，且以不同形式和格式保存。数据的不标准化特点，使得数据的可读性较差。一项业务或一个项目的数据只有本业务或本项目的人能较快理解并熟悉其格式特征，所以业务或项目人员往往很不情愿阅读其他业务或项目的数据，更不可能从这些数据中提炼和总结知识。因此，很多企业都有一个常见现象——数据一经产生就变成尘封档案。通过数据资源的标准化，统一数据的形式和格式，从纷繁复杂的数据中提炼共性数据，这些工作不仅可以促进数据的有序化，而且可以促进业务的有序和协同。

研发型企业的数据通常包含综合数据和专业数据。综合数据是在特定业务（或项目）开展过程中的完整数据，是按照业务进展过程为主线，将所有数据综合在一起的数据集合。专业数据则是企业进行专业化分工的结果，不同专业的人员和部门对业务数据的关注视角和掌握领域不同。

对于专业数据，如仿真、试验、制造、运维等数据，应以某种有参考价值的视角进行提取、组合、保存、再计算等操作，形成可供参考查阅的标准化数据。仿真数据管理和试验数据管理是专业数据标准化的实例，这在很多企业中仍然是新鲜事物。

对于综合数据，应将业务（或项目）数据的某个有参考价值的断面、最终数据，甚至完整过程（项目）形成约定格式或统一形式的数据库，以促进数据的标准化。多数企业已经部署的 PDM 系统是综合数据标准化的一个实例，相信读者对此都不会陌生，本书不做讨论。多类型、跨领域和跨区域的业务协同是企业的另一项重要课题，需要以数据的标准化来支撑，本章的第四节和第五节将对此进行讨论。

所有企业都存在大量的纸质但离散的标准化工程数据，如材料库、外部产品库、各种工程数据表等。利用软件工具形成数字化甚至参数化的数据，是激活原有数据并扩大价值的有效手段。对于这些已标准化的数据，可以按照某种规则（公式、曲线），动态计算形成新的数据，实现动态查询计算；也可以形成静态数据供查阅，进一步扩大数据的应用价值。

科研驾驶舱是数据标准化的高级应用，类似在商业体系中的商务智能（BI），我们不妨称之为技术智能（TI）。驾驶舱将研发相关数据按照数据关系和业务逻辑聚集，形成有决策意义的数据集。其可在任何时候对任何对象的任何数据做有意义的展示和分析，对产品和技术研发进行诊断和指挥；依据系统工程理论，从产品和系统协调和把控进展以达成最终设计目标。企业可通过研发驾驶舱实现对复杂产品数据的共享与协同，进而实现科研业务的协同和控制。

三、信息资源的结构化

信息类知识指的是在产品研制工作中，对工作成果进行总结形成的文档类报告（如论证报告、设计报告、仿真报告、试验报告等）、对这些报告进一步总结的知识（如设计指南、作业指导书等），以及在对外学习交流过程中积累下来的文档类信息（如科技情报、专利信息、档案文献等）。信息类知识对业务的支持体现为对研制工作的指导或约束，其特点是以文档方式成文，它们的格式和结构并不相同，设计人员从中快速获取信息和知识的难度较高。信息类知识通常被分散保存，有的保存于不同的信息管理系统，有的由不同的部门/科室集中保存在文件系统中，有的则由设计人员个人保存。而且，这些知识的保存方式和存储结构也各不相同，即使设计人员可以无障碍地访问这些系统，也无法快速找到自己需要的文档。因此，有必要对这些知识进行结构化处理以促进其应用。

对于信息类知识的结构化，常用的方法有以下几种。

① 提取大纲与目录：为文档建立一个框架，形成结构化目录，使文档看起来清晰明了。

② 自动摘要：根据知识的特征，自动形成关键词、简介和摘要。

③ 知识分类：根据知识的属性和特点，将其分门别类管理，方便人员查找使用。利用标签实现知识的柔性分类。

④ 知识聚类：基于知识的特征，按照某种特定目的，将其自动聚合。主题是一

种常见的聚类方式。

⑤ 组合查询：将各种查询方法按照某种特殊目的进行组合，以便快速获得此目的下的准确知识。

⑥ 基于流程的结构化：利用业务流程和工作活动相关联的方式，将知识进行结构化，同时便于对业务主动推送知识。

四、模式资源的范式化

模式是指被验证有效的工作过程或方式。企业运作和员工工作的过程会形成一种模式。这些模式也许是提炼总结形成的明规则，也许是潜移默化形成的潜规则。将这些规则范式化，是模式类知识加工的终极目的。常见的模式类知识有研发流程、多人协同逻辑、多学科工具集成过程、使用工具的步骤、质量管控过程、项目实施过程等。

利用模式类知识我们不需要对过程质疑，只需要按照过程的要求完成即可得到预期的结果。这种特征使我们可以将知识提炼总结，将不同形态、形式和特征的模式归一化、普适化和标准化，这样就可以利用计算机技术将其自动化。这就是范式化，范式的作用是将最佳实践制成榜样，成为普通工作者的参考，提高工作和业务的运行效率。

常见的可范式化的模式资源包括以下内容。

① 研发流程：也称为研发管控模式。将在多个型号或项目中成功应用的流程范式化，通过软件进行流程建模，形成可自动驱动研发活动流转的范式。

② 工作流：也称为设计协同模式。将在多个产品或过程中成功应用的多人协同流程范式化，通过软件进行流程建模，形成多人协同工作的范式。

③ 工具流：也称为仿真集成模式。将在多个产品或过程中成功应用的多工具集成流程范式化，通过软件进行流程建模，形成可自动驱动工具运算与流转的范式。

④ 技术流：将在多个产品或过程中成功应用的工具内的应用步骤范式化。通过封装工具制成组件或模板，在工具应用时直接调用，可以降低软件的使用难度，提高使用效率及正确性。

⑤ 质量过程：也称为质量管理模式。将在多个型号或项目中成功应用的质量策划、管控和归零流程范式化，在软件中植入标准和规范，实现无须人为参与而自动执行标准和规范。

⑥ 项目实施：将在多个型号或项目中成功应用的成熟项目实施运行的过程归一化、普适化和标准化，并在软件中固化形成企业的标准项目过程，在此过程中实现知识、质量和工具与项目工作的融合，以及数据的自动管理。

五、技术资源的模型化

技术资源指的是在产品研发过程中形成的产品设计成果和技术研究成果，这些成果可以在未来的产品设计或技术研究中重用。产品设计成果包括产品的零件、部件、子系统、整机，以及与之伴随的设计、仿真、试验和工艺相关的模型及过程。技术研究成果包括通用技术、独特技术、核心技术等。这些资源通常存在于特定产品研发过程中，因产品不同而形态各异。这些资源的原始创造者（或者有经验的研发人员）可以从其他项目成果中提取出相关成果，再根据两个项目的差异，对项目进行有针对性改变而形成新项目的成果。而其他人员则很难对其重用，重用过程往往并不比新设计简单。其实，新做一个类似的设计就像重新发明轮子，所带来的问题绝不仅是一点新增的工作量，而是给研发和制造全过程带来复杂性和可靠性问题，由其引发的成本和浪费更是惊人和难以计量。

技术资源的模型化就是把这些已创造的成果进行标准化、统一化而形成产品模型或技术模型，在未来的产品设计或技术研究中，通过对参数进行适当调整即可形成新的设计。在某些情况下，设计人员甚至可以不调整这些模型的参数，直接重用模型即可满足产品或新技术的要求，这对制造的复杂性、批量化、低成本、统一性及质量保障方面的贡献是非常之大的。

模型是一种区别于自然语言的工程语言，对于资源对象的表达不仅更直观、科学、全面、准确、无二义性，而且信息更丰富、更具动态性。

对于不同类型的技术资源，其模型特征、模型化方法及应用方案也大相径庭。常见的技术资源模型化方法及应用方案包括产品平台、基于模型的系统工程、基于模型的快速设计与论证、基于仿真模型的数字试验、基于模型的定义（MBD）等。这几种方法是应用于产品研发不同过程和专业的模型化方法。目前，业界提出了更为综合的模型化方法和应用方案——基于模型的产品全生命周期（MB PLM）和基于模型的企业（MBE），这是将技术资源模型化这种知识增值方法大而化之的成果。

六、开发智能体

正如前文所述，智慧研发中知识工程的核心就是对知识进行增值加工，形成智能体。因此，前文所述的 5 种知识加工方法最终都是用于开发智能体。

图 21-2 展示了智能体的开发过程，这是一个智能体全生命周期的技术和管理过程。本过程包括市场需求、业务抽象、智能体开发、智能体发布、升级和废止等阶段。业务抽象是智能体形成的核心阶段，即在智能体开发之前将欲封装的业务过程进行抽象的过程。抽象的目的是增加智能体的普适性。一项具体业务需要经过分析归纳、特征提取、标准化和规范化，最后抽象成普适过程。业务抽象包括软件应用过程调试、过程普适化改进、技术和知识要素梳理、技术与知识加工、业务标准梳理等步骤。

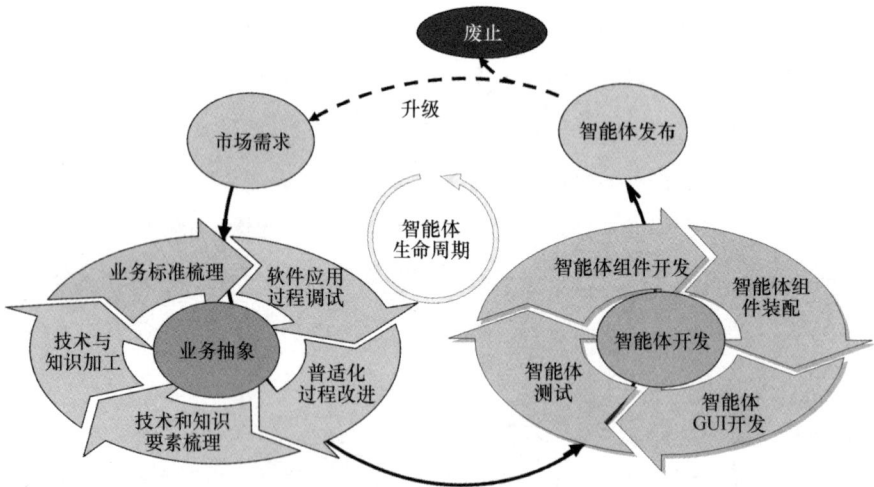

图 21-2　智能体的开发过程

从图 21-2 所示的过程来看，业务抽象过程是智能体的关键阶段。虽然技术和知识要素梳理是其重要阶段，但将知识提炼总结变成普适知识，进而形成业务标准才是智能体的核心。形成标准才有对其封装的必要，不然智能体的适用范围过于狭窄，近乎无用。泛知识无所不在，总结提炼使其成为标准，却难上加难。因此，智能体开发虽然表现为软件开发，但其核心价值在于业务标准的总结和封装。

智能体是针对特定工业问题的专用工具，提供专用的操作界面，内置了标准规范、模型参数、荷载工况、计算设置、结果评价准则等，针对特定问题可以实现快速解决，并确保结果可信和可靠，可以规范有序地完成相关任务。

　　笔者曾在各行业积累了大量工程实践经验，通过技术咨询和定制开发形成了大量智能体。图 21-3 展示了某电子产品跌落试验智能体及混合动力系统智能设计智能体，图 21-4 展示了机车车辆转向架的多工况强度设计智能体及电塔智能设计智能体。这些智能体均可提供专用界面和计算参数，并能够自动完成计算工程、工况组合和结果处理。

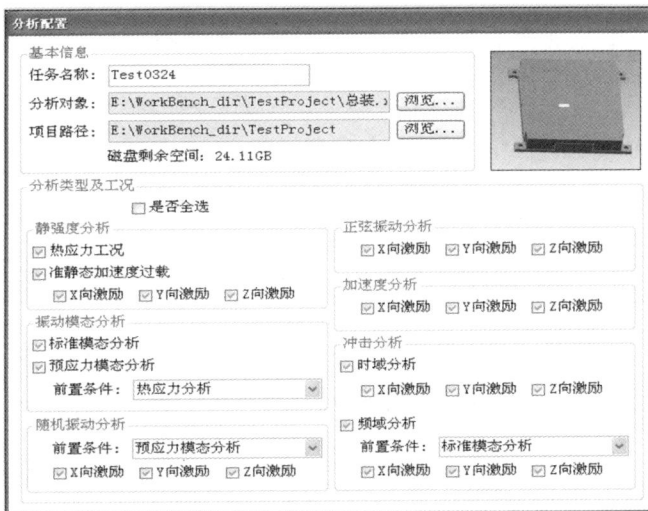

（a）某电子产品跌落试验智能体

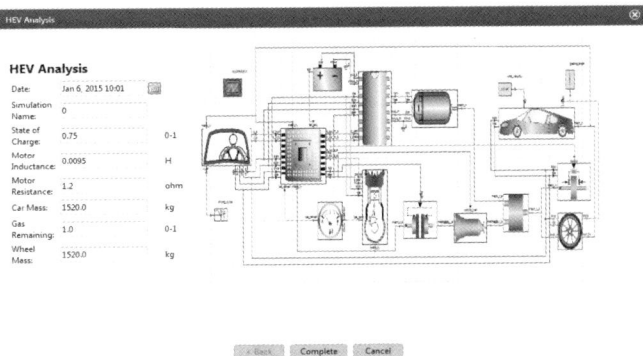

（b）混合动力系统智能设计智能体

图 21-3　部分智能体案例（一）

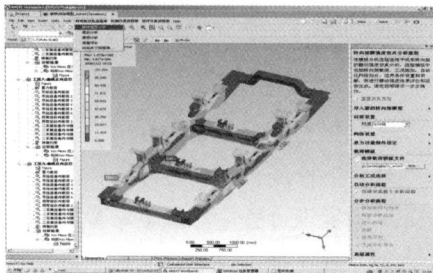

（a）机车车辆转向架的多工况强度设计智能体　　（b）电塔智能设计智能体

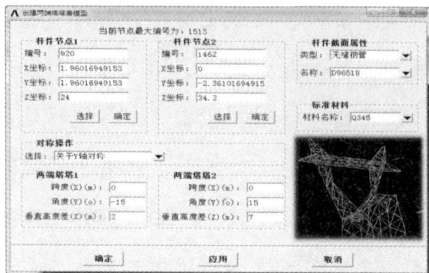

图 21-4　部分智能体案例（二）

　　在仿真体系建设过程中，可以形成大量智能体。我们在某个发动机项目中形成了包括但不限于以下的智能体：一维工作工程计算、缸内三维燃烧设计、缸盖强度设计、连杆强度设计、机体强度设计和动态特性设计及低速机运动件机构运动学设计等智能体。

　　我们在电子行业服务过程中也形成了大量智能体，如光学透镜设备振动试验设计、球面密封设计、军工电子机箱等设备振动试验设计、IGBT 散热和结构强度计算、悬挂式整流器抗震分析、电力电子散热分析、电子机柜强度分析以及疲劳分析、设备支架振动分析、手机屏幕撞击分析、电子设备振动试验设计、压电风扇流固耦合分析等智能体。

　　这些工作，在航空航天、汽车、石化能源、压力容器等行业和工业品中都可以开展。

第二十二章

基于AI的知识全息化

知识增值加工方法为研发体系提供了确定性机理，形成基于理性分析的智能属性。但我们不应局限于人类对物理世界的确定性知识，况且人类所取得的确定性知识很少，多数隐性知识在数据和信息（文本）中深藏不露。看似显性化的知识，其中仍然蕴含着丰富的隐性知识，特别是大量知识聚集在一起的时候。在许多看似杂乱无章、称不上是知识的数据海洋中，我们也会发现有用的知识。这一点在近几年的 AI 技术和应用领域得到了验证。

一、增值加工也是人工智能

严格来讲，采用 5 种知识增值加工形成智能体的方法也是一种人工智能方法，称为"符号主义"或"逻辑主义"人工智能。符号人工智能是一种基于公理和逻辑体系的人工智能系统，它主要关注知识和推理的过程。专家系统是符号人工智能的典型代表，它们通过建立知识库和推理机来模拟人类专家的决策过程。相比之下，亚符号人工智能，亦称连接主义或仿生学派，则侧重于模仿人类神经元的连接机制，以神经网络为基础实现人工智能。现代深度学习技术就是这一范式下的产物，它通过构建多层神经网络来实现任务学习。

符号人工智能的核心在于使用明显定义的规则和知识进行逻辑推理。这种系统强调知识的表达和利用，通常采用一种人类可理解的逻辑形式来处理信息。然而，符号系统的局限性在于其对连续、复杂且非结构化数据的处理能力较弱，且在面对无法精确建模的场景时效果不佳。这种方法其实是人类在人工智能研究早期，将常规技术顺其自然地推演而成的一种方法，所以在前文中我们没有把知识增值加工称为人工智能方法，这似乎理解起来也并没什么不妥。

亚符号人工智能通过在训练过程中不断调整权重来识别模式和关联，而不是依赖明确规则。这使得神经网络能够在有噪输入和复杂数据环境下表现出强大的健壮性。不过，亚符号系统的劣势在于其不透明性，内部的决策过程难以被人类理解和解释，因此其在需要模型可解释性的场合表现不足。我们不论用何种方法来分类、加工和应用知识，其实都只能触及知识有限的几个角度、维度或层次，这便是亚符号主义人工智能的缺陷。

通过亚符号人工智能技术有可能从更为广泛的角度和层次来洞察数据，获得更为丰富和全面的知识。虽然本书主张知识分为实物、数据、信息、模式和技术等类别，但归根结底，这些知识都是以"数据"这种形式来表达的，这就开辟了一条利用亚符号 AI 进一步挖掘各类知识中更多隐性知识的道路，我们也就可以透视数据中的隐性价值，并且创造新的知识。我们把这个过程称为知识资源的全息化。也只有完成了全息化的知识增值加工，才能让我们的研发体系具有智慧属性。

符号人工智能和亚符号人工智能在方法和优势上存在显著差异，但它们并不是完全互斥的。当前的研究趋势是结合这两种范式的优势，发展出既能处理复杂数据又具备一定可解释性的人工智能系统。例如，最新的研究正在探索如何将符号化的知识和推理能力融入连接主义的框架中，以提升机器学习模型在多步推理和常识推理任务中的表现。

综上所述，符号人工智能和亚符号人工智能各自从不同角度模拟人类智能的特定方面。前者注重逻辑和知识的显式表达，而后者更侧重于数据驱动的模式识别和学习。两者的结合不仅可以提升 AI 的能力，而且有助于解决各自单独应用时的局限性，从而推动人工智能技术的发展和应用进入一个新的阶段。因此，知识增值加工和知识全息化两种方法相结合，对研发体系的智能化具有现实应用价值和长远发展意义。

二、知识全息化的常见方法

在知识工程领域，有 3 种常见的基于亚符号 AI 技术进行知识智能化挖掘和分析的方法：基于知识图谱的方法、基于大模型的方法和基于大数据的方法。这 3 种方法均具有为研发体系提供智慧的潜力。如果说知识增值加工方法给研发提供了智能属性，那么基于新一代 AI 技术的知识加工方法则为研发提供了智慧属性。

知识图谱是一种结构化的知识表示形式，用于整合、存储和查询不同来源和格式的数据。知识图谱是通过对现有信息中的事实及其关系进行分析，然后根据这些事实和关系推导出新的事实和关系的过程。知识图谱的核心思想是将知识以图的形式表达出来，其中的节点代表实体（如人、地点、事件等），边代表这些实体之间的关系。

基于大模型的人工智能侧重于构建复杂的模型来模拟人类的认知和决策过程，力求通过建立大型、复杂的人工神经网络来解决各种任务，成功案例包括自然语言处理（如 GPT-3、BERT）、计算机视觉（如 ImageNet 分类）等，代表技术包括深度学习（尤其是 Transformer 架构）、强化学习等。

基于大数据的人工智能侧重于从海量数据中挖掘有价值的信息和模式，依赖于大量的训练数据来提升模型的泛化能力，成功案例包括推荐系统、搜索引擎、数据挖掘等，代表技术包括机器学习（如支持向量机、随机森林）、深度学习（如 CNN、RNN）等。

基于知识图谱、大模型和大数据的 3 种知识全息化方法在方法论和应用场景上各有千秋，很多时候它们相辅相成，适用于不同的应用场景。实际应用中，可以根据具体任务、需求、环境及各自的特点，如表 22-1 所示，来选择合适的方法或结合 3 种方法来解决问题。

表 22-1　3 种知识全息化方法的比较

方法	基于知识图谱	基于大模型	基于大数据
数据处理与表示	侧重于构建实体和关系的结构化网络，需要人工整合和输入知识，但可以支持复杂的推理和查询操作	侧重于训练大型深度学习模型，通过大量的无监督学习自动捕获数据中的丰富特征。这些模型尤其擅长处理自然语言数据	侧重于收集和分析大规模数据集，通过数据挖掘和统计分析揭示隐藏的模式和趋势。这种方法通常依赖于多样化的数据源和类型
任务处理方式	适用于需要逻辑推理和采用明确知识表示的任务，如问答、推荐系统和搜索引擎	适用于需要自然语言处理和生成的任务，如机器翻译、文本摘要和虚拟助手	适用于需要数据分析和挖掘的任务，如市场预测、风险评估和个性化服务
可扩展性和灵活性	扩展性受限于构建和维护知识图谱的工作量，但是知识图谱一旦建立，可以通过添加实体和关系来轻松扩展	随着模型规模的增大，可以更好地处理复杂任务，但同时训练和部署成本更高	具有较好的扩展性，因此可以处理更多的数据，但需要高效地存储和计算资源
明确性和可解释性	提供了高度明确和可解释的知识结构，方便用户理解和验证结果	通常被认为是"黑盒"操作，其内部机制较难解释，尽管它们在实际应用中表现优异	可能涉及复杂的算法和数据处理流程，解释难度高，尤其是当涉及高级分析时

方法	基于知识图谱	基于大模型	基于大数据
性能和效率	对于涉及实体关系推理的任务，知识图谱方法通常具有较高效率	在处理复杂任务时效率较高，特别是在自然语言处理领域	能够处理和分析非常大量数据，但对于特定任务的响应速度可能不如专门的模型

三、基于知识图谱的全息化

在人工智能领域，知识图谱被用来增强搜索引擎、推荐系统、语义搜索和其他智能应用。通过将非结构化数据转化为结构化数据，并提供统一的查询接口，知识图谱有助于提高系统的理解和推理能力。例如，Google 的知识图谱是一种大型的语义网络，它帮助搜索引擎更好地理解用户的查询需求，并提供更准确和丰富的搜索结果。其他科技公司，如 Facebook 和 Microsoft，也有自己的知识图谱系统，用以支持各种人工智能服务和应用。

在明确需求并收集到数据之后，知识图谱的建立过程通常包含以下几个步骤。

① 数据预处理：清洗和格式化收集到的数据，解决诸如缺失数据、重复数据、错误数据等问题。

② 实体识别：使用自然语言处理（NLP）等技术识别数据中的实体（如人名、地点、日期等）。

③ 关系抽取：确定并提取实体之间存在的关系。这可以通过模式匹配、机器学习等方法完成。

④ 本体建模：设计和创建描述领域知识的本体，它定义了实体和关系的类型、属性以及它们之间的限制和联系。

⑤ 构建图谱：将提取的实体和关系按照本体的定义组织起来，形成知识图谱。这通常涉及图数据库的使用。

⑥ 验证和更新：对知识图谱进行验证，确保其准确性和完整性，并根据新的数据源或变化的信息不断更新知识图谱。

知识图谱建立的过程中，还需要考虑数据的语境、多义性以及如何处理不确定性和模糊性等问题。此外，知识图谱的构建往往是一个迭代的过程，随着数据量的增长和需求的变化，需要被不断地调整和完善。

四、基于大模型的全息化

基于大模型的 AI 在工业知识工程方面具有极大的发展潜力，这主要得益于大模型在自然语言处理、信息提取、分类、预测和推理等方面的能力。通过以下过程，可以基于大模型和 RAG（检索增强生成）[1]建立企业的私有知识库，利用先进的人工智能技术来整合、管理并应用企业内部的知识资源。这样的系统能够提高企业知识的整合和应用效率，支持企业内部的专业知识问答，从而提升企业运营效率和决策质量，具体分析如下。

（1）自定义构建知识库。

① 数据收集与管理系统对接：需要对企业内部的各种知识数据进行收集，包括文档、表格、图片、音频、视频等多模态数据。如果企业已有知识管理系统，则应与之对接，否则需要进行原始的数据收集工作。

② 数据清洗与预处理：为了确保后续步骤的有效性，必须对收集到的数据进行清洗与预处理，去除噪声信息，并进行必要的格式转换和标准化处理。

（2）分块处理技术的应用。

① 选择适当的分块方法：根据企业的具体需求，选择合适的文本分块方法，如按字符数分割、按段落分割或按语义分割，以优化检索效率和精确度。

② 实现高效的分块策略：实施一种明智且高效的分块策略，在优化知识处理流程方面具有关键作用，能够极大地增强 RAG 系统的性能与响应能力。

（3）嵌入模型的选择与应用。

① 多模态数据的向量化：使用嵌入模型将收集到的多模态数据转换成数值向量，以便输入机器学习模型中。

② 模型训练与调整：根据企业特定需求，可能需要对嵌入模型进行训练或微调整，以更好地适应企业特有的数据特征和应用场景。

（4）向量数据库的建立与维护。

① 索引构建与存储：为每个分块建立索引并将其存储到向量数据库中，用于快速检索和相似性搜索。

---

1 RAG是一种结合了检索技术和大型语言模型的新方法。这一方法的核心思想是在生成文本或回答问题时，其先从外部知识源检索相关信息，然后利用这些信息指导文本的生成过程，从而提高预测的质量和准确性。

② 检索加速与优化：通过索引构建、检索加速和向量数据库等技术，提高检索效率，确保用户能够迅速得到查询结果。

（5）用户界面的设计。

① 友好的用户界面设计：设计易于使用的用户界面，让用户能够方便地与系统互动，输入查询信息并接收输出结果。

② 查询信息转换与展示：将用户查询信息转换为嵌入向量，用于从向量数据库检索相关上下文知识，并将最终结果展示在用户界面上。

（6）查询引擎的集成。

① 查询处理与上下文获取：查询引擎负责获取用户的查询字符串，使用它来获取相关上下文，然后将两者一起作为提示词发送给 LLM 以生成最终的自然语言响应。

② LLM 的本地化部署：选择合适的大语言模型（如 Llama-3），并在本地环境中部署，以便模型与企业的私有知识库无缝协作。

（7）提示词模板的制定。

① 生成合适的提示词：为 RAG 系统生成合适提示词的过程，可以是用户查询和自定义知识库的组合。

② 最终回复的生成：将提示词作为输入给 LLM，生成最终的回复，并通过用户界面展示给用户。

RAG 要求企业不仅要有明确的规划和目标，而且企业要具备相应的技术能力和资源。通过上述步骤的实施，企业可以构建出一个既能满足内部知识管理需求，又能提供高效知识服务的智能系统。

虽然大模型的训练过程往往是基于公开广域网的，但企业完全可以在物理隔绝的企业内网中运行小模型，实际上，对那些安全性有高要求的企业来说，这是一种常见的做法。在这种设置中，所有的数据和模型训练都在企业内部网络中进行，不与外部网络直接连接，从而确保企业的敏感信息不被外泄。企业首先需要选择一个可以在本地服务器上运行的 AI 模型，并确保它能够在没有外部互联网连接的情况下工作，同时做到数据隔离，确保所有用于训练和运行模型的数据都存储在内部网络中，并且有适当的安全措施来保护这些数据。由于模型和算法无法直接从外部网络获取更新信息，因此需要采用安全的方法来定期更新，如使用物理介质（如 USB

驱动器）并在严格的安全协议下进行更新。

五、基于大数据的全息化

大数据技术不大用抽样调查（随机分析法）这种方法，而分析处理所有数据。以前，人们可以获得产品生命周期的各种数据，但因为模型建立难度较大，所以很少有人分析这些数据之间的关系，如产品的运行情况与所有产品设计参数的关系。现在利用大数据技术可以分析这些因素互相影响的情况，不需要建立数据之间的因果关系（数据模型），而是寻找数据之间的"相关关系"。相比基于预设模型的小样本数据分析模式，基于大数据的分析方法往往能得出超乎意料的颠覆性知识（结论）。大数据技术对隐性知识的挖掘具有超越预期、出人意料的特性。这种知识对于提升产品功能和性能，甚至对于产品创新具有重要作用。

大数据工程就是构建完整、高效、安全的数据应用服务体系，通过智能化分析模型和方法，对数据进行分析利用，并给不同用户提供个性化服务。工业大数据的分析对象是描述工业产品全生命周期的海量数据，包括需求数据、设计数据、仿真数据、生产线设备参数、工艺数据、生产数据、物料参数、装备参数、零部件参数、质量数据、产品故障、运行数据、营销数据、供应数据、用户操作习惯等。这些数据在日常的产品研发和制造生产中大量存在，但相互分离，很难被发掘出跨领域相关性分析的价值。

基于大数据的 AI 方法的一些关键组成部分包括但不限于以下方面。

① 数据收集与存储。收集大量的数据，并将其存储在适合进行大规模数据分析的系统中，如分布式文件系统（如 Hadoop 的 HDFS）或大数据仓库。

② 数据预处理。数据预处理包括清洗、整合、转换和归约等操作，以便后续分析。在这个阶段，可能还会涉及数据的降维和特征提取。

③ 数据挖掘。数据挖掘是指通过算法从大量数据中寻找模式和关联的过程。常用的算法包括分类算法（如随机森林、支持向量机）、聚类算法（如 K-means、层次聚类）、异常检测算法等。

④ 机器学习。机器学习是一种使计算机具有学习能力的方法，不需要进行明确编程，计算机就可以从数据中学习。机器学习算法包括监督学习、无监督学习、半监督学习和强化学习等。

⑤ 深度学习。深度学习是机器学习的一个子集，它使用深层神经网络来模拟人脑处理信息的方式，可以从非常复杂的数据中提取高层次的特征。

⑥ 自然语言处理。自然语言处理（NLP）是 AI 领域的一个重要分支，专注于理解和生成人类语言。NLP 技术可以用于信息检索、情感分析、机器翻译、语音识别等。

模型开发是基于大数据的 AI 方法中的关键环节，涉及选择模型、训练数据的准备、特征工程、训练模型、模型验证和调参、模型测试与优化等多个步骤，通常包括以下过程。

① 选择模型。应根据问题类型（如分类、回归、聚类等）和业务需求选择合适的模型；考虑模型的复杂性、训练时间、可解释性等因素，有可能需要尝试多种不同的模型，比较它们的性能和适用性。

② 训练数据的准备。将收集到的大量数据划分为训练集、验证集和测试集，并对训练数据进行预处理，包括缺失值处理、异常值处理、归一化、编码类别变量等。为解决过拟合问题，可能需要进行特征选择，或者使用某些技术，如数据增强。

③ 特征工程。从原始数据中提取对模型预测有用的特征，并构建能够提升模型性能的新特征。通常需要通过特征转换使模型更好地捕捉数据中的模式。

④ 训练模型。使用训练数据训练模型，调整模型内部的参数以最小化损失函数，并应用梯度下降、随机梯度下降、Adam 等优化器来更新参数。通常需要在多轮训练中逐渐改善模型的性能。

⑤ 验证和调参。使用验证集来评估模型的性能，使用准确率、ROC（受试者操作特征曲线）曲线、精确率—召回率曲线等指标。通常需要调整模型的超参数，如学习率、批次大小、网络层数、隐藏单元数等，以找到最优的设置，还有可能需要使用网格搜索或随机搜索等技术来优化超参数。

⑥ 模型测试与优化。使用测试集评估模型的性能，这是在训练过程中未使用过的数据。测试集上的表现直接反映了模型的泛化能力。根据测试集的表现优化模型，可能需要回到特征工程或模型结构设计上进行修改，进行模型融合以提高预测准确性。

六、知识全息化的应用场景

基于 AI 的知识全息化方法在工业领域的应用通常是建立全息化的知识系统，

知识全息化的应用场景如下。

① 企业知识库。工业企业可以建立一个全息化的企业知识库,用于存储和共享企业的最佳实践、案例研究和技术论文等知识资源。

② 领域知识管理。工业企业可以使用全息化知识系统来管理和组织其专业领域的知识,包括产品信息、工艺流程、技术规范、员工技能等。这有助于提高信息的透明度和可访问性,从而提升工作效率。

③ 产品设计与优化。在产品设计阶段,全息化知识系统可以提供以往项目的数据和经验,帮助工程师做出更好的设计选择,并对设计方案进行优化。

④ 设备维护与预测性维护。通过对设备历史数据和运行状态的分析,结合全息化知识系统中的设备信息和维护指南,企业可以实现预测性维护,提前发现潜在的问题并进行修复,避免生产损失。

⑤ 供应链管理。全息化知识系统可以帮助工业企业更好地了解供应链状态,包括供应商信息、物料来源、物流状态等,从而提高供应链的透明度和响应速度。

⑥ 能源管理和环保。通过分析能源消耗模式和环保数据,工业企业可以利用全息化知识系统来优化能源使用,减少浪费,并制定更有效的环保策略。

⑦ 安全管理。全息化知识系统可以帮助企业更好地理解安全风险和事故原因,从而制定出更有效的安全措施,并对应急预案进行优化。

⑧ 人员培训与技能提升。全息化知识系统可用于支持培训计划和技能评估,帮助企业员工快速获取所需的知识和技能,以适应新技术或新岗位的要求。

⑨ 智能制造。在智能制造场景下,全息化知识系统可以帮助整合和解析来自传感器、控制系统和执行机构的大量数据,从而实现生产过程的自动化、智能化监控和决策。

⑩ 质量控制。通过全息化知识系统,工业企业可以更好地跟踪产品质量、分析问题源头,并采取有效措施以防止缺陷发生。

本章所表述的只是全息化增值加工技术应用的冰山一角,更多的应用和价值只有在对具体数据和信息进行全息化分析的过程中才会显现。只有基于 AI 深度挖掘知识,让知识资源全息化,才能让研发走上智能化道路。当然,我们不能满足于利用全息化分析获得的知识相关性,使用 AI 的最终理想仍然是找到因果律,从而获得真正的智慧。

第二十三章　高价值知识的显性化

无论是数字化知识体系的建立，对知识进行增值和数字化加工，还是利用 AI 建立全息化知识系统，它们前提都是企业知识的显性化。目前在企业中存在各种各样的被称为"知识"的资产，这些资产往往是在工作过程中自然产出的文档和数据。这些资产确实可以作为知识加工的基础，但这不是企业最有价值的知识。最有价值的知识是在工作过程中总结和提炼的知识。这些知识通常不在有形的文档和数据中，而在员工的大脑或个人文档中，是隐性知识。不解决高价值知识的来源问题，知识工程便是无米之炊，无本之木，所以这是组织知识管理的重点，同时也是难点。隐性知识的显性化，本质就是人脑知识的数字化。人脑中的知识是归属个人的，组织中的人没有义务和意愿把知识免费贡献出来。解决该问题的要点是对知识贡献者进行合理激励，科学的知识评价是知识激励的前提。本章融合了投融资思维和互联网思维，提出了一种去中心化且负责任的知识评价方法——千伯 IPO。该方法不仅可以识别知识的价值，还可以识别企业中的优秀员工，不仅能对知识贡献者进行激励，还可以为职称评定和管理者选拔提供数据支持。通过这一体系的建立，企业可以自然形成知识型组织和学习型组织。

一、最有价值的知识在人脑

对一个组织来说，知识管理和知识工程的价值是毋庸置疑的。很多组织也已经开展了相关工作，但各组织的收效有天壤之别。除了所采用的技术、方法和管理方案不同，对知识的拥有者——员工的知识贡献激励的差异，也是导致知识工程效果差异的关键因素之一。

基于社会技术学的知识工程体系模型，"人"这一因素在关键位置。很多组织正在用多种技术和方法来利用显性知识——那些已经被整理和发表的知识。但员工大脑中的知识才是组织最具价值的知识，这类知识有一个特点——隐性化，如果员工不能或不愿整理和发表，它们就无法成为组织大规模应用的知识。组织都愿意增加对人力资源的投资，但在如何将人力资源管理与隐性知识管理结合作为组织新的竞争力的研究方面做得仍不充分。

知识工程是研发型组织能力建设必须完成的，需要组织日复一日、点点滴滴地积累而成，没有捷径可走。但很多组织一直幻想有一条捷径，希望世界上存在一种"聪明"技术，让组织的知识积累可以自动完成，而不是通过技术人员自身耗时进行总结整理。我们不否认技术的重要作用，但更强调人在知识工程中的主体作用。实践发现，在知识工程这件事情上，看上去越"聪明"的组织，在知识积累上越是停滞不前。那些按照既定路线梳理知识、加工知识的组织，在知识工程的道路上，反而越走越扎实。

二、对知识贡献者的负激励

我们建议，在人力资源管理过程中，从隐性知识的显性化角度，激励员工贡献隐性知识。但目前，多数组织的绩效评价中没有与知识贡献相关的维度。通常来说，在组织的绩效评价体系中缺少某个维度，员工就不会自驱动，也就不会带来相应结果，属于零激励。但在知识管理领域，这不只代表零激励，甚至是负激励，也就是说，组织在"惩罚"那些贡献知识的人。

当然，这么怪异的规则不可能是明文规定的，而是潜规则。在多数组织内，个人基本工资是确定的，项目奖金是浮动的，是根据完成项目的情况来确定的。也就是说，一个人的收入多少是与项目贡献挂钩的。当你把知识贡献出来，别人学会了之后，你的项目就可能被他抢走，你的项目奖金也可能相应减少，这就相当于"惩罚"了你。

所以，在很多组织，贡献知识的行为是负激励的，谁贡献知识就"惩罚"谁，这是由激励机制的缺陷决定的。这个缺陷就在于激励只对项目（或成果）激励，而不对知识贡献进行激励（或补偿）。其实很多组织的领导者都意识到了这个缺陷，但一直没有找到好的解决办法。组织购买或开发了知识管理软件，但却聚集不到真正有用的知识。

三、知识激励缺失的原因

实践证明，对知识贡献者的激励不是给贡献知识的人发奖金这么简单。我们曾经在服务企业的过程中遇到一个典型案例：一家企业规定"贡献一条知识奖励300元"，于是，一夜之间知识平台上出现了一万多条知识，一改前一天没有一条知识的状况。但研究发现，这些知识中的绝大多数都是从某些资料中复制的，滥竽充数。企业领导者要求组织专家来评审和认定这些知识的价值，有价值的知识才兑现奖励。先不论所谓"有价值"的评判好不好做和能不能做，单就这一万多条知识的数量，就把这件事拖进了泥潭。最后，这条"300元奖励"的规定不了了之。

其实，专家组做知识价值评价这种方法，除了难以解决工作量大的问题，还有很多其他的弊端。

① 评价标准无法统一，很难用一套标准来客观衡量各种知识的价值。上述案例中，专家组花了很长时间都没能确定评价标准，对多数指标的争议都很大。不同于自然科学，社会科学和工程实践中的知识价值判断有巨大的主观属性，很难提出公认的客观标准。

② 为数不多的专家无法精通所有的专业领域，没有标准就会导致误判。人数有限的专家组，个别人的误判就可能导致结论错误。

③ 专家组是由人构成的，而人是有可能因为各种情况有意做出某种倾向性误判的。

由于专家组没法在短时间内做大量评审，因此有些组织采用互联网常用的大众"点赞"方式来评价这些知识。但实践表明，在这种情况下，个人很难认真地点赞。多数人也会在此过程中送人情，因为不用负责任地"点赞"，点赞者不会损失什么，所以这种"廉价点赞"评价出来的知识往往没有真正价值。员工不会认真对待自己的"点赞"，组织也不会认真对待"点赞"的结果。

因此，其实不是组织不愿意激励知识贡献者，而是没有公平的激励机制，准确来说，是没有方法多、快、好、省地评判知识价值。

四、科学的知识评价方法

以上两种做法本质上是知识评价的两个极端：采用"专家组"评价激励的方式是"负责任的中心化"方式，采用"廉价点赞"筛选知识的方式是"不负责任的去中心化"方式。"负责任"是优点，但"中心化"必然成为瓶颈；"去中心化"可以帮助突破瓶颈，但"不负责任"就使评价失去了意义。

针对以上难题，针对隐性知识的挖掘，我们提出了一种博采众长的知识评价方案——千伯IPO，一种"负责任的去中心化"的知识评价方式。该方法利用"有偿点赞"的方式来评价知识的价值，原理如下。

① 把知识视为股票，用虚拟知识币（该体系中称为千伯币）通过"点赞"来投资"好知识"。所谓"好知识"，是多数人认为其有价值且会踊跃投资的知识。

② 投资了好知识，投资者将赚钱，否则投资者将赔钱。所以投资者有动力对知

识价值进行评价。

③ 获得投资多的知识就是好知识，贡献此知识的人能收入相应的千伯币。

④ 组织将根据员工获得千伯币的数量，对员工进行适当的物质奖励和惩罚，包括但不限于经济奖惩和职务升降。

之所以说该方法是一个负责任的去中心化的方法，是因为千伯币是有实物价值的，任何投资行为都影响投资者的真实盈亏。所以，投资者在投资之前会认真评价知识的价值。本方法并没有从技术维度来甄别知识的价值，而是利用"货币"这样一个最直接的价值载体来完成这一使命。

对于那些贡献了有价值的知识的人，我们固然应该不吝啬于对他们的奖励，但如果深入一层来看，知识之所以能被正确评价，是因为大众的力量，准确来说，是一批具有慧眼的人识别了那些有价值的知识，才使得知识 IPO 方法得以良好运转。所以，这些人同样值得奖励。

在千伯 IPO 中，有价值的知识贡献者称为"千里马"，把识别了知识价值的那些人称为"伯乐"，这就是我们为什么把这套方法称为"千伯 IPO"的原因。千里马是那些经常发布好知识并因此获得较多投币（千里马币）的人。伯乐是那些经常认真甄别出好知识，并且投资这些好知识从而获得较多返币（伯乐币）的人。

图 23-1 展示了某项知识发布后，不同角色的收益及该知识的收益比（总收益／总投资）随着跟投数增加的趋势图。在这个激励机制算法中增加了对千里马的阶段性奖励，所以千里马的收入会出现阶跃现象。

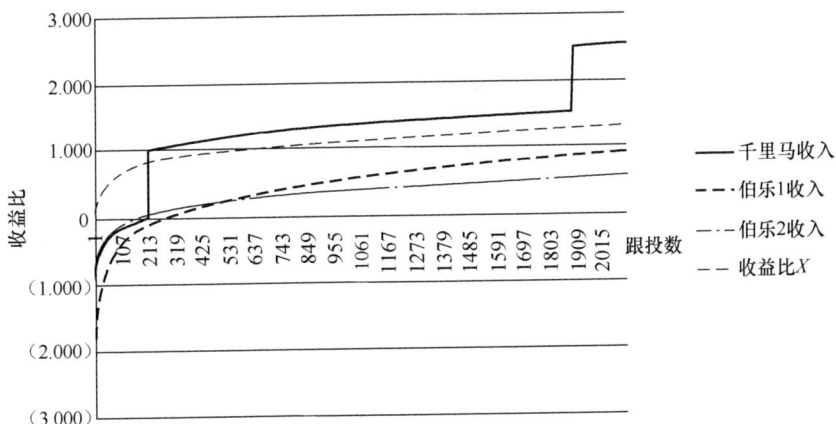

图 23-1　某知识发布后不同角色的收益走势

五、评价知识的同时识别人才

在组织运作千伯 IPO 一段时间之后，将出现 3 个榜单。

① 知识榜。通过获投的千伯币数量来衡量，投资收益比越高，说明知识的价值越高。

② 千里马榜。通过获得千里马币的数量来衡量，获得千里马币越多的人，对知识的贡献越大。

③ 伯乐榜。通过获得伯乐币的数量来衡量。获得伯乐币越多的人，是越具有慧眼的人。

这 3 个榜单在组织中都有特定的用途。

① 知识榜的用途：有价值的知识是员工学习的材料，高价值的知识往往是组织标准规范的素材来源。

② 千里马榜的用途：该榜单中的人都是业务骨干，或者是具有业务骨干潜质的人。任何组织中都有两种人：个体贡献者和管理者。所以，人才也有两个发展和晋升通道：专家序列和管理者序列。千里马榜中的人，应该是专家序列晋升的首选。

③ 伯乐榜。这个榜单中的是那些独具慧眼、知人善任的人，是组织中具有管理才能的员工，应该是管理者序列晋升的首选。

通过千伯 IPO，组织获得的不仅是有价值的知识库，还有伴随产生的两个人才库：业务人才库和管理人才库。这两个库中人才的能力虽不能说与其挣得的千伯币数量百分之百匹配，但至少提供了一种参考或佐证，比以往凭感觉评价人才多了一项客观数据维度。在每个组织中确实有一批真正怀才不遇的人，他们可能因为各种原因被埋没，与其鼓励人们举贤荐能，不如提供一个平台让这些人毛遂自荐并脱颖而出。

因此，千伯 IPO 提出了一个口号——知识变现人升值，千伯拔萃见贤才。也就是说，千伯 IPO 不仅是隐性知识挖掘的手段，同时也是人才识别的方案。

六、激励机制变革是前提

如前文所述，千伯币具有实物价值，其实物价值由组织的激励机制来保障，即员工挣得的千伯币影响其收入或晋升。也就是说，千伯 IPO 生效的前提是企业激励机制的变革，需要在激励机制中增加知识贡献激励的要素，让知识贡献价值与组织的物质激励和职务职称评定挂钩。

激励机制中一些常见的改变包括以下内容。

① 增加一项规定：凡是组织内的员工或部门，都有责任为自己和本部门的千伯币增值。千伯币的增值大小决定本人和部门的奖励。

② 组织设立年度知识奖（现金），奖励个人和部门。

③ 修订组织的现有奖励机制：最终奖 = 项目年终奖 × 知识系数修正 k，其中，$k=1+x \times$ 个人千伯币 / 年度最高千伯币，x 是政策系数，用来临时调整知识激励的强度，以配合企业的战略和政策。

④ 修订组织现有的个人职务和职称评定制度。

职务和职称的评定，以千伯币总增量的设定值为起点；职称评定，以千里马币的设定值为起点，以年度增量为保持条件；管理者（职务），以伯乐币的设定值为起点，以个人年度增量为保持条件；现有职务和职称，以年度知识增量的设定值为保持条件。

⑤ 修订现有的部门及其管理者评价体系，以部门人均知识资产及年度增量为指标。

七、建立与运营千伯知识云

千伯 IPO 的运作涉及知识发布、投资、数据跟踪和统计等，是个比较严密和复杂的体系，需要一个嵌入了投资回报算法以及激励机制的数字化平台来支持运作。

为了支持基于千伯 IPO 的知识挖掘与知识管理，需要基于千伯 IPO 方法开发一套基于云的知识管理平台——千伯云平台。该平台的盈利模式应该是"平台免费，知识收费"。也就是说，组织在平台上积累的知识越多，价值越大，收入越多。

千伯 IPO 的运作还需要变革组织的激励机制，该机制需根据组织特点建立该机制，如人才数量、专业结构和业务特征等，因此，在千伯云平台上线前，需要一个针对企业激励机制变革的、为期两天的轻咨询。

八、学习型组织的自然形成

需要补充的是，千伯 IPO 并不要求知识必须是发布者本人的原创。整理外界有价值的知识并引入本组织的行为同样应该受到欢迎和鼓励。千伯 IPO 也鼓励对组织内部材料或他人的知识进行整理和发布。在千伯 IPO 中，千里马币只归属发布人，而不管该知识来自哪里，以鞭策那些有知识但不愿意或懒于贡献的人。

千伯 IPO 为组织打造学习型组织提供了一个天然方案。绝大多数领导者倡导本组织成为一个学习型组织，但至于如何让员工持之以恒地学习，似乎没有有效的办法。在千伯 IPO 中，员工为了甄别知识的价值，必然需要对拟投资的知识进行阅读，其在投资过程中就已经完成了对知识的学习。因此，随着千伯 IPO 方案的实施，组织会自然形成学习型组织。

另外，除了知识工程，千伯 IPO 还可以应用于其他领域，如创新提案、合理化建议、选举和竞聘等。

| 后　记 |

研发的生态化转型

本书提出企业的研发数字化转型有五级成熟度。大多数中国企业的第一级转型——辅助级转型已经完成,第五级——生态级转型尚未到来,所以,本书主要针对中国企业当下急需的中间三级转型模式——精益转型、正向变革和智慧革命做了深入讨论。但第五级转型终将到来,这将是一个令人神往的时代。

未来工业将是基于新 ICT(特别是云计算和 AI)技术的生态化工业,所以生态化必将是未来工业研发数字化转型的重点。工业软件既是工业品,又是支持工业数字化转型的支点。因此工业软件的云化转型,既是工业生态体系的一部分,又是工业体系生态化转型的支撑,需要与工业云生态相匹配。工业云平台其实就是利用工业软件云搭建而成的工业体系的运转平台,是工业企业建立研发生态的基础与载体,平台发展是生态建设不可或缺的工作。随着生态的演进,平台应逐步发展演变,形成良性互动、可持续及自生长模式。

云时代是一个新时代,与传统时代相比,云时代的社会和工业都呈现前所未有的特征,技术的变革带来了模式的变革,出现了不同以往的技术模式、商业模式和工业模式,数字化转型模式也会随之发生变化。企业如何顺应大势,利用好这些技术并探索、应用新模式,是云时代数字化转型的重要课题。

本书所论述的研发数字化转型"三级跳"主要针对复杂产品研发企业转型模式,关注大企业和产业链(或集团企业)的转型。工业云生态的本质是将工业相关的所有资源通过云计算平台聚集在一起,形成聚合效应,打造一个工业价值共同体,所有与工业相关的资源都可以最高的性价比在这里获得最大的收益。城市里的商业地段之所以贵,是因为那里已经被经营得人流似水,有人便有市场,在这里卖什么东西收益应该都不会差。此时,数字化转型的目标是"利用开放实现大聚合",届时,产业链之间的边界也会越来越模糊,产业关系具有网状特征,跨产业链的云化生态必将是未来全社会数字化转型的终极形态。所以,我把第五级转型称为"生态腾云"。

云时代的工业出现一个新特征——产品经济转型为服务经济。服务经济有两大特征,一个是技术服务化,另一个是服务开放化。工业企业的研发体系会随之生态化,即要匹配、服务并促进全工业体系的生态化,充分利用生态化中的技术服务化和服务开放化特征，支持研发对象——产品的生态化运营。

过去，我们直接销售产品，而在云时代，产品是服务的载体。说到服务经济，你一定会想到服务型制造。服务型制造的一个典型案例是发动机由卖改租。过去航空发动机被制造出来卖给飞机公司，现在它直接被安装在飞机上，飞机飞一小时，收客户使用一小时的费用。这种租用当然不是简单的租用，发动机公司要对其安全性负责，直接提供比飞机公司更专业的维护，这对发动机的性能、质量和成本更有益。采用这种租赁方式，飞机公司、航空公司和发动机公司反而都更赚钱。显然，工业云的技术服务化实际上降低了产品使用的经济门槛和技术门槛，有利于用户使用工业产品及其服务。

过去，产品相关服务只能由供应商或者代理商来提供。客户通过有限的供应商来购买服务，不仅成本昂贵，而且存在售后问题。但在云时代，任何人都可以通过云平台为其他人或组织提供服务，提供服务的可以是全社会技术专家。通过这种有偿服务，社会上所有具备一技之长的人均可以获得一定的经济收入。而且，通过互联网提供服务，服务对象可能是海量的，服务者向每个服务对象收取少量服务费就可以获得可观的收入。显然，工业云的服务开放化实际上降低了产品使用的技术门槛和人才门槛，有利于用户使用工业产品及其服务。

前面以传统有形产品及其服务为例来说明云时代的工业特征，其实研发过程本身就是商业活动，云时代的研发更是一种服务类的产品，支撑研发的数字化技术也可以服务化，因此，云时代的研发仍然具备服务化和开放化特征。云+AI时代是个体崛起的时代，大企业终将消失，企业不再是传统意义的有边界的企业，而可能会分解为中小微企业甚至个人。企业更像一个社会，抑或全社会就是一个大企业。创客和极客等个体或小团队在增加，研发资源的生态化成为趋势，特别是以灵活的人和知识为基础的研发资源更加分散，变成散点或网状，成为"水样组织"，可快速聚散。当价值出现的时候，对应组织出现，实现价值，拿到利润；当价值和利润消失时组织解散，没有成本负担，没有流程牵绊。因此，生态化时代的机会云卷云舒，价值潮起潮落，组织有聚有散，将迫使企业开始采用更为灵活的柔性的用工模式。大中型企业会发现利用开放式创新模式可以获得更广泛的研发和创新资源。生态化中的服务化和开放化特性，使得中小企业甚至个人都可以参与到大中型企业的研发和创新活动中。因此，未来基于工业云的开放式研发模式将越来越成为趋势，研发和设计的外包模式将成为趋势。

　　过去，中小企业的数字化转型一直是转型"重灾区"，但云 +AI 时代的个体崛起特征，将会使中小企业在这样的时代下进行数字化转型反而具有天然的优势。即使全工业体系没有进入生态腾云时代，工业云生态本身也可以针对中小企业先行一步，生态化模式可以帮助中小企业提前实现数字化转型的梦想。

　　完成生态化转型的企业具有反脆弱性。反脆弱性是纳西姆·尼古拉斯·塔勒布在《反脆弱》一书中提出的概念。有些事情能从冲击中受益，当暴露在波动性、随机性、混乱和压力、风险和不确定性下时，它们反而能茁壮成长和壮大。脆弱的反义词是强韧。强韧性能让事物抵抗冲击，保持原状；反脆弱性则让事物变得更好。它具有与时俱进事物的特质，决定了有生命的有机体或复杂体与无生命的机械体之间的区别。

　　相较于经验化的脆弱性及智能化的柔韧性，生态化是反脆弱的。反脆弱的特征是：凡是杀不死我的，都使我变得强大。生态化从数据织锦出发，获得的机理不是明确和静态的，而是不停进化的。你越是想用反例推翻它，它进化得就越快，因为它会利用你的反例数据来修正自身的模型。生物的进化是由外来威胁导致的，而威胁的原始目的是"干掉"你，但却让你进化了。

　　通常，在生态化研发体系建设初期获得的知识和机理是远离实际的，但每次获得一个意外数据，它就会修正"机理"。在经验主义看来，这个意外数据是令人讨厌的，它会让你的经验失效，相当于"杀死"了你。但在生态化看来，这些数据让体系如获至宝。在任何一个研发体系中，任何一次新的冲击都会带来新知识、新资源和新服务者，并快速成为生态体系的一部分，其对本体系带来的增强作用大于冲击带来的危害。

　　生态化研发以去中心化的个体崛起和无为而治的水样组织为特征，这种组织天然就有一种反脆弱性。任何一种冲击力，都会让不合格的个体消失，而与之伴随的是，合格个体吞并被淘汰的个体而变得更强壮。因为弱小个体的消失及合格个体的增强，会使整个集体变得更强大。这符合《反脆弱》中的一个原理：自己的错误往往只会让他人或集体受益，好像个人天生就该为更崇高的利益而非自己的利益犯错。

　　反脆弱性有其优越性，也是生态化研发的天然属性，但更强的坚韧性仍然是我们对研发体系的不懈追求，尤其是那种质量要求高、挑战大的大型复杂产品的研发。毕竟，反脆弱性的前提是这种冲击不会对企业造成严重损伤，而坚韧性恰恰可以提高其抗损伤能力。因此，生态化研发体系的坚韧性仍是主要特征，基于确定性知识加工而成的智能体仍然是"织化"了的研发体系的主体要素。

| 参考文献 |

[1] 王蕴辉, 等. 工业软件百问[M]. 北京: 人民邮电出版社, 2024.

[2] 丘水平. 工业软件云战略[M]. 北京: 机械工业出版社, 2023.

[3] 田锋. 工业软件沉思录[M]. 北京: 人民邮电出版社, 2023.

[4] 陈立辉, 卞孟春, 刘建, 等. 求索: 中国工业软件产业发展之策[M]. 北京: 机械工业出版社, 2021.

[5] (加)唐湘民. 汽车企业数字化转型: 认知与实现[M]. 北京: 机械工业出版社, 2021.

[6] 宁振波. 智能制造的本质[M]. 北京: 机械工业出版社, 2021.

[7] 方志刚. 复杂装备系统数字孪生: 赋能基于模型的正向研发和协同创新[M]. 北京: 机械工业出版社, 2021.

[8] 朱文海, 郭丽琴. 智能制造系统中的建模与仿真: 系统工程与仿真的融合[M]. 北京: 清华大学出版社, 2021.

[9] (新)迪格尔, (瑞)诺丁, 等. 增材制造设计(DfAM)指南[M]. 安世亚太科技股份有限公司, 译. 北京: 机械工业出版社, 2021.

[10] 田锋. 苦旅寻真: 求索中国仿真解困之道[M]. 北京: 机械工业出版社, 2020.

[11] (美)纳西姆·尼古拉斯·塔勒布. 反脆弱: 从不确定性中获益[M]. 雨珂, 译. 中信出版社, 2014.

[12] 安筱鹏. 重构: 数字化转型的逻辑[M]. 北京: 电子工业出版社, 2019.

[13] 张霖, 张雪松, 宋晓, 等. 面向复杂系统仿真的模型工程[J]. 系统仿真学报, 2013, 25(11): 8.

[14] (美)凯文·凯利. 必然[M]. 周峰, 董理, 金阳, 译. 北京: 电子工业出版社, 2016.

[15] (英)马特·里德利. 自下而上: 万物进化简史[M]. 闾佳, 译. 北京: 机械工业出版社, 2017.

[16] (美)杰里米·里夫金. 第三次工业革命: 新经济模式如何改变世界[M]. 张体伟, 孙豫宁, 译. 北京: 中信出版社, 2012.

[17] 田锋. 制造业知识工程[M]. 北京: 清华大学出版社, 2019.

[18] 田锋. 精益研发2.0: 面向中国制造2025的工业研发[M]. 北京: 机械工业出版社, 2016.

[19] 钱学森. 论系统工程: 新世纪版[M]. 上海: 上海交通大学出版社, 2007.

[20] 顾基发, 唐锡晋. 物理—事理—人理系统方法论: 理论与应用[M]. 上海: 上海科技教育出版社, 2006.

[21] (美)国际系统工程协会. 系统工程手册: 系统生命周期流程和活动指南[M]. 张新国, 译. 北京: 机械工业出版社, 2014.

[22] 朱一凡, 王涛, 黄美根. NASA系统工程手册[M]. 北京：电子工业出版社, 2021.

[23] 朱一凡, 杨峰, 梅珊. 导弹武器系统工程[M], 长沙：国防科技大学出版社, 2007.

[24] 袁旭梅, 刘新建, 万杰. 系统工程学导论[M]. 北京: 机械工业出版社, 2006.

[25] (美)伦尼·德里吉提. SysML精粹[M]. 侯伯薇, 朱艳兰, 译. 北京: 机械工业出版社, 2015.

[26] 张新国. 新科学管理: 新型工业化时代的管理思想及方法研究[M]. 北京: 机械工业出版社, 2011.

[27] IBM全球企业咨询服务部. 软性制造: 中国制造业浴火重生之道[M]. 北京: 东方出版社, 2008.

[28] (美)贝萨·艾尔海克, (美)大卫·M·罗. 六西格玛服务设计: 走向卓越之路线图[M]. 胡保生, 译. 西安: 西安交通大学出版社, 2008.

[29] 张新国. 国防装备系统工程中的成熟度理论与应用[M]. 北京: 国防工业出版社, 2013.

[30] (美)詹姆斯P. 沃麦克, (英)丹尼尔T. 琼斯, (美)丹尼斯·鲁斯. 改变世界的机器: 精益生产之道[M]. 余锋, 张冬, 陶建刚, 译. 北京: 机械工业出版社, 2015.

[31] (美)詹姆斯·摩根, (美)杰弗瑞·莱克. 丰田产品开发体系: 整合企业人员、流程与技术的13项管理原则[M]. 精益企业中国, 译. 北京: 中国财政经济出版社, 2008.

[32] 冷力强. 制胜: 航天与华为创新管理[M]. 北京: 经济管理出版社, 2012.

[33] 周辉. 产品研发管理: 构建世界一流的产品研发管理体系[M]. 北京: 电子工业出版社, 2012.

[34] 胡红卫. 研发困局: 研发管理变革之路[M]. 北京: 电子工业出版社, 2009.

[35] 谢宁. 智慧研发管理[M]. 北京: 人民邮电出版社, 2014.

[36] 顾春红, 于万钦. 面向服务的企业应用架构: SOA架构特色与全息视角[M]. 北京: 电子工业出版社, 2013.

[37] (美)昆廷·弗莱明, (美)乔尔·科佩尔蒙. 挣值项目管理[M]. 张斌, 陈洁, 译. 北京: 电子工业出版社, 2007.

[38] 李清, 陈禹六. 企业与信息系统建模分析[M]. 北京: 高等教育出版社, 2007.

[39] (美)通用电气公司(GE). 工业互联网: 打破智慧与机器的边界[M]. 北京: 机械工业出版社, 2015.

[40] 许正. 工业互联网: 互联网+时代的产业转型[M]. 北京: 机械工业出版社, 2015.

[41] 乌尔里希·森德勒. 工业4.0: 即将来袭的第四次工业革命[M]. 邓敏, 李现民, 译. 北京: 机械工业出版社, 2014.

[42] 韦康博. 工业4.0时代的盈利模式[M]. 北京: 电子工业出版社, 2015.

[43] 吴功宜. 智慧的物联网: 感知中国和世界的技术[M]. 北京: 机械工业出版社, 2010.

[44] (英)维克托·迈尔-舍恩伯格, (英)肯尼思·库克耶. 大数据时代: 生活、工作与思维的大

变革[M]. 盛杨燕, 周涛, 译. 杭州: 浙江人民出版社, 2013.

[45] (美)李杰. 工业大数据: 工业4. 0时代的工业转型与价值创造[M]. 邱伯华, 译. 北京: 机械工业出版社, 2015.

[46] 雷葆华, 饶少阳, 江峰, 等. 云计算解码: 技术架构和产业运营[M]. 北京: 电子工业出版社, 2011.

[47] 杨青峰. 信息化2. 0+: 云计算时代的信息化体系[M]. 北京: 电子工业出版社, 2013.

[48] 郭树行. 企业架构与IT战略规划设计教程[M]. 北京: 清华大学出版社, 2013.

[49] 彭颖红, 胡洁. KBE技术及其在产品设计中的应用[M]. 上海: 上海交通大学出版社, 2007.

[50] 单家元, 孟秀云, 丁艳, 等. 半实物仿真(第2版)[M]. 北京: 国防工业出版社, 2013.

[51] 马怀德, 张红, 商泰升, 等. 科技资源共享立法问题研究[M]. 北京: 中国政法大学出版社, 2008.

[52] 金伟新, 肖田元, 谢宁, 等. 复杂军事系统仿真方法论[J]. 计算机仿真, 2003, 20(S1): 64-66.

[53] Duan H, Xie Q, Hong Y, et al. Product Knowledge Management: Role of the Synthesis of TRIZ and Ontology in R&D Process[J]. [2024-12-05].